未来属于青年，希望寄予青年。

编委会

广东青年运动百年简史

广东省团校（广东青年政治学院）编著

SPM 南方传媒
全国优秀出版社
全国百佳图书出版单位
广东教育出版社
·广　州·

图书在版编目（CIP）数据

广东青年运动百年简史／广东省团校（广东青年政治学院）编著．— 广州：广东教育出版社，2023.5（2024.4 重印）
ISBN 978-7-5548-5395-5

Ⅰ．①广… Ⅱ．①广… Ⅲ．①中国青年运动 — 历史 — 广东 Ⅳ．① D432.9

中国国家版本馆 CIP 数据核字（2023）第 062664 号

广东青年运动百年简史

GUANGDONG QINGNIAN YUNDONG BAINIAN JIANSHI

出 版 人：朱文清
策划编辑：夏 丰 梁 岚
责任编辑：梁 岚 孙玉扉 蔡奇哲
责任技编：许伟斌
装帧设计：邓君豪
责任校对：肖炜曦 陈慧君
出版发行：广东教育出版社
（广州市环市东路472号12-15楼 邮政编码：510075）
销售热线：020-87615809
网 址：http://www.gjs.cn
E-mail：gjs-quality@nfcb.com.cn
经 销：广东新华发行集团股份有限公司
印 刷：广州市岭美文化科技有限公司
（广州市荔湾区花地大道南海南工商贸易区A幢）
规 格：787 mm × 1092 mm 1/16
印 张：26.75
字 数：535千
版 次：2023年5月第1版
2024年4月第2次印刷
定 价：58.00元

目　录

团一大旧址 1922.5.5

第一章

广东社会主义青年团的成立和团一大召开

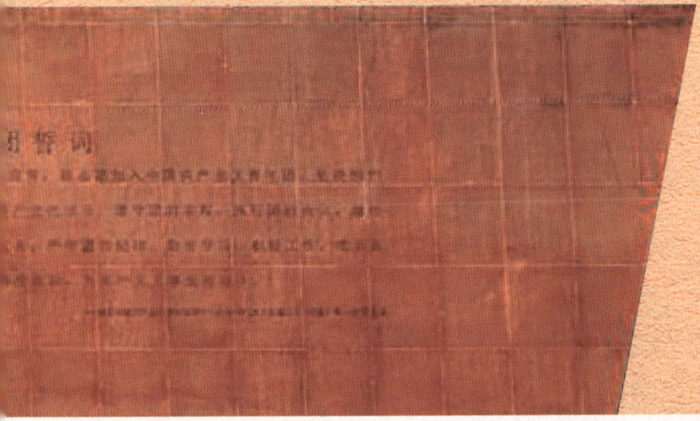

在近代中国社会的变迁中，广东最早沦为半殖民地半封建状态。广东人民高举爱国主义旗帜，率先开展了反帝反封建的革命运动。在这场革命运动中，打头阵的便是青年。100多年前，在国家和民族危亡的历史关头，中国青年掀起伟大的五四运动，促进了马克思主义在中国的传播，拉开了新民主主义革命的序幕，标志着中国青年成为推动中国社会变革的急先锋。广东青年积极参与其中。1922年3月14日，广东社会主义青年团在广州东园召开成立大会并隆重纪念马克思，宣告以马克思主义为指导思想的广东青年团组织的诞生。5月5日，在中国共产党的直接关怀和领导下，中国共产主义青年团在广州宣告成立。这在中国革命史和青年运动史上具有里程碑意义。从此，广东青年运动在党的领导下掀开了新的历史篇章。

第一节 近代广东仁人志士救国救民的艰难探索

1840年鸦片战争后，中国逐步成为半殖民地半封建社会，国家蒙辱、人民蒙难、文明蒙尘。在中国共产党诞生之前，广东的仁人志士为了改变祖国的境遇和命运，献身于民族进步事业，前仆后继，艰难探索。由于没有找到科学的理论、正确的道路和可依靠的力量，他们苦寻救国之路，一次又一次地遭遇失败。

一、清末广东人民的奋起抗争

广东是祖国的南大门，自古以来就是我国通向世界的重要出口。早在三千多年前，广东就已经形成以陶瓷为纽带的贸易交往圈，并通过水路将其影响扩大到沿海各地和海外。清代中期，广州已成为全国唯一的对外通商口岸。从19世纪40年代开始，西方列强通过对我国的多次侵略战争和巧取豪夺，强迫我国割地、赔款，贪婪地攫取种种特权。1842年，清政府被迫签订中英《南京条约》，香港（时属广东新安县）开始遭受英国殖民统治。1887年，葡萄牙诱逼清政府签订《中葡和好通商条约》，侵占澳门（时属广东香山县）。由于西方列强的入侵和封建统治的腐败，中国逐渐沦为半殖民地半封建社会，山河破碎，生灵涂炭，中华民族遭受了前所未有的劫难。

广东人民的反抗斗争从来没有间断过。清代末年，广东人民发起了多次反抗外国侵略的斗争，洪秀全领导了太平天国运动，康有为、梁启超等人发动了爱国救亡和变法图强的戊戌维新运动，促进了一代代中国人的觉醒。实现中华民族伟大复兴成为全民族最伟大的梦想；争取民族独立、人民解放，实现国家富强、人民幸福，成为中国人民的历史任务。

20世纪初，中国革命的主要领导者是新兴的民族资产阶级。随着中国近代资本主义的发展，中国社会内部新的社会力量——无产阶级和民族资产阶级初步成长起来，从而引起阶级关系的新变化。民族资产阶级得到初步发展并登上政治舞台后，中国反帝反封建的资产阶级民族民主革命有了新的气象。

1905年，广东香山（今广东中山）人孙中山发起成立中国同盟会，提出了实质上是以建立资产阶级民主共和国为目标的政治纲领，并努力以革命手段实现这一纲领。此时，无产阶级还没有意识到自己的历史使命，因此其斗争活动仍处于民族资产阶级的影响之下。

二、辛亥革命及其后的曲折求索

自诞生以来，中国民族资产阶级的精英分子为改变中国落后挨打的命运，实现振兴中华民族的梦想，进行了不屈不挠的斗争，孙中山就是他们之中的代表。[1] 1911年10月爆发的辛亥革命推翻了清王朝统治，建立了中华民国，结束了在中国延续两千多年的封建君主专制制度。孙中山领导的辛亥革命开创了完全意义上的近代民族民主革命，打开了中国进步的闸门，传播了民主共和的理念，极大推动了中华民族思想解放，以巨大的震撼力和影响力推动了中国社会变革，使封建统治秩序再也无法维持下去。

然而，以袁世凯为首的北洋军阀，在帝国主义和国内反动势力的支持下，窃取了辛亥革命的胜利果实，初生的资产阶级共和国在中国只存在了几个月即告失败。[2] 辛亥革命后，帝国主义在中国的势力没有受到削弱，封建势力依然盘根错节。在帝国主义列强的操纵下，中国陷入四分五裂的军阀割据和军阀混战之中。在军阀专制统治下，中国在半殖民地半封建社会的深渊中愈陷愈深。中华民族面临的两大历史任务均没有解决，中国人民依然生活在贫穷、落后、分裂、动荡、混乱的苦难深渊中。从西方资本主义国家学来的多党制和议会制又沦为各派军阀、官僚、政客争权夺利的工具。辛亥革命并没有改变旧中国半殖民地半封建的社会性质和中国人民的悲惨命运，也没有完成实现民族独立、人民解放的历史任务。在领导辛亥革命推翻封建王朝，继而建立共和制度后，孙中山又为捍卫共和三次在广州组织革命政府，但却因过度依靠军阀屡遭挫折。

[1] 中共广东省委党史研究室. 中国共产党广东历史：第一卷：1921—1949 [M]. 北京：中共党史出版社，2021：20.

[2] 本书编写组. 中国共产党简史 [M]. 北京：人民出版社，2021：3.

中国资产阶级领导的革命运动虽然接连失败，但在旧社会的挣扎和裂变中，新的力量在孕育和成长。民众逐步觉醒并认识到单纯的政治变革难以挽救中国的悲惨命运，只有建立无产阶级政党，团结和带领民众从根本上改造社会，才是中国的出路所在。

第二节　五四运动和马克思主义在广东青年中传播

在五四运动中，广东青年表现出了深切的爱国情怀，积极思索救亡图存的具体路径。当时由于青年之间的觉悟程度不同、自身经历不同，对具体救国路径的选择经历了一个艰难的过程。随着各种思潮在广东的传播，广东先进青年开始对不同政治观点进行甄别，逐渐放弃了无政府主义思想，最终主动聚集在马克思主义的旗帜下，为广东社会主义青年团的成立和团一大在广州的召开奠定了基础。

一、五四运动在广东

鸦片战争以后，清政府一再败于西方列强，中国青年开始认真思考救国的道路，逐渐形成了一项共识：反对传统，向西方学习，以期最后能迎头赶上西方国家。然而，1914 年至 1918 年的第一次世界大战，使得资本主义制度固有的基本矛盾进一步激化。这逐渐引起知识界对以往被视为科学和民主价值典范的西方文明的怀疑和批判。1915 年，日本提出了旨在灭亡中国的“二十一条”；1916 年，袁世凯死后，北洋军阀分裂成直系、皖系、奉系三大派系，各自割据一方，在帝国主义列强争夺中国的背景下，相互之间展开愈演愈烈的军阀混战，使国家陷于长期的分裂和动乱之中。面对国家蒙辱、人民蒙难、文明蒙尘，爱国青年无不感到彷徨、苦闷。他们不禁发出这样的时代之问：国家危亡，青年怎么办？

1915 年，陈独秀在其主编的《新青年》（原名《青年杂志》）刊载文章，提倡民主与科学，反对封建文化，揭开了新文化运动的序幕。新文化运动是一场思想解放运动，核心是倡导民主和科学。其代表的先进文化不仅为后期的社会运动提供了思想指南，更让当时的中国青年认识到马克思主义的魅力。

新文化运动使得传统思想遭到前所未有的冲击、批判，人们尤其是青年的思想得到空前解放，民主和科学思想得到弘扬。与此同时，1917 年，俄国十月革命一声炮响，给中国送来了马克思列宁主义。中国先进分子从马克思列宁主义的科学真理中看到了解决中国问题的出路。十月革命发出的反对帝国主义的号召，使饱受帝国主义列强欺凌的中国人民感到“格外沉痛，格外严重，格外有意义”。这就推动先进的中国人倾向于社会主义，推动他们认真了解指导十月革命的马克思主义学说。在这种情况下，中国出现了一批赞成俄国十月革命道路、具有初步共产主义思想的知识分子。

新文化运动由此有了新的内涵，进入了宣传十月革命、宣传马克思主义的新阶段。《新青年》因应社会形势发展的需要，以大量篇幅发表了宣传俄国十月革命的经验和社会主义理论的文章。以上种种，给广东的先进青年以深刻的启发，使他们逐渐意识到必须探寻新的救国救民的道路。先进的青年知识分子开始将目光投向马克思主义。

1919 年 1 月，巴黎和会召开，作为第一次世界大战战胜国的中国派出代表参加会议。中国代表在会议上提出了一系列正当要求，却遭到英美法等列强的拒绝，列强甚至在《凡尔赛和约》中将德国在中国山东的一切特权转让给日本。在巴黎和会上，中国政府的外交失败激起了民众的强烈不满。巴黎和会的结果彻底暴露了西方列强的虚伪嘴脸，中国人民对西方列强“主持公道”的幻想破灭了。

1919 年 5 月 4 日，经过新文化运动熏陶的青年们，掀起了一场轰轰烈烈的五四爱国运动。为反对巴黎和会将德国在山东的特权转让给日本的决定，北京大学等 13 所学校的三千余名爱国学生举行了游行，掀起了一场影响深远的反帝爱国运动。5 月 4 日，青年们手执“拒绝和约”“还我青岛”“严惩卖国贼”等标语进行游行。当游行队伍到达东交民巷外国使馆区时，受到了外国巡捕和北洋军阀军警的阻拦。于是，游行队伍前往赵家楼胡同曹汝霖的住宅，青年们痛打了驻日公使章宗祥，放火焚烧曹汝霖的住宅，继而遭到反动军警逮捕。

随后，北洋军阀政府开始对学生进行镇压。5 月 4 日，反动军警逮捕 32 名学生，将其关押在西城陆军大学。广大人民群众得知学生被关押的消息后，纷纷前来探视慰问，支持学生的行动。5 月 5 日，在北京各学校学生的游行示威、社会舆论的强烈要求、北京大学校长蔡元培和一些社会名流出面作保等的压力下，当局被迫同意将被捕学生释放回校。

五四运动中，一名广东籍北大青年学生抱病参加北京的游行活动，他因痛恨北洋军阀政府镇压爱国民众，于 5 月 7 日忧愤而死，年仅 24 岁，全国为之哀恸。他就是五四爱国运动中第一位牺牲的爱国志士郭钦光。郭钦光死前连声叹息："国家濒危，政府犹以狮子搏兔之力，以压一线垂尽之民气；日政府待我留学诸君之事，不图乃见于生斯长斯之祖国，事可知矣。"[1]

郭钦光，广东文昌（今属海南）人，北大学生，著名爱国志士

5 月 18 日，北京中等以上学校及外省各校代表 5000 多人齐聚北京大学法科礼堂，召开大会追悼郭钦光。郭钦光的死讯传到广东后，广东学界于 5 月 26 日在广东高等师范学校操场举行隆重追悼会。各校学生都怀着悲痛的心情前往吊唁，琼崖同乡会数百人也以乡谊关系前往广东高帅哀悼。6 月 3 日，琼崖留省同学会在广州又举行追悼会，表示要誓除国贼、抵制日货。全国各地开展了大规模的追悼活动，五四运动反帝反封建的火焰越烧越旺。

[1] 近代史编辑部. 五四爱国运动：上 [M]. 北京：中国社会科学出版社，1979：315.

早在1918年，为抗议《中日共同防敌军事协定》等卖国条约，大批留学日本的中国学生回国，其中部分回到广东。陆续回国的青年们组织救亡团，宣讲北京政府的卖国行径及日本的侵略罪行。1918年5、6月间，广州学生在反对卖国条约的联合行动中，成立了广州市一级学生联合会，取名为广东省会学校学生联合会（以下简称“省会学联”）。

五四爱国运动的消息传到广东，广东青年开展声援北京爱国学生活动，要求释放被捕学生。1919年5月7日，省会学联发出通电谴责反动当局，广州各学校通过纪念五七国耻日等形式声援爱国学生。5月11日，广州国民声援北京爱国运动大会隆重举行。广州所有中等以上学校的学生几乎全体出动，广州国民外交后援会联络社会各界参加，使到会人数达到数万之众，以至于宽广的东园广场没有容足之地。会场内插满“誓杀国贼”“还我青岛”“保我国权”等旗帜标语，学生们组织“拒倭锄奸团”，在会场各处派送传单。在演讲会上，学生代表纷纷登台演讲，高呼“誓杀国贼”“归还山东”“还我青岛”等口号。

5月25日，广州50多所中等以上学校的学生代表集中在广东高等师范学校礼堂开会，商讨如何进一步开展运动。会上，相当一部分代表认为“力学救国”才是根本，只有认真求学，发展国力，国家才有救。在此基础上，他们提出的斗争方式是“和平行事”，反对“过激行动”。按照这种思路，广东高等师范学校学生代表李朴生作为临时主持人发言。他主张和平行事，不同意“过激行动”，主张“力学救国”，并提出组织学生联合会。对此，岭南大学、培英中学、南武中学、青年会中学、真光中学、培道女校、省立女子师范、复礼女师、女子体育、柔济女医、妇婴产科、女子职业传习所等校代表纷纷表示赞同。然而，赞成者还没有结束发言，公立法政学校学生代表、公立医药学校学生代表，以及甲种工业学校的阮啸仙、周其鉴等人也相继发言，大力反对所谓的“和平行事”，认为所谓的“力学救国”不过是不敢从事实际斗争的借口，表面上是对爱国行动的响应，其实质是和平妥协。双方争论不休，斗争异常激烈。公立医药学校学生曾祖武大声说道：“空言救国于事无补，应即提前放暑假，实行罢课，从事检查和杯葛[1]日货的实际支援行动。”南武校长何剑吾见此情形，从中劝导：“进行爱国行动，凡属国民都应这样做，但学业也属重要，应该读书救国，不要只搞运动而荒废学业，别生事端。”至此，和平派与激烈派争论不休，会议无果而终，激烈派张殿邦等人愤然退出，各行其道。[2]

从表面上看，和平派提倡的“力学救国”很有道理，然而从当时中国的具体形势来说，在列强持续压迫、民族陷入危亡、国内军阀野蛮专政的现实情况下，在此国家内忧外患的关键时刻，改变原有的斗争模式，积极响应人民群众的呼声，走出校门去参加实际斗争，是完全必要的。随着实际斗争的深入，广大学生逐步认识到这一点，原本不少主张“和平行事”的学生积极参加到实际斗争中去，其他主张“和平行事”的学生也以不同方式参加到实际斗争中去。这次事件也用事实教育了广大青年：要想在半殖民地半封建社会的旧中国探索真正的救亡图存道路，必须团结起来，坚决地采取行动。正如广东青年阮啸仙所说的：“改造！改造！是时刻不容缓的了。”[3]

1919 年 6 月，京津沪等地学联代表到达广州，一致呼吁罢课，结果响应罢课提案在省会学联未获通过。在公立法政、甲种工业等校学生的联络下，主张罢课的学校学生代表在广东高等师范学校召开筹备中上学联大会，决定仿照北京成立广东中等以上学校学生联合会（以下简称“中上学联”）。6 月 17 日，中上学联正式宣告成立。

当五四运动的浪潮席卷全国时，广东正处在桂系军阀的专制统治之下。桂系军阀对学生采取两面手法：一面是利用学生运动反对北京政府，允许学生在一定范围内活动；另一面又害怕引火烧身危及自己的利益和统治，故对学生采取了防范和限制措施。为将运动向前推进，广东民众在开展反帝爱国斗争的同时，同桂系军阀破坏运动的行为展开了斗争。当时，桂系军阀为加强对广东政权的控制，逼迫省长翟汪辞职，企图让广东督军莫荣新任省长。

---

［1］杯葛，即英文boycott，意为抵制。

［2］张江明，林木声. 广东青年运动史：1919–1949［M］. 广州：广东高等教育出版社，1994：13.

［3］阮啸仙. 阮啸仙文集［M］. 广州：广东人民出版社，1984：8.

广东民众和多数议员坚决反对。7月10日，广州各界民众在东园广场召开国民大会，并向军政府请愿，提出必须严厉惩处卖国贼，公开宣布政府的外交政策，彻底废除不平等秘密条约；同时提出请伍廷芳出任省长。军政府不予理会。7月11日，各界民众再次请愿，军政府仍置之不理，于是群情激愤，商人开始罢市。7月12日，广州又一次举行国民大会和游行示威。广东督军莫荣新竟下令逮捕罢市领导人，并派大批军警上街，限令各商店一律开门营业，因而激起民众更大的愤慨。[1]7月13日，广州机器厂工人，电灯局、电力公司工人，广九、广三、粤汉铁路工人，自来水厂工人以及人力车夫等，陆续宣布罢工，整个广州城缺水断电、交通阻塞。至此，罢课、罢工、罢市的"三罢"局面形成。社会各界团体纷纷发表声明、通电，声援北京爱国学生。数以万计的学生和市民一起游行到军政府所在地，推举代表向岑春煊、伍廷芳提出三项要求：

（1）取消"二十一条"及一切不平等条约，直接收回青岛；

（2）依法严惩卖国贼；

（3）要求北京政府释放被捕的爱国志士。

1919年11月，广州学生在查禁日货时被拘禁于先施公司

12月9日，广州学生9000多人在东园举行集会，谴责日本帝国主义的侵略行径，并通过方案，促请政府对日方不要让步、不承认日方的要求。之后，学生举行示威游行。经过11月到12月一个月的罢课斗争，迫使当局答

[1] 中共广东省委党史研究室. 中国共产党广东历史：第一卷：1921—1949［M］. 北京：中共党史出版社，2021：25.

应了复课条件。12 月 15 日，公立法政学校、广东高等师范学校等 20 多所学校 4000 多名学生举行“停课大游行”，焚烧日货后复课。

同时，佛山、三水、顺德、新会、东莞、香山、台山、肇庆、阳江、阳春、郁南、新兴、罗定、怀集、德庆、汕头、普宁、揭阳、潮州、潮阳、澄海、海丰、梅县、大埔、紫金、惠阳、高州、廉江、合浦、钦州、琼崖、文昌、韶关、乳源、乐昌、南雄等县、市和香港、澳门的学生也积极行动起来，纷纷发表声明、通电，或组织集会游行，声讨卖国贼，声援北京学生的爱国行动。

在潮汕地区，1917 年 12 月，一批潮州城东柴炭行的进步青年店员、学徒自发组织了研究新知识的团体——城东青年图书社。他们选购进步书刊，互相交流思想，利用街道上的小型阅报栏宣传进步思想。1919 年，城东青年图书社迅速发展成潮安青年图书社，社团的青年们积极组织救亡运动，宣传提倡国货，抵制日货。5 月 7 日，省惠潮梅师范学校、潮州金山中学、潮州第一高小等学校学生 2000 多人举行集会示威游行，支持北京学生爱国运动。11 日，各校学生在开元寺前举行“潮州救国联合会”成立大会。由此，宣传爱国、查抄销毁日货的反帝爱国运动在潮州轰轰烈烈地发展起来。潮州各个救亡团体组成的潮州各界救国联合会，进一步掀起了潮州反帝爱国运动的高潮。

1919 年 5 月 6 日，汕头《公言日报》发刊“五四”号外，各县爱国学生纷纷响应支持北京学生运动。14 日，岭东学生联合总会在华英学校成立，由杨石魂、方临川、方思琼（方方）等主持成立大会，会后举行游行示威，提出对日经济断交。9 月 13 日，汕头爱国群众为坚决表示对日经济断交，焚毁日货。

海丰人民在得知北京爱国运动后，由郑志云等爱国学生组成全县学生代表会，组织爱国学生抵制日货，拒绝和约，要求惩办卖国贼。在留日学生彭湃的影响下，海丰学生成立了救国会，反对“中日密约”，反对“二十一条”。早在 1918 年 5 月下旬，彭湃就回到广州，参与了《留日广东学生同乡会宣言书》的起草工作。之后，他回到海丰，积极组织学生开展要求废除不平等条约的爱国救亡运动。6 月中旬，在北洋军阀政府的压力之下，彭湃和其他留日学生被迫返回日本，继续学业。1919 年“五七国耻日”，彭湃因在东京参加示威游行被日本警察殴打。他万分悲愤中咬破指头，用血写下“毋忘国耻”四个大字，并写一封长信邮寄回海丰学联会，鼓励祖国和家乡的青年们不忘国耻，表达了身在海外、心系祖国的拳拳爱国之心。5月下旬，彭湃从东京出发，回到海丰。他积极组织白话剧团，演出抗日剧目，开展救亡宣传和查抄日货的工作。[1]

梅县、大埔等地的中学生积极组织白话戏和民歌演出。大埔县当时流行的一首民歌表达了广大爱国青年抵制日货的决心：

妈妈你莫愁，而今抵制有良谋；

有钱不买日本货，无衫不穿东洋绸。

中国人真真差，不知日本是冤家；

中国将钱去买日本货，日本将钱做炮打中华。

在粤西地区，肇庆学生救国会致电省城报界公会，要求报界发挥舆论宣传作用，凝聚起人们的爱国心。肇庆各校纷纷成立学生会，组织宣传队，传播五四运动的革命舆论。阳江、阳春、郁南、新兴、罗定、怀集的学生纷纷响应。1920年4月28日，德庆学生全体罢课，以响应上海学生。在粤北地区，韶州城学生挺身而出，日以继夜宣传抵制日货，乳源县成立了学生联合会，乐昌、南雄则宣传革命思想。其中，以曾昭秀、陈召南、张功弼、李乐天等为代表的一批进步学生，后来都参加了党、团组织，为革命事业作出了贡献。

在粤中，佛山的中小学生在老师的带领下罢课和游行示威，声援北京学生。佛山学生联合会、东莞中学、顺德爱国童子团、新会学生会、香山学生联合会的学生们抵制日货、支援爱国进步运动的表现尤为突出。

五四运动中广东青年表现出来的青年力量和爱国精神，冲击着旧礼教，也孕育着建立新社会秩序的力量。经过五四运动的实践探索，广东青年一步步意识到改变中国悲惨命运需要发挥青年的力量，需要团结起来，坚决采取直接行动，需要将社会作为根本改造的对象，需要“有组织而能持久的救国运动”。正如五四运动两年后，积极参加五四运动的谭平山在《广东群报》[2]“五四纪念号”上发表的《五四学生界应有的觉悟和责任》一文提出

[1] 彭湃. 彭湃文集［M］. 北京：人民出版社，1981：339.

[2]《广东群报》为当时广东党组织的机关报。

的那样，“今日学生界所应有的责任，就是应当注意于有组织而能持久的救国运动”[1]。

如何进行“有组织而能持久的救国运动”？五四运动前后中国不同代际的知识分子不约而同地将目光投向了“社会”。正如梁启超所认识到的那样，“政治之基础恒在社会”[2]。只有团结起来，彻底改造作为“政治之基础”的社会，中国才有未来可言。历史呼唤着“社会变革的急先锋”，这项任务光荣地落在担当中华民族伟大复兴重任的先锋力量——青年的肩上。由此，青年站在了时代的最前沿，走上了联合起来谋求社会改造，乃至发起革命的道路。

二、马克思主义在广东青年中传播

新文化运动让青年知识分子认识到“主义”的魅力。然而，改造社会究竟应该选择哪种“主义”？五四运动过后中国的社会思潮转向了社会主义，中国青年当中广泛地兴起了以社会主义为指导改造社会的思潮，社会主义也由此成为青年们投身社会改造时的选择。

当时，无政府主义、无政府工团主义、互助主义、新村主义、合作主义、基尔特社会主义、伯恩施坦主义等各种各样打着“社会主义”旗号的思潮涌入中国。一开始广东青年们对于这些思想的认识是模糊的。经过一些曲折的探索，他们最终逐步自觉站到了马克思主义立场上。

当时，在社会主义思潮中比较有影响的有马克思主义和无政府主义。1912年，广州《民生日报》出版了《共产党宣言》第一章的中译本。广东人孙中山、梁启超、朱执信等都曾在文章和演讲中对马克思的学说做过一些介绍。但是，这些介绍都比较零散。五四时期在广东较系统地传播马克思主义的是杨匏安。早在1916年，20岁的广东香山人杨匏安从日本归国，在广州工作。五四运动期间他积极参与爱国运动，从激进的民族主义者向马克思主义者转变。1919年，他在《广东中华新报》上发表《马克斯[3]主义（一称科学的社会主义）》一文，宣传马克思主义。此文是对顾兆熊、李大钊、陈启修稍早发表于《新青年》第六卷第5号的三篇文章的有关内容进行改写、加工和统

[1] 谭平山. 谭平山文集［M］. 北京：人民出版社，1986：178.

[2] 梁启超. 饮冰室合集：三十三［M］. 上海：中华书局，1936：52.

[3] 马克斯，即马克思。

编而成的。由此可见，杨匏安较早地在广州对李大钊等人的马克思主义宣传进行积极呼应。

北京大学学生谭平山在《新潮》杂志上发表《“德谟克拉西”之四面观》（1919年3月）、《现代民治主义的精神》（1919年12月）等文章，提出：“对劳动问题之解决，为最有价值之言论者，岂非马克史[1]乎？”“故《资本论》一书，实为近代社会民主党所始终奉行之圭臬。”谭平山提出，中国在当时的形势下应当发挥马克思主义的“真意义”。[2]

在海外，彭湃和李春涛等人发起组织“赤心社”。赤心社成立后，彭湃和其他社员一起学习了《共产党宣言》以及《社会主义研究》，逐步走上了马克思主义的道路。他们回到广东后成立研究团体，创办刊物，宣传马克思主义。[3]除此之外，一度活跃在广州的林修梅等人也为马克思主义在广东的传播作出了贡献。

谭平山，广东社会主义青年团早期主要领导人

在马克思主义得到传播的同时，广东青年又深受无政府主义的影响。马克思主义与无政府主义的拥护者都认为从根本上改造社会才是中国的出路所在，这是双方主张的共同点。因此，无政府主义思想和马克思主义思想一度混杂地共存于青年的头脑当中。但是，在如何具体改造中国社会的问题上，双方的分歧暴露无遗，最终造成了“安马分流”。

[1] 马克史，即马克思。

[2] 谭平山. 谭平山文集［M］. 北京：人民出版社，1986：40-50.

[3] 彭湃. 彭湃文集［M］. 北京：人民出版社，1981：339.

无政府主义，英文为 Anarchism，又译作“安那其主义”，出现于 19 世纪上半叶的欧洲。20 世纪初期，无政府主义被旅居日本和法国的中国留学生及反清流亡者当作一种“社会主义思想”传入国内。1907 年，刘师培、张继等人在日本东京创办“社会主义讲习会”，并刊行《天义报》(后改为《衡报》)，形成无政府主义派别“天义派”。同年，李石曾、吴稚晖等人在法国巴黎创办《新世纪》，形成另一个无政府主义派别“新世纪派”。他们鼓吹个人冒险以及用暗杀等恐怖手段推翻政府等无政府主义理论，对当时正在酝酿的反清革命产生过一定影响。但直至辛亥革命爆发，其流传范围仍主要限于国外的留学生中。

在很长一段时间里，无政府主义思潮在广东有很大的影响。1904 年，广东香山人刘思复（师复）就开始传播无政府主义。1912 年，广州的无政府主义团体“晦鸣学舍”建立，接着在上海成立“无政府共产主义同志社”，并先后出版《晦鸣录》（又名《平民之声》）、《民声》、《新世纪丛书》、《无政府浅说》等宣传无政府主义的刊物和小册子，形成了融合克鲁泡特金(1842—1921）无政府共产主义和托尔斯泰泛劳动主义、无抵抗主义的中国无政府主义学说。其主要内容是：①反对一切剥削、压迫和权威，要求个人绝对自由；②宣扬总同盟罢工式的“革命”，反对革命政党的领导作用；③反对科学社会主义。

当时，许多广东青年受到无政府主义思潮的影响，崇拜无政府主义的创始人巴枯宁和主要干将克鲁泡特金。广东高等师范学校的区声白是五四运动时期无政府主义者的突出代表，彭湃也一度相信无政府主义。1920 年 12 月，陈独秀应时任广东省省长陈炯明的邀请，从上海经由香港，来到广州担任广东教育行政委员会委员长。因为陈独秀曾利用《新青年》《每周评论》等刊物宣传新文化运动，所以他在广州青年群体中有较大影响力。陈独秀来到广州后，一度试图说服无政府主义者放弃他们的信仰。1921 年初，陈独秀与无政府主义者区声白进行反复辩论。这些演讲稿、信件曾刊登在《广东群报》《劳动与妇女》《新青年》等刊物上。

早在 1920 年 9 月，陈独秀就在《新青年》第八卷第 1 号发表《谈政治》一文，对无政府主义进行批评。而后，无政府主义者区声白发表文章进行争辩，

陈独秀，安徽怀宁人，中国共产党主要创始人之一

这场论战的焦点集中在如何看待无产阶级专政、个人主义倾向的“绝对自由”以及如何开展社会革命等方面。

关于如何进行社会改造，无政府主义者区声白寄希望于人人都能通过后天的教育克服自己的弱点成为“完美的人”，然后靠这些理想的“完美的人”联合起来组成一个“完美的世界”，从而实现新社会的再造。对此，陈独秀批评无政府主义者说，既有的社会都有与其相适应的经济基础，改造社会时，必须尊重这样的前提基础，而不能靠空想就随便改造。

关于是否应该建立政权，无政府主义者主张用公众的意见代替法律，通过自由的联合形成社会。区声白认为五四运动中赤手空拳的学生能够通过“联合”打赢拿着枪杆子的北京政府，就足以证明法律、军队、政权之无用。陈独秀反驳无政府主义“用这种盲目的群众心理”最终只会“造成一个恐怖的社会”。陈独秀还深刻地指出，“倘若一切都凭借公意”，那么居心叵测的人一旦以“人民的名义”修改法律，危害社会，则难以避免。

总而言之，在陈独秀等人看来，无政府主义如同空中楼阁，虽然理想很丰满，但是缺乏现实可操作的方法论。陈独秀等人对无政府主义的批评深刻揭露了无政府主义的致命缺陷，即缺乏理论的整全性。相对而言，马克思主义拥有着从学理建构到实践方法的整全性。

这一时期，《广东群报》也发表了一系列文章，对区声白等人的观点进行了驳斥。这场争论过后，活跃在广东的青年群体更进一步了解了无政府主义与科学社会主义的区别，不少青年开始认识到马克思主义的理论优越性，从无政府主义或者两种主义混杂的状态最终走向了马克思主义。

马克思主义在广东以社会思潮交锋的形式得到进一步的传播，给广东青年送来了具有整全性的探索救亡图存道路的思想理论武器。从鸦片战争后的师夷长技以制夷，到洋务运动时的求强求富，再到广东人洪秀全、康有为、孙中山向西方学习的一系列思想理论武器都没能挽救中国的深切苦难，无政府主义也有着理论上的致命缺陷。历史和现实的经验教训让青年认识到，只有马克思主义这一科学真理才能作为拯救中国的思想武器。基于此，众多曾经意见不同、观点不同的青年自觉地团结到马克思主义的旗帜下，一步步成为初步的马克思主义者。

陈独秀等对马克思主义的宣传，以及与无政府主义者的论战帮助广大青年进一步提高了认识和辨别真假社会主义的能力，进一步树立了青年对马克思主义的信仰，为广东的党、团组织的发展指明了方向和道路，也为团一大在广东的召开奠定了良好的思想文化基础。

第三节 广东社会主义青年团成立和团一大召开

1921 年 7 月 23 日，中国共产党第一次全国代表大会在上海召开，宣告中国共产党成立。在此之前，为团结教育革命青年，在上海的共产党早期组织领导下，上海社会主义青年团于 1920 年 8 月 22 日以俞秀松、施存统、陈望道、李汉俊等 8 人的名义正式发起并成立。广州、北京、武汉和长沙等地也陆续建立了社会主义青年团。后来，由于种种困难，这些青年团组织在 1921 年 5 月前后停止了活动。在党的领导下，1921 年 11 月，广东团组织恢复活动。1922 年 3 月 14 日，谭平山等人重建了广东社会主义青年团组织。随着各地社会主义青年团的迅速发展，召开社会主义青年团的第一次全国代表大会迫在眉睫。相对于上海，当时广州有着更为自由的环境。最终，在谭平山的建议下，原定于上海召开的中国社会主义青年团第一次全国代表大会改为在广州召开。

一、广东早期党、团组织的创建及活动

早在1920年8月，受共产国际东方部负责人维经斯基指派，俄共（布）党员米诺尔、别斯林等人就在粤籍北大学生、无政府主义者黄凌霜的帮助下在广州展开建党工作。米诺尔、别斯林和梁冰弦、区声白等无政府主义者接触后，在这一年的秋天成立了“广东共产党”。但是这个以共产党为名的组织，其实被无政府主义者包围着。因此，这个“广东共产党”“与其称作共产党，不如称作无政府主义的共产党”[1]。

8月间，谭平山等人按照陈独秀的指示，在上海团组织的带动下，开始着手组建广州社会主义青年团。他们以《广东群报》为团结青年群众的阵地，通过同乡、同学、同事关系，很快结识了一大批五四运动中倾向于社会主义的先进青年，如谭天度、杨匏安、陈俊生、冯菊坡、阮啸仙、刘尔崧、周其鉴、张善铭、梁复然（燃）、郭植生、王寒烬、刘觉非、陈卓生、梁铁志、邓瑞仁等。他们以这些青年为建团对象，很快就发展了十多名团员。不久，区声白、谢英伯等无政府主义者领导的“互助社”与青年团合并，团员人数有所增加。

11月下旬，广州社会主义青年团成立大会在广东高等师范学校召开，到会者众多。大会通过了广州社会主义青年团的章程：“宗旨是研究社会主义，并采用直接行动的方法，以达改造社会的目的。”1920年12月8日，广州社会主义青年团在《广州晨报》发表《社会主义青年团简章》，宣布以《广州晨报》社“晨光”编辑部为通讯处。社会主义者和无政府主义者合作，成立干事局，设立图书馆，组织团员从事理论研究和改造社会的实践活动。广州社会主义青年团成立后，开展了一些学习、研究社会主义理论的工作，也宣传、发动群众，部分团员开始把自身的活动和工农运动结合起来，产生了一定影响。

12月，陈独秀来到广州，在广州活动了近10个月（1920年12月至1921年9月），因而也更加了解广东的革命形势和广东青年运动的状况。他对广东的党、团组织建设的直接指导和参与，促进了马克思主义在广东的传播和

［1］中国社会科学院现代史研究室，中国革命博物馆研究室.“一大”前后：中国共产党第一次代表大会前后资料选编：三［G］. 北京：人民出版社，1984：10.

广东青年运动的发展。陈独秀到广州后，约见了谭平山、陈公博、谭植棠等人，商谈在广东建立党组织事宜。他说："为使广东民众运动获得更大的发展，必须建立一个领导组织。""北京、上海各地已有共产主义集团的组织，名称就叫'共产党'。""广东也应该建立一个共产党的组织，去担负起领导民众运动的任务。"谭平山等人相继发言表示赞同。[1]

1921年初，在上海的《新青年》社遭查封后南迁广州。图为广州《新青年》社旧址（今广州昌兴街26号）

共产党和社会主义青年团的信仰是科学社会主义。由于无政府主义和科学社会主义毕竟是不同的，两类信仰不同的人在一起活动的过程中，摩擦和斗争在所难免。陈独秀到广州与区声白等人取得联系，把自己起草的党纲拿到这个组织进行讨论，他们不赞成民主集中制和无产阶级专政的条文。陈独秀等与他们进行了激烈的争论后认为，必须摆脱这些无政府主义者。陈独秀通过演讲或撰文，宣传马克思主义，批判无政府主义，使社会主义者从思想上划清马克思主义和无政府主义的界限。

1921年3月，在陈独秀的努力下，经过多次酝酿，俄共（布）党员米诺尔、别斯林与谭平山等人改组了"广东共产党"组织，改组后的广东早期党组织

[1] 谭天度. 回首往事话当年：回忆《广东群报》的创办和广东党组织的诞生[J]. 广州党史资料，1981（1）：3-11.

名为“广州共产党”，陈独秀为书记，谭植棠负责宣传工作。随陈独秀来穗工作的李季，因工作关系来到广州的上海共产党早期组织成员沈玄庐和武汉共产党早期组织书记包惠僧，参加了广州共产党早期组织的活动。1921年春，陈独秀介绍谭平山任广东省教育行政委员会副委员长，并提供经费支持，举办广东省立宣讲员养成所以传播革命思想，培养了不少共产党、青年团组织的重要干部。

和各地的共产党早期组织一样，广州共产党早期组织成立以后，主要开展了几方面的活动：一是宣传马克思主义，组织进步青年学习马克思主义，研究中国的实际问题；二是同反对马克思主义的思潮展开论战，帮助一批进步分子划清科学社会主义同其他社会主义派别的界限，最终走上马克思主义的道路；三是通过在工人中进行宣传和组织工会的工作，使工人开始接受马克思主义的教育，提高阶级觉悟；四是建立青年团组织，组织团员学习马克思主义，参加实际斗争，为党培养后备力量。各地共产党早期组织所进行的这些活动，有力地促进了马克思主义的进一步传播及其同中国工人运动的结合，使中国基本具备了建立共产党的条件。

无政府主义者和科学社会主义者的冲突也延伸到了青年团中——无政府主义者企图将青年团无政府主义化，每次开会前总是暗自先开小会，到了正式开会时就按照他们预先在小会上的安排与科学社会主义者争论起来，甚至动武，两者在组织上造成严重对立。

1921年3月，互助社决议退出广州社会主义青年团。此后不久，上海社会主义青年团由于没有表明遵循哪种“主义”，导致团员思想混乱，没有具体工作计划而难以为继。广州社会主义青年团在5月亦停止了活动。1921年1月，在一名路过潮州的上海社会主义青年团团员的帮助下，潮州社会主义青年团在潮州成立。参加这一组织的主要是潮安青年图书社的成员，负责人是姚维殷。后来，因为上海社会主义青年团工作中断，潮州社会主义青年团未能再与上海团组织保持联系，姚维殷也前往南洋，团组织活动暂时停止。

二、中共一大前后广东党组织的发展

1921年6月初，共产国际代表马林和共产国际远东书记处代表尼克尔斯基先后到达上海，并与上海的共产党早期组织成员李达、李汉俊建立了联系。

他们一致认为应尽快召开全国代表大会。7月23日，中国共产党第一次全国代表大会召开，国内各地的党组织和旅日的党组织派出代表出席了在上海举行的代表大会。最后一天的会议转移到浙江嘉兴南湖举行。参加会议的各地代表是：李达、李汉俊（上海），张国焘、刘仁静（北京），毛泽东、何叔衡（长沙），董必武、陈潭秋（武汉），王尽美、邓恩铭（济南），陈公博（广州），周佛海（旅日）；包惠僧受在广州的陈独秀指派，也参加了会议。他们代表着全国50多名党员。共产国际代表马林和尼克尔斯基列席会议。大会确定党的名称为“中国共产党”。党的纲领明确提出“革命军队必须与无产阶级一起推翻资本家阶级的政权”“承认无产阶级专政，直到阶级斗争结束”“消灭资本家私有制”，以及“联合第三国际”。[1]大会讨论了实际工作计划，决定集中精力领导工人运动，组织工会和教育工人。中国共产党一经诞生，就把关注的目光投向青年，把革命的希望寄予青年。党的一大专门研究了建立和发展青年团作为党的预备学校的问题。

党的一大宣告了中国共产党的成立。从此，在古老的中国大地上出现了完全新式的、以马克思主义为行动指南的、统一的和唯一的中国工人阶级的政党。中国共产党作为中国最先进的阶级——工人阶级的政党，不仅代表着工人阶级的利益，而且代表着整个中华民族的利益。中国共产党从一开始就拥有马克思主义这个最先进的思想武器，因而能够为中国革命指明前进的方向。中国共产党给灾难深重的中国人民带来光明和希望。虽然这时党的力量还很弱小，但中国共产党仍满怀信心地以改造中国为己任，为争取民族独立和人民解放，实现国家的繁荣富强和人民的共同富裕，开始了艰苦卓绝的斗争历程。自从有了中国共产党，中国革命的面貌焕然一新！

广东党组织选派陈公博和由陈独秀委派的包惠僧为代表，出席了在上海召开的中国共产党第一次全国代表大会。党的一大后，广东共产党早期组织定名为“中国共产党广东支部”。这表明，广东党组织成为中国共产党一个基层组织，成为中国共产党的一个重要组成部分。

党的一大召开过程中，身在广东的陈独秀委托广东代表带去了致大会的信，据参会代表回忆，该信主要讲了四点：“一曰培植党员；二曰民主主义

[1] 本书编写组. 中国共产党简史 [M]. 北京：人民出版社，2021：13-14.

之指导；三曰纪律；四曰慎重进行发动群众。”会议最后选举产生了党的中央领导机构，尽管陈独秀没有出席会议，但是由于他在中国共产党创建过程中的卓越贡献，他被推选为中国共产党中央局书记。1921 年 9 月，陈独秀即从广东启程回到了上海，担负起中国共产党中央局书记的工作。

党的一大后，广东党组织进入新的发展时期。根据革命形势的需要，1921 年 11 月，中共中央局（以书记陈独秀的名义）向全党发出通告，要求广州、上海、北京、武汉和长沙五区于本年底或最迟亦须在 1922 年 7 月召开党的二大前发展党员 30 人，成立区执行委员会。中共广东支部接此通知后，加强了党的思想建设和组织发展工作，至 1922 年 6 月，发展党员 32 人，完全达到中央的要求。1922 年 6 月，广东党组织根据中共中央局的指示，将广东支部扩大为广东区委，成立了中国共产党广东区委员会（简称“广东区委”），由谭平山任中共广东区委和广东社会主义青年团的负责人。

最初，中共广东支部及中共广东区委的活动地点设在杨家祠，即今广州市越秀区越华路 116 号。青年团的许多会议都曾在此召开。后来，因革命需要，1924 年至 1927 年，中国共产党广东区委员会转移至文明路，即今天的文明路 194 号至 200 号。由于当时党的机关没有公开，于是用了“管东渠”这个名字向警察局登记，即粤语“广东区”的谐音，后来“管东渠”就成了广东区委的代号。当年的“管东渠”二楼是青年团广东区委员会办公地，三楼是中国共产党广东区委员会的办公地。

中共广东党组织的建立，是广东革命运动发展的必然结果，是广东人民政治生活中的重大事件，是广东近代历史上的一个重要里程碑。从此，在中共中央的领导下，广东党组织成为广东人民反帝反封建斗争的组织者和领导者，肩负起领导广东人民革命的历史任务。广东党组织的建立有力地指导了广东青年团组织的建设工作，促进了广东青年团组织的蓬勃发展。

三、广东社会主义青年团的成立

在党的一大上，各个地方组织都在报告中提出“党员太少，必须增加党员”的问题。为此，党的一大提出了解决该问题的办法，就是“决定各地都成立社会主义青年团，从团员中提拔进步分子入党”[1]。

与此同时，出席共产国际三大、少年共产国际二大的张太雷从苏联回到上海，他根据共产国际的指示和党中央的意见，主持整顿社会主义青年团，制定了团的临时章程，要求各地依照新章程，从速建团。临时章程规定：“正式团中央机关未组成时，以上海团机关代理团中央职权。”为此，党中央和代理团中央发布了建团的通告和章程。

广东党、团组织负责人谭平山遵照党中央和代理团中央的指示，在广东重建社会主义青年团组织。谭平山依靠党支部把原来广州社会主义青年团的团员联络起来，并于 1921 年 12 月开展组织广东社会主义青年团的活动。与此同时，罗汉到琼崖开展建团工作。翌年 1 月，琼崖社会主义青年团成立。罗汉为书记，团员有鲁易、李实、吴明、徐成章、徐天柄等。他们分别在琼山各中等学校及军队中开展活动。

1921 年 12 月，共产国际代表马林和张太雷来到广东指导党、团工作，在广州停留十几天，在广州、海丰、汕头等地参加青年集会，宣传革命，促进广东建团工作。共产国际还分配给广东社会主义青年团两个名额，可参加拟定于 1922 年 1 月召开的远东各国共产党及革命组织第一次代表大会。这充分显示了共产国际对广东青年团事业的重视，有力推动了广东社会主义青年团的发展。

1922 年 1 月，广东社会主义青年团召开第一次筹备大会，修订了广东社会主义青年团章程。2 月，广东社会主义青年团的机关报《青年周刊》创刊。3 月 6 日，谭平山在给代理团中央的汇报信中说道：“现在团内已成立机关……分团已派人组织六处：甲、肇庆；乙、佛山（人数已有二千余，尚未正式成立）；丙、梧州；丁、新会；戊、东莞；己、蕉岭。”[2] 11 日，谭平山在广东社会主义青年团成立会上的答词中还说道：“我当时受了上海总团的委托，再在粤组织分团……至二月第二次筹备会，人数已达一百四十人，到现在五百余人，至佛山、肇庆、梧州、南宁、汕头、琼州等，均派有人组织分团，这是本团

[1] 中国社会科学院现代史研究室，中国革命博物馆党史研究室. “一大”前后：中国共产党第一次代表大会前后资料选编：二 [G]. 北京：人民出版社，1980：352.

[2] 广东省档案馆，广东青运史研究委员会. 广东青年运动历史资料 [G]. 广州：广东省供销学校印刷厂，1986：1.

成立的经过。”[1][2]

1922 年 3 月 14 日是马克思逝世 39 周年纪念日，当日中午 12 时，广东社会主义青年团在广州东园召开成立大会并隆重纪念马克思，以此表明广东社会主义青年团决心继承马克思的遗志，将社会主义、共产主义事业继续推向前进。全体团员及各界群众 3000 多人参加。谭平山在大会宣布：“我们组织这个社会主义青年团，是以改造社会为目的……本团的组织，纯以马克思主义做中心思想。”[3]

广东社会主义青年团纪念章

广东社会主义青年团虽然成立了，然而团组织真正发挥作用却需要一个过程。社会主义青年团的建设主要分为思想建团和组织建团两个相互依存的重要部分。对此，广东社会主义青年团的创建者们作出了积极探索。

一是明确指导思想为马克思主义。广州社会主义青年团的经验教训深刻地说明一个道理：没有明确的指导思想，没有坚强的组织纪律，就不可能形成一个真正有战斗力的团组织。故而，在广东社会主义青年团创建时期，其创建者吸取了这一历史教训。他们明确提出：新成立的社会主义青年团以“马克思主义做中心思想”“研究与实行并重”，每一个团员都要担负起研究、评议、

[1] 广东青运史研究委员会. 青年周刊 [M]. 广州：广东人民出版社，1986：71.

[2] 谭平山虽然“派有人组织分团”，但是根据《先驱》记载，团一大召开前夕的广东团组织之中仅有广州、潮州、梧州、佛山、新会、肇庆，并没有南宁和琼州。

[3] 谭平山. 谭平山文集 [M]. 北京：人民出版社，1986：243.

执行三种职责。他们以此为原则，开展建团的各项工作。他们在建团的过程中十分注意宣传马克思列宁主义，邀请马林向广州青年介绍十月革命经验，介绍党、团的知识，在组织纪念社会主义者李卜克内西和卢森堡的过程中宣传科学社会主义。正如马林指出的那样："中国南部，青年中的共产主义宣传十分成功。"[1]

二是注重建团工作与劳工运动、农民运动、学生运动、妇女运动和军人运动相结合。谭平山等人在创建广东社会主义青年团的过程中，十分注重劳工运动。1922 年上半年，全国共有团员 4000 多人，其中有 2000 多名为广东佛山的工人。梁复燃、王寒烬等人建立的土木建筑工会的 1500 多名工人和理发工会的 600 多名工人都被发展到青年团中。但这些工人中有不少年龄超过了 28 岁。考虑到当时的青年团员有很多是小资产阶级的青年学生，为了更好地向以青年无产阶级为基础的团组织过渡，团一大特别对广东佛山地区的青年团员作出了特别决议，年逾 28 岁者不适用团章第二条之规定，允许佛山分团依然能够拥有选举权和被选举权。

广东党支部在领导建团的过程中还特别指出，要注重发展中等以上学校的学生、下级军官、国民党中之无产阶级、机器工人补习学校之学生、互助社之主要分子。在青年团的章程中还特别设立劳工运动、学生运动、农民运动、妇女运动、军人运动、政治宣传、社会教育等 7 个委员会；王寒烬任劳工运动委员会委员长兼劳动组织部主任，谢英伯任妇女运动委员会委员长，陈俊生任社会教育委员会委员长兼总务部主任，何寿英任政治宣传委员会委员长。这些旨在与工农运动相结合的部门成为广东社会主义青年团的重要组织领导机构，为以后青年运动的顺利发展打下了良好的基础。

四、团一大在广州召开

中国共产党早期领导人陈独秀等人作为青年导师，十分重视青年工作，提出了如何加强团组织工作的具体意见。与此同时，青年共产国际也提出要加强对团的领导。为了进一步开创青年工作的新局面，党的一大闭幕后，党

[1] 中共中央党史研究室第一研究部. 共产国际、联共（布）与中国革命文献资料选集：1917—1925 [G]. 北京：北京图书馆出版社，1997.

组织就开始从人员和组织建设等方面加强团组织建设。1922年初，施存统回国后到了上海，担任青年团的临时中央局兼上海团的负责人。在施存统、张太雷等人共同努力下，团临时中央局指示各地团组织重新登记，从组织上纯洁团员队伍，从思想上加强马克思主义信仰，整顿团组织，使得团组织重新焕发了活力。

在中国共产党的领导和推动下，全国范围内的社会主义青年团的建团工作蓬勃发展起来。团组织得到整顿后的六个月内，上海、北京、南京、天津、保定、唐山、塘沽、武昌、长沙、杭州、安庆、广州、潮州、梧州、佛山、新会、肇庆、太原等地都建立了团组织，全国团员总数达5000余人。上海青年团临时中央局一时间成为全国范围内建团的枢纽。

随着各地社会主义青年团的迅速发展，迫切地需要建立一个思想上、组织上统一的青年团组织。而根据团的临时章程的规定，有五个地方团组织成立后就可以召开全国代表大会，通过正式章程及组织中央机关。因此，召开团的第一次全国代表大会就迫在眉睫了。

一开始，团一大的会址定在上海，开会时间是4月，各地的团组织原本都已经收到了来自上海的通告。但是在上海召开会议，在当时的情况下却面临着实际的困难。这是因为，处于半殖民地半封建社会的中国，大部分地区仍处于帝国主义和地方军阀的实际控制之下，他们对革命运动采取反对的态度。上海也不例外，党的一大在上海召开期间就由于受到密探的影响，不得不进行转移。“当时法界当局对革命党的行动极为注意，上海的流氓密探等也常常有勒诈的行为。”[1]在这种情况下，选择在上海召开团一大面临着重重障碍，存在很大风险。

而此时在深受孙中山民主思想影响的广东，革命运动迅速发展。广东是孙中山及其领导的国民党进行革命活动的基地。1920年10月，孙中山等人率军队驱逐军阀，随即孙中山等人领导的革命政权在广州建立，整顿吏治、改善政策，使得广州的政治气象为之一新，人民群众享有了较当时中国其他地方更为充分的政治自由。

[1] 中共东莞市委党史研究室. 袁振英研究史料［G］. 北京：中共党史出版社，2014：439-446.

革命政权建立后不久，广州政府就宣布废止袁世凯在位时所订的“治安警察条例”。“治安警察条例”妨害人群的进步，妨害社会生活，妨害公共利益，废除这一条例“就像是解除了颈子上一条大而且重的铁链”。1922 年 6 月，《中共对于时局的主张》指出：“广州政府废止‘治安警察条例’是维护民主政治的表现。”[1] 随着这一条例的废止，公开的游行、集会就成为可能。香港海员大罢工用事实证明，南方相对于北方而言，具有“比较的自由”。也正如团一大会议上，黄璧魂在发言中所说的，“以中国来计算，只有广东可以自由，所以我们竭力起来运动”。汕头团员代表叶纫芳则指出：“须知现在中国政府除开这个广东省，言论出版结社之自由，还是未曾得到的。”

在思想文化方面，国民党主要领导人孙中山、掌握军权的陈炯明等人，对社会主义等新思想有一定的了解和支持，对新文化接受程度较高。《广东群报》《劳动与妇女》《新青年》《青年周刊》等报刊的作者中不乏国民党中的重要人物。传播马克思主义思想的集会，他们也时有参加。

从革命运动的基础来看，广东的革命运动有着较好的基础。陈独秀利用担任广东教育行政委员会委员长之便，一方面扩大新文化思想和马克思主义的宣传，使广东具备了良好的思想文化环境，另一方面抓紧广东党、团组织的建设，促使广东青年团的工作取得了显著的成果。

广东团组织的基础较好，为争取团一大在广州的召开提供了重要支持。谭平山响应党中央的号召，于 1921 年 12 月开始紧张地重建广东团组织，这项工作到 1922 年 3 月时已经卓有成效，具体包括：召开宣传青年团的宗旨的万人大会，创办出版了《青年周刊》，召开了两次重组广东青年团的筹备会议，团员人数发展到 400 人，并在佛山、肇庆组建了团组织分部。

到团一大召开前夕，全国成立的 18 处团组织，广东就占了 5 处，占将近三分之一，即广州、潮州、佛山、新会、肇庆。梧州虽然地处广西，但该地也在广东社会主义青年团领导下建立了青年团组织。广东青年团员积极奋战在发动工人、成立工会、举办工人夜校及开展各种争取工人权益运动的最前

[1] 中共中央文献研究室，中央档案馆. 建党以来重要文献选编：第1册［G］. 北京：中央文献出版社，2011：90–94.

沿。中共中央局陈独秀、张国焘与青年共产国际代表达林也来到广州指导团的工作。广东青年团组织的发展走在了全国的前列，为争取团一大在广州召开奠定了良好的基础。

随着革命形势的发展，1922 年 4 月至 5 月，处于党的一大之后、党的二大之前的时间节点，此时公开宣传马克思主义、青年运动、工人运动及与国民党的统一战线工作的重要性日益凸显。在广州将马克思诞辰纪念大会、团一大、第一次全国劳动大会三会合并召开的方案能很好地适应当时革命形势的发展。

相对于当时的上海，广州有着更为自由的环境，这就成了广州的独特优势。正因如此，广东团组织的领导人谭平山写信向施存统建议“大会地点，如能够改在广州更好，因为比较的自由”。[1]

最终，在谭平山的建议下，原定于上海召开的团一大改变为在广州召开。广州东园也就光荣地成为中国社会主义青年团的诞生地。

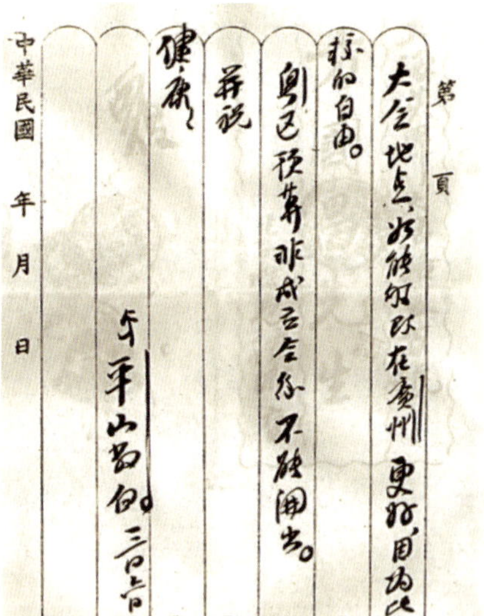
第 頁

大会地点，如能够改在广州更好，因为比较的自由。

中華民國 年 月 日

谭平山写信给施存统，建议“大会地点，如能够改在广州更好”

[1] 广东省档案馆，广东青运史研究委员会. 广东青年运动历史资料［G］. 广州：广东省供销学校印刷厂，1986：2.

1922年4月，陈独秀在上海会见达林以及中国社会主义青年团全国代表大会筹备处的成员张太雷、刘仁静等人，讨论团一大议程和有关组织事项。4月中下旬，青年共产国际代表达林、中国社会主义青年团全国代表大会筹备处代表张太雷及一位共产党代表同志，经厦门、汕头，到广州出席团一大。在汕头候船期间，三人在汕头暂住并起草了《中国社会主义青年团章程（草案）》《中国社会主义青年团纲领（草案）》等一系列文件。4月27日至4月30日，根据达林建议，中共中央局在广州召开党、团干部会议。陈独秀、张国焘、张太雷、蔡和森、施存统、谭平山、林伯渠等20多人讨论了一次劳大[1]和团一大的相关问题以及对国民党的态度问题。

1922年5月5日至5月10日（5月5日是马克思诞辰日），团一大在广州东园召开。开幕式的主席台搭设在东园红楼凉亭旁广场上一座用茅竹搭起来的棚子里。大会主席张太雷致开幕词，中共中央领导人陈独秀来到现场。根据1922年5月23日《广东群报》第八页的记载，陈独秀发表了题为《马克思的两大精神》[2]的演说。青年共产国际代表达林作了《国际帝国主义与中国及中国社会主义青年团》的演说。

出席大会的25名团一大代表分别是：蔡和森、邓中夏、张太雷、许白昊、方国昌（施存统）、俞秀松、易礼容、王振翼、陈子博、谭平山、莫耀明、李树彝、吕一鸣、王仲强、谭植棠、金家凤、张仲毅、张继武、张绍康、梁复燃、陈公博、叶纫芳、李峙山、梁桂华、谢英伯。

5月6日到5月10日，会议转移到广州东园小溪上西边一间双层木阁楼召开。会议先后听取了方国昌所作的关于青年团临时中央局和上海团的情况报告，以及各地代表谭平山（广州）、邓中夏（北京）、易礼容（长沙）、莫耀明（南京）等人所作的关于本地团的情况报告。

10日，大会讨论了选举中央执行委员的办法，邓中夏提议先提出“候

［1］“一次劳大”即“第一次全国劳动大会”简称，又称“中国工会第一次全国代表大会”，1922年5月1日至6日在广州召开。

［2］1983年9月10日，曾建昭、陈善光等人在《提供一篇陈独秀的历史文献》中曾将该文章题目增补为《马克思（主义）的两大精神》，此处按照《广东群报》原文加以恢复，以保留原貌。

补人”；施存统提议中央执行委员凡 S.Y.[1]团员都可推举，先推为“候补员”，到会人员每人至多各提一人，过半数通过，采用无记名投票。最终，会议选举产生了团中央执行委员会，高尚德（高君宇）、方国昌（施存统）、张椿年（张太雷）、蔡和森、俞秀松为中央执行委员。在团中央执行委员会第一次会议上，施存统被推选为书记。会议还通过了《中国社会主义青年团纲领》（以下简称《纲领》）和《中国社会主义青年团章程》（以下简称《团章》）。

10日当晚，大会还讨论通过了《青年工人农人生活状况改良的议决案》《关于政治宣传运动的议决案》《关于教育运动的议决案》《中国社会主义青年团与中国各团体的关系之议决案》等文件，并一致同意加入共产国际领导的无产阶级青年国际组织——青年共产国际。原本按照青年共产国际二大出台的章程，属于共产国际的组织，一律要以共产主义命名。但是考虑到当时中国时局复杂，为避免反动势力的迫害，大会认为公开提出共产主义名号的时机还未到来，加上为了更广泛地吸引、凝聚青年，最终还是选择了“中国社会主义青年团”这一名称。

团一大实现了青年团在思想上、组织上的全面统一。团一大的胜利召开标志着中国社会主义青年团的正式成立，标志着中国共产党领导下具有明确纲领和具体奋斗目标的全国性的先进青年组织正式诞生。

中国共产党是在幅员广大、人口众多、情况复杂、经济文化落后的半殖民地半封建的旧中国开展活动的，从何处着手进行革命，如何把马克思主义的基本原理同中国革命的具体实践正确地结合起来，搞清楚民主革命与社会主义革命的区别和联系，制定出符合国情的民主革命纲领，需要一个探索的过程。刚刚成立的中国共产党，最重要的任务是学习运用科学理论来观察和分析中国面对的实际问题。当时中国最突出的问题，就是帝国主义势力操纵下愈演愈烈的军阀混战。党深刻认识到，时局如此动荡，如果不先推倒祸国殃民的大小军阀及帝国主义，一切美好理想的实现都无从谈起。[2]

而在这一过程中，1922 年 5 月召开的团一大通过的民主革命纲领为国

[1] S. Y. 又作 SY，英文“Socialist Youth”的缩写，即社会主义青年团。

[2] 本书编写组. 中国共产党简史［M］. 北京：人民出版社，2021：15-16.

共合作和统一战线的发展作出了积极探索和突出贡献。团一大首次明确地提出了“铲除武人政治和国际资本帝国主义的压迫”这一具有反帝反封建性质的纲领；团一大首次制定《中国社会主义青年团与中国各团体的关系之议决案》，指出：“对于各种社会主义团体，应与之结成共同的战线。”“对于民主革命的政党，则应取援助的态度。”[1]

团一大通过的《纲领》是一份闪耀着马克思主义理论光芒，具体联系中国现实状况，较早提出了较为成熟的革命斗争策略，对统一战线的建立作出了积极探索的历史文件。

《纲领》分析认为帝国主义列强想要达到侵略的目的，自然要处心积虑破坏中国的独立和自强，扶植军阀使之互相争斗，以收渔人之利；同时又因为列强间利益的冲突，它们会特别扶植各自的军阀势力使之互相争斗。因此，中国就会陷入四分五裂的地步，列强就会趁机瓜分中国。除了列强、军阀之外，还有“一班由国际资本养成的外国资本家走狗、汉奸、卖国党，在现在及最近将来更能把中国一切的经济生命尽量卖给外国资本家，例如种种权利之割让，最廉价的原料之输出，最廉价的劳力之供给等都是”[2]。其中，中国的大城市又会出现一些“欧化的资产阶级”，他们也采取与外国资本家同样的形式来剥削压迫中国的无产阶级。这不能不导致中国社会的衰落。

在分析清楚了中国革命的敌人是谁之后，《纲领》指出，中国的出路在于：

第一步，进行民主革新战争。组织“中国社会的最多数最重要的分子”，也就是“农人、小商人和小工厂主或工厂主以及知识者等小资产阶级”进行“反抗外国资本帝国主义的侵略和反抗本国封建武人的压迫”。《纲领》认为，“这种反抗封建的民主革新战争，在政治和经济进化之历史的过程上有重大的意义”。根据中国政治经济的现状，“我们无产阶级和最苦的农民都应该援助这种革命的争斗”，并在这个过程中发展壮大，“造成无产阶级的真实力量”。这一点可以说是建立革命统一战线的思想基础。由此，从团一大发端，党的

[1] 中共中央文献研究室，中央档案馆. 建党以来重要文献选编：第1册［G］. 北京：中央文献出版社，2011：75.

[2] 本书编委会. 红色历程　中国共产党从“一大”到“十七大”重大事件纪实：第2卷［M］. 北京：中共中央党校出版社，2007：441.

革命策略已经开始考虑现实的问题。在党的二大上，再次确认了这样的观点。

第二步，建立无产阶级的政权。《纲领》指出："接着民主的革命成功，便会发生无产阶级对抗资产阶级的革命运动""这种革命之目的是采用劳农制度，即是将政权归诸无产阶级"。而"这种革命实现之快慢"，最终依靠"世界状况及中国无产阶级组织能力和战斗能力之强弱而定"。

这些理论的提出，充分体现了团一大对民主革命纲领的探索和对统一战线问题的思考，开启了对民主革命政党态度的转变，探索了社会革命向民主革命的转变。这一转变，也为后来党的二大提出民主革命纲领和建立"民主联合战线"的主张，奠定了重要基础。

团一大的历史功绩还在于制定了《团章》，确定了团的组织原则，打造了一个纲领明确、组织统一的先进的全国性青年团体，预示了中国青年运动的希望和未来。团一大在凝聚思想共识和指导组织建设方面展开了新的探索。在凝聚思想共识方面，团一大明确指出了团的性质、目标、任务，确定了团的革命任务是改善青年工人农民的生活状况，并为青年妇女、青年学生的利益而奋斗。团一大还指出，中国社会主义青年团为代表中国无产阶级的革命团体，所以它的生命在不停的实际运动上面，而不在坐而论道或空谈主义上面。

《团章》共有九章，包括团员、组织、纪律、会议、报告、机关、经费、机关报和附议决案五则，为团组织的正常运转提供了规章制度。《团章》规定凡是 15 岁以上至 28 岁以下的青年，认同团的纲领和章程，即可加入社会主义青年团。凡年满 28 岁仍在团组织中的人员，称为特别团员，只有发言权。不过附则中又补充如果实在需要，经过一定的程序，特别团员也可以有被选举权。团员入团第一次要缴 5 角钱，以后每个月缴 1 角，劳动者入团费用免缴。

在组织建设方面，《团章》规定：团的组织机构分小团体、地方、区和中央四级设置。团的组织原则是民主集中制。团的纪律是少数服从多数，下级服从上级，各级服从中央执行委员会。团的具体工作是改善青年的生活状况和开展政治宣传运动与教育运动。

团一大后，团中央在 1922 年 5 月 16 日发出通告，要求各地团组织根据团一大精神进行改组，以一省为一区。27 日又发出通告，将青年团的基本单位改为组，要求各地照此改组。

团一大为中国青年的革命运动开辟了道路，为广东团组织的建设指明了方向。在中国共产党的领导下，中国青年团组织实现了思想上、组织上的完全统一，成为中国青年运动的先锋队，为全国规模的大革命创造了一定的准备条件。

坚定不移跟党走，为党和人民奋斗，是共青团的初心使命。团一大会址——广州东园，是中国共青团宣告成立之地，也成为青年团带领中国青年投身民族复兴伟业梦想起航之地。一百多年来，在党的坚强领导下，共青团不忘初心、牢记使命，走在青年前列，组织引导一代又一代青年坚定信念、紧跟党走，为争取民族独立、人民解放和实现国家富强、人民幸福而贡献力量，谱写了中华民族伟大复兴进程中激昂的青春乐章。

团一大旧址 1922.5.5

第二章

在大革命洪流中

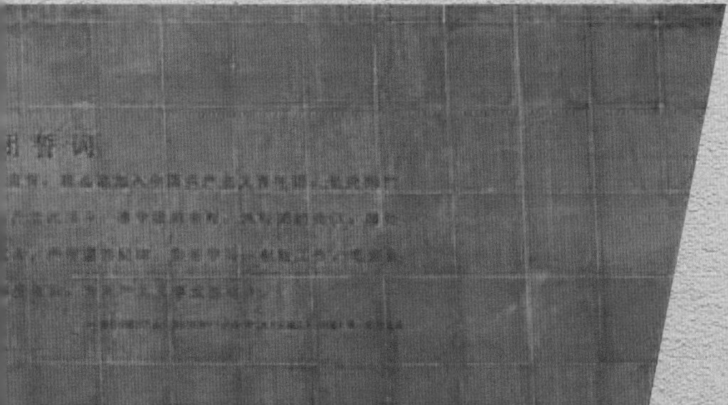

1923年6月，中国共产党第三次全国代表大会在广州召开，大会决定共产党员以个人身份加入国民党，以实现国共合作。随后，中国社会主义青年团第二次全国代表大会决定，青年团员以个人身份加入国民党。党的各级组织动员党员和革命青年加入国民党，在全国范围内积极推进国民革命运动。第一次国共合作实现后，以广州为中心，汇集全国革命力量，很快开创了反对帝国主义和封建军阀的革命新局面。国民革命思想由南向北，在全国范围内以前所未有的规模广泛传播，迎来大革命高潮。这一时期，在党的关心支持下，广东团组织快速发展，在青年中的影响力迅速扩大。广东青年团紧跟党的步伐，带领团员青年始终战斗在革命的最前线，维护了党和人民的根本利益，扩大了马克思主义的影响。

第一节　国共合作时期的广东团组织

1923年6月12日至20日，中国共产党第三次全国代表大会在广州东山恤孤院后街31号（今恤孤院路3号）召开。广东代表谭平山、阮啸仙、刘尔崧、冯菊坡等参加了会议。党的三大正确估计了孙中山的革命立场和国民党进行改组的可能性，决定共产党员以个人身份加入国民党，以实现国共合作。明确规定共产党员加入国民党时，党必须在政治上、思想上、组织上保持自己的独立性。党的三大后，国共合作步伐大大加快。

党的三大通过了七个决议案，其中《青年运动决议案》强调“青年运动为本党重要工作之一，所以对于社会主义青年团应极力加以组织上指导上之援助”，明确把社会主义青年团作为党领导中国青年运动的得力助手和中国青年学习共产主义的学校。党的各级组织动员党员和革命青年加入国民党，在全国范围内积极推进国民革命运动。

随后，中国社会主义青年团举行第二次全国代表大会，坚决接受党的三大所确定的与国民党建立统一战线的方针，决定社会主义青年团团员以个人身份加入国民党。大会指出，党的三大方针“最合中国实际情形”，“本团愿努力协调中国共产党诚实执行”。

处于大革命运动中心地的广东青年团紧密跟随中国共产党和团中央的步伐，参与国共合作。青年团员深入国民党的各级组织，开展改组国民党的宣传发动和组织工作。此外，广东青年团还组织开展了收回“关余”[1]斗争等革命活动，有力促进了国共合作的发展。

[1]“关余”是“关税余额”的简称。指中国近代每年关税收入中扣除赔款、海关经费，以及偿付外债后所剩的余额。

一、团广东区一大的召开

党的三大召开后，随着国共合作的推进，广东成为中国革命的中心和大革命的策源地。在这一背景下，广东青年革命运动的重要意义愈发凸显，这对广东青年团的建设提出了全新的要求。

团一大后，团中央要求各地改组团组织，以一省为一区。广东本可以照《团章》规定在1922年下半年建立团广东区委[1]，但陈炯明的叛变影响了团组织的发展进程。1923年，受党的委托，阮啸仙等人对广东社会主义青年团进行了改组和整顿，团组织得到迅速发展。广州地区的团组织恢复和发展之后，香港、海丰两个地方团组织相继成立，根据《团章》的规定，达到了成立团区委的条件。1923年9月29日，阮啸仙分别致函陈独秀和团中央，提出“有组织区执行委员会之必要”。应广东团组织的要求，团中央派卜世畸为驻粤特派员，指导团广东区第一次代表大会的各项工作。

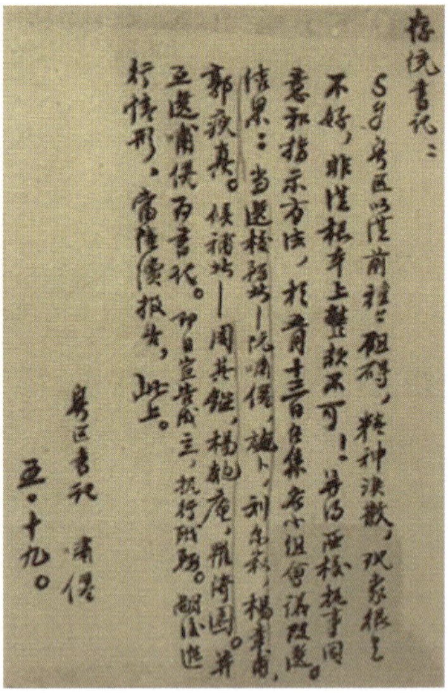

存统书记：

S.Y.粤区以往前种种阻碍，精神涣散，现象很是不好，非从根本上整顿不可！兹得西校执事同意和指示方法，于十一日召集各小组会议改选。结果：当选执行委员——阮啸仙、施卜、刘尔崧、杨章甫、郭瘦真。候补者——周其鉴、杨匏庵、罗绮园。并互选啸仙为书记。即日宣告成立，执行职务。关于进行情形，当陆续报告，此上。

粤区书记 啸仙

五·十九。

左为阮啸仙，右为阮啸仙致施存统的信，信中提到团广州地方执行委员会改组事宜

[1] 广东简称“粤”，在历史文献中，团广东区委也简称为“团粤区委”；共青团广东区委也简称为“共青团粤区委”。

1923年10月14日至16日，青年团广东区第一次代表大会在广州召开。出席大会的有中共广东区委代表冯菊坡，代行区执行委员会代表阮啸仙，以及广州地方代表、香港地方代表、鹤山地方代表。香山、东莞和海丰的地方团组织因故未能派代表列席。会议议程包括：就深入开展反帝反封建国民革命运动、农民运动、学生运动，在全省各地建立青年团组织和新学生社等问题进行讨论；通过《关于区报告的决议案》和《关于地方报告的决议案》，制订广东区工作计划，规定各地青年团组织的活动范围与内容；根据《团章》规定，与会代表投票选举了团广东区执行委员会，选举阮啸仙、刘尔崧、罗绮园、施卜、郭瘦真为区执行委员会委员，选举张元恺等人为候补委员，组成团广东区第一届执行委员会。

团广东区一大就如何开展反帝反封建国民革命运动、农民运动和学生运动制定了下一步工作的具体策略：一是以粤汉路、广三路、广九路为重点，建立三个地方团，每个地方团建立三个支部。以此为基础，通过铁路工人发展农民运动。随着农民运动的发展，加设地方团。二是第一批重点发展汕头、江门、琼崖、梧州、佛山、香山等地；第二批发展潮州、肇庆、梅县等地。三是在全省范围内扩充新学生社，改造学生联合会[1]。

团广东区一大是广东团组织在民主集中制原则指导下的一次生动实践，标志着广东团组织的思想、组织建设取得初步成就。虽然受限于客观原因，部分地方团组织未能派代表参加会议，但是这次大会为广东团组织的工作凝聚了共识，制订了切实可行的工作计划——发展铁路工人运动，发展农民运动，发展团组织；从革命需要出发，针对学生社团进行适应化的改造。这说明广东团组织开始将自己的革命理想有系统、有计划地转化为行动，并探索根据广东实际情况发展团组织的针对性方案，开始自觉地将青年运动与工人运动、农民运动相结合。

二、广东团组织的发展

随着党的三大和团广东区一大的召开，投身大革命洪流中的广东团组织

[1] 中央档案馆，广东省档案馆. 广东革命历史文件汇集：群团文件：1922—1924［G］. 广州：广东省供销学校印刷厂，1982：118-124.

逐步成为更系统、更坚固的组织，在岭南大地呈现星火燎原之势。

广东青年团成立初期，组织尚未健全，1922年团一大在广州召开后，“粤区始与中央联络”，随后由于陈炯明叛乱，青年团的同志只能秘密开展活动，活动成效难免受到影响。随着广东各地团组织的建立，按《团章》规定，广东区团组织正式成立。广东区团组织的成立具有重要的意义：一是使得广东青年团的革命活动开展有了更明确的领导中心，制定符合广东地区的活动策略，起到纲举目张的作用；二是加强了对各地团组织发展的指导，因应各地形势制定发展策略，如派出团员莫萃华回到东莞组建东莞支部，并根据当地形势开展农民运动。

（一）广东区团组织的发展

团二大以前，团广州地委代理广东区执委会职责。海丰和香港两地地委成立后，广东团组织照章成立了团广东区委。随着团组织的发展，团广东区委不再兼理广州地方的繁忙事务。但是，有些地方的团组织不属于任何地方团的范围，又未达到成立地方团的条件，则直接由团广东区委管理，满5人以上则成立支部[1]。

1924年5月25日至6月1日，团广东区第二次代表大会召开。大会对团广东区委组织进行了更系统的构建，成立秘书处、宣传部、组织部、农工部、学生部等内设机构。团广东区委改组后，各支部开会时，团广东区委均派人员参加，实地指导工作，如在组织农会工作上实地指导过团花县支部、团顺德支部、团东莞支部的改组等。团广东区二大对当时的工作方向作出了正确的分析，认为“广东农民运动为本区新近进展之途径，也是目前最重要问题”，“应指挥同志极力介绍青年工人、农民、学生加入国民党”[2]。

1925年，团广东区委结合当时斗争形势，设立特项委员会，包括工农运动委员会、学生运动委员会、宣传委员会，此后又设立“平教”委员会[3]。

[1] 中央档案馆，广东省档案馆. 广东革命历史文件汇集：群团文件：1922—1924[G]. 广州：广东省供销学校印刷厂，1982：371-376.

[2] 中央档案馆，广东省档案馆. 广东革命历史文件汇集：群团文件：1922—1924[G]. 广州：广东省供销学校印刷厂，1982：430-453.

[3] 中央档案馆，广东省档案馆. 广东革命历史文件汇集：群团文件：1925：一[G]. 广州：广东省供销学校印刷厂，1982：1-3，85-86.

1925 年 1 月 26 日至 30 日，中国社会主义青年团在上海召开第三次全国代表大会。会议决定动员全体团员贯彻党的四大决议，积极开展青年工人运动、青年农民运动和青年学生运动，决定把社会主义青年团改名为共产主义青年团。团三大对广东团组织进行了调整，取消团广东区委，成立团广州地委，代行团广东区委之职责。

1925 年 10 月，共青团广东区四大召开，根据共青团中央的决定，将共青团广东区委和共青团广州地委分开组建。1926 年 3 月，经过进一步调整，改组成立共青团广东区委，将共青团广东区委和共青团广州地委合并。广东团组织机构的成立和调整是根据当时斗争形势，为更好完成斗争使命而不断进行的，反映出团组织不断自我更新的生命力。

（二）广东地方团组织的发展

在大革命时期，岭南大地上地方团组织呈蓬勃发展的态势。广州、香港、海丰最早成立地方团组织，全省其他地方的团组织也逐渐建立和发展。

广州团组织的发展。1923 年 11 月，团广东区委改组团广州地委，设劳动运动委员会、教育委员会（后又设立妇女运动委员会、经济斗争委员会），其工作重心主要放在国民革命运动上。此时团广州地委共有 15 个支部，随着斗争形势的发展，随后又成立兵工厂支部、沙面青年工社等多个支部。团广州地委在广东团组织中处于核心地位，在一段时间内承担着团广东区委的职责。

1924 年，团中央在听取瞿秋白关于广东情况的汇报后，决定撤销团广州地委，由团广东区委兼理团广州地委的工作。11 月，团广东区三大召开，接受团中央暂时撤销团广州地委的指令。1925 年，团三大召开，鉴于广东党、团工作分开后，大批团的干部转入党的机关工作，决议暂时撤销团广东区委，成立共青团广州地委。1925 年 9 月，共青团广州地委召开全体团员及各地在省的团员大会，成立团广东区委兼广州地委。10 月，团广东区四大召开，根据团中央的决定，将团广东区委和团广州地委分开组建。

团广州地委和团广东区委的多次合并、分立，是在当时复杂的革命形势下，团根据党在不同时期的任务和广东地区革命形势变化而进行的调整。

香港团组织的发展。20 世纪初，香港工商业发达，但经济命脉被外国帝国主义者把控，又有买办代理，西方宗教势力也逐渐渗透香港地区。向香港地区的工人宣传马克思主义和民族运动，成为党和青年团组织的重要任务之一。党的三大的《关于工人运动问题的提纲》即指出："必须大力向广州、澳门和香港的工人宣传民族运动。香港在现代工业中占有很重要的地位。"[1] 随着马克思主义思想的传播以及十月革命和五四运动的影响，一些香港爱国青年开始研究马克思主义。

1922 年 4 月，中共中央局书记陈独秀由上海到广州参加中国社会主义青年团第一次全国代表大会，船行经香港时停泊码头。香港进步青年林君蔚、张仁道、李义裸特意到船上拜访陈独秀，陈独秀鼓励他们组织马克思主义研究小组，林君蔚等人备受鼓舞，旋即成立了马克思主义研究小组。1923 年，林君蔚和李义裸先后到广州，并经团广东区委书记阮啸仙等介绍，加入青年团组织。回到香港后，同年 6 月，建立香港青年团组织，李义裸为支部书记，团员有林君蔚、潘学仲等人。

面对香港地区复杂的革命形势，香港团组织从救国运动、工人运动和反教会运动入手，开展斗争工作。1923 年 8 月，团香港特支成立干事会，其工作重心为：发起组织救国十人团，帮助木匠工会与木业工会联合，调查香港各工会状况等。1923 年 10 月 5 日，香港临时团地委成立。团广东区一大召开后，对香港团组织工作进行指导，指出：香港工业较为发达，工人甚多，应努力向工人阶级宣传，一促其阶级觉悟，二灌输国民革命之精神，并着力开始文化运动[2]。至 1925 年，团香港地委下设六个支部，大多都是工人支部。

1925 年 6 月，为支援上海人民五卅反帝爱国运动，在邓中夏、苏兆征的领导下，广州、香港爆发规模宏大的省港大罢工。团香港地委、团广州地委积极配合大罢工。其间，香港多名团组织成员到广州参加革命活动，随后留在广州，改组成立团广州地委罢工部，香港地方团组织改为香港特委。

海丰团组织的发展。海陆丰地区是中国第一个县级苏维埃红色政权的根

[1] 广东革命历史博物馆. 中共“三大”资料［G］. 广州：广东人民出版社，1985：86.

[2] 中央档案馆，广东省档案馆. 广东革命历史文件汇集：群团文件：1922–1924［G］. 广州：广东省供销学校印刷厂，1982：122–123.

据地，这里走出了“农民运动大王”——彭湃。海丰团组织1923年已成立，当时对外以学术研究会为名[1]。海丰团组织十分重视农民运动，并在彭湃的领导下参与海丰农会工作，投身农民运动。由于战事影响，后彭湃避至汕头，海丰团组织的工作也因受到时局影响而陷于停顿。1925年，团海丰地委成立，1926年已下辖11个支部，另有陆丰特别支部。

广东其他地区团组织建立情况表

地区	建立时间与事件	机构设置与发展特点
汕头	1922年2月，团一大代表叶纫芳向时任广东团组织负责人请教成立团组织事宜。1924年3月22日，团中央决定在汕头建立团的组织。	1925年3月，陈延年等在汕头建立中共汕头特别支部，同时成立共青团汕头特别支部。11月13日，团汕头地委召开第一次常委会，通过了地委的组织结构，下设汕头支部、大寨支部、普宁支部等。12月，组织机构逐渐完善，设经济斗争运动委员会、宣传委员会、学生运动委员会、妇女运动委员会、青年农人运动委员会。
东莞	1923年10月，青年团员莫萃华受团广东区委派遣，回东莞组建青年团组织，团东莞支部正式成立。	1924年11月，团东莞支部改组为团东莞特别支部。1926年，团东莞地委成立，下设5个支部。团东莞地委除做好工农运动外，还在发展组织方面提出“发展学生为第一急务”，注重“扩大学生运动、巩固领导权”。当时，东莞地区以农民为主，故团组织活动以农民运动为主。后因受东江战事影响较大，团组织将原有农民团组织改组为农民自卫军。

[1] 中央档案馆，广东省档案馆. 广东革命历史文件汇集：群团文件：1922-1924[G]. 广州：广东省供销学校印刷厂，1982：75-76.

（续表）

地区	建立时间与事件	机构设置与发展特点
花县	1924年4月28日，团花县支部成立。	1925年7月，团花县地委成立。结合本地情况，花县团组织将工作重心放在农民运动上，获得当地农民支持。
顺德	1924年2月，团（顺德）大良支部成立。	1926年2月，团顺德地委成立。团支部成立时，团广东区委书记阮啸仙指示改组顺德总工会（后重新组织顺德工农联合会），介绍富有革命性的人员入会，多介绍工人加入国民党，参与国民革命运动，设立农民团组织。
广宁	1924年团广宁支部成立。	1925年，团广宁地委成立，其工作重心放在农民运动上，包括成立农会与农民自卫军。当时，广宁团组织的同志多为中小学教员，在运动口号和方法上贴近当地实际，而且得到广州工人的帮助。

除以上地区外，广东其他地区也陆续有团组织成立。比如，鹤山成立团支部，因当地农民多，团组织工作主要在农民中开展。新会成立团支部（后改为团江门支部），组织新学生社新会分社，出版《学生新声》，并开展平民识字运动、工人运动和学生运动，组织设立救国学会、妇女解放协会、青年联合会等群众组织。此外，雷州、惠阳、南雄、阳江、紫金、乐昌、四会、惠来、清远、曲江等地也先后成立团支部，粤汉铁路成立团粤汉路支部等。

大革命期间，广东团组织的发展不仅体现在地域范围上不断扩大，团组织的理念、纪律、革命斗争策略、工作方法等也进一步加强：

首先，加强思想建设，即“主义上的训练”。不仅出版了多种刊物加强宣传，也注重在团组织内部加强学习，如组织学习马克思唯物史观、阶级斗争、政治问题、劳动运动问题等。同时，注重将党和团中央的政策向团支部和团员宣讲，使团员能更紧密地围绕党和团中央的政策开展工作。

其次，在国民革命运动中，充分认识到“切要工作，在于深入群众，和群众发生密切的关系，宣传与组织，为与群众长时间之接触而结不解之缘”[1]。充分运用国共合作的政治基础，发展工农运动。

再次，在工作方法上，注意加强内部的理论宣传培训，设置团支部联席会议加强各团支部沟通，加强对团员的工作锻炼。

当然，这一时期，早期团组织的发展也难免出现一些问题，如：因为人员不足，对不同领域的革命工作难以兼顾；一些团员思想信念不够坚定、态度涣散，为此，广东区团组织开除了一些违背《团章》或缺乏革命意志的团员，以严明纪律[2]。总的来说，在大革命洪流中，广东青年团紧跟党的步伐，在岭南大地日益壮大，逐步发展为一个有坚定马克思主义信仰的青年团组织。

[1] 中央档案馆，广东省档案馆. 广东革命历史文件汇集：群团文件：1922—1924 [G]. 广州：广东省供销学校印刷厂，1982：193.

[2] 中央档案馆，广东省档案馆. 广东革命历史文件汇集：群团文件：1922—1924 [G]. 广州：广东省供销学校印刷厂，1982：377.

第二节 跟着党开创国民革命新局面

第一次国共合作实现后，国共两党以广州为中心，汇集全国革命力量，很快开创了反对帝国主义和封建军阀的革命新局面。在大革命时期，广东青年团在党的关怀、引领下，根据党的指示开展革命运动，推动大革命轰轰烈烈地开展。

一、党关怀团组织和团员青年

中国共产党一经诞生，就把关注的目光投向青年，把革命的希望寄予青年。广东是中国大革命的策源地，是中国共产党探索革命道路的核心区域之一。在这片革命的热土上，广东青年团和广东青年运动的发展始终伴随着中国共产党的直接关怀和领导。

1923 年，党的三大召开前后，陈独秀以“关于社会主义问题”为主题，在广东高等师范学校作数次演讲，对广东青年学生产生了巨大的影响。国共合作伊始，为帮助团的骨干和青年积极分子充分认识国共合作的重要性和必要性，团组织邀请瞿秋白作题为《三民主义》的报告。国民党一大召开时，团广州地委邀请李大钊等人到讲演会演讲。党组织经常教育在国民党内工作的青年团员，必须以身作则，顾全大局，以模范行为和良好作风推进革命工作。

大革命期间，共产党与国民党联合创办广州农民运动讲习所和黄埔军校，培养大批青年农民运动骨干和青年革命军人。广州农民运动讲习所（以下简称“农讲所”）、黄埔军校、中山大学、省港罢工委员会被誉为第一次国共合作期间四大革命基地[1]。

农讲所是共产党人起着主导和核心作用的一所生机勃勃的革命学校，培养的历届学员为广东青年运动和农民运动提供了有力支持。在主持第六届农

[1] 中共广东省委党史研究室. 中国共产党广东地方史：第一卷［M］. 广州：广东人民出版社，1999：165.

讲所工作期间，毛泽东十分重视培养青年学员，注重理论与实践相结合，强调学员要积极参与调查研究和社会实践。毛泽东提出青年“最好就下乡去，到民间去，直接去指导农民”[1]，“拜农民为老师，同农民做朋友，脱掉知识分子的皮服，放下臭架子”[2]。

农讲所学员在广州东较场军训的情景

毛泽东还亲自带领学员到韶关和海丰农村进行社会调查。这些调查材料，被毛泽东编辑成《农民问题丛刊》。彭湃的《海丰农民运动报告》也被收录其中，作为经验向全国推广。在毛泽东的要求下，农讲所设立军事训练部，专门负责军事训练工作。学员过上了完全军事化的生活，在东较场接受正规的军训，训练时间占全部课程的三分之一。

第六届农讲所中，萧楚女是唯一的专任教员。他遵照毛泽东制定的教学计划，出色地完成了教学任务，并编写了《帝国主义讲授大纲》《中国民族革命运动史讲授大纲》《社会主义概要讲授大纲》，得到毛泽东的高度赞扬。萧楚女讲课尤为慷慨激昂，特别是讲到辛亥革命、五四运动以及当时的五卅运动和沙基惨案等更是富有感染力。他和毛泽东经常指导学员进行课外理论研究，常常为学员就当时农讲所发放的重要书刊和决议文件列出中心问题，便于学员阅读时思考研究，因此学员都视萧楚女为自己的良师益友。在第六届农讲所结业后，萧楚女到黄埔军校任政治教官。他十分注重对学生的革命品德教育，且又学识渊博，讲解深入浅出，因此深受学生欢迎。当时，萧楚女和恽代英、张秋人被黄埔军校政治部称赞为“广州三杰”。在黄埔军

[1] 中共中央文献研究室. 毛泽东年谱：1893—1949：修订本：上卷[M]. 北京：中央文献出版社，2013：165.

[2] 高菊村，刘胜生，陈峰，等. 青年毛泽东[M]. 北京：中央文献出版社，2008：328.

校期间，萧楚女还将学生的问题整理成政治问答，发表在《黄埔日刊》上。他自己更撰写文章刊登在《黄埔日刊》上，宣传马克思主义，阐明革命理论和实践问题。

黄埔军校成立后，党组织陆续抽调多名党员到军校任职。其中，周恩来出任军校第三任政治部主任。周恩来是大革命时期广东青年团的引路人，为青年团的发展作出重要的贡献。1924 年秋，周恩来从法国归国，负责中共两广区委的领导工作。他在担任黄埔军校政治部主任期间，十分关注团的工作，多次到学校、农讲所授课，大力培养青年干部。在中共黄埔军校特别支部和周恩来的领导下，以该校教职员和学生中的共产党员为核心的青年军人联合会成立。

1926 年初，周恩来特地派妻子邓颖超到梅县东山中学演讲，调解梅县学生联合会和岭东同学会两个组织的矛盾。在周恩来、邓颖超、叶剑英的关心下，梅县地区的学生很快团结起来，推动了革命形势的发展。

周恩来在东征过程中十分重视广东地区青年团组织的建设，他在揭阳学宫的一次讲话中指出“既要发展大学（党），也要发展小学（团）”，指出了团的建设的重要性。周恩来亲自指导团海丰支部的工作，推荐彭元岳为团海丰支部书记。在他的关心支持下，汕头、普宁、揭阳等地也设立了团支部，成立了青年团汕头地方委员会，推动了潮梅地区的青年运动。1926 年底，在周恩来的支持和领导下，中共潮梅特委和团汕头地委举办了青年干部训练班，周恩来亲自任课讲授世界大势和中国政局，培养了一大批青年革命骨干。

1925 年，周恩来随黄埔军校师生参加第一次东征，陈延年接替周恩来任中共广东区委书记。陈延年十分重视思想政治教育工作。他主持创办了《少年先锋》《我们的生活》等多种区委对外机关刊物，并通过多种形式用马列主义理论对党员、团员进行思想政治教育，大大提高了党员、团员的政治素质。陈延年曾为中共广东区委创办的《做什么？》周刊定名，并撰写发刊词《我们应该做什么？》，号召青年们参加到革命斗争中去。陈延年和中共广东区委十分注重加强对青年团和新学生社的领导。而在领导工农运动中，陈延年也认识到建立和掌握革命武装的重要性。他和周恩来决定，派遣一些优秀干部到黄埔军校任职，并选送一批党员、团员到军校学习。同时，他还协助周恩来组建青年军人联合会。

大革命期间，党关怀青年团组织和广大青年的发展成长，通过指导青年团加强组织建设，建立革命学校并用马列主义对青年进行思想政治教育等多种方式，培养了大批青年运动革命骨干，引领广东青年团和广东青年运动走在正确的轨道上。

二、团组织投身大革命

从第一次国共合作开始，广东青年团即积极参与国民党改组事务，组织团员响应党的号召以个人身份加入国民党。1923 年 11 月上旬，在党的领导下，团组织参与成立广东区国民运动委员会，专门研究、制定有关方针、政策，推动国民党改组工作的开展，并积极参与宣传、组织、选举和其他有关活动。第一次国共合作初期，广州分十二区，其中五个区的执行委员有青年团的骨干，特别是一区更为集中，执行委员有阮啸仙、刘尔崧。青年团组织“联络勇敢向上、富于革命性之青年工人、学生等，成为国民党中的左派”，“对于游离分子，以感化政策，缓缓使之趋向左派”[1]。

1923 年，在收回关税主权的斗争中，广东青年团组织更发挥了重要作用。1900 年八国联军侵华，迫使清政府签订了丧权辱国的《辛丑条约》，其中规定清政府向各国赔款白银 4.5 亿两，以关税、盐税和常关税作为担保，分 39 年还清。从此，中国的关税被帝国主义控制，“关余”需经驻北京的外交使团同意，中国政府方能动用。

为了解决广州政府的财政危机、收回国家主权，孙中山提出收回粤海关“关余”。1923 年 9 月 5 日，大元帅府外交部照会北京外交使团，要求将“关余”及其 1920 年后的积存全部拨还广州政府，但英美等国借口未与广州政府建立外交关系而置之不理，并多次进行恫吓。孙中山毫不畏惧，多次发出谴责和严正声明。

孙中山收回“关余”的斗争得到中国共产党、广东青年团组织和广大人民群众的支持。广东青年团组织以“工联”“新学”“民盟”等名义发起国

[1] 广东省档案馆，中共广东省委党史研究委员会办公室. 广东区党、团研究史料：1921—1926 [G]. 广州：广东人民出版社，1983：50-52.

民大会，召集教育会、广州学生会、女界联合会、互助社、民权社等代表会议，决定组织国民外交后援会，力争关税主权。同时，大会决定举行游行示威，派发各种宣言、传单，布置“力争主权”“抵制英美”“抵抗列强”等横幅。1923 年 12 月 24 日，游行前先举行会议，由阮啸仙担任主席，其后游行队伍出发，以六种口号之旗帜为先导，人手一支，沿途高呼不绝，至沙面尤为激昂，停定高呼“收回关税”“抵制英美”“抵抗列强”等口号约 1 小时之久。

广东新学生社等青年团体游行示威，支持孙中山收回粤海关“关余”的斗争

是日，团广州地委除了阮啸仙任总领队、刘尔崧任总纠察外，其余同志一律参加，或纠察，或通讯，或演说，或派传单，或巡行，团香港地委也派几名同志以旅港侨胞救国团名义参加[1]。孙中山发表了《对海外问题宣言》，强烈谴责帝国主义。最终，帝国主义交回粤海关停拨的“关余”，斗争取得胜利。

[1] 中央档案馆，广东省档案馆. 广东革命历史文件汇集：群团文件：1922—1924［G］. 广州：广东省供销学校印刷厂，1982：272-277.

第三节　大革命洪流中的青年运动

在大革命运动中，广东团组织根据形势的发展不断调整方针，从注重推动青年工人、青年农民和青年学生参加革命运动，到广泛发动青年军人、青年妇女、少年儿童等参加革命运动，努力推动大革命的深入发展。

一、青年工人运动

第一次国共合作前后，孙中山等国民党人认识到国民革命运动需要全国工农的参加才有胜利的希望，并在政策机制上扶助工农，任命廖仲恺为国民党中央工人部部长，为广东工人运动的恢复和发展创造了重要条件。

根据当时形势变化，广东团组织将工作重心扩展至青年工人运动和青年农民运动，派出一批团员骨干深入顺德等广州近郊县工人团体中，整顿、改组了一批工会，给二七惨案以来消沉许久的工人运动注入生机与活力。同时，团组织注意发展青年工人，如团广州地委所辖支部中即有多个工人支部，团香港地委的支部也以发展工人为主。另外，在广东兵工厂成立青年工人补习学校，有 500 余名青年学徒参加，在顺德则发起成立青年工人俱乐部[1]。

团组织还积极协助党组织统一全省劳工运动。如 1924 年 3 月 16 日，国民党中央召集工人党员大会，许多共产党员和团员青年参加了此次大会。大会由廖仲恺主持，并向与会党员解释国民党政纲上关于工人的规定，共产党员、青年团员冯菊坡则解释工人代表会组织法。

团组织领导工人开展了一系列斗争。1924 年上半年举行的油业工会罢工，本已濒临失败，团组织利用国民党改组宣言草案中“保障劳工团体，并扶助其发展”条款，据理力争，最终取得斗争胜利。随后又帮助建筑工会争

[1] 中央档案馆，广东省档案馆. 广东革命历史文件汇集：群团文件：1922—1924 [G]. 广州：广东省供销学校印刷厂，1982：384.

回旧行会馆，成立工人补习学校[1]。

1925年11月，中国共产主义青年团广东区执行委员会发表《告青年工人书》，呼吁青年工人觉醒“成为一个革命者”，加入中国共产党和中国共青团，高举共产主义的旗帜战斗，为青年工人的利益而奋斗。

（一）沙面罢工中的青年

沙面大罢工是广东青年工人运动蓬勃发展的重要标志。沙面位于广州城区西南，在珠江白鹅潭畔。第二次鸦片战争期间，英法列强与清政府签订不平等条约，强租沙面为租界。从19世纪末至20世纪初，英、法、美、日等帝国主义列强在沙面开设了多家公司，他们利用中国的廉价劳动力，雇用中国工人4600余人。当时在沙面的绝大多数华籍工人，一方面生活过得非常艰辛，受到帝国主义者的残酷剥削和压迫，收入非常低，维持生活都极为艰难；另一方面，他们更遭受洋人的歧视、侮辱与打骂。沙面华工的民族反抗意识就是在帝国主义的剥削压迫和歧视侮辱之下产生的。

沙面罢工的起因是英、法租界当局颁布条例，限制中国人在沙面的出行自由。英、法租界当局这一无理行为的借口则是安南（今越南）爱国志士范鸿泰刺杀法国总督事件。1924年6月19日晚，法国社团在沙面举行招待法国驻安南总督马兰的晚宴。宴会进行时，安南爱国志士范鸿泰从阳台的窗户扔进一个炸弹，企图炸死马兰。事后，沙面英、法租界诬蔑事件为华人所为，向广东省政府致函抗议。时任广东省省长兼国民党工人部部长廖仲恺于23日回函予以驳斥，指出安南总督被刺是沙面警察的无能，并回以强硬警告。英、法租界不顾广东革命政府的警告，仍坚持要限制华人自由进出沙面。这种蛮横的态度激起沙面华工的极大愤怒，负责工人运动的刘尔崧、冯菊坡、周文雍、施卜等人迅速来到沙面，发动和组织工人起来斗争。

面对工人斗争，英、法租界当局变本加厉，于6月30日颁布了限制华人进入沙面的《通行证条例》（亦称“新警律”）。根据这一条例，在沙面，外国人可以自由出入，唯独限制中国人在中国境内的出行自由，这是强加于中华民族的不可忍受的奇耻大辱。这引起了沙面华工的极大愤慨，纷纷起来

[1] 广东省档案馆，中共广东省委党史研究委员会办公室. 广东区党、团研究史料：1921—1926 [G]. 广州：广东人民出版社，1983：85.

抗议，并派代表要求广州工代会领导他们开展要求取消沙面“新警律”的斗争。为反击帝国主义的挑衅，中共广州地委遂派刘尔崧和李森（李启汉）等到沙面发动工人罢工。当时，反应最强烈、斗争最坚决的是沙面的青年工人，刘尔崧等把沙面青年工人组织起来，成立沙面青年工社。以青年工社为主，联合沙面原有的惠群工会、文员工会等，向英、法领事提出取消沙面“新警律”的要求，但遭到英、法领事的拒绝。

英、法租界当局一开始不仅不接受工人提出的条件，还宣布沙面戒严。但随着罢工工人陆续离开租界，沙面的工厂、企业停工，罢工的浪潮严重冲击着英、法租界当局。帝国主义者十分狼狈，不得不向广东革命政府寻求帮助，但遭到孙中山、廖仲恺等人的严词拒绝。帝国主义者求助计划落空后，便露出了侵略者的本来面目，调派军舰、军队，炫耀武力，威逼罢工工人停止反帝斗争。

刘尔崧和罢工委员会在广东革命政府的支持下，在全国各地工团的援助下，进行了针锋相对的斗争。他们抓紧对罢工工人进行教育，揭露帝国主义者武力恐吓的伎俩，同时对工贼的卑劣行径予以尖锐的批判，使帝国主义者的阴谋一一破产。1924 年 7 月 24 日，为打破僵局，夺取罢工斗争的彻底胜利，刘尔崧等人组织和发动广州各行业的工人支援沙面工人的罢工斗争，广州各行业工人纷纷响应。这期间，北京、上海、湖南等地的工会组织及海外华侨也纷纷声援。

广州沙面工人在党的领导下举行大罢工，与帝国主义进行斗争

8月16日，在中国人民强烈的反对声中，英、法租界当局不得不表示完全接受工人提出的条件，17日双方正式签订了协议。签订协议后，沙面华工于8月19日复工。这次沙面工人大罢工持续了33天，终于取得了彻底的胜利。

沙面罢工斗争的胜利，维护了中华民族的尊严，是中国工人阶级反对帝国主义政治斗争的一次伟大胜利，极大坚定了中国人民反帝斗争的决心和信心，锻炼了中国工人阶级队伍，促进了各地工运的发展，成为二七大罢工失败后中国工人运动由低潮转向高潮的转折点，具有重大的历史意义。在沙面罢工斗争中，青年团发挥了重要作用，青年团干部发动并吸纳青年工人加入团组织，再通过青年工人发动其他职工加入罢工；同时，团广东区委派遣团员在工人中积极宣传反帝国主义，安排团员4人在“各界联合反抗沙面苛例大会”工作，推动沙面罢工斗争最终走向胜利。

（二）省港大罢工

1925年5月15日，上海内外棉七厂日本资本家枪杀工人、共产党员顾正红。5月30日，在中国共产党的发动和领导下，上海工人和学生举行街头宣传和游行示威，租界英国巡捕在南京路上突然开枪，打死学生、工人共13人，伤者不计其数。这就是震惊全国的五卅惨案。几天以后，上海和其他地方又连续发生英、日等国军警枪杀中国民众的事件。

五卅惨案激起中国人民极大愤怒，多年来深埋在心里的对帝国主义的怒火一下子喷发出来，形成工人罢工、学生罢课、商人罢市的局面。6月1日，中共中央决定成立上海总工会。6月4日，上海总工会与全国学联、上海学联、各马路商界总联合会组成的上海工商学联合会宣告成立，上海各界民众结成了反帝联合战线。全国约有1700万人直接参加了运动，从通商都市到偏僻乡镇，到处响起“打倒帝国主义”“废除不平等条约”的怒吼。以五卅惨案为导火线，五卅运动爆发，反对帝国主义的民族运动浪潮以浩大声势迅速席卷全国。

1925年6月，为支援上海人民五卅反帝爱国运动，广州和香港爆发了规模宏大的省港大罢工。此次罢工由共产党人邓中夏、苏兆征领导，历时1年零4个月，是20世纪80年代以前世界工人运动史上时间最长的一次大罢工。共青团直接参与了省港大罢工的发动和组织，团广州地委派出团员前往香港协助党组织工作，深入工人中进行宣传。香港工人、学界均有响应，香港工团总会、海员工会、香港青年社、学生联合会、新学生社支部均发通电并派传单，支持和参与罢工。

6 月 17 日，全省工农商学兵各界在广东大学礼堂召开代表会议，商议援助沪汉各处被害同胞的办法。与会 120 余个团体及其代表均极为激愤。大会议定设立“广东各界对外协会”，并议决援助办法，其中即包括“在帝国主义者之下工人，一律罢工”“广东工商农学各界休业一天，巡行示威”，举行“示威大游行”。

大会后，各界对外协会分别联络香港、广州沙面等处的工人组织，先由广州、香港的海员发起罢工，次及工厂工人、公私工役等。6 月 19 日，香港海员、电车工人及印刷工人率先罢工。面对罢工，港英当局不但不和平处置，反而勒令海员停职，抓捕海员 100 余人。面对这一不利形势，香港工人仍英勇斗争，坚持罢工，一致罢工离港。同时，香港学生界也通电声援，纷纷退学，离港回省。在这一离港回省浪潮中，团香港地委的多名团员也离港，并在广州成立隶属团广州地委的罢工团组。20 日，广州沙面以青工社社员为骨干的 2000 余名工人开始罢工，罢工浪潮更扩散至广州各地。

1925 年 6 月，中共广东区委发动省港大罢工，声援五卅运动

在省港大罢工前夕，团广州地委召开团员大会，决定要扩大反帝运动，下全体动员令，要求团员各尽所能参加到斗争中，并通告各团支部，特别是汕头团支部，要做到罢工、罢市、罢课。罢工伊始，团组织即派出团员进行普遍的宣传活动，包括以新学生社名义印发传单，组织新学生社演讲队、沙面青工社演讲队和兵工厂支部演讲队进行宣讲等，此后于6月23日召开的示威大游行，虽是由各界对外协会召集，但标语、旗帜和决议案无不有团组织的参与。

（三）沙基惨案与省港罢工工人纠察队

1925年6月23日，各界民众大会于广州东较场召开，各界各团体赴会者共计十余万人，以工、学、兵三界为最多。大会通过决议案16条，包括“收回海关”“收回租界”“取消一切不平等条约”等。会议现场更是高呼“打倒帝国主义”“联合全世界被压迫民族”“中华民族解放万岁”等口号，群情激昂，旋即停会，举行示威大游行。游行从东较场起，经惠爱东路、永汉中路，直出长堤西濠口，过沙面租界对河的沙基。游行队伍虽长，但秩序井然，不料行至沙基时，预先埋伏在沙面工事的帝国主义者用机枪、步枪向游行队伍进行扫射，甚至停泊的军舰也发炮轰击，游行队伍“尸体横陈，血流道左”，酿成了震惊中外的“沙基惨案”。许多青年军人、青年师生遭屠杀，如岭南大学教员区励周、青年学生许耀章即在游行中遇难。

惨案发生当晚，各界对外协会即召开会议，百余个团体与会，群情悲愤。会议作出决议，包括“公祭死难者”“市民应作更大规模之示威运动”“组织学生界、工人军、农民军，以为外交后盾”等。广州全市学生更组织100多支演讲宣传队分赴广州各处和省内各地，讲述惨案真相，募款捐助省港罢工工人。

沙基惨案的发生进一步坚定了广东青年与帝国主义作坚决斗争的信念。团员青年深刻认识到，反抗帝国主义不能光停留在罢工上，还必须深入、长期斗争，对香港进行封锁。以青年工人为主的省港罢工工人纠察队就在这一背景下成立。纠察队采用军事编制，并得到广东国民政府的武器支持，还成立了缉私舰队。经过短期训练后，纠察队即投入战斗，封锁香港。纠察队英勇战斗，通过白鹅潭战役、中山战役，顽强坚守漫长的海岸封锁线，对港英当局造成沉重打击。

纠察队是中国共产党领导的工人武装，中共广东区委不仅派遣一批革命骨干充实纠察队各级领导班子，还从广州工人、学生中抽调一批有觉悟的共产党员和共青团员充任各级训育员。这些训育员多是共产党员、青年团员冯菊坡担任校长的宣传学校的优秀毕业生。同时，团组织宣传委员会的许多团员也加入省港罢工委员会，负责重要工作，如编辑分发机关报《工人之路》等。

在罢工斗争中，省港青年工人提高了阶级觉悟，认识到只有斗争才能争取自身利益。团组织充分借助这一新形势和青年工人的热情，于1926年2月，由团广东区委代表，省港罢工委员会代表，粤汉路、广三路和沙面团支部代表发起筹备省港青年工人大会。3月，发表《省港青年工人大会筹备会为纪念巴黎公社告青年工人》，号召青年工人团结起来“为自己利益而奋斗”，“像巴黎工友那样团结起来奋斗”。28日，省港青年工人大会胜利召开，团广东区委派出周文雍参加此次大会并发表讲话。大会通过《省港青年工人大会宣言》，有力促进了广东青年工人运动的发展。

从沙面大罢工到省港大罢工，再到召开省港青年工人大会，在反帝斗争中，广东团组织紧随党组织的步伐，深入参与、宣传、鼓动青年工人进行斗争，使广东的青年工人运动呈现出崭新的局面。

省港大罢工期间成立的工人纠察队，是中国共产党建立工人革命武装的尝试

二、青年农民运动

这一时期，中国共产党在集中力量领导工人运动的同时，一些共产党员也开始到农村地区组织、开展农民运动。广东青年团积极组织引导青年农民参与农民运动。1924 年，团广东区二大召开，结合第一次国共合作后两党都支持农民运动的有利条件，团广东区二大对当时的工作方向作出了正确的分析，认为“广东农民运动，为本区新近进展之途径，也是目前最重要问题”，并通过广东农民运动决议案，指出可以国民党的名义开展农运工作，并且团组织作为为青年利益奋斗之团体，应注意“青年农民之训练及组织”。

团广东区委负责人阮啸仙分析当时广东的农民运动局面，认为广东连年战争，外国资本主义侵入，农村经济变化较大，民不聊生。农村的富农、贫农、小地主等联合成立了有武装的民团组织。这种农民武装，如果青年团不加入活动、不从事宣传，有滑入农村军阀之危，不利于国民革命、社会革命。在有同志的农村中，尤其是有民团的，团组织应指导团员进行活动，从事教育、文化和宣传，并对农民进行组织。因此，团组织积极在广东各地组织农民运动，组织农会，组织自卫军，同土豪劣绅和贪官污吏开展斗争。

在广东，最先开展农民运动的是海丰团组织。彭湃在广州参加广东青年团成立大会后，1922 年 4 月底即回到自己的家乡海丰县开展社会主义宣传活动，并深入农村，开展宣传和发动农民的工作。7 月，彭湃与张妈安等人成立“六人农会”。此后，彭湃每天晚上与农会的同志一起深入农民群众，开展串联、宣传、发动和组织工作。彭湃的宣传工作贴近农民生活实际，如用问答式宣传演讲，进行深入浅出的宣传解释工作，还教农民唱揭露地主剥削农民的歌谣。

1922 年 8 月，海丰农会成立，起初只限于海丰人加入，后扩大至陆丰、紫金、惠来、普宁等县，成员达十余万人。因范围渐广，农会改称惠州农民联合会，后又改称广东农会，分区会、县会、省会三级。

农会纲领的主要内容为：一是谋农民生活之改造；二是谋农业之发展；三是谋农村之自治；四是谋农民教育之普及。在彭湃的领导下，农会创办各类学校教育农民，代表农民与地主抗争，协调农民争端，调查农村情况，成立农团防盗、保护农业等。农会注重采用农民喜闻乐见的方法宣传，例如，排演《二斗租》农村悲剧，引起农民共鸣[1]。

1923 年 8 月，陈炯明反动势力对农会武力镇压，多名农会干部被捕入狱，农会被迫转入地下斗争。彭湃从枪林弹雨中突破敌人的包围，转到汕头开展斗争，组织农会在后方声援海丰农运，运用各种关系营救战友。经过艰苦的斗争，1924 年初，海丰县总农会公开恢复。

除了海丰，团组织在各地发展时也尤其注意开展农民运动。1924 年春夏，顺德农团、广州市郊农会和香山农会先后建立，拉开了粤中地区农民运动的序幕。顺德农团成立之时，团组织向当地政府备案，政府有延缓之意，团组织据理力争，还以国民党宣言对内政策中“改良农村组织，增加农民生活”条款力争政治补助。此后，北江地区也掀起了农民运动热潮。组织花县农会时，当地地主绅士用愚民手段，污蔑农会为抽收亩捐机关，引发农民对农会的不满。花县团组织向团区委报告，团区委则认为危中有机，为宣传的绝好机会，派阮啸仙前往，将设置农会的原因、建设农会的内容以及农会与农民切身利益的关系，向当地农民一一解释，获得农民的支持。彭湃到广宁县后，以国民党名义与周其鉴等人一起开展工作，克服了许多困难。1924 年，广宁农会成立，下设 8 个区农会，加入者达 6 万余人。团广宁支部积极参与、组织农民开展减租运动，与当地地主斗争。西江地区农民运动因此星火燎原，成为广东农民运动的又一个重要策源地。

为了推动农民运动在全省广泛开展，团广东区委结合海丰、陆丰、惠阳、广宁、花县等地的经验，于 1924 年 6 月间先后三次召开会议，讨论开展农民运动的有关问题。团区委提出：广泛开展农民运动最大的困难是“人才缺乏”，这个问题不解决，就会错失有利的革命时机。为此，在国民党中央农民部工作的共产党员林伯渠（农民部部长）、彭湃（农民部秘书）等向国民党中央提出设立广州农民运动讲习所、培训农民运动骨干的建议。1924 年 7 月，国民党中央采纳了这一建议，创立广州农民运动讲习所，并任命彭湃为农民运动讲习所第一届主任。农讲所以“养成农民运动之指导人才，使之担负各地方实际的农民运动工作”为宗旨，以研究中国农民问题为主课。

［1］广东省档案馆，中共广东省委党史研究委员会办公室. 广东区党、团研究史料：1921—1926［G］. 广州：广东人民出版社，1983：34-37.

第一届农讲所旧址——广州越秀南路53号惠州会馆

农讲所于1924年7月3日开学，第一届学员是来自广东各地的农民运动积极分子，他们大多是中共党员和青年团员。事实上，团广东区委对农讲所的设立非常重视，“通令各地方派人来所练习”，并认为“此所关系农民运动前途甚大”。在农讲所学习的团员同志学习后被派往广东各地开展工作，有力地促进了广东农民运动的发展。

第二届农讲所于8月21日开学，招收学员200余名。恰逢发生“广州商团叛乱”，该届学员改组为农民自卫军，彭湃任团长，参加了平定商团的战斗，这是广东成立农民自卫军的开始。1925年1月1日，第三届农讲所开办，招收学员128名，多为广东籍，由阮啸仙任主任。第三届农讲所毕业学员114名，其中15人留所训练，准备派往各地训练农民自卫军，20人留国民党中央农民部做见习员，其余学员返回家乡协助农民协会发展。第四届农讲所招收学员98名，由谭植棠任主任。该届农讲所筹办期间，恰逢省港大罢工，为发动民众、宣传革命并培养干部，农讲所特设讲习班，提供宣传材料，发动民众到各乡宣传。第五届农讲所招收学员114名，由彭湃任主任，教员有毛泽东、谭平山等人。第五届农讲所的毕业学员中，近三分之一由国民党中央农民部分派为广东各地农民运动特派员，三分之二返回原籍，从事地方农民运动，推动农民运动发展。

随着全国农民运动迅猛发展，为了迎接北伐战争，国共两党在广东继续开办第六届农民运动讲习所。第六届农讲所于1926年5月3日开学，是广州历届农讲所中规模最大、招生最多的一届，有着广泛和深远的影响。毛泽东担任所长，教员有张太雷、谭植棠、阮啸仙、萧楚女等人，多为具有较高理论素养和丰富实践经验的共产党员、共青团员和国民党左派人士。毕业学员达318名，大多回原籍组织开展农民运动。

1924年7月至1926年9月，广州农讲所共举办了六届，为中国革命培养了大批农运干部。从农讲所走出了721名毕业生和25名旁听生，他们大多是18岁至28岁的青年，许多人是共产党员或青年团员（共青团员）。从农讲所毕业后，他们在各地从事农民运动工作，在开展国民革命运动、参加北伐和建立工农武装中，起到了骨干作用。党和青年团还在农讲所建立了组织机构，开展组织活动，积极发展党员、团员，如第五届农讲所成立了共青团“农所支部”，团广州地委多次派员参加支部大会。这些青年团员在农讲所发挥了骨干作用。

三、青年学生运动

随着第一次国共合作和大革命的兴起，广东地区的学生运动呈现新局面。团广东区委分析认为，学生运动的目的是“使学生成为无产阶级化的进步青年”，从而“为自身解放，而拥护工农群众利益；在党指挥之下，参加民族革命工作”[1]。

当时，学生运动面临两方面的斗争：一是反帝国主义文化侵略的斗争。帝国主义不仅从军事、经济上对我国进行侵略，更通过创办教会学校进行文化侵略；二是与反革命势力的斗争。

在反帝国主义文化侵略方面，部分教会学校的学生掀起了反抗风潮，如圣三一学校风潮、圣心学校风潮等。团广东区委不仅积极组织反帝国主义文化侵略的宣传和游行示威，更与新学生社极力倡导，建立专门的组织从事反

［1］中央档案馆，广东省档案馆. 广东革命历史文件汇集：群团文件：1925：一［G］. 广州：广东省供销学校印刷厂，1982：29-31.

帝国主义文化侵略，还充分利用纪念日进行宣传。这些宣传不仅正本清源，而且极大唤起了人们的爱国热情，对广东学生革命运动起到很大的帮助作用。

在学生运动中，团广东区委指导成立的外围学生组织——新学生社是广东学生运动中的一支活跃力量。广州学生联合会成立较早，在五四运动期间也曾发挥重要作用。但是，此时本应发挥主导作用的广州学生联合会却沉寂了下来，只以联络感情、切磋学问为宗旨，缺乏指挥能力，甚至开会都不足人数，会务也无法正常处理。在当时不适合以社会主义青年团的名义开展公开运动的形势下，团广东区委决定以青年团学生同志为中坚，组织广东新学生社，与国民党合作，进行大规模的全省学生统一运动。

1923 年 6 月 17 日，广东新学生社成立，阮啸仙任社长。广东新学生社制定《广东新学生社纲领》，提出“对内打倒封建制度，对外打倒资本帝国主义”“建立真正的民主国家”。广东新学生社成立初期影响较小，团广东区委指示通过已有成员，采取正确的策略，逐渐打开局面。主要做法：一是先“纠合各校革新分子”，整理或组织学生会，以学生影响学生，以学校影响学校，不断扩大影响范围；二是从学生自治和学校革新入手，“侧重于学生本身的利益的奋斗”，从而团结学生；三是参与各种社会政治活动，如在后来的省港大罢工中，新学生社即按团广东区委要求，深入基层宣传演讲。

1923 年 7 月 1 日，广东新学生社创办《新学生》半月刊，宣传革命思想，引导青年学生关心政治，发出学生应“代表国民、领导国民去做群众运动，为我们中华民族谋独立”的声音。如党的三大作出国共合作的决议后，广东新学生社即在《新学生》上进行舆论造势，并组织社员加入国民党。

1924 年底，广东新学生社召开改组大会，改名为“新学生社”，进一步明确组织纲领——“唯一的主张就是国民革命，国民革命唯一的目标就是打倒帝国主义、打倒军阀”。至 1925 年 4 月，新学生社下辖多个支部，并在各地设有分社或支部，如广东省内的汕头、大埔、新会、鹤山、五华、海丰、琼州等，邻省的广西梧州、福建厦门等。党的四大肯定了新学生社的成绩，并在《对于青年运动之决议案》中指出：新学生社是社会主义青年团领导青年开展宣传、组织工作的范例之一。

广东共青团对新学生社的领导，主要通过领导新学生社执委会（执委会成员中青年团员占据多数）发挥作用。新学生社在团组织领导下，与反革命势力进行了坚决的斗争。

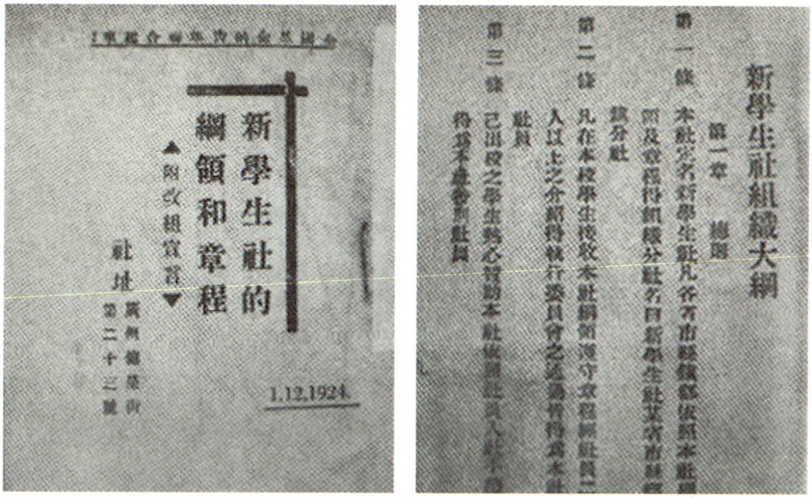
新學生社的綱領和章程

附改組宣言

1.12.1924

新學生社組織大綱

第一章 總則

第一條

第二條

第三條

《新学生社的纲领和章程》

农讲所开办时，新学生社即引导许多进步青年进入农讲所学习，并参加农民运动和工人运动。1925 年，广东大学两次风潮中，面对孙文主义学会的造谣，新学生社广东大学支部发表宣言，提出正确主张，深得无派别学生的同情，并由此吸收新同志，发展组织。而在组织、发动香港和沙面罢工时，新学生社成员蓝裕业、周文雍被派到香港，协助香港团组织和新学生社分社发动学生罢课。省港大罢工爆发后，大批知识青年在新学生社的引导和发动下，走上罢工第一线。

1926 年 4 月 15 日，广东全省第一届学生代表大会在广州召开，出席代表来自 49 县，共 108 人，其中共青团员占 30%。团广东区委沈宝同等人当选为广东全省学生联合会（以下简称“广东学联”）执委委员，组成领导核心。广东学联的成立，标志着广东学生运动的统一，也宣告新学生社历史使命的完成。虽然新学生社只存在了 3 年时间，但在这一时期内，新学生社成为团组织开展学生运动的重要依托，起到了重要的历史作用。

随着广东学联的成立，团组织通过学联继续开展学生运动。如 1926 年 4

月的岭南大学风潮中，团组织团结大学生反对基督教徒和反动分子在广州市学联会的非法代表，激起反动分子的怨恨。他们召集学生大会要求开除三名帮助工人的学生的学籍，岭南大学方面竟同意这一要求。团组织设法援助这三名学生，在报纸上呼吁收回教育权，发动各界代表质问岭南大学当局，帮助被开除学生向教育行政委员会控告。广东学联代表大会、省港罢工委员会和其他各界团体均发宣言声援。

除依托学联开展学生运动外，团组织领导人也非常注重引导青年学生。1926 年 8 月，受团中央指派，李求实担任团广东区委宣传部部长。当时，中山大学的一举一动都影响着广州的学生运动。为此，李求实经常深入中山大学各个支部，和青年们促膝长谈，探讨改造中国的种种问题，倾听他们的要求和心声。同时，李求实还经常给学生们作报告，回答他们提出的各种问题，并请团广东区委领导同志来校讲演。这期间，他还常到广州农讲所和黄埔军校讲课。李求实在团广东区委期间，主编了广受好评的《少年先锋》杂志。在这一时期，他经常深入基层了解情况，使所编刊物内容符合现实、切中时弊、旗帜鲜明。《少年先锋》的风格深深吸引了广大青年，成为青年人喜爱的读物。

从新学生社到广东学联，青年团员英勇奋斗，有力地促进了学生运动和大革命的开展。

四、青年军人运动

为培养造就革命武装的骨干力量，1924 年 5 月，孙中山在中国共产党和苏联的帮助下，在广州东郊的黄埔建立陆军军官学校，即黄埔军校。

为办好黄埔军校，11 月，中共广东区委委员长兼区委宣传部部长周恩来就任黄埔军校政治部主任，中共广东区委、团广东区委选派大批共产党员、青年团员和革命青年到黄埔军校学习。第一期学生中，共产党员和青年团员就占总数的 1/10 左右。

黄埔军校是第一次国共合作的产物，其建立表明中国共产党开始认识到军事的重要性。1925 年 2 月，为团结和教育青年军人，周恩来在黄埔军校组织领导了青年军人联合会。

青年军人联合会第一次代表大会合影

青年军人联合会“竭力以在军队中从事文化政治工作为己任”，积极宣传革命理论和共产党的统一战线政策，团结革命力量，提高青年军人的政治觉悟。

在黄埔军校内，青年军人联合会与反共势力孙文主义学会进行了针锋相对的斗争。孙文主义学会是1925年夏国民党右派在广州建立的反共团体，以黄埔军校中的国民党反共分子为骨干，打着学习孙文主义的旗号，与青年军人联合会对抗，反对孙中山的联俄、联共、扶助农工三大政策，提出要将共产党从统一战线中开除出去，意图破坏国共合作的基础。

孙文主义学会的成立引起了团广州地委的注意，团广州地委判断孙文主义学会是“反对马克思主义和列宁主义”的。当时，孙文主义学会已和广东团组织发生冲突，其中以黄埔军校和惠州、潮州、梅州一带为最。

青年军人联合会与孙文主义学会进行了坚决斗争。青年军人联合会成员在各种场合始终坚持孙中山三大政策和统一战线，通过发表文章和漫画，无情揭露和辛辣讽刺孙文主义学会破坏国共合作、攻击共产党的行径与实质，并发动群众，推动对制造事端、殴打青年军人联合会成员的孙文主义学会骨干分子撤职查办，挫败了国民党右派的阴谋，维护了国共合作。

青年军人联合会在大革命的洪流中，一直站在反帝反军阀斗争的最前列。

在国民革命军讨伐陈炯明的两次东征中，在平定杨希闵、刘震寰叛乱等斗争中，都起了重大作用。

1925 年 2 月，青年军人联合会成立后不久，黄埔军校中的会员就全体参加第一次东征，“沿途爱护人民，勇猛杀敌”，表现出“冲锋陷阵，视死如归之革命精神”。青年军人联合会还派出干部宣传员，组织东江政治宣传队，战前在军队中宣传革命战争之意义以及政府之意图，鼓舞军人士兵要同仇敌忾。战争中，宣传队也极力向人民宣传解释，安抚人心，收到军民合作之效。同时，宣传队还联合各界筹备慰劳，会同红十字会准备救护队，并将游艺展览大会所筹之款，作为伤亡军人的追悼、抚恤费等。革命军纪律严明，因此被东江人民称赞为“为民众而奋斗牺牲的先锋”。

1925 年 6 月初，在平定杨刘叛乱的斗争中，青年军人联合会在滇桂军中发行《兵友必读》，教育士兵群众，使之“不为杨刘利用，以危害革命政府”。黄埔军校第一、二期分配于滇桂军中的毕业生在争取下级干部及士兵的工作中，起了不小的作用。6 月 5 日，是杨刘叛乱形势最危急的一天，青年军人联合会下令全体滇桂军学校会员脱离滇桂军。由于青年军人联合会在滇桂军内的宣传，其内部士兵已无斗志，“故革命军能于一星期内，完全歼灭之”。

青年军人联合会还十分注重动员广大士兵积极参加工农群众运动。1925 年 5 月，为促进工农兵大联合，开展五月纪念周活动，青年军人联合会发表《中国青年军人联合会为纪念“五・一”“五・四”“五・五”“五・七”告革命青年军人》，旗帜鲜明地提出“联合民众进而联合世界革命的战线”[1]。6 月 23 日，青年军人联合会与总工会、省港罢工委员会、农民协会、妇女联合会、学生联合会等群众团体十万人，在东较场集会声援上海的五卅运动。会后，举行示威游行，遭到英法帝国主义者屠杀，造成沙基惨案。在这次斗争中，青年军人联合会的许多会员身先士卒，临危不惧，更有部分会员英勇牺牲，为反帝反军阀献出了自己的生命。

青年军人联合会在其存在的十八个月中，会员发展到两万多人，成为革命军人中一个具有明确的宗旨、严密的组织、严格的纪律和广泛群众基础的

[1] 中央档案馆，广东省档案馆. 广东革命历史文件汇集：群团文件：1925：一［G］. 广州：广东省供销学校印刷厂，1982：182.

革命团体，成为“中国青年军人运动的中心”。

除了组织青年军人联合会外，团组织也非常注重向黄埔军校青年学员传播马克思主义。1926年，恽代英、萧楚女等人任黄埔军校教官。受党和团委派，他们在校展开广泛宣传，如在校刊《黄埔日刊》上开设《政治回答箱》专栏，广泛回答学生的提问，积极开展反帝反封建的国民革命宣传，公开传播马克思主义。黄埔军校政治部曾把专栏汇编成十多万字的《政治问答集》，作为参考教材印发给学生。

在国民革命军东征和北伐战争中，广东团组织也作出了不可磨灭的贡献。1925年10月，国民革命军进行第二次东征，周恩来任东征军总政治部主任。对此，广东共青团组织给予了大力支持。在东征开始之前，团广东区委即派杨石魂等人进入潮汕地区，发动青年群众进行革命宣传，动员了成千上万的农民自觉支援国民革命军的军事行动。

在北伐战场上，创建于1925年11月的叶挺独立团是北伐军中政治素质最好、战斗力最强的部队。叶挺独立团在北伐战场上屡立战功。在1926年10月10日北伐军攻占武昌的战役中，叶挺独立团与其他北伐军顽强作战，血洒沙场，团内191人壮烈牺牲。而这支冲锋陷阵、屡立战功，并受到人民群众广泛赞扬的“铁军”中，绝大部分的士兵是共产党员、共青团员和坚决拥护共产党的革命青年[1]。

五、青年妇女与少年儿童运动

在妇女运动中，以团广东区委妇女支部、新学生社成员等为代表的广东青年妇女先进分子发挥了重要作用，促进了广东妇女的新觉醒和妇女运动的发展。而在此之前，广东妇女运动尚处于萌芽期，在当时广东“充满宗法社会观念的女界中，……实是一困难之事”[2]。

广东妇女，尤其是青年妇女在国民会议运动中的亮丽表现，是中国妇女觉醒的重要标志。国民会议运动是在共产党和国民党的共同推动下，在全国

[1] 张江明，林木声. 广东青年运动史：1919—1949 [M]. 广州：广东高等教育出版社，1994：146-148.

[2] 中央档案馆，广东省档案馆. 广东革命历史文件汇集：群团文件：1925：一 [G]. 广州：广东省供销学校印刷厂，1982：15.

范围内开展的人民革命运动。共产党主张召开国民会议，代替北洋军阀的反动统治，这一主张得到孙中山的积极支持和全国人民的响应。在广东的国民会议运动中，团广东区委成立了妇女支部，并以新学生社全体女社员为基础，联络国民党中央妇女部、女权运动大同盟等妇女团体，组织妇女国民会议促成会，极力主张召开有妇女团体参加的国民会议，开展国民会议宣传活动，在当时发挥了一定的作用。

妇女觉醒的另一个重要标志是广东妇女解放协会的成立。广东妇女解放协会是由中共广东区委决定成立的，由新学生社的女社员发起，以工农妇女为主体、团结广大妇女进行斗争、发动和组织劳动妇女投入国民革命运动的政治组织。广东妇女解放协会高举“反帝反封建”的革命旗帜，充分进行了宣传活动，大力支持社会运动，先后发表了《广东妇女解放协会为上海“五·卅”惨案敬告同胞》《广东妇女解放协会为沙基惨案敬告同胞》《广东妇女解放协会为顺德农民敬告各界同胞》等声明书，有力地激励和团结了各界妇女和革命群众，推动了妇女解放运动的发展。

在第一次国共合作前，中国共产党已经开展了一定的少儿工作，并提出了保护儿童的主张。随着第一次国共合作实现，这些主张也成为第一次国共合作纲领的一部分，激励少年儿童拥护和参加大革命。在发动少年儿童参加革命的运动中，中国共产党委托青年团领导劳动童子团，故以青年团的工作成绩最为卓著。而在广东，则以省港劳动童子团的成立为主要标志，不仅创办了革命少儿刊物《小孩子周刊》，更创造了培养少儿骨干的工作形式——举办“领袖班”。

1925 年省港大罢工期间，由于许多工人参与了罢工斗争，无暇照顾自己的孩子。共青团广东区委书记杨善集和罢工领导人出于对儿童的教育和成长的考虑，认为需要将儿童组织起来，于是决定在工人子女中建立劳动童子团。

1926 年 9 月，省港劳动童子团联合会在广州太平戏院成立，并举行全市劳动童子团大检阅。童子团的儿童身穿统一服装，排着整齐队伍，队伍前为十面红旗，最前面的为共青团广东区委所送的红旗，绣有“准备着，向前进”口号。随后，队伍在广州全市几条主要街道游行。

劳动童子团的儿童大多为罢工工人子弟，他们除了到工会子弟学校等学校读书外，更在广东共青团的领导和组织下，参与革命活动，如在群众大会或游行时帮助维持秩序及散发传单，负责售卖《工人之路》《中国青年》等革命刊物。在北伐战争中，劳动童子团开展宣传、募捐等活动，支援北伐军，在大革命中贡献了少年力量。

大革命期间，在中国共产党的领导下，广东青年团组织不断探索，加强组织建设，投身于国民革命运动中，做好中国共产党的忠实助手，在协助党完成各项工作任务的实践中为革命事业培育后备力量，输送新鲜血液。广东青年团员与共产党员一道，不畏艰险、不惧牺牲，在大革命洪流中淬火炼真金，作出英勇伟大的贡献和牺牲，在近代史上谱写了壮丽的青春篇章。

团一大旧址 1922.5.5

第三章

参加土地革命和抗日救亡运动

四一二反革命政变发生后不久，广东新军阀在广州发动四一五反革命政变，大肆搜捕共产党员、共青团员及革命群众。广东地区的党、团组织被迫转入地下活动。此后，广东共青团在党的领导下积极组织广大革命青年参加武装起义、创建工农武装和革命根据地，参与苏维埃政权建设与土地革命，投身革命根据地的经济文化建设。九一八事变后，广东共青团积极响应党中央的号召，揭露日本帝国主义侵略中国的罪行，号召各阶层人民群众加强反帝斗争，推动了广东青年抗日救亡运动的兴起和高涨。其间，广东共青团一度遭到较大程度的破坏。随着抗日民族统一战线的发展，广东共青团逐渐成为共产党领导下的更广泛的群众性青年抗日救亡组织，标志着广东青年运动进入了新的发展阶段。

第一节 大革命失败后青年参与创建革命根据地

四一五反革命政变发生后，广东各地党、团的活动被迫转入地下，并建立地下组织和赤卫队，坚持继续领导左派工人运动，与新军阀争夺对工人群众的影响力，使党和团的力量得到一定程度的恢复和发展。八七会议后，在团中央的部署下，广东共青团引领青年运动向党领导的土地革命和武装斗争转移，并成为工农革命武装的中坚力量，为创建海陆丰、东江、琼崖等革命根据地作出了重要贡献。

一、四一五反革命政变后的革命青年

国民革命军北伐的节节胜利和工农革命运动的迅猛发展，引起了帝国主义的恐慌。为了维护其在华利益，他们一方面准备武装干涉，另一方面拉拢蒋介石集团，加紧对中国革命的干涉和破坏。1927 年 4 月 12 日，蒋介石在上海悍然发动反革命政变，收缴工人纠察队武装，大肆残害共产党员、共青团员及革命群众。不久，广东的反动派也开始在广东地区实施“清党”。4 月 14 日，广东新军阀召开“清党”联合会议，并宣布广州戒严。4 月 15 日凌晨，大批反动军警开始在广州市内搜捕共产党员、共青团员及革命群众。中共广东区委、中华全国总工会广州办事处、省港罢工委员会、广三工会、广九工会、广东省农民协会、广东妇女解放协会等 200 多个共产党和工农群众组织纷纷遭到搜查和查封，史称“四一五反革命政变”。

在此之前，广东党组织对广东新军阀的反革命活动已有所察觉和防备。4 月 13 日，中共广东区委领导人从报纸上得知四一二反革命政变的消息，当晚立即举行紧急会议决定：担负重要责任的同志停止公开工作，迅速隐蔽，并准备对反动军阀的屠杀政策进行罢工和武装自卫。然而，由于事发突然且参与应变的人数不足，工农武装最终在局部取得较大战果的情况下，战斗至 16 日被迫撤退，后被兵力占绝对优势的反动军警截击而溃散。20 日，多达 2000

余名共产党员和工农群众被逮捕，其中李启汉、刘尔崧、熊雄、萧楚女、邓培、毕磊等100多名共产党员惨遭杀害。

广州南石头监狱。刘尔崧、萧楚女等人曾被关押于此，后惨遭杀害

四一五反革命政变后，广东新军阀在各地设立“密告箱”，捉拿“异己”分子；派出工贼打入工会内部，成立各种“改组委员会”，企图分化、控制工人组织和活动；在青年学生中，指使孙文主义学会攻击共产党，协同反动军警逮捕学生中的革命分子，党、团活动被迫转入地下。4月21日，中共广东区委、共青团广东区委、中华全国总工会广州办事处、省港罢工委员会、广州工人代表会、广东省农民协会联合发表《反抗国民党反动派残暴大屠杀宣言》，号召广州工人举行总同盟罢工，当天下午粤汉、广九、广三铁路工人及汽车工人罢工一小时。次日，新成立的中共广州市委召开会议，决定重新整顿市区各党支部、各工会组织的工作。五一劳动节时，省港罢工代表大会和市内各工会举行短时纪念集会，争取和团结群众。同时以广东济难总会的名义，救济、营救被捕同志和工友等。[1] 6月19日和23日，为纪念省港大罢工三

[1] 中共广州市委党史研究室. 中共广州地方史：新民主主义革命时期［M］. 广州：广东人民出版社，1995：143.

周年，已经转入地下的党组织领导省港罢工委员会两次召集多达两三万人的示威游行。

由于广东新军阀持续的“清党”与迫害，革命阵营产生了分化。但是，在新成立的中共广东省委及中共广州市委的领导下，党、团组织利用广东新军阀内部桂系和粤系之间的矛盾，积极建立地下组织和赤卫队，吸收和发展工农积极分子入党、入团，并坚持继续领导左派工人运动，与新军阀争夺对工人群众的影响力，使党和团的力量得到一定程度的恢复和发展，为日后的武装起义作了重要准备。

二、八七会议与青年运动的中心任务

在大革命生死存亡的紧急关头，为了认清形势、挽救革命，中国共产党于 1927 年 4 月 27 日至 5 月 9 日在武汉召开第五次全国代表大会。大会提出争取无产阶级对革命的领导权，建立革命民主政权和实行土地革命等正确的原则。但由于这次大会是在四一二反革命政变发生仅半个月的非常时刻召开的，对无产阶级如何争取革命领导权、如何领导农民实行土地革命、如何对待武汉国民政府和国民党，特别是如何建立党领导的革命武装等问题，都没有提出有效的具体措施，难以承担起挽救革命的重任。

5 月 10 日至 16 日，共青团在武汉召开第四次全国代表大会。会议认真总结了共青团在大革命高潮中的斗争经验，并接受党的五大的有关决议和共产国际、青年共产国际的指示，规定共青团和青年运动今后的方针和任务。同时，为了恢复与加强广东地区的工作，团中央决定派遣伍治之、沈宝同、区夏民等赴广东，并成立共青团广东区临时工作委员会。

中国共产党第五次全国代表大会后，革命危机进一步加剧，武汉国民政府的汪精卫集团日趋反动。5 月底，共产国际向中国共产党发来了“五月紧急指示”，提出开展土地革命、建立共产党自己的革命武装等挽救时局的重要主张。但是，受陈独秀右倾思想的影响，加之共产国际和联共（布）驻华代表之间矛盾重重，这一指示并未得到贯彻执行。7 月初，共产国际提出改组中共中央，并明确要求中国共产党公开退出国民政府，开展土地革命、武装工农。12 日，根据共产国际的指示，中共中央进行改组。13 日，党中央发表对时局的宣言，谴责武汉国民党中央和国民政府的反动行径，宣布撤回参加国民政府的共产党员，声明中国共产党将继续支持反帝反封建的革命斗争，愿意同国民党的革命分子继续合作。15 日，汪精卫等控制的武汉国民党中央召集“分共”会议，决定同共产党决裂，彻底背叛了孙中山制定的国共合作政策和反帝反封建纲领。随后，对共产党员、共青团员及革命群众进行大逮捕、大屠杀。

面对大革命遭受失败的极为严峻的形势，根据李立三、邓中夏、周恩来的建议，中共中央临时政治局常务委员会决定发动南昌起义。不久，为了审查和纠正党在大革命后期的严重错误，制定新的路线和政策，党中央于 1927 年 8 月 7 日在湖北汉口召开紧急会议（八七会议）。会议总结了大革命的教训，确立了实行土地革命和武装起义的方针，号召党员和人民群众继续进行革命斗争。不久，团中央于 8 月 12 日在武汉召开驻武汉全体中央委员会议。会议根据八七会议所确定的新方针与策略，制定了团的新任务，认为在新的形势下，团的中心任务是积极参加党领导的土地革命和武装斗争。同时，要求全团积极协助党组织，把湘、鄂、赣、粤四省的秋收起义搞好等。会议还号召全团切实肩负起中国革命的伟大使命。这次会议，坚决贯彻了八七会议的正确方针，跟随党实现革命中心任务的转移，以挽救中国革命的危机，使中国青年运动转入以土地革命与反对新军阀为中心的革命道路。

1927 年 8 月，共青团中央常委会委派时任宣传部部长李求实到广东，担任共青团广东省委书记，加强共青团对青年工作的领导，实现了广东共青团中心任务向积极参加党领导的土地革命和武装斗争的转移。9 月，团省委颁布《关于党团关系的通告》，进一步明确了共青团在武装起义中动员更多青年参加起义的任务。11 月 17 日，中共中央常委会召开会议专门讨论了广东的工作，并通过了《广东工作计划决议案》，决定在广州和全省举行武装暴动。不久，团中央对广东的青年工作也作了专门指示，要求广东团组织做好“征调广州及海陆丰有斗争经验的同志分派重要县内工作”，并要求海陆丰的团组织“征调大批同志并号召广大青年农民加入赤卫队与工农革命军，去建立苏维埃的武装力量”[1]。

广州起义前夕，团省委又发表了《告青年士兵警察和保安队书》，召开

[1] 广东省档案馆，广东青运史研究委员会. 广东青年运动历史资料 [G]. 广州：广州市成教印刷厂，1990：122-124.

青年工友会议部署工作，并发动、组织了专门的宣传队。起义失败后，中共广东省委和团省委又联合发出通告，号召各地党、团组织“应加紧发动群众发动暴动，准备夺取全省的政权”。1928 年 1 月，团省委又作出决定，要求各地团组织大力发动广大青年和群众参加武装暴动，大规模发展团员、少年先锋队（团领导下的青年半武装组织）、童子团，为建立和保卫苏维埃政权而战斗。[1]

三、参加武装起义与创建革命根据地

在严酷的斗争和血的教训面前，广东共青团认识到，参与挽救广东革命最直接的方式是投身党领导的武装起义，带领广大革命青年成为工农武装的中坚力量，积极参与党创建农村革命根据地的斗争。

（一）武装起义与工农武装的建立

四一五反革命政变时，以青年为骨干的广州工人纠察队、南海农民自卫军及汕头市工人纠察队等革命武装就自觉地进行了武装斗争。特别是澄海县农军和农民共 5000 余人，在党的组织和发动下举行武装起义。其间，澄海县团组织在党组织的领导下，积极发动各阶层群众参加起义。不久，揭阳、普宁、潮阳、惠来、英德、海丰等县农军先后举行起义，武装反抗国民党新军阀的屠杀政策。中共北江地委在英德县农军起义胜利后迅速集中各县工农武装，成立了包括北江农军学校第二期学员在内，由 1300 多人组成的“广东工农自卫军”，为日后更大规模的武装起义奠定了基础。团紫金县特别支部的支部书记刘乃宏，利用其国民党县党部书记的有利身份，组织县城和古竹两支“青年农民自卫军突击队”共数十人参加紫金县的农军起义。1927 年 5 月 12 日，梅县党、团组织负责人组成武装斗争委员会，领导东山、学艺和嘉应等大中学校学生与广大工人、农民、商人联合举行起义。5 月中旬，中共东江特委从惠、潮、梅等地抽调各县农军主力 1000 多人，成立了“惠潮梅农工救党军”。这支部队中的农军大部分是共产党员、共青团员和青年骨干分子，成立不久便转战五华、寻乌等地。6 月，中共琼崖地方委员会改组为中共琼崖特别委员会。

[1] 张江明，林木声. 广东青年运动史：1919—1949 [M]. 广州：广东高等教育出版社，1994：170.

为了统一指挥各县武装，中共琼崖特委将原来各县武装700余人改编为“琼崖讨逆革命军”，开展武装斗争。这支讨逆革命军的骨干大部分也是青年农民，其次是青年学生和青年工人。

除上述武装起义之外，1927年广东全省发动夏季起义的地方，还有潮梅地区的饶平、大埔、潮安、惠来、五华、丰顺、兴宁和惠阳，西江地区的罗定、云浮、郁南，粤北地区的清远、仁化，广州附近的花县，南路地区的遂溪、廉江，琼崖地区的临高、陵水、乐会、琼东、万宁、文昌、琼山等地，形成了广东地区武装起义的第一次高潮。当时北京、上海、广州等地的报纸均对广东这些地区的起义进行了报道。

南昌起义后，起义部队计划南下广东。中共中央下达“粤省委即刻以全力在东江接应”的指示，中共广东省委立即分派人员到各地组织暴动，策应南昌起义部队进入广东，广东武装起义的斗争因此进入了新的阶段。

其中，东江地区各县党、团组织在举行暴动的同时，积极动员和组织群众准备粮食、枪弹、药品等物资，迎接南昌起义部队的到来。同时，中共广东省委还制定了《关于暴动后各市、县工作大纲》，首先提出了组织工农革命军的计划。南昌起义军进入东江地区后，各县的党组织和共青团组织纷纷组织农军暴动，直接配合起义军行动。9月上旬，中共琼崖特委在海南岛发起全岛武装总暴动。随后，成立了共青团琼崖特委，乐会、琼东、琼山、文昌、定安、万宁、崖县等地也建立了共青团组织，以加强对青年工作的领导。暴动过程中，琼崖地区各级共青团组织积极参加党分配的工作，如共青团琼崖特委从各县抽调数十名优秀共青团员，充实起义部队主力。各县以共青团员为核心成立两万多人的赤卫队，直接配合“琼崖讨逆革命军”主力作战。共青团琼崖特委领导下的两万多名少先队员、童子团员在起义中负责放哨、交通、宣传等工作，也在武装暴动中发挥了重要作用。

10月中旬，南昌起义部队在东江遭遇失败后，中共中央南方局和中共广东省委召开了联席会议，决定南昌起义部队余部以及全省的工农武装一律改称工农革命军。其中，工农武装能够离开本县的，可合并编入工农革命军，称工农革命军第几师；不能离开本县的称工农革命军独立第几团或营。会后，留在东江地区的南昌起义部队余部改编为工农革命军第二师第四团，后吸收海陆丰的农军500多人，成立第五团，扩编为工农革命军第二师。11月中旬，中共琼崖特委在中共广东省委的指导下也将“琼崖讨逆革命军”改编为“琼崖工农革命军”，全军分设东、中、西路总指挥部，其中东路工农革命军由乐会、万宁、琼山、琼东四县抽调精壮农军组成，共800余人。

不离开本县的工农革命军独立团也在各地相继建立起来，东江地区成立了广东工农革命军东路军总指挥部，下辖汕头市的第一团、潮安县的第二团、潮阳县的第三团、澄海县的第四团、惠来县的第五团、普宁县的第六团、五华县的第七团、梅县的第八团、丰顺县的第十团、兴宁县的第十二团、饶平县的第十四团、大埔县的第十五团；海陆丰地区的农军主力除编入工农革命军第二师第五团外，还建立了工农革命军两个独立团；东江各县建立工农革命军独立团约3000人；北江地区的仁化县成立了广东工农革命军北路第四独立团，曲江县成立了广东工农革命军北路第六独立团等。

此外，北江地区的清远、花县，西江地区的罗定、郁南、广宁，粤中地区的恩平，南路地区的遂溪等县也都举行了武装起义。据不完全统计，从1927年8月至12月广州起义爆发前，广东全省共有30个县市发动了合计60多次武装起义，形成了广东地区武装起义的第二次高潮。

1927年12月11日，中国共产党领导下的广州起义爆发了。起义之前，团省委发出《告青年士兵警察及保安队书》，说明“工农兵都是一家兄弟”，号召广大青年士兵、警察及保安队员站到工农革命队伍这边来，打倒共同的敌人，建立工农兵政府。[1]团广州市委召开有200多名共青团员和积极分子参加的会议，决定以团员和原新学生社社员为骨干，组织宣传队伍。中山大学等校团组织和劳动童子团也纷纷组成宣传队。此前转移到香港的团省委委员除少数留守机关外，多数分批前往广州，准备直接参加起义。

起义开始后，以共青团员为核心的青年赤卫队直接加入工人赤卫队中，参加了攻打国民党政府省立公安局的战斗。许多团员和青年学生在共青团的组织下为参加起义的士兵、工人赤卫队烧茶、送水、送饭、送信和运送枪支弹药、救护伤员等。广州大部分市区被占领后，共青团组织领导下的各个宣传队纷纷扛着红旗上街宣传、演讲、高呼口号、散发传单，张贴广州苏维埃

[1] 广东革命历史博物馆. 广州起义资料：下［G］. 北京：人民出版社，1985：264.

政府发布的宣言、文告和标语等，城内各马路均悬有红布标语。12 月 12 日，广东反动当局开始大举反扑。中共广东省委书记、广州起义的主要领导者、曾担任共青团中央书记的青年运动领袖张太雷，在战斗中英勇牺牲，时年仅 29 岁；国民革命军第四军教导团女兵班班长游曦，率领全班学员参加保卫长堤阵地的战斗，与数十倍于己的敌军反复冲杀搏斗，最后壮烈牺牲，时年仅 19 岁。其间，在党的统一部署下，广州市郊的芳村、西村、花地以及邻近广州的南海、花县、清远等地农军直接参加了广州起义的战斗，宝安、新会、顺德、中山、惠阳、潮安、信宜、万宁、乐会等地的工农武装，也在当地党、团组织的领导下，相继举行了起义。城乡互相配合、工农兵联合举行起义，形成了广东地区武装起义的第三次高潮。

但是，广州起义最终因敌我力量悬殊而失败。12 月 17 日，起义失败不久，中共广东省委和团省委联合向全省党、团组织发出通告，总结广州起义的经验教训，指出广州起义虽然受到挫折，但是广东人民夺取政权的起义决不会停止；号召共产党员、共青团员和革命群众认清前途，增强夺取政权的勇气，加紧斗争，不能因为广州起义失败的影响而和缓或停止各地暴动。其后，广州起义军余部撤往东江起义，在花县境内改编为工农革命军第四师，下辖第十、十一、十二等三个团，其中第十二团吸收了部分花县青年农军。

周文雍，广东开平人；陈铁军，广东佛山人。图为周文雍与陈铁军（右）就义前合影

广州起义失败后，起义主要领导人之一周文雍和中共两广区委妇女委员陈铁军假扮夫妻，转移到香港。1928 年 1 月，为重建广州地下党组织，周文雍和陈铁军从香港重返广州，两人再次假扮夫妻从事秘密革命活动。1928 年 2 月 2 日，因叛徒告密，两人不幸被捕。2 月 6 日，周文雍和陈铁军在广州红花岗（今广州起义烈士陵园）慷慨就义。

1927 年 12 月 23 日，中共东江特委又向东江各县发出了举行年关暴动的紧急通告，号召东江地区的共产党员、共青团员和工农群众起来积极参加年关暴动。为此，团东江特委制订了详细的暴动计划，要求各县团组织和共青团员广泛发动群众，并决定从海丰县抽调三百名少年先锋队队员直接参加各县武装暴动。同时，为了更好地配合各县做好暴动的各项工作，团东江特委又作出加强对少年先锋队的领导，在少先队员中建立宣传队、救护队、慰劳队，发动共青团员参加红军等决定。

在党组织的领导及团组织的积极动员下，截至 1928 年 4 月，东江地区的惠阳、潮安、大埔、蕉岭、紫金、五华、潮阳、丰顺、普宁、龙川、惠来、揭阳等县先后发动武装起义，其中有的县还举行了两次或三次起义。琼崖地区的陵水、万宁、乐会、文昌、崖县、临高、琼东、琼山等县农军也积极配合琼崖工农革命军，分东、中、西三路举行了全岛武装起义；北江地区的仁化、英德、曲江、乐昌、南雄等县，西江地区的广宁、罗定，南路地区的茂名以及中路地区的宝安等县也于同一时期举行了起义，形成了广东地区武装起义的第四次高潮。与此同时，1928 年初，东江地区的工农革命军第二师、第四师和琼崖地区的工农革命军先后改称为工农红军，各县的农民武装改称为农民赤卫队。

（二）参与创建农村革命根据地

武装起义的成功与工农武装的创建，为党创建农村革命根据地创造了必要条件。在农村革命根据地的创建过程中，团组织及其成员在党的领导下发挥了重要作用，广大革命青年在党、团组织的领导下积极参与其中。

四一五反革命政变后，1927 年 4 月下旬和 9 月，海陆丰农民武装先后举行两次武装起义，并且在武装起义之后都成立了县临时人民政府。10 月底至 11 月初，由南昌起义部队余部改编的工农革命军第二师一部与海陆丰农民武装配合，举行了第三次武装起义。起义胜利后，分别召开了陆丰县和海丰县第一次工农兵代表大会，成立了陆丰县和海丰县苏维埃政府。

在海丰县第一次工农兵代表大会上，团海丰县委在大会祝词中表达了广大共青团员和革命青年向往共产主义的理想，以及对坚持武装斗争、创建革命根据地的坚定决心和信心；团海陆丰地委提出了关于打倒国民党、消灭地主豪绅的反动武装、实行土地革命、限制童工年龄和工作时间、抚恤和保护革命烈士子女、指导和帮助少年先锋队和儿童团组织、建立青年俱乐部和建设文娱体育设施等问题的提案。

一批优秀青年干部在共青团工作或青年运动中磨炼成长，有的被选为新成立的苏维埃政府委员，承担苏维埃政权的重要工作。20 岁参加共青团组织的杨望，很快便建立了一个由 80 多名团员组成的团支部，并组织 4000 名少年参加劳动童子团。杨望在海陆丰三次武装起义中英勇作战，后在海丰县苏维埃政府成立大会上全票当选为苏维埃政府委员。另一名优秀青年干部陈舜仪，在学生时期就积极参加社会活动，创办刊物，揭露黑暗，宣传农会。海陆丰第三次武装起义胜利后，陈舜仪当选首任中共海丰县委书记，主持召开了海丰县第一次工农兵代表大会，全票当选苏维埃政府委员。

1927 年 11 月，中共琼崖特委在乐会县召开第一次扩大会议，根据中共广东省委的指示决定扩大武装暴动规模，建立苏维埃政权和革命根据地。陵水县委书记黄振士和农军总指挥王昭夷率领一千多农军攻占了县城，并于 12 月 16 日召开了陵水县工农兵代表大会，宣布成立陵水县苏维埃政府，这是琼崖地区最早成立的县级苏维埃政权。1928 年初，乐会、万宁、琼东等县也相继建立了苏维埃政府。8 月 12 日，琼崖第一次工农兵代表大会在乐会县召开，成立了琼崖苏维埃政府。在琼崖苏维埃政权及革命根据地的创建过程中，琼崖团组织和广大青年很好地发挥了党的助手的作用。在酝酿建立琼崖苏维埃政府时，中共琼崖特委就提出应将党与苏维埃政权严格区分，在苏维埃政府中要有共青团员和“有非党同志当选为委员”。团琼崖特委也要求各级团组织积极开展苏维埃中的青年工作，推选优秀青年加入苏维埃政府。[1]

[1] 中央档案馆，广东省档案馆. 广东革命历史文件汇集：中共琼崖、南路特委文件：1927—1935 [G]. 广州：广东省供销学校印刷厂，1983：83-96.

1928年1月中旬，中共东江特委提出“以年关暴动去引起东江的大暴动，完成东江的割据”，号召工农革命军和东江广大工农群众继续奋斗，扩大已取得的胜利。随后，党在东江地区又创建了潮普惠（大南山）革命根据地和八乡山革命根据地。4月，在国民党军队重兵“围剿”下，海陆丰革命根据地大部分地区失陷，东江地区的革命中心逐步由海陆丰地区向揭阳、丰顺、五华边区的八乡山地区转移，并以此为根据地向四面发展。1930年春，东江地区有14个县（海丰、陆丰、惠来、紫金、惠阳、寻乌、龙川、梅县、饶平、兴宁、五华、丰顺、大埔、潮安）建立或恢复了县苏维埃政府或县革命委员会。5月1日，为了“统一全东江的指挥而加强群众的公开指导机关”，中共东江特委在八乡山召开东江第一次工农兵代表大会，成立了东江苏维埃政府，由海陆丰革命根据地发展而来的东江革命根据地正式形成。

在东江地区的革命中心从海陆丰地区向八乡山地区转移过程中，团组织积极发动广大青年参加根据地的创建工作，为各级苏维埃政权的建立作出了重要贡献。1930年，东江第一次工农兵代表大会召开，许多青年作为各地的代表出席了这次大会，其中共青团代表龚文河、李明光、郑振芬等人当选为第一届东江苏维埃政府执行委员会委员；团潮安县委书记龚文河当选为常务委员。1934年1月，郑振芬被中华苏维埃第二次全国代表大会选举为中华苏维埃共和国中央执行委员会委员。东江第一次工农兵代表大会通过的《劳动法令》规定了青年的劳动时间和学徒、童工的合理经济待遇，保障了青少年的劳动合法权益。不久，团省委就东江苏区青年参政问题专门向团东江特委提出：在各级工农兵代表大会及苏维埃政府中，青年代表和苏维埃政府委员应占1/3，使广大苏区青年充分认识到苏维埃政权是自己的政权，勉励东江团组织和广大团员青年为根据地的发展发挥更大作用。

工农武装和农村革命根据地的创建，也为广东共青团的发展创造了有利条件。早在1927年12月年关暴动时，东江地区就成立了共青团东江特委，各县、区、乡也普遍建立了共青团组织，还建立了团领导下的少先队和儿童团组织；随着各县苏维埃青年工作的深入开展，琼崖共青团组织也不断得到发展壮大。1931年，在已建立县级苏维埃政府的乐会、万宁、琼东、定安、澄迈、琼山六县均建立了共青团县委。文昌、陵水两县建立了团特派员制。

此外，还建立了一批直属特别支部。到20世纪30年代初，广东共青团员已发展到2.4万名，团领导下的少年先锋队员和儿童团员也发展到3万多名。

四一五反革命政变后，由于新军阀的屠杀和镇压，广东共青团及其活动被迫转为秘密状态，但广东青年运动并未中止。在党的领导下，广东共青团领导广大革命青年，始终站在时代斗争的前列，积极投身党领导的武装起义，并成为工农革命武装的中坚力量，同时也为创建海陆丰、东江、琼崖等革命根据地作出了重要贡献。

第二节　投身革命根据地的建设与巩固

广东工农武装和农村革命根据地建立后，引起了广东新军阀的极度恐慌和仇恨。他们急忙调兵遣将，企图将党领导的武装力量和农村革命根据地扼杀在摇篮中。共青团组织和团员青年随之又投身于保卫农村革命根据地的斗争，成为建设巩固革命根据地的一支生力军，为开展土地革命、扩大红军、发展革命根据地作出了重要贡献。

一、在反“围剿”中英勇斗争

1927年12月，海陆丰革命根据地创立不久，团省委召开扩大会议，讨论巩固和发展苏维埃政权的问题，并发布关于巩固海丰苏维埃政权的训令，号召共青团员和革命青年“为保障和扩大苏维埃政权而战”，同时派出干部到各县市恢复和发展团组织，协助党开展武装斗争。

广大共青团员和革命青年积极响应党的号召，踊跃参加红军和地方革命武装工人纠察队、农民赤卫队，成为革命武装的主要力量，如中国工农红军第二师第五团均由共青团员和农民青年积极分子组成；1930年秋建立的琼崖中国工农红军第二独立师，青年人占大多数，其中共青团员300多人。红军的师部和各团部均成立少共委员会，各连的党支部委员会有团的代表参加，以协助党组织开展政治教育和宣传娱乐等工作。在地方革命武装队伍中，也是以青年人为主。由于青年们踊跃参军，革命武装迅速壮大。此外，共青团员和青年积极分子还组成了马克思队、列宁队、李卜克内西队以及全部是青年妇女的卢森堡队。有的地方还成立了女子粉枪队。梅县筹建过以女青年为主体的“女红军连”；琼崖红军第二独立师，组建了一支由100余名20岁左右女青年组成的队伍，即后来著名的“红色娘子军”的原型，其中共青团员占比达到2/3。

在东江、琼崖等地区，广大青年和革命根据地的军民共同战斗，多次打退敌人的进攻，保卫了革命根据地。1928年4月，敌军4000余人分三路进犯琼崖革命根据地。琼崖红军1400多人与农民武装并肩战斗，英勇抗击敌人，中、西路多次打退敌人的进攻，东路也成功地伏击敌人。但是，在敌强我弱的条件下，战斗异常激烈艰苦，陵水县等地大批军民壮烈牺牲。由于叛徒出卖，琼崖红军总司令兼西路总指挥冯平和政治部主任符节也不幸被捕。他们在敌人的威逼利诱面前，大义凛然，宁死不屈。1929年4月初，古大存指挥八乡山革命根据地军民1000多人，正确运用游击战术，经两日一夜激战，打退敌军的“围剿”。接着又以“石头阵”击退敌军1500余人对八乡山的第二次“围剿”，巩固了八乡山革命根据地。1930年4月，敌军又以2000余人兵分三路进犯大南山革命根据地。红军第47团、第49团在广大群众的支援下，毙、俘敌多人，缴获大批枪支弹药等物资，大南山军民的声威大震。

革命根据地军民英勇斗争，不仅多次打退了敌人的进攻，保卫了革命根据地，同时还不断壮大了革命武装力量，发展了革命根据地。大批进步青年加入红军队伍，成为革命队伍的骨干力量。1930年5月，以古大存为军长的中国工农红军第十一军达到3000人。东江革命根据地全盛时期，所辖范围包括粤东大部分地区以及赣南、闽南的部分地区，人口达600万人。8月，琼崖12个县普遍建立了县、区、乡各级苏维埃政权，苏区人口达100万，母瑞山革命根据地还增设了琼崖工农红军独立师。1931年底，琼崖红军发展到2000人，加上各县的农民武装，琼崖地区已拥有革命武装力量七八千人。海陆丰革命根据地斗争受挫后，革命军民高举苏维埃的旗帜，始终坚持斗争，一次又一次粉碎敌人的围追堵截，革命力量不断增强。到 1930 年 9 月，又创建了海陆惠紫革命根据地，苏区纵横 300 余里，人口 20 多万，第 49 团发展至 1000 多人，成为东江地区范围较广、人口较多的根据地之一。

但是，由于强敌反复进行残酷的“围剿”以及党内“左”倾冒险主义的干扰，广东革命军民为反“围剿”斗争付出了沉重代价，革命根据地亦受到了不同程度的破坏。1931 年 6 月，敌人以重兵再次进攻发展壮大起来的八乡山革命根据地。东江军民英勇抗击敌人，激战数昼夜，打退敌人多次冲锋，后因弹尽粮绝，红军转移到外线开展游击战。红军撤离后，时年 23 岁的赤卫队长万大来、20 岁的红色宣传员张剑珍等不幸被捕。

在琼崖地区，“红色娘子军”刚成立就和其他红军战士一起投入反“围剿”的斗争。1932 年夏，她们又参加了琼崖第二次反“围剿”斗争。红军领导机关向母瑞山革命根据地转移时，“红色娘子军”被分配参加阻击敌军、掩护领导机关安全转移的任务。她们同其他红军战士并肩战斗，顽强地打退敌军反复多次的疯狂进攻。经过三天三夜的激战，保证了领导机关的安全转移。完成阻击任务后，“红色娘子军”的一个班奉命留下掩护其他红军战士撤退。全班 8 位战士在弹药断绝的艰险情况下，同敌军展开了激烈的肉搏战，最后全部壮烈牺牲。转移到母瑞山革命根据地的 100 多名青年红军战士，在中共琼崖特委书记冯白驹领导下坚持斗争。但是，由于敌军残酷的军事“进剿”，最后仅剩 26 人。正是这些青年红军战士，为琼崖地区的革命斗争保存了火种。

1932 年春，敌军再次向东江革命根据地中心地带大南山进行疯狂“围剿”，广大青年战士与根据地军民一起奋起抗击敌军。党、团组织动员根据地的青年团员、少年先锋队队员用各种方式支援红军，甚至直接参与战斗。如彭杨军校的学生军配合主力红军，在牛牯尖山峰英勇抗击敌军，打退敌军多次冲锋。1934 年 10 月，中央红军主力长征后，在强敌围追堵截的险恶条件下，广东革命军民仍以各种形式坚持革命斗争：有的在闽粤边区开展游击战，有的转入地下进行隐蔽的斗争。古大存率领 17 位红军战士转移到大埔县南部的苏区，开展群众工作，保存发展武装力量，在当地工农群众中恢复和重建党、团组织。

广东共青团在党的领导下，组织共青团员及广大革命青年积极参加保卫革命根据地的反“围剿”斗争，为广东革命乃至中国革命立下了不朽的功勋。他们在实践中深刻地认识到，只有坚持中国共产党的领导，中国人民才能翻身解放，中国革命才能走向胜利。他们所进行的艰苦卓绝的斗争，无愧于时代、无愧于人民赋予他们的历史使命；他们忠于革命、忠于人民的英勇事迹和高贵品质，激励一批批青年前仆后继跟党投身革命洪流。

二、参与苏维埃政权建设与土地革命

苏维埃政权的建立是创建革命根据地的重要形式，也是革命根据地建设的重要内容。在创建、建设和巩固革命根据地的过程中，党十分重视苏维埃政权的建设。

东江和琼崖革命根据地，建立有东江、琼崖和县、区、乡等四级苏维埃政府。这些政府机构均由工农兵代表大会民主选举产生，实行民主集中制，当选的苏维埃政府委员如不称职可被罢免。各级苏维埃政府接受中国共产党领导，全心全意为工农群众谋利益，对人民实行民主，对地主豪绅和一切反革命派实行专政。为充分发挥民主，调动革命群众的积极性，中国共产党特别注意处理党和苏维埃政府的关系。同时，党还强调必须充分发挥青年人在苏维埃政权建设中的作用，要求出席各级工农兵代表大会的代表和各级苏维埃政府的职员中至少有1/3是青年人。团省委坚决贯彻党的革命纲领和政策，多次指示各级团组织必须贯彻执行党的指示，充分认识苏维埃政权的性质。而且，早在苏维埃政权创建之初，团省委就提出“各级苏维埃应有青年代表当选，尤其在各区乡下级苏维埃中应有青年领袖当选，使这个政权在我们领导之下”[1]。同时，为了保证参加苏维埃的青年代表能够真正发挥作用，团省委强调各级团组织应当充分发扬民主，通过群众把优秀的青年挑选出来，推荐给苏维埃政权机关。这样就保证了大批青年积极分子出席各级工农兵代表大会和在苏维埃政府担任各种职务。

在具体工作实践中，任职于苏维埃政府的革命青年，绝大多数没有辜负

[1] 中央档案馆，广东省档案馆. 广东革命历史文件汇集：团组织文件：1927—1932 [G]. 广州：广东省供销学校印刷厂，1984：4.

党的期望和人民的嘱托，践行使命与担当，受到工农群众的欢迎，提高了中国共产党和苏维埃政府的威信。年仅 24 岁的潮普惠县苏维埃政府副主席刘大刚，经常冒着生命危险，化装到大南山下附近被敌人占据的乡村，向群众宣传党的方针政策，在群众基础较好的地方设置秘密粮站，开辟运输线，在白色恐怖极为严重的情况下秘密向革命根据地运送粮食和枪支弹药，对巩固和建设革命根据地作出了积极贡献。

广大共青团员和革命青年积极响应党的号召，在苏维埃政权中开展廉政建设。1929 年 1 月，中共广东省委提出发扬“用钱少，工作多”的精神，消除“雇佣革命”，坚决肃清浪费金钱的腐化现象。各级共青团组织严格执行党的决议和规定，要求共青团员肃清官僚化，禁止工作范围内自由行动，禁止指导机关非正式预算的浪费，禁止挪用公款，举行团内戒烟戒酒运动，实现每日生活群众化。[1] 在苏维埃政权工作的广大共青团员和革命青年，积极响应党、团组织的号召，执行有关规定，展现了青年群体的高尚品质和优良作风。同时，党和苏维埃政府还特别注意加强保卫、监督机构的建设，建立了以革命青年为主体的巡视员制度，定期进行巡视，深入工农群众中调查了解情况，监督政府工作人员。共青团组织还在东江和琼崖地区成立了近 500 人的轻骑队和突击队，成员多从少年先锋队中挑选出来，协助党和苏维埃政府开展工作，承担保卫革命根据地，打击敌对分子破坏活动，监督政府工作人员执行法令和纪律，揭露政府工作人员的贪污浪费、腐化堕落和官僚主义不良现象的任务。团省委曾高度评价苏区青年参与苏维埃政权建设的功绩，认为“苏区青年能够完全在团的领导之下为苏维埃政权而斗争”[2]。

广东共青团坚决贯彻八七会议方针，积极参与党领导下的土地革命。八七会议后不久，为贯彻中共广东省委的指示，团省委和团东江特委、团琼崖特委多次作出决议和发出号召，要求各地共青团组织在党的领导下，切实动员广大青年群众，执行没收与分配土地，并且要发动青年群众为保护土地

---

[1] 广东省档案馆，广东青运史研究委员会. 广东青年运动历史资料［G］. 广州：广州市成教印刷厂，1990：240.

[2] 中央档案馆，广东省档案馆. 广东革命历史文件汇集：团组织文件：1931［G］. 广州：广东省供销学校印刷厂，1982：309-322.

革命的成果而斗争。海陆丰革命根据地创建后，广东的土地革命就率先在全国开始进行。在党的领导下，广大革命青年发扬革命首创精神，积极参与制定土地法令。1927 年 11 月，彭湃领导召开海丰县第一次工农兵代表大会时，共青团组织和学生联合会给大会致祝词，强烈要求“实行土地革命，铲除封建势力，巩固工农政权”，坚决表示“努力前进冲锋，齐向红光快跑”。此外，大会在无先例可循的情况下，讨论并通过了《没收土地案》，公开宣布没收、分配地主土地的正义性和必要性，率先进行了反对地主豪绅、没收分配地主土地的激烈斗争。12 月，琼崖乐会县农民暴动胜利后，制定了《乐四区土地问题临时办法》，明确规定没收一切地主土地及公田，分配给贫苦农民，为早期土地革命探索经验。此后，琼崖地区的陵水、乐万苏区也进行了土地革命。1929 年夏，琼崖地区的土地革命发展到母瑞山革命根据地，形成了琼崖地区第一次土地革命的高潮。

针对土地革命中的激进行为，中共东江特委根据党的六大和中共广东省委第二次扩大会议的决议，于 1929 年 10 月在总结海陆丰等县开展土地革命的经验的基础上，作出了《关于没收分配土地问题的决议》。广大革命青年响应党的号召，积极参与土地革命的斗争。共青团、少年先锋队和劳动童子团等革命组织中的青少年站岗放哨、维持社会治安，打击一切敌对分子的破坏活动，以群众喜闻乐见的形式宣传土地革命的必要性及党的方针政策。此外，他们还积极参加苏维埃政府土地科或土地委员会的有关工作。例如，丈量登记土地，查核乡村人口，评定土地等级，划分农村阶级及没收分配土地等。共青团组织还有计划地在非苏区青年群众中组织“土地革命研究会”，帮助他们加深对土地革命的认识。总之，共青团等党领导的青年组织动员广大青年参与土地革命，有力地推动了土地革命的发展。革命青年锻炼了能力，提高了政治觉悟和政策水平，这也进一步促进了青年革命组织和青年运动的发展。

经过开展土地革命，各级共青团组织普遍建立起来，少年先锋队和劳动童子团迅速发展。1928 年 1 月，海丰县有少年先锋队队员 1 万多人，劳动童子团团员 2.5 万多人；1931 年底，琼崖地区的劳动童子团团员发展到 6000多人，少年先锋队队员万余人。分到土地的农民踊跃参军，如 1929 年秋，土地革命前红军第 49 团仅有 100 多人，实行土地革命后迅猛发展到了 1000 多人[1]。土地革命期间，在党的领导下，广大团员青年迸发出前所未有的革命积极性，他们积极参与苏维埃政权建设，为保卫和发展革命根据地贡献青春力量，甚至奉献出自己宝贵的生命。

三、投身革命根据地经济文化建设

广东农村革命根据地多位于山区，自然条件较差，加上敌人军事上的“围剿”和经济上的封锁，根据地的各项建设更加困难。但是，中国共产党不畏惧任何困难，在从事苏维埃政权建设、开展土地革命的同时，还积极号召广大军民进行经济文化建设。各级共青团组织和团员青年积极投身革命根据地的经济文化建设，成为根据地党政军各条战线的得力助手。

（一）投身革命根据地的经济建设

为了改善根据地军民的生活，保证红军的供给，各级共青团组织发动团员青年和少先队员进行开荒和生产自救。早在 1928 年 7 月，共青团第五次全国代表大会上就通过了《苏维埃区域内本团工作大纲》，提出在红色政权建立后共青团要在经济建设工作中“仿效苏俄共产党礼拜六办法，党与团的同志须一致实行节省主义”。1931 年 2 月，共青团中央局通过《团在苏区中的任务决议》，进一步指出：“团应该组织‘青年团苏区员的礼拜六’，来进行帮助红军的工作。这就是说，在休息日（星期日、假日）动员一切的团员来做一定的工作……这个方法在苏区团的工作中应该经常地应用。”随后，以拥军优属为主要内容的“共产青年团员礼拜六”活动便在各根据地蓬勃开展起来，并由团员发展到少先队员和全体青少年。

广东共青团组织把经济建设和革命战争密切结合，从广东各根据地的实际出发，也开展了形式多样的“共产青年团员礼拜六”活动，积极投身农业生产、兴修水利、修桥筑路、广积肥料、开垦荒地等活动。琼崖苏维埃政府主席王文明，在母瑞山革命根据地率领青年开荒生产，建立了 3 个农场，自己动手解决经济困难。各级共青团还在各地组织劳动竞赛，交流生产经验，

[1] 张江明，林木声. 广东青年运动史：1919—1949 [M]. 广州：广东高等教育出版社，1994：204.

帮助军烈属抢种抢收等。有的地区土地革命后，青年带头组织互助合作，建立劳动帮工队、共耕社。海丰县公平区麻竹乡7个自然村建立自愿组合的共耕社，设立了公共食堂、托儿组，组织耕田队、牧牛队，入社的农民集体劳动，收入归集体统一分配，对实现共产主义理想的途径做了早期探索。

此外，广东革命根据地的青年在共青团的组织下，发扬自力更生、艰苦奋斗的精神，参加开办兵工厂、机械修造厂、被服厂以及裁缝、造纸、打铁、木工、制伞等手工作坊，一定程度上打破了敌人的经济封锁，满足了红军的军需和根据地军民的生产、生活需求，促进了当地手工业的发展。他们还向根据地城镇的中小工商业者宣传党关于保护民族工商业、打击破坏革命的奸商的政策；发动群众采取多种集资形式开办工农贩卖合作社、供销合作社；通过节衣缩食、集款投资，开办劳动银行、发行苏维埃纸币，协助苏维埃政府促进了革命根据地商业贸易的发展。

（二）投身革命根据地的文化建设

中国共产党和苏维埃政府非常重视发展革命根据地的新型文化教育事业。广东各级共青团积极贯彻执行党和苏维埃政府的政策，为苏区文化教育事业的发展作出了重要贡献。

首先，土地革命过程中，革命根据地内普遍兴办了识字组、补习夜校、列宁小学，广泛开展扫盲运动。琼崖地区还建立了初级—中级—高级列宁学校教育体系。这类学校主要由各级共青团筹划，实行适龄工农儿童免费义务教育，教育经费全部由苏维埃政府解决，许多共青团员和进步青年被派去担任教师。这些措施提高了农民的文化水平，实现了贫苦农民子弟上学读书的梦想，使工农学子既学习了文化，又接受了生动深刻的革命教育。

其次，为了解决师资不足的问题和提高教师的水平，广东共青团开办了一批列宁师范学校和教师速成学校。通过选派团员青年去学习，培养了大批政治觉悟较高和具有一定教育业务能力的青年教师，为根据地扫盲运动提供了人才保障。此外，广东革命根据地还先后创办过多期党校、团校和党员训练班等。1928年初，中共东江特委在海丰县创办了东江党校一期班，吸收了青年党团员骨干100多人参加培训。琼崖等地的共青团特委举办过团校和训练班，组织学习《马克思列宁主义大纲》和实际工作材料。上述举措为各级党组织和苏维埃政府培养了大批骨干，提高了党、团干部的政治素质和工作能力。同时，广东革命根据地还创办过军事干部培训班和彭杨军校等军事教育机构。特别是彭杨军校，创办两年间培养了140多名红军各级青年干部，提高了红军指战员的军事素质。

最后，各地苏区都成立了宣传队、农村俱乐部、阅报社、工农剧社等文艺团体。这些团体开展文艺演出，出版革命刊物，宣传土地革命，揭露帝国主义和土豪劣绅的恶行。如海丰、潮普惠等地兴建了规模较大的红场，其中设有演说台和工农兵俱乐部。红场成为革命青年开展政治宣传和文艺活动的阵地，由青年党团员组成的“赤花剧社”，就利用各种文艺汇演开展宣传活动。广东共青团还出版《少年红旗》《学习》《团内生活》等刊物，经常运用故事、童谣、漫画等形式，深入浅出地宣传党的方针政策，报道各地工农尤其是青年革命斗争的消息，既团结教育了广大团员青年，又动员了革命群众开展土地革命，参与建设和巩固革命根据地。

第三节　九一八事变后的青年抗日救亡运动

1931年秋，日本帝国主义为将中国变成其独占的殖民地，悍然发动侵占我国东北三省的九一八事变。国难当头，民族危机加深，但国民党政府坚持“攘外必先安内”的反动方针，一方面仍以主要兵力“围剿”工农红军，另一方面残酷镇压青年学生和人民的抗日救亡运动。日本帝国主义的侵略行径和国民党政府实行不抵抗主义政策，使中华民族面临亡国灭种的危机。在此严重关头，中国共产党率先举起武装抗日旗帜。全国进步青年响应党的号召，迅速掀起抗日救亡运动的高潮。

一、青年抗日救亡运动的兴起

九一八事变后，中共中央立即号召全国各界群众和青年学生进行广泛的反对日本帝国主义暴行的运动，成立各式各样的反对日本帝国主义的公开组织，并要求各级党组织加强学生工作。团中央也发出告全国青年书，号召全国青年罢工、罢课、罢操、罢市，反对日本帝国主义的侵略。中共两广省委连续发表通告和宣言，揭露日本帝国主义侵略中国的罪行，号召各阶层人民群众加强反帝斗争。团省委作出《关于反对日本出兵满洲的决议》，揭露日本帝国主义的侵略罪行，要求各级团组织“立即提起全团注意反帝工作”，组织广泛的示威运动，加紧组织各种青年群众的团体开展反帝爱国运动[1]。此后，广东各界人士，特别是青年学生开展了多种形式的示威、请愿活动。

1931 年 9 月 19 日，即九一八事变的第二天，广东省立一中、二中、女师、女中、工专等学校学生 400 多人到广州国民政府举行示威游行，高呼“打倒日本帝国主义”等口号。21 日，中山大学的学生与广州工人召开紧急会议，讨论反帝工作，随后又到广州国民政府示威。24 日，广州大中学校学生 3 万多人举行声势浩大的示威游行，要求政府对日宣战，组织抗日救国会、抗日义勇军，并开展轰轰烈烈的抵制日货运动。省、市各学校教职员工组成“广州市各校教职员工抗日救国大会”，广州、汕头、梅县、海口、惠州、韶关等地青年组织“反日货会”“反日会”等各种形式的反日爱国群众组织。琼崖等地的青年学生也根据党组织的安排，到社会上散发标语传单和小册子，进行宣传工作。1931 年 10 月 10 日是辛亥革命胜利 20 周年纪念日，中山大学学生及群众到永汉路专卖日货的新世界洋货店检查、抵制日货。15 日，汕头市爱国群众举行反对日本帝国主义的示威游行，捣毁了国民党汕头市党部。在学生、教师和工人群众的影响下，广州和各地部分商人拒售日货，广州报界也组织“抗日救亡大会”，举行宣誓和游行等活动。

由于支持广大青年学生和工农群众抗日救亡的革命行动，1931 年秋冬之际中共广东省委和共青团广东省委均遭到国民党反动派的破坏，团省委书记何凯丰被捕入狱。随后团中央先后派遣容敬良、陈乃石、陈文斐等人，恢复团省委的组织和工作。同年底，恢复工作的中共两广省委和共青团两广省委，仍坚持指导或影响广东地区的抗日救亡运动。12 月 10 日，中共两广省委为反

[1] 中央档案馆，广东省档案馆. 广东革命历史文件汇集：团组织文件：1931 [G]. 广州：广东省供销学校印刷厂，1984：219-223.

对国民党当局枪杀爱国学生发布告民众书，号召工农兵士团结起来，声援广州等地被逮捕的学生。共青团两广省委也要求各级团组织加强反帝工作，团结广大青年群众进行反对日本帝国主义侵略中国的斗争。从此，群众性的抗日救亡运动在全省范围内兴起，特别是以青年学生为主体的抗日救亡运动的兴起，打破了大革命失败以来的沉寂状态。

1932年1月28日，日本帝国主义又在上海挑起侵略战争，制造了一·二八事变。十九路军将士违抗国民党政府命令，奋起抵抗。他们的抵抗点燃了人们的爱国热情，得到了全国人民，特别是广东青年群众的大力支持。2月29日广州全市学生绝食一天，支援前方抗日将士；广东留日归国学生抗日救国会决定组织赴沪参战队；粤空军也决定派飞机赴沪援助十九路军；中山大学还派出代表团向南京国民政府请愿；海口的学生和工人举行罢课、罢工，抗议国民党反动政府的不抵抗主义；南路中、小学师生深入圩镇农村宣传，发动各界募捐支援十九路军，并抵制日货；广州南洋橡胶厂、广九铁路及省机工会属下的机器、电力、油榨等青年职工自发捐款，支援十九路军；南海县组织了数千人参加的义勇军；汕头市的青年工人、店员积极组织义勇队、大刀队等，准备参加抗战。在全国人民的有力支持下，经过前方将士的浴血奋战，最终迫使日寇签订了淞沪停战协定。十九路军的淞沪抗战，不仅弘扬了中华民族的爱国主义和坚贞不屈的大无畏精神，打击了日寇的嚣张气焰，还促进了广东抗日救亡运动的进一步发展。

二、左翼文化运动与青年抗日救亡运动

1932年秋，共青团广东省委的工作恢复。10月，为了加强团的工作，团中央决定改组共青团广东省委。12月，由于叛徒的出卖，团省委再次遭到严重破坏，刘来、容敬良、陈乃石、陈文斐等团省委主要领导均遭逮捕。次年1月，团省委与中共广东省委组成临时工作委员会。此时，临时工作委员会与党中央的联系中断。为了恢复联系，临时工作委员会先后派人到上海及中央苏区。但是，不久临时工作委员会遭到敌人的破坏，团省委负责人王振被捕。年底，临时工作委员会几经辗转，与党中央再次取得联系，重新开展工作。但由于叛徒的出卖，1934年8月中共广东省委和团省委再次遭到严重破

坏，此后团省委基本停止了工作[1]。

经过历次破坏，这一时期党、团组织的力量遭受严重打击。但受中国共产党抗日救亡政策的正确引导，以及民族矛盾上升为主要矛盾的影响，民族觉醒的浪潮不断高涨，进步青年学生纷纷自觉组织进步文化团体，开展抗日救亡宣传活动。这些以青年学生为主体的进步团体开展的左翼文化运动，推动了广东青年抗日救亡运动的发展。九一八事变后，广州党组织联合进步青年先后成立了中大抗日剧社、世界情势社、广州文艺社等 10 多个进步文化团体。他们出版刊物、宣传革命，演出戏剧、发动抗日，组织读书会、学习和宣传革命理论，以文艺为武器，积极开展抗日救亡运动，受到人民群众特别是进步青年的热烈欢迎。如中大抗日剧社在共产党员陈黄光的指导下举行《工场夜景》《乱钟》《抢米》等剧目的大型公演，宣扬反抗日本帝国主义侵略，抨击国民党政府“攘外必先安内”的反动政策，致力于抗日宣传，激励广大群众参加抗日救亡运动。

在共产党员温盛刚和何思敬的协助下，广州各进步文化团体负责人还与上海的中国左翼文化总同盟取得联系。1933 年 3 月至 4 月，“中国左翼文化总同盟广州分盟”（以下简称“广州文总”）筹备成立，下设“社联”“左联”和“剧联”等组织。广州文总由何干之（谭秀峰）任书记，谭国标任组织部部长，温盛刚任宣传部部长，凌伯骥、赖寅仿、郑挺秀、何仁棠都是“社联”的负责人或骨干成员。广州文总在中共中央文委的直接领导下，团结广州进步文化工作者，积极开展活动，学习和宣传无产阶级革命理论和革命的文艺思想，组织民众和青年学生开展抗日救亡运动，揭露日本帝国主义的侵华罪行，促进了抗日救亡运动的发展。

1934 年 1 月，广州文总遭到严重破坏，谭国标等六人被国民党反动派逮捕，但他们在狱中仍进行英勇不屈的斗争。8 月 1 日，谭国标等英勇就义。临刑前，他们高呼革命口号，高唱国际歌，为人民的利益而壮烈牺牲。8 月，广东党组织和共青团组织再次遭到严重破坏，以进步青年为主体的广东抗日救亡运动一时失去了坚强领导，暂时转入沉寂。但是，在党培育下成长起来的

[1] 广东省地方史志编纂委员会. 广东省志：青年工作志［M］. 广州：广东人民出版社，2007：14.

革命青年，并没有被敌人吓倒。其中的骨干和革命青年，有的到香港、上海、北平寻找党组织，有的转移到革命根据地，有的留在广州或分散到广东各地，继续参加抗日救亡运动。

广州文总六烈士。上排左起：温盛刚、谭国标、凌伯骥；下排左起：赖寅仿、郑挺秀、何仁棠

三、一二·九运动与青年抗日救亡运动的高涨

1935年上半年，日本帝国主义加紧对中国的侵略，制造了华北事变，中华民族的危机进一步加深。8月1日，中共驻共产国际代表团以中华苏维埃共和国中央政府和中共中央名义起草了《为抗日救国告全体同胞书》，号召停止内战，建立抗日民族统一战线。12月9日，在中国共产党的组织领导下，北平学生举行声势浩大的抗日游行，喊出“打倒日本帝国主义”“反对华北自治”“停止内战，一致对外”等口号。北平学生的抗日救亡运动极大地激发了广东青年学生的爱国热情。

一二·九运动爆发前，在中国共产党的直接领导下，广州地区就先后建立了先进青年组织——中国青年同盟和突进社。1935年8月，上海党组织遭破坏后，原在《时代文化》半月刊发行部任科长的共产党员王均予南下广州，通过《时代文化》“读者会”活动吸收个别进步青年学生，成立了“中国青年同盟”[1]。“突进社”由受中国共产党抗日救亡主张影响的进步青年学生在 1935 年 10 月发起成立，其宗旨是响应中国共产党的号召，团结进步青年，迅速突破国民党的种种压迫，掀起抗日救亡的革命高潮。一二·九运动爆发时，由于党、团组织都遭到较大程度的破坏，受党直接领导或号召影响的中国青年同盟和突进社，在这一过程中实际上起到了发动和组织的作用。一二·九运动爆发不久，中国青年同盟和突进社等组织就多次发动广东青年学生举行大规模集会和游行示威活动，汇聚广东青年抗日救亡运动的洪流。12 月 11 日，中山大学学生在校内举行抗日大会，并通电全国响应北平学生运动。次日，学生们又走出校门，到广州市区举行抗日游行示威。此后，青年学生还组织宣传队，到广州市区开展抗日救亡运动。1936 年 1 月初，广州青年学生在中国青年同盟的组织下举行第三次大规模抗日游行示威，召开抗日大会，成立广州市学生抗日联合会，并通电全国，呼吁全国学生开展抗日救亡运动、坚决反对日本帝国主义的侵略。这次游行和抗日大会，参与人数较多、涉及面较广，除青年学生之外还有万余名工人和市民参加，组织工作较严密，表明广东青年的抗日救亡运动由分散自发发展进入到集中统一领导的新阶段。

与此同时，广东省内其他地区的学生也积极投身抗日救亡运动。潮州、汕头、雷州、揭阳、澄海和梅县等地的青年学生，在共产党员、共青团员的组织和推动下，多次举行抗日救国集会活动。香港青年学生在获悉一二·九运动的消息后，积极开展募捐活动，支持在运动中受伤和被捕的同学，响应抗日救亡的宣传。

在一二·九运动中，广东青年学生以高度的爱国主义热情，站在革命斗争的前列，接受和宣传中国共产党的抗日救亡主张，打击了国民党政府的妥协投降政策，推动了广东地区抗日救亡运动的高涨。特别是在这一过程中成长起来的革命青年，经过革命的锻炼和考验，提高了政治觉悟和革命能力，先后参加了中国共产党及其领导的革命统一战线组织，成为此后抗日战争中

[1] 中共广州市委党史研究室，共青团广州市编委会，广州青年运动史研究委员会，等. 走向抗日：广州中国青年抗日同盟史录［M］. 广州：广州出版社，2015：2-5.

党组织的骨干力量。

1935年12月12日，广州青年学生举行抗日示威游行。前排右一为曾生，后任东江纵队司令员

四、地方党组织的恢复与共青团的改造

随着抗日救亡运动的发展，以中国青年同盟和突进社为主的广东青年组织得到进一步的巩固与发展，成为有宗旨、有领导机构的严密组织，为广东党组织的恢复与重建奠定了组织基础。恰在此时，为了加强党对抗日救亡运动的领导，中共中央开始着手恢复与重建国统区的中共地方组织。1936年夏，中共中央北方局派遣党员来香港、广州开展抗日救亡运动及恢复与重建广东以及南方的党组织。不久，以中国青年同盟和突进社等组织为主体的一批青年学生参加中国共产党，并先后在中山大学、广雅中学等大中学校及东莞、新会、中山等地建立了8个基层党支部。10月至12月间，还先后成立了中共广州临时市委、中共西江工作委员会、中共香港工作委员会、中共南方工作临时委员会等党的组织。

与此同时，为了扩大抗日民族统一战线，党中央决定将共青团组织改造为广大爱国青年参加的抗日救亡团体。1935年7月，共产国际七大决定建立世界人民反法西斯统一战线，要求各国共产党和共青团在争取青年方面，必须在实际行动上有一个根本的转变。根据这一精神，随后举行的青年共产国际六大决定建立世界青年反法西斯统一战线。次年9月，中共中央和团中央收到青年共产国际的电报，要求中国共青团“从绝对严密的工作方式转变到利用一切公开和半公开的可能，建立不仅包括青年工人而且包括广大农民学生及失业青年等在内的民族解放性质的群众青年团”。此后，中共中央开始着手改造共青团的工作。1936 年 11 月 1 日，中共中央发布《中央关于青年工作的决定》，共青团的改造工作由此正式在全团展开。具体措施是：（1）国统区的共青团员都参加现有的、合法的、公开的青年群众组织，各种青年组织在抗日救国、民主自由共同目标之下，实行合作联合与统一；革命根据地的共青团组织改造成为青年的各种文化教育、体育、军事等团体的联合组织，在组织内实行广泛的民主，使其成为全国青年的模范。（2）大批吸收共青团员入党，不再组织团的支部或团组；在一切青年组织中组织党支部或党团，在党的各级组织中设青年部或青年委员会及青年干事，共产党是青年运动的唯一领导者[1]。在这一决定的指导下，广东共青团组织在抗日战争全面爆发后被改造为更广泛的抗日青年统一战线组织，这标志着广东青年运动进入了新的发展阶段。

这一时期广东共青团在党的领导下积极组织广大革命青年进行武装起义、创建工农武装和革命根据地的斗争，同时积极参与苏维埃政权建设、土地革命和投身革命根据地的经济文化建设。尽管遇到了许多困难，甚至遭受过严重的挫折，但在党的指引下团组织团结广大进步青年始终跟着中国共产党闹革命，使革命红旗始终不倒。九一八事变后，广东共青团积极响应党中央的号召，适时转变斗争方向，积极揭露日本帝国主义的侵略罪行，推动了广东青年抗日救亡运动的兴起和高涨。同时，在广东地方党、团组织遭到较大破坏后，在党的领导下所成立的中国青年同盟和突进社等广东青年组织，在青年运动中发挥了重要作用，为日后广东党组织的恢复和重建奠定了重要组织基础。由于抗日民族统一战线形势的发展，党中央决定将共青团组织改造为广大爱国青年参加的抗日救亡团体，广东青年运动也进入了新的发展阶段。

这一时期广东青年运动存在一些教训值得汲取。受"左"倾错误的影响，广东团组织对当时的形势和中心任务认识不足，采取过一些简单的过激行动，使青年运动受到一定程度的损失。这些问题在团组织和广大进步青年成长过程中既是教训也是财富，有利于广大进步青年在一次次战斗中快速成长起来，也为广大青年沿着中国共产党指引的正确道路奋勇前进提供了宝贵经验。

---

［1］中央档案馆．中共中央文件选集：第十一册［G］．北京：中共中央党校出版社，1991：110-112.

团一大旧址1922.5.5

第四章

华南抗战的先锋

随着全民族抗战的爆发，广东青年运动面临着新形势。宣传抗日救亡、广泛建立青年抗日团体、努力团结各阶层的爱国青年，成为党在全面抗战初期青年工作的重心。在党的领导下，广东进步青年重建党团组织，努力促成抗日民族统一战线的形成建立，领导和支持粤港澳三地青年及广大华侨青年积极投身祖国的全民族抗战。抗日战争进入战略相持阶段后，国民党顽固派加强了对青年运动的统制。广东青年在党的领导下重新调整革命活动重心，其活动方式由集中转为分散，活动范围从广州向全省各地扩展，并在广东国统区内展开一系列有效工作。党团组织深入广东农村，吸纳广大青年积极投身抗战，进一步宣传党的主张，扩大党的影响力，用实际行动维护抗日民族统一战线，为全面抗战胜利而奋斗。

第一节 全面抗战初期的青年抗日统一战线

七七事变后，中华民族处在民族存亡的危急关头。在中国共产党的领导下，广东进步青年成立广东青年抗日先锋队，积极投身反侵略斗争，以实际行动促进抗日民族统一战线的形成和发展。这一时期，广东青年组织在曲折中不断成长，为提升青年政治觉悟、宣传抗日救亡运动、扩大党的影响和培养革命干部等作出了重要贡献。

一、青年抗日统一战线的形成

1937年7月7日，日军在北平卢沟桥以搜寻一名走失的士兵为由，悍然向中国守军展开全面进攻，史称七七事变。日本帝国主义侵略者就此拉开全面侵华的序幕。七七事变发生后，广东各界爱国青年在中国共产党的号召下，奔走动员，掀起了抗日救亡运动的高潮。

实际上，在1931年九一八事变后，广东各界青年已经开展了各种形式的抗日救亡运动。中共中央接连发出“发动群众斗争，反对日本帝国主义”“组织东北游击战争，直接给日本帝国主义以打击”等号召；中共两广省委也同时宣布“反对日本帝国主义对我国的侵略”。广州青年积极响应党的号召，进行抗日救亡宣传。广州中等以上学校的青年学生有多达万余人参与游行，并向国民党当局请愿，要求国民政府对日宣战。中山大学学生争先呼吁全校师生一同抗敌救国，挽救民族危亡，成立中山大学学生工友抗日救国会，出版《反日专刊》，奔走于城乡各界进行抗日宣传，并与北京、天津、上海等地学生一同前往南京请愿，要求国民政府对日宣战。

1932年上海一·二八事变后，广东各地青年的抗日热情愈发高涨，开展了多种多样的抗日救亡运动，例如广东进步青年成立的世界情势社、一般文化社、广州文艺社、广州文总，中山大学学生成立的文艺研究会、抗日剧社等，皆以文化艺术的形式宣传抗日救亡运动。

1934年8月，广东党团组织的领导机关遭到国民党反动集团的破坏，各地党员、团员等失去组织联系，只能以个人、分散的方式坚持革命和斗争，广东青年运动也一度陷入低潮。尽管如此，广东青年学生依然坚持斗争。1935年一二·九运动爆发后，中山大学爱国青年学生发动示威大游行，响应北平学生的爱国运动。

1936年夏，中共中央北方局派薛尚实和王均予到广东重建党组织。9月，王均予以广东工作委员会的名义开展筹建党组织的工作，并提出四项任务："1. 吸收一切抗日分子入党；2. 建立各群众团体的支部；3. 建立工人支部；4. 建立广州正式党组织。"同时，薛尚实向中共中央北方局报告，要求成立中共南方临时工作委员会（以下简称"南临委"）。10月，薛尚实、饶彰风以及从梧州调来的党员干部莫西凡，加上在香港的姚铎、苏惠等，组成南临委机关，并由薛尚实担任书记，邱萃藻（又名麦蒲费）担任宣传部部长。经过一段时间的准备，中共广州市委于12月正式成立，并从中国青年同盟、突进社等秘密青年革命团体中分批吸纳党员。重建的中共广州市委下设青年部，由林振华担任青年部部长。至1937年6月，广州市共有"九十一个同志，工人同志占三十一人""市委之下分学生、文化、工人三区，十五个支部""主要的学校及前进的文化界、妇女界方面，都有支部"[1]。

经过不断的酝酿，中共广州市工委、中共香港工委相继成立，领导开展广东地区的革命工作和青年运动。1936年底，中共中央发布《关于青年工作的决定》，提出"由于抗日高潮的到来，原有的共青团比较狭小的组织形式和秘密的工作方式，已不能适应新形势的需要，因而决定解散国民党统治区的共青团组织""克服青年工作中的关门主义，利用一切公开和半公开的可能去建立各界青年的民族解放性质的群众组织，以便更广泛地团结各阶层的爱国青年群众"。广东党组织在接到中央的指示精神后，决定号召组建各界进步青年的抗日民族统一战线，引领广大青年团结一致，公开合法地开展抗日活动。广东青年抗日统一战线的雏形开始形成。

在党的领导下，抗日青年救亡中心组织在陕甘宁革命根据地诞生。1937

[1] 广东省档案馆，广东青运史研究委员会. 广东青年运动历史资料[G]. 广州：广东省供销学校印刷厂，1991：15.

年4月12日至17日，西北青年救国第一次代表大会在延安召开，决定成立西北青年救国联合会（以下简称“西北青救会”），作为西北青年抗日救亡运动的领导机构。会议同时宣布，在全国青年救国联合会成立前，西北青救会为全国各地青年抗日救亡团体的最高领导机关。该机构的设立，为广东青年抗日组织的成立提供了指导和借鉴。

1937年9月22日，出于抗战的需要，国民党中央通讯社发表《中共中央为公布国共合作宣言》。23日，蒋介石发表谈话，指出团结御侮的必要，事实上承认了中国共产党在全国的合法地位。国共合作宣言和蒋介石谈话的发表，标志着国共两党第二次合作的正式形成。

在国共第二次合作及全民族抗战的新形势下，广东青年运动在党的领导下蓬勃发展，并呈现出新的特点：一是活动由秘密走向公开。根据1937年8月国民党颁布的《广东省开放民众运动的决议案》，共产党可以公开领导青年开展抗日活动；二是基于“打开广东狭小的工作，关起门来作斗争是不够的”这一分析，广泛建立青年抗日团体，在统一战线中开展工作，掌握青年运动的领导权；三是号召广大知识青年加强宣传，恢复宣传刊物，并深入工人、农民群体中组织、宣传抗日；四是建立大型、统一的广东青年组织，加强党对青年组织的领导。

在此局面下，广东青年抗日统一战线不断壮大。在中共南方工作委员会（以下简称“中共南委”）的正确领导下，吴华等筹建中华民族解放先锋队（以下简称“民先”）工作小组，逐步将秘密活动的青年抗日团体转向公开，把分散的青年力量统一起来。学生团体的抗日救亡运动也逐渐高涨，“这个时期最活跃的是中大、勷勤大学、省一中、中大附中、女中、市一中、女师、教忠、金陵、市美、市三中等学校”[1]。学生们将学业与抗日救亡教育相联系，组建各类研究会、学生自治会，不断宣传、动员青年参加抗日活动。

此时，广东国民党当局放松了对青年运动的管制。国民党广东省党部书记长谌小岑主张开放广东民众运动，并由国民党广东省党部出面组建广东青年救亡同志会筹备会。该会共有100多名学生参与，“选出虞焕章（杨康华）、

[1] 广东省档案馆，广东青运史研究委员会. 广东青年运动历史资料［G］. 广州：广东省供销学校印刷厂，1991：151–152.

黄泽成等十几名筹委，几乎都是中共地下党员或与党关系密切的进步青年”，并创办《救亡呼声》刊物，作为广东青年抗日救亡的舆论阵地。后该组织虽被国民党顽固势力以“分子复杂”为由强令解散，但该组织的进步青年坚定表态：“我们绝不散伙，我们永远在救亡工作上团结一致。”

在党的领导下，广东进步青年创办《救亡呼声》刊物，团结爱国青年开展抗日救亡运动

1937 年 8 月 14 日，在共产党及进步青年的努力和引导下，广东第一个体现国共两党第二次合作的青年合法组织——救亡呼声社宣布成立，社长由国民党广东省党部书记长谌小岑担任，并在国民党广东省党部登记，取得了公开合法的地位，吸收了广东各地三四百名进步青年加入。在中国共产党的抗日民族统一战线方针指引下，广东各地在短短几个月时间内便成立了数十个各类抗日团体。

全面抗战爆发后，广州外围各县的青年活动最初由王均予、邱萃藻以中共广东工委的名义领导开展。1937 年 8 月，中共广东工委自动撤销，改为中共广州外县工作委员会，由邱萃藻、张定邦、温焯华 3 人组成，邱萃藻为负责人。1937 年 9 月，中共广州外县工委改为隶属中共广州市委，成为中共广州市委下属的独立工作机构，组织成员不变。

1937 年 9 月，中共中央派张文彬（张纯清）到广东。10 月，正式成立中共南方工作委员会。1938 年 4 月，中共南委撤销，中共广东省委正式成立。中共广东省委下设“青委”。邱萃藻因长期领导广州青年学生工作，在中共广东省委成立后被任命为青委书记。在抗日先锋队的创建和发展过程中，邱萃藻做了大量的宣传、教育及组织工作，为抗日先锋队的建立和发展作出了重要贡献。

二、青年抗日先锋队

第二次国共合作达成后，为了团结广泛的爱国青年抗日，共产党在广东建立统一的抗日青年组织迫在眉睫。

《关于青年工作的决定》明确指示，要求“依照各地的具体情况，使各种青年组织，在抗日救国、民主自由的共同目标之下，实行合作联合与统一”。另外，党中央还要求各地“应该彻底改变在青年运动中的工作方式，抛弃一切第二党的关门主义的工作方式，采取青年的、群众的、民主的、公开的工作方式”“应该培养大批青年的积极分子，担负青年运动的各方面工作，特别是那些忠实于民族革命事业的青年，同群众有联系的不怕负责的、活泼的有学习精神的、有一技之长的青年”[1]。

此外，现实的迫切需要也是广东建立统一的抗日青年组织的重要原因。此时全民族抗战已经打响，但青年抗日组织的筹备“依然停留在‘准备’状态，还始终在少数的积极分子里兜圈子，还不能够随着客观情势的推移而谋得更进一步的开展。整个的工作是没有系统的、零乱的、不切实的，大家只是‘开会忙，跑街忙’，整个组织上是松懈的、散漫的、没有纪律的、各自为政的，至今还没有一个健全的统一的青年集团出现，干部的分配也异常的不适当。‘有事无人做，有人无事做。’这样的工作，这样的组织是不能适应非常时需要的，对于救亡工作的开展是有极大妨害的”[2]。

[1] 共青团中央青运史工作指导委员会，中国青少年研究中心，中央档案馆利用部. 中国青年运动历史资料：第13册［G］. 北京：中国青年出版社，1996：308–309.

[2] 广东省档案馆，广东青运史研究委员会. 广东青年运动历史资料［G］. 广州：广东省供销学校印刷厂，1991：110–111.

依照党中央关于青年工作的指示精神，基于客观形势的需要，中共南委积极筹备组建全省统一的抗日青年团体。此前，由北平学生与工农相结合建立的先进抗日团体——中华民族解放先锋队被国民党当局认定是中共领导的外围组织，被要求解散和禁止运动，因而无法在广东使用该组织的名号，需要筹建新的抗日团体。为维护抗日民族统一战线，得到广东国民党当局的支持，中共南委书记张文彬决定成立广东青年抗日先锋队（以下简称“广东抗先”）。抗日先锋队是抗日战争时期由中国共产党领导的半军事化的青年抗日统一战线组织。

1938 年 1 月 1 日，广州学生抗敌救亡会、救亡呼声社、青年群社、平津同学会、留东同学抗敌后援会、中山大学抗日先锋队、中山大学附中青年抗日先锋队、青年抗日先锋团等青年团体联合发表《广东青年抗日先锋队发起宣言》，宣布广东青年抗日先锋队正式成立，号召：“全广东的青年同志们！有革命传统的青年同志们！集合到抗日先锋队来，瞄准日本帝国主义的胸口冲锋吧！光明与胜利就在前面！”[1]这份宣言指出：“青年是最纯洁、最忠诚、最勇敢、最能牺牲奋斗的。尤其是半殖民地的中国青年是一切救国工作、一切革命运动的急先锋。我们看：五四运动，五卅运动，一二·九运动，那（哪）一次不是青年站在斗争的最前线，作（做）陷阵的先锋！先锋是每一个从事救亡工作的青年同志的神圣的职责，先锋是每一个青年同志在救亡阵线中当仁不让的光荣的岗位。谁放弃了这神圣的义务，这光荣的岗位，谁就不是忠诚于中华民族彻底解放事业的青年。训练民众、组织民众的重大任务，是必然落在青年的肩上。”[2]同时，在公布的《广东青年抗日先锋队组织大纲草案》中规定：“‘抗先’是一个实行高度民主集权制的半军事性质的队伍，队员必须随时随地学习军事知识和技能，并要武装自己和武装民众。”“以发动青年自己的游击队及协助正规军队，武装民众的政治训练及各种作战需要为主要工作。”

[1] 广东省档案馆，广东青运史研究委员会. 广东青年运动历史资料［G］. 广州：广东省供销学校印刷厂，1991：112-113.

[2] 广东省档案馆，广东青运史研究委员会. 广东青年运动历史资料［G］. 广州：广东省供销学校印刷厂，1991：110.

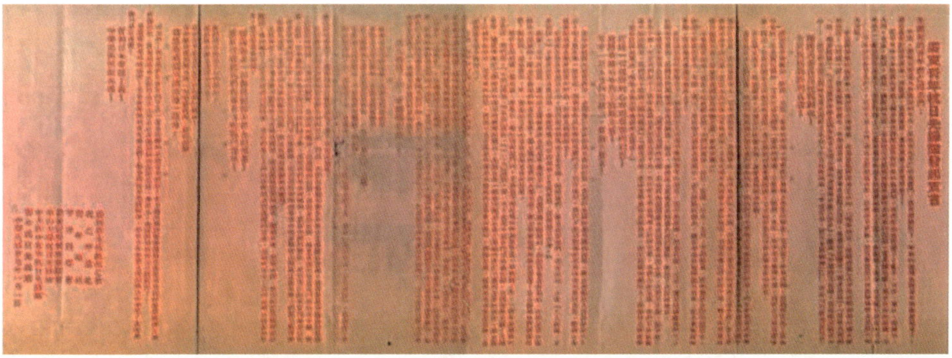

《广东青年抗日先锋队发起宣言》

广东抗先的成立具有重要历史意义。第一，广东抗先的诞生为宣传全民族抗战、团结爱国进步青年、组建青年抗日民族统一战线、提升全民族必胜的信心作出了贡献。时人对抗先评价道：“广州的救亡青年最近有了一种新兴的气象，就是他们多数扬弃了过去的救亡团体的组织，而重新建立一种强有力、富于战斗性的队伍，这就是抗日先锋队的组织。”[1]广东抗先的诞生，大大整合了抗日青年力量，使其团结一致，深入全省各地各界宣传抗战，使抗战必胜的精神深入人心。同时，也为培养新的抗战青年军政领导干部、骨干力量作出贡献。第二，广东抗先为抗日青年提供了丰富的军事理论、技能知识的指导。抗先章程规定：队员必须随时随地学习军事知识和技能，并要武装自己和武装民众；同时，队员有经常的小队生活，养成队员的集团精神及锻炼队员成为勇敢积极并灵活善战的救亡战士。[2]为提高青年队员的军事理论水平，抗先邀请八路军驻广州办事处的同志前来讲授军事课和政治课。其中，叶剑英、廖承志等同志来广州作演讲时，吸引了大批年轻队员前来学习，他们鼓励队员们学好军事知识，保家卫国。

除军事理论学习外，组织军事演习和军事实践活动也是广东抗先活动的

[1] 广东省档案馆，广东青运史研究委员会. 广东青年运动历史资料［G］. 广州：广东省供销学校印刷厂，1991：126.

[2] 广东省档案馆，广东青运史研究委员会. 广东青年运动历史资料［G］. 广州：广东省供销学校印刷厂，1991：120–121.

一大特色。广东抗先队员虽非正规军人，但掌握基础的、必要的实战技能在战争时期尤为重要。1937 年全面抗战开始后，为适应战争需要，广东国民党当局组织广东高中以上学生军训。中共领导下的广东抗先出动 300 余名队员参加军训，以提高实战水平。中山大学抗先队员带领其他大学、中学学生在石榴岗开展 500 人规模的行军大露营，让队员们在实践中理解游击战战术等军事知识，“使青年团体更能认识统一组织的必要”。

国立中山大学抗日先锋队队旗

第三，积极参加武装斗争，在抗击日本侵略者的战斗中发挥作用。例如，在广州形势危急时，广东抗先曾派遣 70 余名干部队员赶赴东江，参加抗击日军的一线战斗，40 多名干部队员英勇牺牲。在广州保卫战中，“‘抗先’增城县工作队组建的三区常备队、雅瑶常备队和仙村雅瑶两个自卫团及这一带的群众数百人前往截击”，“击毙日军 20 名，击沉敌汽艇一艘，缴获木船一艘及枪支弹药和军用品一批”。1939 年 12 月，清远县抗先队员在党组织的领导下，与地方军队相配合，“打退了来犯的日寇，俘虏日本兵数名，缴获敌人枪支弹药一批，使日寇从此视滘江为畏途，不敢轻易窜扰”。广东抗先队员英勇抗击日本侵略者的事迹激励了广东各地人民的抗战。

广东抗先不仅将抗战的火种撒向全省各地，也将党的理念播种于各地群众心中，广东为壮大党的力量、发展党的组织、培养党的革命干部发挥了作用。广东抗先的成立，深刻体现了共产党在抗日战争中发挥的中流砥柱的历史作用。广东抗先之所以能够发挥重要的作用，根本原因就在于中国共产党的领导。

第二节 港澳、华侨青年支援祖国抗战

抗日战争时期，在中国共产党的领导下，港澳进步青年积极携手，创立爱国救亡组织，积极投身抗战事业。同时，各界华侨青年纷纷伸出援手，以各种形式支援祖国抗战。港澳及华侨青年携手抗战的不朽事迹，反映出中华儿女血浓于水的民族情感与大无畏的爱国精神。

一、港澳青年

1937年7月7日，日军发动七七事变，全民族抗战由此爆发。除广东各界青年的抗日活动外，港澳地区的进步青年也纷纷加入抗日救亡运动，用实际行动书写可歌可泣的爱国篇章。

1937年9月22日，在中国共产党的影响和支持下，香港学生赈济会（以下简称“学赈会”）正式成立。学赈会是抗日战争时期香港著名的爱国救亡团体。在广泛的团结和号召下，香港大、中、小学近10万青年学生加入学赈会，一同进行抗日救亡运动。

学赈会的成立与发展，离不开中国共产党的支持。在其成立之前，在香港活动的中共党员和受共产党影响的进步青年已经开始组织半公开的团体进行抗日活动，例如英皇书院的学生组织晨钟体育社，南方学院的学生组织少年之友社、惠阳青年会、体育会等，为日后组织更大规模的青年团体奠定了基础。

中共香港工委建立后，不仅号召各界积极抗日，挽救民族危亡，还在推动香港学赈会成立的工作上不断出力。因港英政府不公开表态支持抗日，组织又需要最大限度团结香港各界青年，故在讨论组织名称时，中共代表钟明支持使用慈善机构的名义来进行活动。钟明说：“学生赈济会的名称就是由石百恒提出，经大家一致同意定名的。用学赈会这种有点像慈善组织的名称，港英政府就能通得过；而且只有用学赈会的名义，才能最大范围地把全港学生团结起来，才能取得社会各方面的支持，才能取得公开合法的活动地位。”[1]

在中共香港工委的领导和支持下，香港学赈会正式成立。所有参加成立大会的香港学校均为学赈会委员，同时选举出九所学校任常委，分别为港大、汉中、英皇、皇仁、华侨、女圣保罗、养中、女英华、女圣士提反。中共香港工委派出钟明、林剑鸿、杨升礼、雷晓天在学赈会担任组织部计划股长、儿童团团长等要职。至1938年底，中共党团（即党组）在香港学赈会中也组建完成，由钟明任学赈会党团书记，由中共党员梁柯平任学赈会直属机构女学团团长，由中共党员陈振镛任读书会会长。

组建香港学赈会是中共南委贯彻党中央关于组建抗日民族统一战线工作要求的具体行动，展现了中国共产党在香港特殊复杂的社会环境下开展青年抗日统一战线工作的高超智慧。

学赈会在宣传、支援抗战上发挥了重要作用。

第一，通过报刊书籍、艺术创作、文化交流等形式，宣传抗日主张，积极引导青年学生投身抗战，激发民众的爱国热情。学赈会成立后不久，其成员袁少屏等创办了《学生呼声》。学赈会还在《大众日报》上开辟《火炬》专栏，宣传中国共产党及爱国青年的抗日主张，揭露日本侵略者的残暴行径，报道港澳同胞及海外华侨支援抗战的热血事迹。

抗日歌曲、戏剧也是学赈会宣传抗日主张的重要形式。通过学赈会的宣传，《义勇军进行曲》《松花江上》《打回老家去》《游击队之歌》等脍炙人口的抗日歌曲，在香港各界热烈传唱。学赈会学生排演的《中华儿女》《在生死线上挣扎》《我们放开恩怨》等戏剧使各界群众深受鼓舞，凝聚和强化了香港中华儿女的爱国热情。此外，学赈会还通过读书会、时事讨论会等活动加强对青年学生的政治教育，培养其爱国情怀，树立其坚定的抗日救亡思想。

第二，通过募捐、义卖、义演等方式在物质上积极支援抗战。学赈会为支援祖国抗战，在香港各大学内常设募款箱以筹集抗日资金。除此之外，学赈会还在“九一八”“七七”“八一三”等重大抗战纪念日走向街头，向香

---

[1] 广东青运史研究委员会研究室. 香港学运的光辉［M］. 广州：广东人民出版社，1992：4.

港社会发起大型募捐活动。据统计，香港“有的青年职工即使生活水平不高，仍节衣缩食，捐献出每月工资收入的5%～10%；有些妇女把自己多年的积蓄，金银首饰甚至订婚戒指都捐献出来了；富裕人家一次捐献几百元甚至上万元。1938 年‘八一二’献金运动中，香港六国饭店的两位工资只有 30 元左右的女工，自发捐献各自历年的积蓄 500 元”。

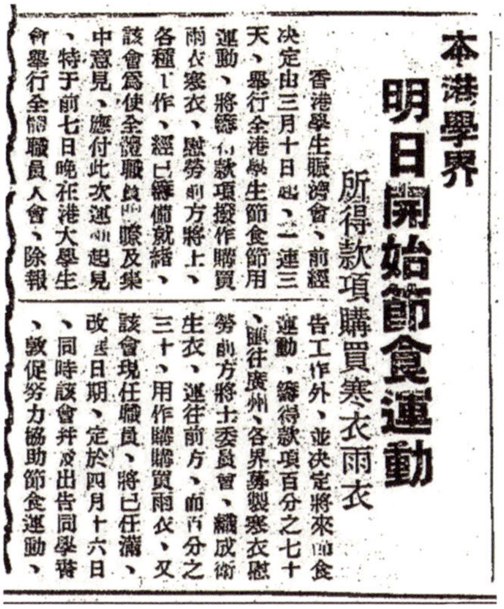

本港學界

明日開始節食運動

所得款項購買寒衣雨衣

香港學生賑濟會、前經決定由三月十日起、一連三天、舉行全港學生節食節用運動、將籌得款項撥作購買雨衣寒衣、慰勞前方將士、各種工作、經已籌備就緒、該會爲使全體職員明瞭及集中意見、應付此次運動起見、特于前七日晚在港大學生會舉行全體職員大會、除報告工作外、並決定將來節食運動、籌得款項百分之七十、匯往廣州、各界募製寒衣慰勞前方將士委員會、織成衛生衣、運往前方、而百分之三十、用作購買雨衣、又該會現任職員、將已任滿改選日期、定於四月十六日、同時該會并發出告同學書、敦促努力協助節食運動、

香港学生赈济会开展筹款活动的报道。《申报》（香港）1938 年 3 月 9 日，第 4 版

义卖、义演同样是学赈会募捐的重要形式。在 1938 年七七事变一周年纪念活动时，学赈会的学生纷纷走向街头，将自己手工制作的、写满抗战标语的小纸花进行义卖，“纪念花不定价，乐助多少无拘”。广大香港市民纷纷伸出援手，支持国家抗战。为了募集到更多的抗日资金，学赈会曾多次组织学生向香港市民义演《雷雨》《日出》《放下你的鞭子》等反映抗日战争的进步戏剧。“仅香港学赈会成立后 19 个月的不完全统计，筹得现款 2 万多元，棉衣 1.7 万多件，药品、食品、罐头数十大箱，金器多具。”

第三，深入工厂、企业及农村宣传抗日思想，积极发动群众。1939 年，为进一步动员各界援助抗战，学赈会学生特别组织宣传会，前往南洋烟草公司、英美烟草公司、冯强树胶公司、商务印书馆等企业进行抗日宣讲。进步青年学生还以农村为重点，向农民宣传共产党的抗日主张，讲解救亡图存的道理，组织动员农民积极参与全民族抗战。

香港虹虹歌咏团是全面抗战时期粤港青年活动的重要团体。广州沦陷后，广州各大学及其附中的学生来到香港，以高唱爱国歌曲的方式来表达自己对日本侵略者的愤慨和抒发对中华民族危亡的忧患情怀。1938 年 1 月，卢动等 9 名学生在香港太平山下成立红红歌咏组（后改名“虹虹歌咏团”），反映学界青年对抗日救国的热切追求。为扩大影响力，由队长卢动作词、余季柱作曲的团歌诞生（即后来的虹虹歌咏团团歌）。

我们是快乐的一群，跟着时代的齿轮前进。我们要在歌唱里长大，更要用歌唱去唤醒迷梦的人群，我们认清了敌人，知道了自己的使命。天天在学习，息息在斗争，我们永远是年青。我们永远是年青！

虹虹歌咏团成立后，在香港各地不断开展抗日救亡义演活动，同时，得到了中共香港地下党组织的支持和帮助。中共香港市委青年部部长陈达明派党员黄振贤参加合唱团，并加强了党对青年合唱团的领导。虹虹歌咏团的同志们也如饥似渴地学习革命理论和进步书籍，成为时代风云中的革命进步青年。

虹虹歌咏团是抗日战争时期在香港成立的抗日救亡团体

澳门各界青年同样积极援助祖国的抗战。澳门党组织创立和带动了一批澳门青年团体奔赴抗敌前线开展阵地服务，有的还直接参与战斗。其中规模及影响较大的是“旅澳中国青年乡村服务团”（以下简称“旅澳服务团”）和“澳门四界救灾会回乡服务团”（以下简称“回乡服务团”）。1937 年 8 月开始筹建的旅澳服务团，是澳门党组织创立并直接领导的青年抗战团体。其主要任务是在各地党组织的支持配合下，深入澳门周边地区发动群众，在军民中开展宣传，帮助建立儿童团、妇女会、抗日自卫队等组织，有力促进了当地抗战局面的转变。1937 年 8 月 12 日，澳门学界、音乐界、体育界、戏剧界四界救灾会成立。该会团结澳门各界爱国青年，以筹款赈灾、共拯受难同胞于水深火热之中为宗旨，是抗日战争时期澳门青年救国团体的代表。四界救灾会多次组织救济募款活动。据统计，“1937 年 9 月至 11 月组织五期筹款活动共得 4000 余元。1938 年 9 月至 10 月的 40 天‘义卖运动’中得款折合国币 9 万余元。1939 年八一三纪念日，发动献金活动三天，筹得款折合国币近 10 万元”[1]。同时，澳门四界救灾会与香港学赈会一同号召港澳学生返

澳门四界救灾会组织慰问团回乡工作，支援抗战

[1] 张江明，林木声. 广东青年运动史：1919—1949 [M]. 广州：广东高等教育出版社，1994：237-256.

回内地支援抗战。1938 年 10 月至 1940 年 6 月，澳门四界救灾会特别设立“回乡服务团”，由共产党员廖锦涛任团长，各界青年踊跃报名参加，共组织 160 余人，分 11 个小分队，会同香港学赈会前往珠三角各地捐送物资、慰问演出、协助训练、宣传革命思想，为抗战作出了重要贡献。

香港学赈会与澳门四界救灾会是抗日战争时期粤港澳三地进步青年同仇敌忾、联合抗日的典型事例，反映出粤港澳三地同胞血浓于水的民族情感与大无畏的爱国精神；香港学赈会与澳门四界救灾会也是抗日战争时期中国共产党在粤港澳三地构建抗日民族统一战线、动员青年抗战的伟大体现，港澳青年在抗日思想和意识上空前觉醒，这也成为粤港澳三地联合抗日救亡高潮的开端。

二、华侨青年

近代以来，海外华侨仁人志士前仆后继，以浓烈的爱国情怀，积极支持祖国的革命事业。抗日战争时期，海外的华侨群体，特别是华侨进步青年，纷纷伸出援手，支持祖国的抗战，用实际行动拯救民族危亡。

1938 年 10 月，广州、惠阳一带相继沦陷，身在南洋的惠阳籍爱国华侨领袖黄伯才、戴子良、孙荣光等在马来西亚吉隆坡创办南洋惠侨救乡委员会，为祖国积极筹款、赈灾救乡。同时，派出黄适安、黄赫群、钟醇生三人前往香港组建南洋惠侨救乡委员会驻港施赈办事处、东江华侨回乡服务团等爱国救济组织。黄适安等抵港后，得到中共驻港组织的大力支持和帮助。华侨青年团体支援广东抗战的事迹分为以下几个方面。

第一，派遣回乡服务团体，直接参与抗战。1939 年 4 月至 6 月，吉隆坡爱国华侨张郁才、黄伯才、官文森等先后组织东江华侨回乡工作团两才队、文森队、吉隆坡队、加影队、双莪队、星柔队等小队，总计 160 余人远渡重洋，返回祖国参加抗战。5 月，新加坡琼侨陈琴、梁文墀等组织南洋英属琼州会馆联合会救济难民救护队 60 余人支援广东抗战。6 月，越南、暹罗（今泰国）等地琼侨亦组织相关救援团体，他们不畏艰难，分批渡过琼州海峡，越过日军封锁线，参加祖国抗战。类似事迹数不胜数，彰显出华侨青年在祖国危亡时刻的浓浓爱国情怀。

第二，积极募款、赈济灾民、支援抗战。全面抗战爆发后，远在海外的华侨群体慷慨解囊，屡次掀起为家乡捐款捐物的热潮。琼侨学生还发起一元捐款救国活动，为抗日将士购买后勤、医疗用品。据统计，“仅 1939 年下半年至 1940 年初，第一次购办药品 1.2 万元港币；第二次购办寒衣 1.5 万件，军毡 5000 件，背心、毛巾各 1 万件，夹衣服 1000 套，另鼠疫预防针，共 2.2 万元港币，携带反（返）琼；第三次购办奎宁丸 10 万粒，另带回国币 2.2 万元返琼” 。

第三，开展抗日宣传，发动群众参加抗日斗争。东团总部成立教育委员会，派出人员到东江各地，通过各种方式广泛宣传抗日，并从中发现和培养抗日积极分子，壮大抗日力量。据不完全统计，在东团成立一周年时，已出版纪念专刊和宣言 2500 份，演出 150 多次；东江流动歌剧团行程 2000 多华里（1 华里等于 500 米），演出 40 多个剧目，演唱 70 多首救亡歌曲；到 1940 年，参加夜校学习的民众达5000多人。东团还发动广大青年组织，成立青年读书会、青年抗敌同志会、农民抗敌同志会、妇女抗敌会、乡教育辅助会、姐妹抗敌会、抗日先锋队及抗敌儿童团等团体，共计万人以上。在此基础上，东团组织 10 个工作队 260 人，深入前线，发动群众，建立抗日武装，有力配合了抗日军队的作战。这些民众抗日武装的成员不少后来成为东江纵队独立第二大队和独立第三大队的骨干。

在琼崖，也有华侨回乡服务团的组织。1938 年 6 月，新加坡、马来西亚、越南等地的琼籍华侨青年文竞平、符思之、朱时等到香港，商讨组织救护队参加抗日救亡工作。在琼崖旅港同胞的支持下，成立了琼崖抗日救护队。8 月 18 日，华侨抗敌动员总会琼崖分会成立并发表宣言：决心抗战到底，复兴中华。不久，琼崖实现国共合作，海外琼侨和港澳同胞先后成立了抗日救亡后援会、援八（八路军）、援四（新四军）、援冯（冯白驹）委员会等抗日团体。1939 年 1 月，南洋琼侨代表和港澳琼胞 40 多个团体的 62 名代表在香港南华体育会召开代表大会，成立琼崖华侨联合总会，支援抗日。大会通过组织章程，选举宋庆龄等人为名誉正副会长。琼侨回乡服务团救乡的爱国行动，激励了广大归侨、侨眷的爱国热情，为抗日战争的胜利作出了重要的贡献。

抗日战争时期港澳青年同胞和海外青年侨胞的爱国救援行动，激励着祖国各地将士英勇抗战，是中华民族同仇敌忾、不畏艰难、共同挽救民族危亡的伟大体现。

第三节 抗战战略相持阶段的青年运动

随着广州沦陷和国民党抗战态度的转变，中共领导的广东青年运动出现新形势，革命活动重心由广州向全省各地转移。这一时期，中国共产党高举民族大义的旗帜，在与国民党逆流作斗争的同时，领导广大进步青年积极维护抗日民族统一战线，共同抵抗日本帝国主义的侵略。

一、广州沦陷后的青年运动形势

1938 年 9 月，日本决定组织兵力入侵广州，企图对国民政府形成包抄之势。10 月 11 日晚，日军第十八、第一〇四师团从广东大亚湾登陆，对国民党守军展开全面进攻。15 日，日军首先占领惠州和整个惠阳，19 日攻占增城，并兵临广州城下。21 日下午，日军第十八师团攻占广州。日军第一〇四师团则一路向北，攻占从化。其后增援的日军第五师团于 23 日占领虎门，25 日攻陷三水，26 日攻占佛山，抵达广州南郊。至此，珠三角一带的重要城市基本沦陷，广东青年运动面临着新的形势。

国民党守军迅速溃败与其片面、消极的抗战路线有重要关系。从日军登陆至广州全线失守，时间不到半个月。广东全省驻扎有国民党第十二集团军约 11 万人，民间尚有各类枪支 50 万支以上，壮丁几百万。中国共产党曾提出发动群众、建立人民抗日武装的计划，但遭到国民党当局的拒绝。国民党实施片面抗战路线，不愿动员人民参加抗战，使广州乃至珠三角地区快速沦陷，造成了惨重损失。

在日军不断向广州进攻时，10 月 13 日晚上，中共广东省委青年部召开青年工作活动分子会议，“分析当前紧迫形势，决定除少数留广州外，主要方向应将力量分配到各地，主要方式是通过群众公开号召，决定以抗先作为工作的中心”开展工作，并决定在撤退前“一方面是克服彷徨、混乱及个别逃亡的现象。正式发出……保卫华南宣言，将本身队伍改为动委会的战工队，参加示威巡行；另一方面是克服政治麻木、坐待的现象……发动疏散人口，并且规划必要时的撤退路线”[1]。

根据中共广东省委“保存干部，撤离广州，分散各地，开展党的工作和青运工作”的指示，10 月 20 日，广州沦陷的前一天晚上，广州的青年抗日团体在中共广东省委领导下，开始部署撤退工作。从此，广东青年运动的重心由广州转移到粤北，由城市转移到农村，向全省各地发展。

与此同时，国民党顽固派加强了对青年运动的统制。抗战初期，以蒋介石为首的南京国民政府虽被迫接受“联共抗日”的主张，但其暗中并未停止对中国共产党和人民群众活动的限制。随着广州、武汉等城市沦陷，抗日战争进入战略相持阶段，日本帝国主义调整了侵华方针，对国民党当局采取政治诱降为主的策略，将主要进攻矛头转向中国共产党领导的敌后抗日根据地。国民政府在此形势下愈加消极，除国民党副总裁汪精卫率部投敌外，以蒋介石为首的国民党也开始消极抗日、积极反共，并对青年运动实施进一步统制。

1938 年 3 月 29 日，为统制全国青年运动，国民党当局决定建立全国性的青年组织——三民主义青年团（以下简称“三青团”），目的是与中国共产党争夺青年运动的领导权。4 月 6 日，国民党五届四中全会通过《三民主义青年团组织要旨》，奠定三青团组织架构。6 月 16 日，蒋介石以三民主义青年团团长的名义发布《告全国青年书》，并公布三青团团章。7 月 9 日，国民党三青团中央团部在武汉正式成立，在中央团部之下设省、县、区团部。据统计，至 1939 年 9 月，三青团团员在全国已发展至 53 737 人。

广东三青团团部建立后，国民党当局不择手段地打压共产党领导的抗先，如辱骂抗先，宣传抗先不合法。此外，更召集两次青年座谈会，大肆批评过去青年运动的错误，要求各青年团体自动解散；指使青年群、青年前卫团、前卫社、学抗会一些被收买的成员发布自动解散声明，加入三青团，以孤立抗先。[2]

---

[1] 张江明，林木声. 广东青年运动史：1919—1949［M］. 广州：广东高等教育出版社，1994：267-268.

[2] 广东省档案馆，中共广东省委党史研究委员会办公室. 广东区党、团研究史料：1937—1945［G］. 广州：广东人民出版社，1988：387.

面对国民党当局对青年运动咄咄逼人的侵夺之势，中共广东省委基于民族大义和维护抗日民族统一战线的考虑，提出了灵活的应对策略：一是对三青团的态度是推动它进步，政治上进行批评。在三青团广东支团成立时，抗先发表了告抗先全体同志书和致三青团书，希望共同努力推动广东青年运动走向统一，同时坚持正确立场、反对取消一切青年团体。二是对三青团采取坚定的立场与批评的态度的同时，积极主动地安排青年参加三青团，到内部去推动其进步。广东抗先根据中共广东省委的指示，坚决反对解散抗先和青抗会[1]，拒绝让抗先总队领导人加入三青团，并对国民党顽固派展开有理、有利、有节的斗争。

二、青年抗日活动重心的转移

广州沦陷后，广东青年运动不仅面临日本帝国主义侵略的进一步威胁，而且受到国民党顽固派的打压和统制，开展青年运动的形势变得十分严峻。面对日军的全面进攻与国民党消极抗战、积极反共的态度，中国共产党领导下的广东青年运动呈现出以下几个特点。

第一，广东青年运动的活动方式由集中转为分散，活动范围由广州向全省各地发展。由于广州沦陷，中共广东省委根据形势提出“保存干部，撤退广州，分散到各地开展党的工作与青年运动”的指示。1938 年 10 月，中共广东省委及青委第一时间召集抗先队员进行有组织的大规模转移。抗先东江区队向东转移，其余人员则集体向西撤退，最终到达四会县城。

10 月 27 日，抗先在四会召开第一次临时代表大会。此次会议总结了抗战以来广东青年运动的经验和教训，分析明确了当时面临的形势和任务，并对此后的工作进行筹划安排。同时，为统一党对青年运动的领导，健全青年组织架构，会议宣布成立抗先总队部，推选邓明达为总队长，梁良嘉、陈恩为副总队长；选举总队部委员 23 人，分别为邓明达、陈恩、梁良嘉、黄泽成、陈能兴、唐健、吴华、温盛湘、余铭艳、林耀族、李鹤超、朱醒良、刘汝深、何濂、王磊、谭家驹、林彩容、梁威林、黎明惠、刘凤歧、陈中夫、宋之光、

[1] 1937年8月13日，在潮汕党组织的领导下，成立汕头青年救亡同志会。1938年1月15日，该组织改名为青年抗敌同志会，简称“青抗会”。

区白霜（区梦觉）；广东抗先总队部下分为四个区队，即东江、西江、北江和中区，将各骨干成员派往分区所属的新兴、广宁、四会、高要、高明、台山、中山、开平、罗定、清远、曲江、翁源、河源、紫金、三水、南路等地，开展青年运动和抗日救亡运动。

中山县抗日青年训练照

第二，进一步开展抗日宣传，维护抗日民族统一战线，吸纳广大进步青年积极投身抗战事业。在抗先总队部第二次会议后，抗先队员深入农村开展工作，同时加入国民党第十二集团军，在军中宣传中国共产党进步的抗日理念，发展和壮大青年组织。

广州沦陷后，国民党广东省政府被迫北迁韶关，韶关因此成为战时省会。中共广东省委（粤北省委）也随形势变化转移至韶关，先后在市区、南雄瑶坑村、始兴红围、五里亭等地秘密办公，团结和带领广东青年开展近4年艰苦卓绝的敌后抗日救亡运动，使华南成为全国三大抗日敌后战场之一。

1939年3月15日，中共广东省委召开全省青委扩大会议，向各地青委负责人传达中共六届六中全会精神和中央青委决议，总结广东各地青年运动经验，确定青年运动的方针和任务。会议要求各地发扬广东青年的革命精神，组织动员武装青年积极参战，保卫华南，准备在沦陷区和敌后开展游击战争；发展青年统一战线的运动；改善青年生活，发展战时文化；加强党对青年运动的领导；彻底转变组织工作，不断扩大青年抗日团体。

紧抓对国民党及全省各地上层的统战工作，也是抗先总队部维护抗日民族统一战线的重要举措。例如，在出版抗先队刊《广东青年》时，请国民党党政军头面人物及进步、知名社会人士题词。各县、各区队、中队负责人也积极做好当地上层人士的工作，以争取他们对抗先、青抗工作的支持和帮助。这样的做法不仅可以减小开展青年工作的阻力，还可进一步吸纳进步青年加入青抗团体。据统计，在这一时期，广宁、郁南、新会、南雄等县先后成立了县队部，江（江门）会（新会）独立中队及台山县队部临时工作委员会相继成立，新丰、恩平、佛冈、紫金、曲江、四会、廉州、合浦、三水、清远、连县、高明、德庆、鹤山、博罗、惠阳等 30 多个县先后建立了抗先组织。抗先队员发展到 1 万余人。通过抗先发动组织起来的妇女团体成员约 7000 人，参加抗日自卫团的农民约 2000 人，农民抗敌同志会约 3000 人。

第三，发展党组织，加强党对青年运动的领导，进一步宣传党的主张，扩大党的影响力。面对日军的入侵及国民党顽固派的逆流和“围剿”，共产党员依旧不忘宣传党的主张，深入基层发展党组织，开展秘密工作。例如，中山大学抗先骨干在河源设立办事处，成立党支部，吸纳地方青年加入党组织，加强党对地方抗先组织的领导；中共广宁县委抗先副总队长梁良嘉在抓好总队部办事处工作的同时，又兼任中共西江特委组织部部长，使西江沿岸近 10 个县的党组织得到恢复和发展。此外，抗先组织中的党员还通过购买印刷设备、建立印刷厂、创办报刊等方式印刷党的纲领文件，让党的思想进一步深入人心。

第四，抗先队员深入全省各地，抗击日本帝国主义的侵略。1938 年日军进逼广州时，抗先队员已经奔赴前线作战。在增城，身为共产党员的抗先队员阮海天组织第三区常备队伏击日军，击毙敌军十余人；在南海官山，抗先队员组织民众与日军积极作战，打死打伤敌军十余人；在花县、台山等地，不少抗先队员在与敌军作战时壮烈牺牲；江门、中山抗先队员组织慰问团体，救援、掩护与日军作战的前线将士；1939 年日军进犯粤北，清远抗先队员组织民众打退来犯的日军，取得了宝贵的胜利。此外，宝安、番禺、西江等地的地方抗先组织，在珠三角一带长期与日本侵略军展开斗争。

1943 年 12 月 2 日，根据中共中央指示，广东人民抗日游击队东江纵队正式成立。广东青年踊跃投身其中，积极开展抗日武装斗争，取得一系列胜利。至 1944 年 5 月，东江纵队“与敌伪大小战斗九十余次，毙伤敌伪四百余人，俘虏敌伪五百余人，缴获轻重机枪十三挺，长短枪六百余支，子弹数万发”[1]。

广东抗日青年活动重心的转移，是抗击日军侵略、保家卫国的必要举措，也是党在全省各地传播思想、吸纳进步青年的重要一步。同时，中国共产党领导下的抗先高举民族大义的旗帜，在与国民党逆流作斗争的同时，积极维护抗日民族统一战线，团结各界群众，共同抵抗日本帝国主义的侵略。

三、党在国统区领导青年运动

在抗战进入战略相持阶段后，国民党顽固派掀起了新的反共高潮，并相继将抗先、民先、青抗等进步青年组织解散。为应对国民党顽固派的倒行逆施，中共中央及时提出转变国统区青年工作方针的意见和要求。

1940 年 6 月 3 日，中共中央讨论提出《关于目前国民党区学生工作的几个决定》，指出此后在国民党区学生运动的根本方针应是：长期的潜伏发展，积蓄力量，争取人心。因此，青年工作中心应由校外救亡工作立即转为校内学生工作，设法建立短小精悍的支部，并在工作中遵守以下原则：一是党员应首先注意功课操行；二是争取大多数的同学，应以思想的启发为主；三是团结积极群众，应指定支干会以外的少数党员与他们个别联系或形成无定形组织；四是学生合法团体应依环境可能进行组织，多注意学生福利事业及民主作风；五是接近教员，争取好教员的同情，麻痹坏教员的敌视；六是积极分子参与、领导学生群众的斗争，但不可制造斗争，遵守有理、有利、有节的原则并须注意及时结束之，在斗争中绝对避免支部及支部负责人的暴露；七是毕业出路问题，党员升学应尽量升入地位高、人数多或出路便于接近群

[1] 广东省档案馆．东江纵队史料［M］．广州：广东人民出版社，1984：411-412.

众的学校和院系，就业时应继续联络校友，参加与组织毕业同学会，扩大在社会各部门、各阶层的影响和工作。[1]

1940年12月，中共中央指令中央青委在重庆召开国民党区青年工作会议，中央青委副书记冯文彬、胡乔木、蒋南翔传达了毛泽东关于青年工作的指示，要求“长期埋伏，积蓄力量，以待时机”，反对“轰轰烈烈，空空洞洞，张牙舞爪，到处吓人”的做法，强调要团结广大青年力量，反对宗派主义、反对小圈子。为此，中央青委根据中央指示和会议精神，发布了《关于青年统一战线工作的指示》，提出国统区开展青年工作的基本方针和任务为：“一是长期埋伏，积蓄力量；一是开展统一战线，扩大政治影响，两者不可偏废；而其统一的中心的一环，就是党员必须加强社会活动取得社会地位。”同时，明确了需要统战的青年对象：一是学校当局，包括大多数校长、教职员；二是教育、军政、文化、舆论、工商各界名流，公正人士与学生家长；三是各种能容纳青年的合法社团；四是国民党、三青团之各级机关，尤其是下级的干部和团员；五是广大的中立青年。此外，该指示还要求：赞助上述各种人的一切有益或无害的活动；开展组织各种活动，应尽量争取上述人士指导、赞助、参加与合作；统战工作的中心在于交朋友，交朋友是今日国民党区域最重大的革命工作；尤须注意与国民党、三青团及学校当局交朋友，诚恳帮助、鼓励其做好人、干好事、走好路；必须重视社会关系和自己的社会地位。

面对广东国民党顽固派当局的“逆流行径和制造青运危机，中国共产党作出了新的部署和转变”[2]。青年革命活动的方式由以公开活动为主转变为以秘密活动为主，党员尽量利用一切公开活动的机会，广泛联络、团结各方青年，有意识地培养党在青年中的力量和威信。根据省委“保存干部，撤退广州，分散到各地开展党的工作与青年运动”的指示，广东省青委副书记梁良嘉开始对抗先队员等进行有组织的大转移，队员们克服重重困难抵达四会

---

[1] 中央档案馆. 中共中央文件选集：第十一册［G］. 北京：中共中央党校出版社，1989：410-411.

[2] 广东省档案馆，广东青运史研究委员会. 广东青年运动历史资料［G］. 广州：广东省供销学校印刷厂，1991：551-556.

县城，并在此召开抗先第一次临时代表大会。会议明确了此后广东青年工作的任务，进一步健全抗先组织，正式成立抗先总队部，加强党对青年运动的领导。

在组织方面，从统一的青年组织转变为各种分散的、形式多样的青年组织，以适应新的形势。1938 年 12 月 16 日，抗先总队部在新兴县召开第二次委员会议。会议决定把抗先向全省范围内发展，将发展的重心放在各县、区及农村，并在农村“建立合法的抗敌团体——如农抗会、农民自卫协会、自卫团、后备队、工作团、服务队、青抗、抗先等”。据统计，在此号召下，抗先在不到半年的时间由 2000 人发展到 7000 人，青抗由 5000 人发展到 8000 人。[1]

在活动范围上，从原来的以城市为中心转移到以农村为中心，加强了对广大农民青年的宣导、教育、组织工作，从基层壮大党的青年力量，发展农民党员，建立农村党支部。[2]广州沦陷后，在中共广东省委的统一领导和部署下，以中山大学抗先为核心的东江区队在河源设立办事处，之后又成立党的中心支部，加强党对河源地区抗先的领导。在此基础上，又成立中共河源县委，分管河源、新丰、龙门、和平等地的工作。西江区队也在 1938 年恢复中共广宁县委，西江沿岸 10 个县区的党组织得到恢复和发展。党团组织在广东农村的发展，为吸纳广大基层进步青年、发展进步思想、壮大抗日力量奠定了重要基础。

广东抗日青年活动重心的转移，是根据抗日战争的形势及时调整的应对措施，在中国共产党的领导下，广东进步青年本着有理、有利、有节的原则，最大范围内团结可以团结的对象，维护和筑牢抗日民族统一战线；同时，也为保存革命力量、宣传党的主张、打赢抗日战争作出了重要贡献。

[1] 张江明，林木声. 广东青年运动史：1919—1949 [M]. 广州：广东高等教育出版社，1994：269.

[2] 广东省档案馆，广东青运史研究委员会. 广东青年运动历史资料 [G]. 广州：广东省供销学校印刷厂，1991：605-634.

团一大旧址 1922.5.5

第五章

为了广东的解放

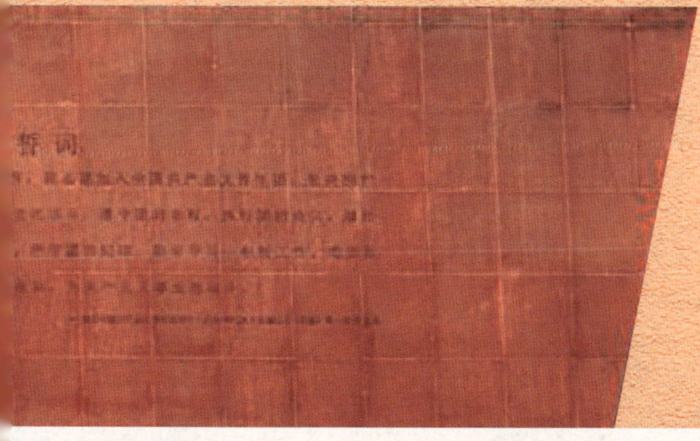
誓词

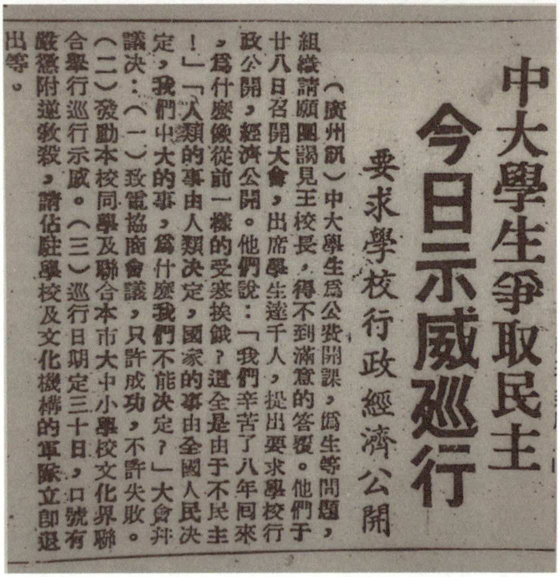

中大學生爭取民主 今日示威巡行

要求學校行政經濟公開

（廣州訊）中大學生爲公費開課，爲生等問題，組織請願團謁見王校長，得不到滿意的答覆。他們于廿八日召開大會，出席學生逾千人，提出要求學校行政公開，經濟公開。他們說：「我們辛苦了八年回來，爲什麼像從前一樣的受寒挨餓？這全是由于不民主！」「人類的事由人類決定，國家的事由全國人民決定，我們中大的事，爲什麼我們不能決定？」大會幷議決：（一）致電協商會議，只許成功，不許失敗。（二）發動本校同學及聯合本市大中小學校文化界聯合舉行巡行示威。（三）巡行日期定三十日，口號有嚴懲附逆教殺，請佔駐學校及文化機構的軍隊立即退出等。

抗日战争胜利后，中国人民热切期盼和平、民主，建设一个新的中国。1945 年 8 月 25 日，中共中央发表对时局的宣言，强调：“在全中国与全世界，一个新的时期，和平建设时期，已经来临了！”但以蒋介石为首的国民党反动派一方面急忙抢夺胜利果实，垄断受降权利；另一方面以和平为幌子，三次邀请毛泽东到重庆谈判，以便争取时间，迅速扩大力量，发动内战。为了争取中国走向和平、民主和复兴之路，中国共产党领导全国各族人民同国民党统治集团展开了复杂激烈的斗争。广东青年、港澳青年及华侨青年在中国共产党的领导下，为争取和平民主、反对内战独裁、反美抗暴，掀起青年运动的新高潮，配合人民解放战争在国民党统治区开辟了“第二条战线”。同时，广东青年积极迎接解放军南下，奋力投身到解放战争第一线，为广东的解放作出了重要贡献，紧紧跟随中国共产党，完成了夺取新民主主义革命胜利这一历史使命。

第一节 抗战胜利初期的青年运动

抗战虽取得了胜利，但内战的阴影一直笼罩着华南大地。在广东党组织的领导下，以学生为主的广东青年通过罢课、示威游行等方式反对内战、支持民主。广东青年的活动有力地宣传了民主思想和中国共产党的政治主张，提高了人民群众的思想觉悟，推动群众性民主运动深入开展。

一、抗战胜利后的广东时局

经过十四年抗战，广东党组织得到很大的发展，全省成立了统一的领导机关——中共广东区委，党员人数超过2万人；创建了东江纵队、琼崖纵队、珠江纵队、南路人民抗日解放军、广东人民抗日解放军、潮汕韩江纵队和梅埔韩江纵队7支抗日游击队；人民抗日武装的人数发展到近3万人，活动范围遍布全省70多个县；建立了拥有近千万人口的抗日根据地和游击区。党领导的华南敌后抗日战场成为全国三大敌后战场之一。

然而，抗战胜利后，国民党反动派对中国共产党的组织和人民抗日武装采取敌视的态度。广东党组织面临着严峻的考验。

从1945年8月下旬开始，国民党反动派便向东江和粤北进兵，接着对东江、琼崖、粤中、西江、粤北、南路等解放区进行分进合击，使广东全境处于内战之中。在猛烈的军事进攻之下，中共广东区委根据中共中央的指示，在敌强我弱的形势下采取“分散坚持”的方针，“一方面是坚持斗争，保存武装，保存干部；一方面是长期打算，准备将来合法民主的斗争”[1]。

国民党涌进广州等城市，以没收“逆产”为名，不择手段地进行劫收强夺，将大量财富占为己有。由于国民党统治集团加紧策动内战，疯狂掠夺抗战胜

[1] 中央档案馆，广东档案馆. 广东革命历史文件汇集：中共广东省委文件：1941—1945 [G]. 广州：广东省供销学校印刷厂，1986：523.

利果实，使千千万万为了抗日而浴血奋战的人民大众在抗战胜利后仍处在水深火热之中。

1946年9月20日，中共广东区委发出《对广东长期坚持斗争的工作布置》的指示，要求将可以回城市的干部都派到城市去，以加强城市工作，发动群众开展和平民主运动。随后，中共广东区委从东江、珠三角、北江、韩江等地的游击区陆续抽调500多名党员到广州，以复学或从事各种社会职业为掩护开展工作。10月，中共广州市工委成立，陈能兴任书记，陈翔南（陈顿）负责组织工作，余美庆（余化）负责职工工作。中共广州市工委成立后的首要任务是联络沦陷时期在广州进行地下工作的中共党员，接收各游击区派到广州的中共党员的组织关系，恢复各级党组织，以广州为中心开展工作，建立阵地，发动群众投身和平民主运动。

二、中共广州市委及青年工作委员会的成立

1946年2月，中共广州市委正式成立，黄松坚任书记。为了加强对当时已蓬勃兴起的青年学生运动的领导，中共广州市委决定成立青年工作委员会（以下简称“青委”），任命林华康为书记。中共广东区委指示：“当前的紧急任务是迅速打破国民党所造成的内战危机，争取和平的到来。目前必须迅速建立起广州的学生与香港的工人的坚强阵地，以此为核心，扩大各阶层的群众运动。”青委迅速在各大、中学校和工厂、妇女中开展工作。这时，广州的党员有200多人，多数是从各游击区返回广州各大学复学的青年学子。所以，中共广州市委即以中山大学为重点，建立党的组织。在广州地下党组织青委特派员林华康的具体指导下，2月初即成立了由罗湘林任总支书记、廖健祥任宣教委员、罗柏元任组织委员的中山大学党总支委员会，各学院分别成立党支部或党小组，共联系党员五六十人。

中共广东区委还积极支持各民主党派开展和平民主运动。当时，民盟在知识分子中有一定影响。为了更广泛地推动和平民主运动的开展，中共广东区委派连贯和张铁生等在香港协助民盟筹备成立民盟南方总部，并派狄超白赴广州请李章达到香港就任民盟南方总部主席。此外，还帮助民盟在中山大学建立特别小组，派专人与民盟联系、协同工作，支持进步学生参加民盟。1946年初，随着政治协商会议在重庆召开，国内和平民主运动日益高涨，中

共广东区委积极支持和帮助民盟南方总部由香港迁到广州开展工作，并指出："必须支持民主同盟的工作，用民盟去号召群众、组织群众、争取民盟的公开活动，扩大民主政治的活动圈子及其政治影响，把进步的士绅及有社会地位的各界人士、我党的同情分子，大量组织到民盟中去，通过民盟去团结广大的中间群众。目前客观上具备民盟发展的好条件，我们必须从主观上加强它和支持它。"在党的支持和帮助下，民盟广泛地开展和平民主运动，大批进步文化人士及民主人士纷纷在广州通过各校进步的青年学生开展各种形式的民主活动，形成了浓厚的争取和平民主的气氛。

在这一时期，中山大学在和平民主运动中发挥了重要作用。党在原有组织的基础上，加强了领导力量，与陆续在中山大学建立和发展的民主党派合作，发动广大师生员工，为争取和平民主，反饥饿、反内战、反独裁，进行了英勇的斗争，并最后取得胜利。中山大学因而被誉为"广东民主运动的中心和重地"。

三、争取和平民主，反对内战独裁

1945 年 12 月 1 日，国民党反动派对昆明的爱国学生运动进行残酷镇压。他们派出特务及军警数百人，有计划地攻打西南联大等地，打死潘琰、李鲁连、张华昌、于再四人，打伤六十余人，酿成一二·一惨案。惨案发生后，全国震动。重庆、上海、广州等十余个大中城市的学生及各界人士纷纷声援示威和罢课，抗议反动派的血腥屠杀。为了让广大同学了解事件真相，中山大学学生临工委一方面把昆明四烈士的事迹抄成大字报张贴出去，另一方面于27 日在文学院大课室举行时事座谈会。会上除声讨国民党当局破坏和平、发动内战、镇压爱国学生运动的暴行，还决定在全国政治协商会议结束前夕的1946 年 1 月 30 日举行声援昆明学生正义斗争的示威游行。

1946 年 2 月 17 日，国民政府立法院院长孙科来穗，地下党组织决定以中山大学学生临工委的名义，发动各校学生以欢迎孙科为名举行集会游行，借以揭露国民党发动内战的阴谋。19 日，广州各校学生一千多人集中在大德路广州市迎宾馆孙科住处，要求与孙科见面。学生们高呼停止内战、实现政协决议、争取教育民主、反对新闻封锁、争取言论出版自由、解除四大杂志禁令、制止广东内战等口号。孙科被迫与学生见面，并不得不答应把学生们的要求转告南京国民政府。

“一三〇”示威游行后，中山大学牵头开始酝酿成立“广州市中上学校学生联合会”筹备会，同时推选中山大学、文理学院、广雅中学的代表为主要负责人，参加联合会的学校有二三十所。4月24日，“广州市中上学校学生联合会”正式成立，并选出中山大学、文理学院、法商学院、文化学院、广雅中学、中大附中、知用中学等校代表为理事，组成理事会。理事会决定，通过全市集会以纪念五四运动和庆祝学联会成立，全市停课一天；同时通过决议：如五省校学生的要求和广雅中学学生被殴事件得不到解决，全市学生将于五四青年节采取有效行动（示威游行）予以援助。为了进一步揭露国民党反动派扩大内战、破坏民主的罪行，中共广州市委青委决定利用1946年五四青年节时机，举行一次群众性的和平民主行动，召开全市学生大会，会后举行示威游行。

随后，中共广州市委获悉国民党当局准备在5月4日对学生进行镇压逮捕，认真分析了当时全国和广东的形势，经过慎重考虑，由青委书记通知中山大学党总支书记转告在市学联中的中山大学代表，指令其说服各校代表，将示威游行改为分散活动，以保存革命力量。5月4日，国民党三青团策动一批特

1946年，中山大学学生声援昆明学生“反内战、争民主”的示威游行

务冲入进步的兄弟图书公司和《华商报》《正报》驻广州办事处，撕毁报纸、图书，捣毁门窗、洗劫财物，见人就打、见物就砸。特务的暴行并没有吓倒进步学生，反而激起了广大群众的义愤。同学们仍然按照事先的部署，分头进行形势和理论学习，有些还进行小组讨论。广州大中学校的进步师生和社会各界正义人士掀起了声讨广州特务暴行的浪潮。他们通过通电呼吁、发表文章、召开座谈会等形式，及时揭露了国民党反动派的暴行。在这次斗争中，广州地下党组织及时指导学生改变了斗争策略和方式，使国民党血腥镇压进步力量的阴谋无法得逞，保护了党员和进步学生骨干等革命力量，同时也更好地教育了广大群众。

第二节 掀起爱国民主运动的新高潮

1946 年 6 月，国民党政府撕毁停战协定，内战全面爆发。中共中央为纪念七七事变九周年发表宣言，呼吁全国人民“反对内战，坚持和平”“反对独裁，坚持民主”“反对卖国，坚持独立”。在中共中央的号召下，广东的青年运动继续深入发展，掀起了爱国民主运动的新高潮。

一、广东青年的反美抗暴运动

1946 年 12 月 24 日，美军士兵强奸北京大学先修班女学生沈崇的暴行激起全国学生的无比愤慨，全国掀起了反美抗暴的爱国浪潮。北平、天津、上海、南京等地学生 50 万人先后举行游行示威，抗议美军暴行。同日，香港达德学院学生召开全体同学大会，一致决定通电北大同学，以示声援，号召全国一致行动，迫使美军撤出中国；中山大学女生发表《告全国同胞书》，抗议美军暴行，号召国人高举双手，支持北大学生。

1947 年 1 月 4 日，中山大学法律系、政治系召开“沈案”座谈会，决定组织成立“国立中山大学沈案后援会”，并决定6日在中山大学广场召开全体同学大会，商讨应对“沈案”的办法。市学联亦定于6日在维新路四邑侨中礼堂召开全市中上学校学生自治会常务临时会议，商讨成立“广州市学生反对美军污辱北大女生后援会”。1月6日，中山大学举行全校同学大会，成立“中大学生反美抗暴运动委员会”，并作出如下决定：一是联合全市大、中学生于1月7日举行游行示威；二是致电美国马歇尔特使及司徒雷登大使，抗议美军暴行，要求美国立即撤回驻华美军，惩办凶手，向全中国人民道歉；三是通电全国声援“沈案”；四是致电慰问被害者及其家属。

国立中山大学沈案后援会抗议美军暴行示威大巡行

1月12日，“港九各界反对内战大同盟”在六国饭店举行座谈会，决定组织一个囊括港（香港）九（九龙）各界的机构以开展爱国运动，并选出委员19人，其中青年5人、工界3人、文化界4人、商界3人、妇女界4人。同时，以座谈会名义发出《慰问沈崇函》和《告国内大中小学校学生书》。1月14日，香港达德、工商、新闻三学院学生及新文化学会、世界语学会、妇联等团体发起、组织由20余校学生及青年团体参加的“沈案后援会”大会，决定成立“港九各界青年沈案后援会筹备会”，并以该筹备会名义发表《告港九同胞书》，提出要求：一是政府必须立即对肇事美兵进行公开审判；二是美国政府须赔偿沈崇的损失，并保证今后不再发生类似事件。

各地的抗暴运动掀起了阵阵反美高潮。2 月 1 日，毛泽东在《迎接中国革命的新高潮》一文中对抗暴运动给予了很高的评价。毛泽东指出："由北平开始的学生运动，已向全国各大城市发展，参加人数达数十万，超过'一二·九'抗日学生运动的规模。"[1]

二、爱国民主协会的成立

1947 年 3 月，中共广东区委决定在广州建立党的秘密外围组织——中山大学爱国民主运动协会（以下简称"爱协"）。爱协是党在广州大、中学生中建立的秘密外围组织，仿照党的纵深配备、单线联系的组织形式，在广大青年学生中积极而又慎重地发展会员。爱协还参考党的七大通过的党章，制定了爱协章程和秘密工作条例。爱协成立时会员约50人，不久后即向中大附中、文理学院、法商学院等校发展，全市会员很快发展到 100 多人。

爱协成立后，中山大学地下党组织便把大部分学生积极分子吸收进爱协，对他们进行群众观点的教育，使他们成为党联系群众的桥梁。党组织还经常教育和布置党员、爱协会员深入群众做思想工作，到各学院、各系、各班级、各社团组织甚至各同乡会中去，广泛接触同学，了解他们的思想情绪和要求，主动掌握对各单位的领导权；并严格划分了公开工作和秘密工作的关系，以迎接大规模的群众爱国民主运动的到来。其后，广州党组织又制定了由点及面、结合工农的方针，从中山大学抽调了一批党员和爱协会员，通过各种渠道进入其他大、中学校，进入工厂、企业和其他基层单位工作，这使广州学生运动和全市群众运动充分结合，从而壮大了"第二条战线"。爱协以学校为基地、桥梁，输送了不少干部到社会各阶层，并在党的领导和爱协成员的直接参与下，先后成立了各界别的党的秘密外围组织——广州工人协会、广州新民主主义教育工作者协会、广州新民主主义教授协会、广州新民主主义经济工作者协会、广州妇女联合会和解放军之友等。这些组织均参照爱协的模式运作。在这些党的秘密外围组织成立的过程中，爱协起到了积极作用。

[1] 毛泽东. 毛泽东选集：第四卷 [M]. 北京：人民出版社，2009：1212.

三、广州的五卅一运动

1947年5月20日，在党的领导下，京沪平津学生举行了大规模的反饥饿、反内战示威游行，遭到国民党当局的血腥镇压，是为震动全国的五二〇血案。五二〇血案消息传来后，有较深厚群众基础、在广州学生中起举足轻重作用的中山大学学生立即奋起响应，在校园里张贴大量反对国民党当局残酷镇压学生的标语、剪报和壁报，呼吁同学们行动起来声援五二〇血案中的学生，开展反饥饿、反内战的群众斗争。

此时，中共中央香港分局成立了朱语今、黄焕秋、李超等组成的青年工作组，由黄焕秋直接与中共广州市委特派员钟明联系，钟明直接与中山大学地下党组织负责人胡泽群联系。这就从根本上保证了党对反饥饿、反内战爱国民主运动的领导。广州地下党组织及时抓住时机，于5月21日指示中山大学地下党组织带头发动示威游行。22日中午，中山大学地下党组织向在第一线工作的党员布置了领导群众开展斗争的紧急战斗任务。24日上午10时，2500名同学在石牌校区体育馆集会，选举产生了由45人（地下党员、爱协会员占比三分之一）组成的工作委员会（以下简称“工委会”）领导运动，并通过了改善师生生活待遇、电慰中央大学（中华民国时期设立的国立大学）受伤同学、罢课三天声援、抗议国民党反动暴行等10余项决议。中山大学罢课和决定游行的消息传开后，中大附中、侨二师、文理学院、法商学院、广州大学、国民大学等校学生纷纷准备配合行动。反动当局十分恐慌，一面封锁消息，一面根据蒋介石下达的“六·一”全国大逮捕手令策划镇压行动。广州地下党组织得悉反动当局部署了破坏行动，采纳了中山大学地下党组织的建议，将示威游行提前至5月31日举行。

5月30日，毛泽东发表《蒋介石政府已处在全民的包围中》一文，高度评价了学生爱国运动。毛泽东指出，伟大的正义的学生运动和蒋介石反动政府之间的尖锐斗争，已成为中国境内的第二条战线。[1]

5月31日，中山大学、广州大学、国民大学、文理学院、法商学院、中大附中等学校学生三千余人举行“反饥饿”“反内战”示威游行，中山大学

---

[1] 毛泽东. 毛泽东选集：第四卷［M］. 北京：人民出版社，2009：1226-1227.

学生发表《国立中山大学反饥饿、反内战示威游行宣言》。游行队伍遭到乔装成工人的国民党特务的袭击。国民党特务手持木棍，破坏卡车、殴打同学、捣毁宣传品，重伤19人、轻伤100余人，抓捕48名学生、教授。这就是有名的五卅一血案。当晚，中山大学学生在石牌校区体育馆召开紧急会议，要求国民党当局释放被捕师生、医治受伤同学，决定绝食一天，捐款慰问受伤同学，罢课抗议国民党暴行，并定5月31日为中山大学学生日。同日，《正报》发表题为《求生的斗争压不住》的社论，指出五二〇血案后，国内学生反饥饿、反内战、反迫害的斗争，其波澜之壮阔为“以往任何时候都未有”，号召海外侨胞一致起来援助国内学生的斗争。

6月5日，中山大学成立“五卅一惨案善后委员会”，营救被捕师生，慰问受伤同学。广州学生的正义斗争得到港九学生和各界人士的广泛支持和援助。6月7日，中山大学全体学生为抗议国民党反动派制造五卅一惨案的暴行和非法拘捕学生的行为，发表《告社会人士书》，愤怒控诉国民党军警特务野蛮镇压学生运动的罪行，强烈要求国民党当局：一、严惩五卅一惨案的凶手，赔偿受伤同学的医药费；二、立即释放被捕同学；三、保证今后不再发生类似事件。中国共产党则利用在香港办的《华商报》《正报》《群众》等报刊，无情地揭露国民党当局的黑暗统治和残暴镇压学生爱国民主运动的罪行，热烈赞扬和支持学生的正义斗争，并指出斗争的方向，号召同学们要提高警惕，提防国民党反动派任何分化欺骗的阴谋，坚持不懈地与国民党反动派进行坚决斗争。6月9日，在社会舆论压力下，国民党当局被迫释放被捕学生。6月15日，中山大学学生工委会举行欢迎被捕释放和受伤痊愈同学荣归晚会，会后宣布复课，至此五卅一运动告一段落。这次运动与全国掀起

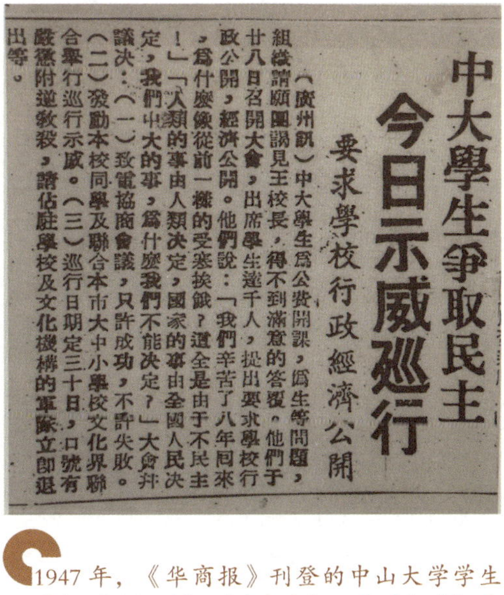

中大學生爭取民主

今日示威巡行

要求學校行政經濟公開

（廣州訊）中大學生爲公費開課，僞生等問題，組織請願團謁見王校長，得不到滿意的答覆。他們于廿八日召開大會，出席學生逾千人，提出要求學校行政公開，經濟公開。他們說：「我們辛苦了八年回來，爲什麽像從前一樣的受寒挨餓？這全是由于不民主！」「人類的事由人類決定，國家的事由全國人民決定，我們中大的事，爲什麽我們不能決定？」大會幷議決：（一）致電協商會議，只許成功，不許失敗。（二）發動本校同學及聯合本市大中小學校文化界聯合舉行巡行示威。（三）巡行日期定三十日，口號有嚴懲附逆教授，請佔駐學校及文化機構的軍隊立即退出等。

1947年，《华商报》刊登的中山大学学生举行“反饥饿”“反内战”示威游行的报道

的人民运动汇合在一起，把蒋介石反动政府完全孤立起来，使其处于全国人民的包围之中，又在广阔的华南大地上播下革命的种子，动摇了国民党对华南统治的根基。

学生运动的高涨，促进人民运动迎来高潮，国民党反动派已陷入人民运动的汪洋大海中。但是，国民党反动派更加凶残暴戾，公布了所谓《维持社会秩序临时办法》，严禁人民罢工、罢课和示威请愿，并对人民的爱国民主运动采取血腥镇压的所谓“必要措施”和“紧急处置”。在这种情况下，在五卅一运动之后，中共广州市委分析形势，调整斗争策略，决定及时把在运动中暴露的同志撤退转移，让国民党反动派逮捕进步学生的计划和行动完全落空。同时，发展一批地下党员和学联会员；编印纪念五卅一运动的小册子——《血债》，借以扩大政治影响；以群众路线为中心内容总结五卅一运动，教育同志，巩固成果。中共广州市委决定今后采用“由点到面，结合工农”的工作方针，从中山大学抽调一批党员骨干推动和加强省文理学院、法商学院、岭南大学、国民大学、文化学院、广雅中学、侨二师、中大附中等校的工作。在中山大学，大力开展公开合法的活动，组织和健全各种社团，更广泛地团结教育广大学生。这样，以中山大学为中心阵地的广州学生运动，向着更大的范围和纵深发展。

广州的五卅一运动意义深远。第一，揭露了蒋介石反动政府发动内战的反动本质和迫害人民的血腥罪行，从而赢得了广泛的社会同情和支持；第二，孤立了反动势力，壮大了广州学生爱国民主运动的队伍。这次运动“有力地打击了反动派的新闻封锁、军警特务统治，呼出了广大人民的求生要求，提高了市民觉悟，动摇了反动统治的威信”；第三，有力地配合了城市斗争和农村武装斗争的开展。在这次运动中，广大工人、市民以及近郊农民和各阶层人士都站在学生一边，同情并支持学生的斗争。

四、广东各地的青年学生运动

在广东其他地区，在中国共产党的领导下，青年学生同国民党反动派进行了无畏的斗争。

海南党组织在抗战胜利后，除了与国民党反动派进行军事斗争外，也十分注意在白区开展工作。1946年初，中共北区地委宣传部部长陈说根据上级党组织的指示精神，要求中共琼山县委和琼山县三区区委在其所属区内物色同志，派到府海上学，以公开身份为掩护，在国民党统治地区开展学生工作。陈义侠接受了中共琼山县委和琼山县三区区委负责同志的委托，肩负重任，就读于琼崖师范学校。他以琼师为据点，物色一批志同道合的同学，组织起府海第一个由党组织直接领导的读书会。这表明海南白区学生运动在中国共产党的领导下开始进入有计划地开展工作的新阶段。

琼崖各校组织的读书会为1949年成立琼崖地下学联打下了基础。1949年2月底，为筹备成立琼崖地下学联，各校读书会负责人举行了会议，商讨成立学联的各项事宜。不久又召开第二次会议，确定了《琼崖学生联合会宣言》。为了加强舆论宣传，地下学联筹备会决定出版《新潮报》。5月6日，《新潮报》第一期出版，并刊登了题为《琼崖学联会的意义与任务》的社论。《新潮报》在各校被秘密散发传阅，学生们争相传看。《新潮报》作为地下学联的机关报，在动员、号召广大学生行动起来与国民党反动派作斗争方面起到积极作用。

潮汕各地的学生通过读书活动接受革命理论，并自愿结成社团开展活动，这又进一步吸引了大批进步青年学生，壮大了学生运动的队伍。1946年以后，潮汕各地的社团纷纷成立，并开展活动：澄海中学的“学习会”出版《学习》壁报，邀请进步教师开办讲座，成立学生歌咏队和剧团；惠来一中成立“从苗学术研究社”“初学”“春晓”等学社，全校有200多名进步学生参加各个学社；潮阳六都中学女党员学生串联发起女生社团——翠英社，制定规章，提出“为了增强女同学之间的团结，互相学习、互相促进”的宗旨；揭阳一中的学生成立了“新风社”“联社”“中原社”等进步团体，由党的外围同情分子组成的“人民之友社”；韩山师范学校的女同学组织了“励进社”，讲客家话的同学组织了“中原社”，饶平籍的同学组织“饶平同乡会”；在汕头市，市立一中的学生组织了“壁报社”，聿怀中学成立“鲁迅文学研究会”，他们经常开展活动，在学校组织联欢晚会，演唱《黄河大合唱》《我们在太行山上》等歌曲，发现、培养学生积极分子。

经过参与读书活动和社团，广大进步学生进一步认清了国民党的腐败、专制和卖国本质，主动宣传中国共产党领导的人民军队在解放战争中节节胜利的大好形势，使更广泛的学生群体逐渐认识到“只有共产党才能救中国”

的道理，向往进步、向往革命成为进步学生的主要潮流。

在粤北地区，1945 年 8 月，中共梅县工委成立了中共梅县学生工作委员会（以下简称“学委”）。然而，当时的形势不允许学委公开出面活动，况且在国统区地下党组织的活动必须隐蔽，因而有必要建立一个党的外围组织开展学生工作。同月，党组织决定成立梅县地下学联，为宣传共产党团结统一的主张，揭露蒋介石假和平、真内战的阴谋，谋求学生的切身利益而斗争，并提出明确的斗争口号。地下学联成立时，会员达 120 多人，还出版了会刊《学生呼声》。地下学联有着较广泛的群众基础，它始终以党的主张为自己的宗旨，完全服从党的领导，在活动中运用合法与灵活的斗争形式，争取了较多的学生。学生信赖地下学联，地下学联在学生和党之间起到了桥梁作用，从而为党在白区开展活动打下了基础。

第三节 | 迎接大军，解放广东

1949 年，中国人民的革命战争已经处于全国胜利的前夜。新华社在 1949 年新年献词《将革命进行到底》中指出：在全国范围内推翻国民党的反动统治，在全国范围内建立人民共和国，这是中国人民、中国共产党、中国一切民主党派和人民团体 1949 年的主要任务。广东青年为实现这一主要任务，在迎接解放、准备接管城市的各个方面作出了积极贡献。

一、华南学联和华南青联的成立

1948 年底，党中央要求在 1949 年上半年召开全国团代会、青代会和学代会，为参加、召开全国政治协商会议作好准备。中共中央香港分局十分重视，指定分局青妇组做好这项工作。分局青妇组拟定华南各地区和城委领导的各大城市北上参加团代会、青代会和学代会代表的名额和集中日期，通知各地区党委选派代表。青妇组黄焕秋、陈恩、余慧负责组织代表集中学习，并派出何锡全、陆文负责接待联络工作。

1949 年 2 月，中共中央华南分局召开由各地负责同志参加的学习会议。方方在《关于华南党的工作问题的报告》中指出，当前的方针是“全面发展，重点巩固”。所谓“全面发展”，就是全面造成包围城市、接收城市的形势与条件，要发展民兵，要加强主力，要全面发展，形成根据地；各种群众组织，如青年、学生、妇女特别是农民、工人的组织，要发展起来。青年、妇女工作，由边区至县，应指定干部建立筹委会，然后在下层组织区乡县的青年或妇女联合会。党内则建立青年及妇女工作委员会，到各区各支部建立起系统，领导青年及妇女联合会。新民主主义青年团[1]在控制区内可指定干部筹备，工作方法应将由上而下与由下而上相结合，希望一年内发展团员二十万人。为配合人民解放军向长江以南进军，支援华南游击战争和全国青年学生的爱国民主运动，统一领导华南地区的青年运动，中共中央华南分局青妇组着手筹备召开华南学生代表会议和华南青年代表会议，成立华南学联和华南青联，并选派出席全国妇女、青年团、青年、学生代表大会的代表。

1949 年 2 月 1 日至 5 日，中共中央华南分局（1949 年 2 月，中共中央香港分局改称为中共中央华南分局）青妇组在香港达德学院召开华南学生代表会议。参加大会的有华南各地区、各大城市及海外学生代表，全国学联华南办事处代表应邀列席大会。大会中心议题是如何组织学生迎接解放军南下，彻底摧毁国民党反动政权。黄焕秋代表中共中央华南分局青妇组作工作报告。大会一致通过《华南学生联合会章程》《华南当前形势报告》《华南学运方针任务》和《华南学生当前行动纲领》等文件，决定成立华南学生联合会，选出首届执行委员会，以何锡全为主席。大会向广大青年学生发出号召：“努力学习革命理论与专业技能，树立为人民服务的革命人生观，精通业务，准备迎接人民解放大军渡江南下，为迅速彻底解放华南与创建新民主主义的新华南而努力奋斗。”大会最后发出了《华南学联成立宣言》《告海外同学书》《向全国学生代表大会提案》及《向毛主席、人民解放军致敬电》等电文。在此之前，为适应革命形势发展的需要，广州地下党组织决定将“广州学生爱国民主协会”及“学生联合工作协会”统称为“广州地下学

[1] 新民主主义青年团，当时各地简称不统一，有简称青年团，也有简称新青团。

联”，并作为团体会员参加华南学联。组织的性质不变，仍采取个别秘密入会和单线联系的方式。

在成立华南学联、选派华南青年代表团北上的基础上，中共中央华南分局青妇组积极筹备华南青年联合会。4 月，华南各地北上参加青代会、学代会的代表先后到达香港集中准备北上，其中有琼崖地区代表黄大仿、谢应权、陈兑，潮汕地区代表张震，粤中地区代表甄章，兴梅地区代表古克，惠阳地区代表徐丹华，香港地区代表陆文（女）、张履冰（女）、何杰、郑华、黄子毅、杨新范、梁伦、林榆、岳野，广西地区代表林川、李兆麟，云南地区代表徐淑昆（女）等，共 30 多人。

4 月 20 日，中共中央华南分局青妇组主持召开华南青年代表会议，参加会议的除上述各地代表外，还有部分在香港从事青年工作的党员干部，参会人员共 50 多人。华南分局书记方方到会，并作题为《目前华南形势与青年运动方向》的报告。报告指出当前华南青年运动的主要任务是：“在‘解放华南，建设新中国’的口号下，将华南青年统一组织起来，发展和巩固华南青年统一战线，与当前解放广大农村的工作相结合，参军参政，参战动员，生产支前，开展文教工作，迎接解放军南下解放全华南；努力学习，提高文化水平和政治思想觉悟。”方方分析了全国的军事、政治形势，指出华南地区解放指日可待，鼓励代表们要不负众望，安心开好会，传达会议精神并介绍各地青年工作的经验。会上，方方宣布成立“华南青年代表团”，由赵沨（音乐家）为团长，谢应权、张震为副团长。黄焕秋交代北上注意事项。陈恩作了《华南青年运动发展的道路》的报告，总结了华南青年运动 30 年来的发展规律及经验教训，强调华南青年运动今后应结束长期分散的状态，走上团结统一的新历程。

中华全国青年代表大会第一次会议于 1949 年 5 月 4 日至 11 日在北平召开，周恩来作了题为《全国青年团结起来，在毛泽东的旗帜下前进》的政治报告，廖承志作了《青联工作报告》。会议选举廖承志为中华全国民主青年联合会第一届执行委员会主席。参加全国青代会的华南地区代表们还受到毛泽东、朱德、刘少奇等中央领导同志和团中央书记冯文彬等领导的接见。会后，华南地区青年代表除个别同志外，大多进中央团校学习两个月左右，主要是学习党的七届二中全会决议和首届中国新民主主义青年团代表大会的决议。学习结束后，华南青年代表团的代表，少数留在团中央或其他机关工作，多数随军或随南下工作团返回华南地区工作。何锡全、张震提早返回香港。张震随后返回潮汕，在青妇组召开的粤赣湘、闽粤赣两个地区的青年工作会议上传达全国青代会、团代会的精神。会议决定发起成立华南青年联合会，成立筹备委员会，选出各边区游击区、华南学联、中国青年记者学会广东分会和闽粤赣、粤赣湘新民主主义青年团等十五个单位的代表为委员，陈恩为主任委员，何锡全为副主任委员。会议还通过了《华南青年联合会筹备会成立宣言》和《华南青年当前行动纲领（草案）》等文件。

华南学生代表会和华南青年代表会的召开对广东青年运动由分散走向统一、明确今后的斗争方向，有着重要的意义：一是会议号召青年、学生“动员起来，组织起来，成为解放华南，建设华南，保卫华南的先锋与骨干”，从而使广东青年运动统一到彻底推翻国民党的反动统治、迎接广东解放的斗争中来；二是两次会议先后成立了华南学生联合会和华南青年联合会筹委会，使广东青年运动有了统一的领导机构；三是会议要求广大青年“参军参政，参战动员，生产支前”“加强团结，反对国民党反动派垂死前的疯狂迫害，广泛联系群众，树立基础，配合解放军于解放城市后，稳定秩序，恢复生产”，明确了广大青年今后的基本任务；四是会议指出青年“必须加强学习，提高文化水平及政治认识，学习理论，掌握专长，普遍进行思想教育，学习毛泽东的思想作风”，为青年今后的思想改造和思想建设提出了新的要求。会议之后，广东青年运动进入了“团结战斗，迎接解放”的新阶段。

二、奔赴解放战争第一线

1949 年 4 月 21 日，毛泽东、朱德发布向全国进军的命令，人民解放军迅速向尚未解放的广大地区全面大进军。5 月 4 日，广州学联发表《为纪念“五四”告同学书》，提出当前学生运动的任务是：巩固和扩大校内外师生员工的大团结，争取社会支持；反对迁校，反对撤退，保护校内一切，使人民财产完整无缺；有计划地深入开展学习运动，改造思想，确立新的人生观；开展宣传运动，以提高群众的觉悟，为迎接解放打下基础。5 月 7 日，中共中央华南分局发出《关于大军渡江后的工作指示》，要求各地党委开办革命青年训练班，完成发展党员及建立新青团和农会、工会、青年组织、妇女组织等各种群众组织的计划。

这一时期的青年运动大致可以分为三个阶段：第一阶段，从南京解放到七二三事件，党组织全面部署工作。主要措施有：一是进一步做好宣传工作，扩大党在群众中的影响。广州党组织和学联把《将革命进行到底》《中国人民解放军宣言》《论人民民主专政》等党的文件和收听到的党中央、解放区广播的胜利消息油印成传单，及时散发到群众中去；内部油印刊物《广州文摘》扩大发行量；创办秘密油印小报《广州学生》。二是抽调一批地下学联成员打入重要工厂、单位中，从这些工厂、单位物色对象，发展组织。如水厂、电厂、纱二厂、陆军医院、柔济医院，以至伪行营、省市政府、实业公司、中央日报等单位，都有地下党组织或党的外围组织的成员，这些成员进行调查研究，准备接管材料，并通过地下陆空交通线，直接把材料送到中共中央华南分局领导机关；三是发动群众，组织开展护厂、护校斗争，成立护厂、护校等应变组织。

潮汕地区的进步青年学生积极配合行动。一方面，完成党组织指示的掌握和搜集敌人政治、经济、军事情报的任务。如：韩山师范学校、潮安金山中学、潮安一中等各校地下团组织和青年学生分别负责调查当地国民党驻军、警察所和地方武装情况；汕头市的进步青年学生通过各种渠道调查、掌握了汕头市国民党当局的单位人员、枪支等情况；礐光中学的团员还绘制了礐石地形图，及时把情报通过地下交通站送往解放区。另一方面，通过各种渠道筹集武器和武装斗争需要的物资、药品。如潮安二中协助武工队在本地区募得折合港币 1 万多元，借长短枪 21 支，大力支援了武装斗争。

这一时期，广东各地的青年学生积极投身解放战争第一线。1949 年 5 月 7 日，澄海县立中学学生一百余人，离开学校奔赴解放区参加解放战争，受到解放区军民的热烈欢迎。同时，随着华南解放战争的不断胜利，粤中各地青年运动蓬勃发展，新会、高明、鹤山各地青联相继成立，三罗地区知识青年参军运动风起云涌。6 月，潮汕青年团筹委会发出《关于响应潮汕党政军民欢迎南下大军动员总会号召给各地团员的指示》，指出南下大军已挥师直指粤北，潮汕解放已指日可待。要求全体团员在迎军支前运动中，与广大群众一起，努力工作、积极生产，以实际行动迎接大军，解放华南、解放潮汕。6 月 11 日，省立开平长沙师范学校师生 30 余人，深受华南解放战争胜利形势鼓舞，在校长带领下，毅然投奔粤中解放区参加解放战争。

第二阶段，从七二三事件至 8 月中旬，集中力量反击国民党残敌迫害师生的暴行，保证迎接解放、准备接管城市工作的开展。当时广东学生护校活动方兴未艾，国民党残敌横加破坏。7 月 14 日至 22 日，蒋介石来广州准备负隅顽抗。广州的特务机关责令广州警备部“迅速采取行动”。警备部司令叶肇策划了七二三迫害中山大学师生的恐怖事件。

7 月 23 日凌晨，国民党派遣反动军警特务一千多人闯入中山大学石牌校区，肆意搜捕进步师生和劫掠财物，近 200 名师生被逮捕。伪警备部以“私藏枪械，阴谋暴动，颠覆政府”的罪名，把师生秘密监禁在广州西村监狱。这就是七二三大逮捕事件。为及时反击国民党残敌的暴行，广州地下党组织作了如下部署：一是通过中山大学地下党组织和地下学联成立营救被捕师生员工的委员会，开展群众性反暴行斗争；二是广泛发动中山大学师生员工通过各种可以利用的社会关系，特别是被捕人的社会关系，甚至利用国民党内部的矛盾，千方百计营救被捕师生员工；三是发动同学募捐，慰问被捕师生员工。此外，通过《华商报》发动舆论攻势，号召中山大学学生“应该激起同仇敌忾的义愤，坚决地稳步地走向革命行列”。7 月 28 日，广州地下党组织作题为《七二三事件总结》的报告，总结过去的经验教训，提出今后的工作方针策略，决定将大批爱协会员及进步学生撤往东江地区，准备将来回广州接管城市，留下的坚持护校、护厂。31 日，以题为《中山大学同学控诉特务暴行》的报道，详细披露事件真相，呼吁社会各界人士设法营救中山大学师生。8 月 7 日，发表广州学联《告各界人士及全体同学书》，进一步揭露和抗议反动派对中大师生的疯狂迫害。在党组织多方营救和强大的社会舆论压力的外在形势下，以及被捕师生员工的罪名确是“查无实据”的情况下，反动当局不得不分四五批释放被捕师生员工。至此，斗争取得了胜利。

第三阶段，从 1949 年 8 月下旬至广州解放，紧密配合南下大军的军事进攻，取得护校斗争的胜利，迎接广州的解放。七二三事件使广州学生更看清国民党残敌垂死挣扎的真面目，更深刻体会到切身利益和解放战争的胜利不可分离。为做好配合南下大军解放广州的准备工作，广州党组织根据各条战线需要大量知识分子的情况，从中山大学及广州各校组织几批学生到各地农村开展游击战，去东江的学生还编成了教导营。

9月5日，广州学联发出《为迎接解放告全市大中学校教师、同学、家长书》，指出解放军进入广东、解放广州已成定局，号召广大教职员工和学生坚守岗位，照常开课，开展护城、护厂、护校的斗争，组织各种应变组织，作好各种准备，迎接解放。

10月1日，毛泽东主席在北京天安门广场庄严宣告中华人民共和国的诞生。中共中央华南分局在同一天发表《告广东人民书》，号召全省人民动员起来，拿出最大的力量来迎接人民解放军，解放全广东、解放全中国。南下大军也在这天分三路入粤作战。广州各校更是紧密配合大军开展护校迎解放的斗争，广州除个别学校被反动当局逼迁外，绝大多数都取得了护校斗争的胜利。

10月14日，三路南下大军包围广州。广州各校在党的部署下发动师生参加护城工作，防止残敌进行纵火、爆破等破坏活动。当天下午，残敌逃离广州时轰炸海珠桥、黄埔仓库，破坏发电厂，对人民犯下不可饶恕的罪行。下午六时半，陈赓部五支先遣队开入市区。各校爱协及进步同学积极投入协助接管、维持社会治安、支援前线等工作。教员、青年、学生、妇女工作也顺利地开展起来。中共中央华南分局青妇组通过《当前华南青妇工作方针任务与中心工作决议草案》，要求各地加强领导、加强动员，组织工农群众及知识分子，广泛团结各阶层青年和妇女，响应党和政府号召，培养干部、发展农村、兼顾城市，为建立总基地、解放全华南而奋斗。

三、港澳、华侨青年对广东解放的贡献

当国民党反动政府企图将广东作为垂死挣扎的顽固堡垒时，港澳地区和侨居海外的进步青年不顾港英当局和当地统治者的镇压和迫害，采取各种形式开展活动，展开斗争，取得了良好的成效：

一是成立社团，宣传和平民主，激发青年学生的爱国热情。在香港，以进步青年学生为主体的虹虹、中青、台青、学余、蜂蜂等青年团体，通过歌咏、戏剧、舞蹈、时事报告会、读书会等形式，揭露蒋介石内战、独裁的阴谋，

提高青年学生的思想觉悟。

二是从财力、物力上支援广东的解放战争。港澳地区的青年学生通过举办慈善活动，唤起广大同胞的正义感和同情心，募捐活动筹集了大批棉被、衣物、药品以支援游击区和受难灾民。当两广地区遭受严重的水灾，虹虹、台青、中青、学余等团体联合举行歌舞剧救灾义演，将收入所得的1560余元全部用于救灾工作。

三是培养输送骨干力量，支援解放区工作。在香港，进步青年团体集中了300多名学生学习银行、会计、贸易等业务知识，并“培养城市干部及研究城市政策、准备大军到达时能动员5000名知识分子下乡，同时培养行署行政干部”。1949年夏秋之际，香港的进步青年团体先后分批输送40多名学生骨干和20多名团员到广东游击区。与此同时，经党的“驻暹工作组”地下党员组织发动，侨居南洋的潮汕籍青年学生600多人回国参加解放战争，为广东的解放事业无私奉献，有的还献出了宝贵的生命。

第四节　广东青年团组织的重建

1946年，党中央召开了两次座谈会讨论重新建团的问题。8月26日，在党中央书记处书记任弼时主持下举行第一次座谈会，座谈会主要讨论是否需要建立一个青年积极分子组织的问题。任弼时作了总结讲话，他说：“看来大家的意见比较一致，同意建立青年团组织。”毛泽东赞同会议的意见，并指示“搞青年团是好的，可以征求一下各解放区的意见”。9月13日，第二次座谈会召开，讨论建团的问题。任弼时代表中共中央在讲话中指出：“关于团的基本性质和名称，按实质，党的基本任务就是团的基本任务。目前就是为新民主主义而奋斗。因此，名称可以叫新民主主义青年团。如再扩大一点，防止其成为狭隘组织，也可以叫民主青年团。”在党中央的号召下，广东各地纷纷试建新民主主义青年团，为普遍建团奠定了基础。

一、《关于建立中国新民主主义青年团的决议》颁布

1946年11月5日，中共中央通过电报向各解放区发出《中共中央关于建立民主青年团的提议》，要求建立一个统一的、全国性的、包括一切先进青年积极分子的组织。党中央责成各中央局、各分局择地试建青年团，还派出大批党的干部在各地进行试建青年团的工作。随后，各解放区先后开始试建青年团。

在各解放区试建青年团取得成功的基础上，为了更好地发挥青年群众在人民解放战争中的积极性与创造性，1949年1月1日，中共中央发布了《关于建立中国新民主主义青年团的决议》（以下简称《决议》），指出“中国新民主主义青年团，是在中国共产党的政治领导下坚决地为新民主主义而斗争的先进青年们的群众性组织，是党去团结与领导广大青年群众的核心，是党以马克思列宁主义教育青年的学校”[1]“建立全国性的新青团是当前青年运动的中心环节，是当前革命形势胜利发展下极其重要的工作之一，各地党委必须予以重视”，正式决定在全国普遍建立中国新民主主义青年团。关于新民主主义青年团的任务，《决议》指出：“团的当前任务是要团结和组织先进青年的积极分子，再经过这种青年积极分子的组织去团结教育广大的青年群众，和中国人民一道，为了彻底推翻帝国主义、封建主义与官僚资本主义在中国的统治，为建立新民主主义的中华人民共和国，为了全中国和全人类的彻底解放事业而奋斗到底，并在这种实践的奋斗中不断地教育中国的青年。”[2]决议对党团关系也作了明确规定：“中国新民主主义青年团在政治上接受党的领导，但在组织上应当保持自己的独立系统，党无权直接命令青年团。青年团内的党员，必须服从党的一切决议，并以不疲倦的说服教育工作和自己的模范行动，来巩固党在青年团中的领导。”青年团必须“吸收一切坚决拥护中国共产党的主张，愿为新民主主义的事业而奋斗，愿为劳动人

[1] 中央档案馆. 中共中央文件选集：第十八册［G］. 北京：人民出版社，1992：2.
[2] 同［1］.

民忠诚服务的男女青年为团员，其年龄一般应当在十五至二十五岁之间”。同时，还颁布了《中国新民主主义青年团团章（草案）》。

经过几个月的筹备，1949 年 4 月 11 日至 18 日，在党中央的亲切关怀下，中国新民主主义青年团第一次全国代表大会在北平召开。出席会议的代表有 340 人，代表团员 19 万人。中共中央对这次大会十分重视，当时中共中央书记处的 5 位书记除刘少奇在外地没参加外，其他 4 位均出席了会议。新民主主义青年团一大的召开，标志着中国新民主主义青年团正式成立。

二、广东新民主主义青年团的试建

为加强对青年运动的领导，并开展组建新民主主义青年团的工作，1947 年 5 月，中共中央香港分局城委设青年组，由李超负责，成员有朱语今、黄焕秋等人。青年组确立今后的主要任务是：“了解与培养干部，巩固与扩大青妇群众基础，总结经验，提高能力，改造思想，增强党性，迎接新形势。”

在开展各种斗争中，青年组注意团结港九进步力量，以民主学校及青年学术团体为中心，以撤退到达德、汉华、培侨这些学校的一百多名原东江纵队战士为基础，开展青年工作。同时，在斗争中吸收涌现出来的积极分子，建立了新民主主义青年同志会（以下简称“新青会”）。新青会制定了自己的章程，本身不设领导机构，其成员均属其所在的党支部领导。新青会实质上是团的地下组织，这就是后来广东青年团的前身，它的建立成了整个华南地区建团工作的起点。

随着形势的发展，在华南各地建团显得更为迫切。1948 年 8 月，国民党广东当局对人民武装力量进行第二期“清剿”。中共中央香港分局发出《半年工作总结和今后方针任务》，指示广东各地党组织：“为保证当前斗争任务的完成、既定方针政策的贯彻实施，最有决定性的重要任务，就是加强党的工作。应把为数颇大，而且对革命可能起很大作用的青年、妇女组织起来，作为党的外围组织，以加强党与群众的联系，可采用新民主主义青年团和农会、女工代表的形式，其公开程度则视地区环境而定。” 1948 年底，中共中央香港分局在关于组织工作今后努力方向的问题上指示各地：大胆发展斗争积极的工人、贫雇农、革命战士及革命知识青年入党，准备建立与发展各地新民主主义青年团的组织，到 1949 年底发展 20 万名团员。

中共中央香港分局还把组织青年、妇女的工作列为今后对各级党委考绩的六大重点项目之一，要求各级党委务必坚决完成。这是中共中央香港分局在组建新青会后第一次明确向各地党委下达建立新民主主义青年团的任务。新青会的建立为华南各地建团提供了经验，作了干部上的准备。

三、广东各地建立新民主主义青年团

1949 年初，广东大部分地区尚未解放，因而无法立即开展大规模、普遍公开的建团工作，只能继续以建立基地为重点，为普遍建团奠定基础。

中共中央香港分局发出《关于在华南根据地建立新民主主义青年团工作的指示》，强调在华南各游击区建立新民主主义青年团组织是当前华南青年运动的中心环节，是党在当前革命形势胜利发展下极重大的工作之一，并对华南建团工作的方针、步骤以及团的组织、工作任务等作了具体的规定。关于建团的方针："在开始建团前，必须在人民群众和青年群众中进行深入宣传与充分酝酿的工作，然后根据本人自愿，其年龄在 15 岁至 25 岁之间，拥护共产党主张，愿为新民主主义革命事业积极奋斗，愿为劳动人民忠诚服务，承认团章，服从决议，参加工作者，经过入团手续正式入团。"关于建团的步骤："为着有效地建团工作，训练和准备足够数量党的青年工作干部是建团所必须的重要条件之一。各地党应将现在青年工作干部的审查，并慎重与迅速提拔抽调一些思想正确、联系群众的青年男女党员干部，经过短期训练，使他们正确掌握建团的方针，成为建团的基础和骨干。""在没有其他青年组织又无团员组织的地方，应采用有重点地逐步向前推进的方法，首先从党的工作基础较好、人口较集中的村镇、部队、学校开始，然后再求普遍发展。"关于团的组织："凡在一个学校、部队或农村中有 5 个团员，即应成立团的支部。一个区内（部队、学校内）有 3 个支部以上，即应正式成立团的县委或市委的组织，使团的组织与工作迅速地得到发展，然后在召集各区或各边区或整个华南的团的代表大会上，选举各区、各边区或整个华南的团的领导机关。"对于团的组织任务："为适应当前华南革命形势发展与斗争需要，决定华南新青团应迅速建立与大发展的方针，为此，分局特号召在 1949 年内完成达到二十万团员数目的伟大任务。”[1]中共中央香港分局还指示各地党委在接到文件后，必须予以重视，根据党中央关于新青团的决议和团章草案，结合实际情况，召开会议，交出建团的工作计划，切实督促执行，定期向上级报告。该指示文件为广东各地建团提供了具体的指导。

为坚持学生运动的正确方向、把斗争引向不断深入，1948 年 8 月，中共潮澄饶平原工作委员会根据中共中央香港分局的指示，在国统区试建新民主主义青年团，指示地下党干部分别深入金山中学、澄海中学、韩山师范等学校的学生组织中活动，决定把各中小学党的同情分子转化为青年团员，建立团支部或团小组，并依靠这批力量有计划、有步骤地教育、吸收一批先进青年学生参加团组织。随后，先后在韩山师范学校、金山中学、潮安一中、潮安二中、澄海中学、饶平钱坑中学等成立了地下团支部。至 1949 年 4 月，韩山师范学校发展团员 71 人，潮安金山中学发展团员 70 人，潮安一中发展团员 69 人，潮安二中发展团员 74 人，澄海中学发展团员 40 多人。4 月 2 日至 7 日，中共潮汕地委在揭阳南山召开青年、妇女工作会议，潮汕国统区学校中青年团组织的队伍日臻发展壮大。党组织通过在学校建立青年团组织，大力发展新团员，发挥团组织的骨干、带头作用。

1949 年 1 月，香港新青会改为青年团，并组织全体成员学习团中央决议及团章草案，进一步明确团的性质和任务等。2 月，党的外围组织北江民主青年同志会成员经过集中学习，集体入团。为了响应党中央的号召，4 月 30 日，琼崖区党委发出《关于目前建立新青团的决定》，指出：“为适应目前斗争形势的要求，应坚决执行党中央建立新青团的决议。”“要求各级党委要认识建团工作的重要性，积极开展建团工作。”5 月 20 日，琼崖区党委向党中央、中共中央华南分局报告琼崖建团工作情况。潮汕地委从 4 月开始至当年年底举办了四期干部学校和一期军政学校，培训党政、军事、青工、财经干部 2000 多人。其他各地党组织也先后举办韩江干校、梅州公学、南路青年干训班等，为迎接解放培养了大批干部。

与此同时，五岭粤北地区粤北工委贯彻党中央关于建立新民主主义青年

---

[1] 中央档案馆，广东省档案馆. 中共中央香港分局文件汇集：1947.5—1949.3［G］. 广州：广东省供销学校印刷厂，1989：488-491.

团的指示，着手进行建团的试点工作，成立了粤北工委青年团临时工作委员会，陈因担任新民主主义青年团临时工委书记。先头部队机关党支部各小组指派青年党员参加工委，首先在机关的青年战士、工作人员中开展建团试点工作。

1949年5月，中共中央华南分局青妇组组织130多人的干部队伍分批进入东江游击区，指导和帮助当地建团。到达揭阳县河婆镇后，青妇组派出俞仲达、刘卓礼、王文彬等到东江公学讲团课，协助东江公学建团；黄焕秋到江南支队作建团报告，开展部队建团工作；林挺、郑黎亚等到梅州公学参加领导该校团组织的组建和发展工作。5月16日，潮汕新青团筹委会通过《关于公开建团的决定》，要求各地为扩大团的影响，提高群众对团的认识，应根据各地具体情况，召开会议，建立团的组织。6月15日，团中央发出通知，规定各级团工委的任命办法，要求各地迅速建立团工委，开展各地区的建团工作。7月，中共中央华南分局青妇组在河婆镇召开粤赣湘边、闽粤赣边两个地区的青年、妇女工作会议，会议传达了全国青代会和团代会精神，组织与会干部交流建团工作的经验，提高干部对青年团工作的认识。会后，青妇组以中共中央华南分局的名义向各地区党委发出电报，要求各地结合革命斗争实际建立青年团和妇女组织，动员广大青年和妇女积极地行动起来，投身迎接解放的斗争，并指定张震、孙波负责潮梅地区的建团工作，容克、徐丹华负责东江地区的建团工作。随后，潮汕新青团筹委会召开各地区以上干部会议，总结交流建团经验，纠正错误偏向，提出公开建团的必要性和发展团员的具体办法，决定在各地区迅速开展学联、青联组织工作，开办青年训练班。9月初，《潮汕青年》半月刊出版。经过艰苦的工作，部队和老游击区这两个主要建团基地终于建立起青年团。

在各地区的建团工作中，中共中央华南分局将重点放在农村和学校，建团方式通常是以党建团，有党组织基础的地方，培养一部分党员青年作为建团骨干，着手建团；在运动和团体中，注意教育，提高思想觉悟，配合建团；开设训练班，集体教育，吸收积极分子建团。步骤大致是：首先广泛宣传动员，思想酝酿，培养干部，举办学习班或训练班，吸收优秀青年或青年党员作为基础干部；其次是有重点、有步骤地向前推进，吸取经验，再普遍展开；

最后是树立典型模范，扩大影响，树立团的威信。

在各地党组织的领导下，建团工作逐步在全省范围内铺开。广东团组织多数是在地下斗争和游击战争中建立和发展起来的，这决定了其组织零星分布、分散经营，没有系统统一的领导，机构是由下向上建立的。在老游击区，团的机构都是先有了底子——3 个支部或团员，以党支部或个别党员为核心活动，然后再建立领导机构。团组织在广州解放前夕大多处于秘密状态，即使在老游击区也处于半秘密状态。

1949 年 8 月，中央组建新的中共中央华南分局，任命叶剑英为中共中央华南分局第一书记、张云逸为第二书记、方方为第三书记，广东省工作由中共中央华南分局直接领导，不另设省委领导机构。10 月 14 日，广州解放。之后，中共中央华南分局机关进驻广州。从此，广东进入人民当家作主的新时期，广东青年团组织和青年运动的发展进入新的阶段。

团一大旧址1922.5.5

第六章

投身社会主义革命和建设

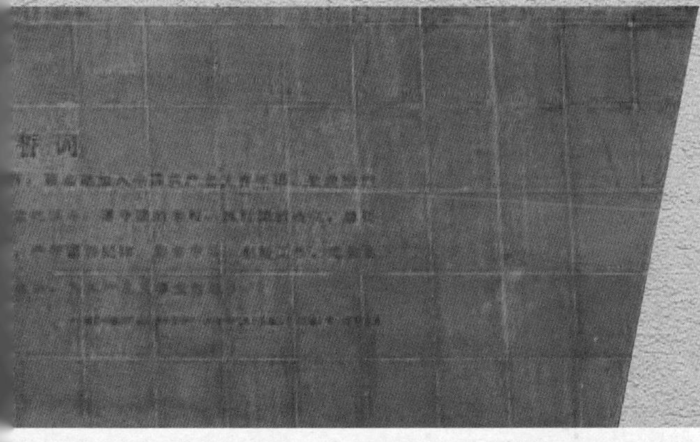

1949年10月14日，广州解放；11月4日，除了沿海岛屿及雷州半岛以外的广东陆地解放。中共中央华南分局和广东省人民政府根据中央指示精神，围绕巩固政权和恢复经济这两大中心任务，领导全省人民推动广东国民经济的全面恢复和初步发展。对个体农业、个体手工业和资本主义工商业的社会主义改造完成后，广东人民在中共中央和广东省委的领导下，贯彻党的八大精神，开始了广东社会主义建设的伟大实践，在许多领域取得了较大的成就。随着广东的解放，广东新民主主义青年团迅速恢复建立，并带领南粤青年在巩固新生人民政权、恢复社会秩序、推动社会变革中奋勇争先；在社会主义革命时期，青年团带领南粤青年积极投身“一化三改”，组建青年突击队、青年垦荒队等各种青年生产组织，激发“敢教日月换新天”的豪情壮志；在社会主义建设时期，共青团带领团员青年向科学进军、向困难进军、向荒原进军，喊出“把青春献给祖国”的响亮口号，紧紧围绕党的中心任务开展工作，为全面进行社会主义建设奋力拼搏，为国家经济发展贡献青春和力量。

第一节 新中国成立初期的广东青年团

中华人民共和国成立伊始，百废待举，经济社会亟待复苏。新成立的新民主主义青年团华南工作委员会积极响应党和政府的号召，发动、带领广大团员青年，从新中国成立初期的剿匪、清匪反霸、抗美援朝、发展生产，到全省农村普遍进行土地改革、城市民主改革，再到镇压反革命、“三反”“五反”等各项运动中冲锋陷阵，以时不我待、只争朝夕的工作精神，为广东的社会稳定及国民经济的恢复和发展作出了积极的贡献。

一、团华南工委成立后团组织的发展

1949 年 10 月 14 日，广州解放。10 月 19 日，中央人民政府委员会第三次会议决定：任命叶剑英为广东省人民政府主席兼广州市市长，方方、古大存、李章达为广东省人民政府副主席，朱光、梁广、李章达为广州市人民政府副市长。21 日，中共中央华南分局机关进驻广州。28 日，广州市人民政府正式成立。11 月 6 日，广东省人民政府正式成立。新中国成立后，广东省设珠江、东江、西江、北江、粤中、南路、兴梅、潮汕、琼崖 9 个专区，共辖 7 市 98 县。

随着广东的解放，广东各地各级青年团组织开始了恢复重建工作。10 月 25 日，广州市委决定在汉民北路 238 号（现北京路 372 号）成立中国新民主主义青年团广州市工作委员会（以下简称“团广州市工委”）。至此，广东解放后的第一个团的领导机关建立。

11 月 5 日，中共中央华南分局召开青年妇女工作会议，决定将青年工作和妇女工作分开，由黄焕秋担任青年委员会书记，陈恩、赖大超担任副书记。同日，新民主主义青年团华南工作委员会（以下简称“团华南工委”）在广州成立，由黄焕秋兼任书记。新成立的团华南工委下设秘书处、组织部、宣传部、研究室 4 个部门，辖广东、广西及海南行政区、桂北地区的青年团工作。1950 年，团华南工委增设办公室、学生部、少年儿童部 3 部门及青年出版社、华南团校。1951 年，增设青工部、青农部，研究室合并至办公室，学生部、少年儿童部合并为学生少儿部；《华南青年》报社（后改为杂志）从宣传部分出，成为单独的下属机构。1953 年，增设统战部、军事体育部。随着机构几次分并调整，团华南工委的部门及下属机构逐渐增多，机构职能体系进一步完善。团华南工委成立初期借用广州大南路公安厅的办公大楼，后迁至中山三路广东省咨议局旧址（今烈士陵园广东革命历史博物馆内），1957 年又迁往中山一路梅花村 29 号。1960 年，团广东省委机关从梅花村 29 号迁至寺贝通津二号大院，沿用至今。

团华南工委成立之初，广东省基层团组织还很不完善，全省团员人数也较少。团华南工委通过华南团校和筹办青年干部培训班培养干部，并建立团的工作小组，指导建团工作。成立不久的团广州市工委也积极发展、壮大广州市团组织。1949 年 12 月，团华南工委与团广州市工委联合举办广州市学生干部训练班；1950 年春，团广州市工委在广雅中学开办新一期学干班。这两期学习班培养、发展了一大批团员，为广州市公开建团及华南团校办学培养了一批骨干。1950 年 1 月 8 日，团广州市工委在中山纪念堂举行全市新团员入团宣誓典礼，中共中央华南分局第一书记、广州市市长叶剑英监誓。宣誓仪式之后，广州市各基层单位纷纷公开建团，在党的领导下积极开展青年工作。1950 年初，广州市还分别成立了学校、机关、企业、郊区 4 个团委，并逐步在区、县、局及市直属单位建立团组织。[1]与团广州市工委同时成立的广州市青年文工团，注重培养中小学教师中的文艺骨干，吸收进步学生参加新民主主义青年团。青年文工团的成员后又参加团华南工委工作队，赴粤中开展建团工作。在斗争中经过考验的青年教师、学生干部等被吸收入团后，相当一部分成为广州市各级团委和大中学校团委的专职干部，在后来的广州建团工作中发挥了重要作用。

从 1950 年初至 10 月，不到一年的时间里，广东的专区、市、县团工委陆续建立。海南岛解放后不久便成立了海南区团的组织机构，将其作为新民主主义青年团广东省委的派出机关。1950 年 7 月，广东省海南区党委召开第

[1] 广州市地方志编纂委员会.广州市志：群团志：卷11［M］.广州：广州出版社，2000：760.

一次青年工作会议，成立中国新民主主义青年团广东省海南区工作委员会，罗文洪任主任（1951 年 2 月后改称书记），吴乾鹏为副主任。[1]海南区党委又于 1951 年 1 月召开青年工作会议，会议指出建团工作是党重要的政治任务，必须重视和加强，并发出建团的号召。在各级党委的重视和支持下，海南各级团组织不断建立和发展，团员数量不断增多。团的干部队伍逐步扩大，成为全区开展建团工作的主要依靠和主要力量。

广东解放初期，全省的农村、工厂、学校等基层单位普遍没有建立团的基层组织。这一时期，基层建团工作随着党的中心任务和社会改革运动逐步开展。1950 年上半年，团华南工委成立华南建团工作队，队长陆文带领工作组深入佛山、江门等地的农村，协同团粤中区委探索在农村开展建团工作的经验。团华南工委另派建团工作队到东江、河源老区调查农村团组织情况。在 1950 年和 1951 年，团华南工委先后三次抽调本机关干部共 193 人（占团委干部的大多数）参加土地改革运动。1951 年 8 月，在吸收各地建团经验的基础上，团华南工委发出《关于农村土地改革运动中发动青年和发展青年团的方案的通知》，要求全省各地在土改运动中，注意挑选和培养青年积极分子；在土改后期举行短期培训班，对入团对象进行团的基本知识教育；按照团章规定的条件和手续，吸收新团员，建立农村团支部。据 1952 年底的统计数据，全省农村团员已达 15 万，80% 的乡建立了基层团支部。与此同时，团华南工委与省、广州市工会密切配合，派出干部支持团广州市工委重点做好铁路、海关、邮电等部门的建团工作；派出工作组到韶关曲仁煤矿、佛山丝织厂等重点企业，帮助当地团委结合党的中心任务开展建团工作。经过一段时间的建团工作，团的基层组织在农村、工厂、学校逐步建立并不断壮大。

团华南工委紧密结合党的中心任务和群众运动开展建团工作，不仅团的队伍不断壮大，团员的素质也普遍提高。工厂民主改革运动中吸收的团员中，不少人后来成为企业管理干部、技术骨干力量、技术革新能手或劳动模范；学校中吸收的团员，不少人后来成为党政军的骨干力量，有的则成为行业专家或出色的科技人才；农村土改运动结束后，许多在土改中吸收的团员当选

[1] 中共海南省委党史研究室. 中国共产党海南历史：第二卷 [M]. 北京：中共党史出版社，2015：79.

为乡长、村长、民兵队长或妇代会主任，成为基层工作的骨干力量。据1952年底的统计，在乡村干部中，团员和青年占60%以上。青年团队伍的壮大及素质的提高，对于巩固党在基层青年群众中的基础、确保团组织团结带领广大团员青年充分发挥生力军作用具有重要意义。

为使广大团员青年积极投身到贯彻过渡时期总路线的工作中，顺利完成社会主义改造任务，1953年4月，团华南工委召开扩大会议，讨论广东农村青年团组织协助地方党组织全力实现由改革转向生产和召开各级青年团代表大会问题。5月，中国新民主主义青年团广东省委员会成立，赖大超为第一书记。6月，中国新民主主义青年团广东省第一次代表大会在广州召开。会议正式代表317人，代表广东省20万名青年团员。团华南工委第一副书记赖大超作题为《在党的领导下，团结教育青年全面转向生产》的工作报告，大会决定并成立新民主主义青年团广东省委员会（以下简称"青年团广东省委"），与团华南工委是一套机构、两块牌子[1]。广东解放后第一次团代会的召开是广东团史上的重要里程碑，标志着广东青年团的工作进入全新的历史时期。

二、创办华南团校、广州市团校及《华南青年报》

（一）华南团校

团校是培训团干部及青少年群众组织工作者的专门学校，历来受到各级党委的重视。1949年11月5日，中共中央华南分局召开青年妇女工作会议时就提出要筹办青年干部培训班和华南团校。1950年3月，培养各专区、市、县的青年骨干和领导力量的华南团校在广州西村水厂路5号宣告成立，黄焕秋任华南团校校长，林挺任副校长。经过前期筹备，4月，华南团校第一期培训班开学典礼隆重举行，叶剑英、方方等出席，并对189名培训班学员发表重要讲话。叶剑英明确华南团校的教学方针为"学习理论，总结工作，反省思想，与劳动实践结合，为人民服务"，并鼓励团干部好好学习，转变思想，带领广大青年在党的领导下刻苦学习马克思列宁主义、毛泽东思想和科学文

[1] 中共广东省委党史研究室. 中国共产党广东历史：第二卷：1949-1978［M］. 北京：中共党史出版社，2014：135.

化技术，为建设新中国贡献青春和力量。叶剑英还亲笔为团校写下“学习与劳动结合”的题词。

1950年华南团校第二期部分教员合影

华南团校成立后，定期从各地抽调团组织的积极分子到团校进行培训，培训内容主要是“学习党的方针政策和团的基本知识，熟悉党的政策宗旨和团的工作业务”，培训结束后“学员到土地改革的实践中锻炼，然后提拔为团的干部”。团校建立后根据实际需要调整班次，除了原有的农村班、工矿班、学校团干班外，又增设来自部队的团干班，培训时间从短期逐步延长为半年或一年，课程设哲学、政治经济学、党史及团的业务四门，对应四个教研室。团校十分重视学习与劳动结合，在土改运动期间，华南团校副校长林挺带领团工委、团校的几十个干部赴惠阳、紫金、海丰、陆丰、博罗等县蹲点，针对土改运动中出现的各类风险问题及时给予对策建议，有力地配合了全省土改运动的开展。

随着机构改革的深入，1955年7月1日，中共中央华南分局与团华南工委同时撤销，保留了青年团广东省委。10月，华南团校也随之改名为广东省团校。

（二）广州市团校

华南团校成立后不久，团广州市工委协助各级团组织建立及调整机构、配备干部，并着手筹建广州市团校。1952 年 5 月，广州市团校宣告成立。市团校的成立，对加强广州市团干部教育培训的规范化和制度化建设具有重要意义。

1952 年 8 月 5 日至 9 月 10 日，广州市团校开设第一期团员、团干部培训班，培训课程分为团的基本知识、支部工作、党课、目前形势与今后团的任务 4 个单元，通过培训帮助学员提升政治素养、把握政治形势，明确中心任务。1953 年 1 月，广州市团校因故停办，后于 10 月份恢复。1954 年，广东省委第一书记陶铸到广州市团校为团干部作辅导报告。1952 年至 1956 年，广州市团校累计培训团员、团干部 2.6 万多人，学员结业后，围绕党的中心任务，在民主改革、生产改革以及基本建设中发挥了重要作用，有力推动了团的工作在广州的蓬勃开展。

（三）《华南青年报》

新中国成立初期，青年参与政治活动的热情高涨，面对新生活、新任务，急需学习新思想、新知识，以掌握省内外的政治动态及国内外形势的发展和走向。1950 年，直属于团华南工委的青年出版社营业处成立，主要发行团中央《中国青年》杂志和团华南工委机关报《华南青年报》（后改为《华南青年》），同时经销和供应有关历史、哲学、教育类书籍。部分市县的书店或团委机构，也设有青年出版社营业处的售书点。1952 年，广东开展“三反”“五反”运动，营业处进行整顿、整改，零售批发业务移交新华书店，工作人员调至财政厅、团华南工委等有关单位。1953 年初，营业处宣告关闭。

《华南青年报》创刊之初，大力宣传马克思列宁主义、毛泽东思想，宣传党的路线、方针、政策，围绕党的中心任务，对土地改革、城市民主运动、“三反”“五反”运动、抗美援朝、镇压反革命等政治运动中的优秀青年进行宣传表扬，同时对团的性质、任务、入团的手续和怎样做一个合格的团员等进行宣传，对广大青年树立正确的舆论导向起到重要作用。《华南青年报》还介绍各地的建团情况和经验，宣传表扬建团中的好人好事，对推进华南地区的建团工作起到了积极作用。

三、投身巩固新生人民政权

新中国成立初期，团华南工委贯彻党中央建团决议精神，确立了围绕党的中心任务开展青年工作的指导思想。1949 年 7 月 22 日，中共中央华南分局根据党中央发出的关于做好接管广州及其他大城市工作的指示精神，发出《加紧准备迎接南下大军的工作指示》，抽调干部做好接管广州的准备。10 月 15 日，南下工作团的云广英、李凡夫等向华南工作团、华南文工团和南方人民银行财经干部作报告，介绍了叶剑英关于北京市接管工作的经验总结，传达中共中央华南分局赣州会议关于做好接管广州工作的指示精神。19 日，南下工作团的干部队伍清晨进入广州，除一部分成员由中共中央华南分局组织部安排工作外，大部分由广州市接管委员会分配到省、市政府机关及公安、政法、文教、经济等各条战线参加接管工作。

广州解放后，团广州市工委从广州地下学联成员、团员、进步青年中挑选 1000 多人输送到市委，由市委统一分配到各机关单位从事接管和政权建设工作，参与建立和巩固城乡社会秩序的斗争。除此之外，团广州市工委还从机关和下属单位抽调 200 多名干部、从学校抽调一批地下学联成员，参与扫荡广州“剃刀门楣”[1]。青年团组织干部、团员青年共 15 000 多人走上街头，向群众宣传扫荡非法钱庄的必要性，揭露金融投机的危害。经过这次金融斗争，广州市“剃刀门楣”等非法钱庄均被查封取缔。此次金融斗争对于提高人民币信用，稳定金融秩序和市场物价，巩固政权和保障经济恢复均起到积极作用。

1950 年上半年，为确保广州等大中城市的粮食稳定供给，推动农村减租减息、清匪反霸等工作顺利进行，在省政府的部署下，各地市团工委选送机关干部中的团员青年参加下乡征粮工作队。据不完全统计，全省参加征粮的队员有 800 多人，青年占 80% 以上。征粮工作队到农村后，向农民积极宣传党的政策，夯实群众基础，发动农民开展各种斗争，圆满完成征粮任务，为保证大中城市的粮食正常供应作出积极贡献。在下乡征粮的过程中，因遭受特务、土匪武装的袭击，有些工作队队员献出了宝贵的生命。

[1] 广州解放前，广州的金融市场长期被港币控制，市内有几百家从事外汇黑市兑换的地下钱庄。市民光顾这些钱庄，无论购进还是卖出外汇都要被刮一笔。老百姓形象地称这些地下钱庄为“剃刀门楣”。

团组织积极动员广大团员青年报名参军，投身解放祖国的伟大事业。1949 年冬，解放军第二野战军第四兵团在广东解放后奉命进军西南，团华南工委、团广州市工委动员广州市大中学校 700 多名团员青年参军，为西南边疆的解放、建设作出了贡献。1950 年上半年，为支援解放军渡海解放海南岛，广东选派一批团干部到各地支前委员会工作，其中琼崖区青年团筹备委员会成员黄大仿被安排到军部做发动群众支前的工作。通过对船工及其家属的思想动员，当地数百名船工自愿支援解放军渡海作战。据统计，1.2 万名船工参与解放海南岛的支前工作，为解放军主力实施大规模登陆作战创造了极有利的条件。

抗美援朝战争爆发后，团华南工委和各级团组织积极响应党中央的号召，向团员青年宣传抗美援朝、保家卫国的道理，并协同省军区、省教育厅等单位开展招生工作。1950 年 12 月，中央人民政府革命军事委员会和政务院公布《关于招收青年学生、青年工人参加各种军事干部学校的联合决定》。团华南工委发布《告华南青年书》，号召团员青年积极响应号召，踊跃报考军事学校，报效祖国。在党团组织的广泛发动下，全省报考军事学校的青年学生共 30 433 名，批准录取 3435 名，其中青年团员 1077 名。团广州市工委动员了 2.2 万名青年报名参加抗美援朝，并选拔 3196 名青年参加军事干部学校。参军的团员青年经过军事学校的培训后，开赴抗美援朝前线，参加打击美国侵略者的斗争。1951 年，广州女青年秦桂芳作为第一位飞赴抗美援朝前线执行任务的女飞行员，被称为“新中国女飞行员一号”。各地团组织还发动团员青年踊跃捐钱购买飞机大炮，支援人民志愿军。仅广州市 70 所大中学校师生捐献的现金就达 15 亿多元人民币（旧币）。1951 年 11 月，为克服经济困难，团华南工委积极响应党中央号召，动员广大青年开展声势浩大的爱国增产节约运动，支援抗美援朝战争。

为保证社会经济活动的正常进行，青年团组织团员青年参与建设为社会生产和居民生活提供公共服务的基础设施。1950 年元旦，叶剑英在广州市元旦体育表演大会上，向全市青年发出“自己动手，义务劳动，在越秀山开辟人民的体育场”的号召，受到全场青年的热烈响应。会后，广州市副市长朱光召集团市工委、市学联、市工务局的负责人和市体育工作者代表开会，成立筹建小组，发动和组织大中学校、工厂企业、党政机关的团员青年，分批到工地参加义务劳动。1950 年 10 月在驻广州部队的共同支持下，越秀山体育场建成。建成后的体育场成为广州举办运动大会、开展体育比赛和体育活动的重要场地。

团华南工委成立后，自觉贯彻党中央、中共中央华南分局和团中央的重大决策部署，团结带领广大青年在党领导的接管城市、恢复生产、巩固治安、整顿金融、抗美援朝、“三反”“五反”等中心工作和群众运动中冲锋陷阵，在肃清反革命残余力量、摧毁封建剥削制度、建立革命新秩序、巩固社会治安和人民民主专政上贡献青春力量，为完成党的中心任务发挥了得力助手和可靠后备军的作用，为广东全面进行社会主义建设创造了有利条件。

四、推动社会变革的急先锋

新中国成立后，党面临的中心工作是巩固人民民主政权、恢复和发展国民经济。围绕党的中心工作，广东农村团组织在发动青年参加土改运动的同时，教育青年积极劳动、搞好生产，以多生产粮食的实际行动，支援解放军保卫国家，支持中国人民志愿军打击美国侵略者；城市团组织则在工矿企业中肃清封建势力与反革命分子，废除不合理的旧制度，建立新制度，牢固树立工人阶级的领导权。

广东土改运动开始后，团华南工委要求各级团委以土改为中心任务，集中干部力量，动员广大团员青年投身土改运动，当好党的助手。1951 年，团华南工委以中共中央华南分局的名义先后发出《关于在退租退押、清匪反霸运动中，发动青年，整顿青年团组织的指示》及《关于在土地改革第二阶段中发动青年与整顿发展青年团组织的指示》，将准备开展土改运动和正在开展土改运动地区的团的工作，向各级党委、团委作了具体的指导和部署。4 月，团华南工委召开广东省 11 个土改县的团委书记和全省团地委书记会议，研究和部署土改运动中团的工作，提出要以搞好土地改革作为全省团工作的纲，全力发动青年农民和全体农民一道完成土地改革任务。8 月，团华南工委召开广东省团地委书记会议，制定 1951 年下半年团的工作计划，提出要以土地改革为中心做好团的工作。

1950 年至 1951 年，团华南工委先后抽调三批本机关干部参加土改运动，华南团校全部学员学习土改政策，参加土改运动。团省委领导也分头带领团干部到各地参加土改，探索发动广大青年参加土改运动、开展团工作的经验。1952年3月，青年团海南区工作委员会制定了《一九五二年工作计划》，动员全团积极参加土改运动，参加垦殖橡胶运动和增产节约运动。经过土改运动的教育锻炼，结合开展整团建团工作，农村青年的政治觉悟大大提高，农村基层政权得到巩固，青年团的队伍也得到发展壮大。1953年4月，广东宣布全省农村土地改革胜利完成，延续两千多年的封建土地所有制在南粤大地被彻底废除，广大农民在政治上、经济上彻底翻身，极大地解放和发展了农村生产力。

实行新民主主义的婚姻制度是新中国成立初期社会民主改革的一项重要内容。1950年4月，中央人民政府颁布了新中国第一部法律《中华人民共和国婚姻法》（以下简称《婚姻法》）。为宣传贯彻《婚姻法》、破除封建婚姻制度和巩固新生的人民民主政权，广东青年团积极配合政府开展《婚姻法》宣传，各专区、市、县抽出专职青年团干部参加组织工作，在全社会特别是在青年中广泛开展《婚姻法》的宣传，并根据男女青年及老中青等不同特点组织不同形式的座谈会，揭露旧的婚姻习俗对青年人的危害，取得了显著的成效。

为鼓励民众积极参加体育锻炼，新中国成立初期，"准备劳动与卫国体育制度"（以下简称"劳卫制"）从苏联被引进。1950年10月，团华南工委书记黄焕秋向中共中央华南分局常委会汇报中国青年代表团访问苏联的活动情况，建议在大中学校开展"劳卫制"。叶剑英作出由青年团负责体育工作的决定，并要求各级党委亲自抓青少年的体育锻炼。根据叶剑英的指示和团中央的部署，团华南工委成立了军事体育部，各级团委也成立军事体育工作机构，基层团组织增设了军体委员。1953年9月11日，在党的领导和各级团委的组织发动下，团省委、省体委、省教育厅联合发出通知，推行"劳卫制"预备级，在全省大中学校普遍开展。"劳卫制"后改称"体育锻炼标准"（即目前《国家体育锻炼标准》），对促进学生体质健康发展、激励学生积极进行体育锻炼产生了深远影响。

广东各级党团组织十分重视青少年的健康成长，新中国成立初期便为青少年建立了青年文化宫、少年儿童宫等青少年活动场所。1951 年，广州市青年文化宫于广州市北京路 312 号成立；1952 年 6 月 1 日，由团华南工委、团广州市工委等 4 个单位联合创办的广州市少年儿童宫举行开幕典礼，这也是新中国第一所少年儿童宫。此后，青年文化宫、少年儿童宫的软硬件设施不断完善，极大地满足了广州市青少年学习、娱乐、健身和个性特长发展的需要，对促进青少年校外教育发挥了极大的助力作用。

增产节约运动是党恢复发展经济的一项重要举措和方针。在增产节约运动中，广东各级团组织认真贯彻青年团中央一届二中全会《关于开展增产节约运动的决议》，发动青年学习先进的生产技术，推广先进的生产经验，积极创造发明，提出合理化建议，参加劳动竞赛。各城市团组织协同工会组织青年开展“爱国生产劳动竞赛”和技术革新运动。据广州市总工会 1952 年底的统计，全市先后举办业余职工学校 185 间，参加学员 40 327 人，其中青年占 90% 以上。团组织还动员青年向老工人学习技术，签订“师徒合同”，不少工厂车间出现了尊师爱徒、帮教帮学的新气象，为恢复和发展国民经济起到重要的作用，同时也为发展工农业、开展各项民主改革创造了条件。

新中国成立初期，中共中央华南分局注意引导青年团做好青年外事和青年统一战线工作。1950 年 5 月 12 日至 15 日，应团中央邀请，以列宁共青团中央书记米哈依洛夫为团长的苏联青年代表团抵穗参观。5 月 13 日至 16 日，国际学生联合会参观访问团抵穗参观。10 月，由 10 个国家青年代表组成的世界民主青年联盟代表团参访广州。10 月 9 日下午，广州市各界人士及青年 10 万人在越秀山体育场举行欢迎世青代表团的群众大会。随后，代表团参观工厂，与工人代表和解放海南岛的战斗英雄代表座谈。各项参观访问活动开拓了中外青年的国际视野，增进了相互了解和认知，在国际青年中产生了良好的影响。

第二节 在社会主义改造中奋勇争先

经过三年多的艰苦奋斗，新中国成立前广东遭到严重破坏的国民经济全面恢复，并得到初步发展。青年团组织紧紧围绕党的中心任务，根据青年的特点，开展独立活动，积极开展宣传教育，带领广东青年积极参加“一化三改”。青年踊跃投身垦荒建农场、修水利建水库、建电站，组织互助组、初级农业生产合作社、高级社等建设，为恢复和发展工农业生产作出贡献。

一、学习宣传过渡时期的总路线

在中共中央华南分局的亲切关怀和团华南工委的直接指导下，广东陆续召开了广东省第一次青年代表大会与新民主主义青年团广东省第二次代表大会。两次大会是在我国“一五”时期召开的，大会动员全省团员青年积极投身实现过渡时期的总路线的目标以及完成党在第一个五年计划中的任务。

（一）广东省第一次青年代表大会

1954 年 5 月 4 日至 11 日，广东省第一次青年代表大会在华南团校召开，274 名青年代表出席会议。中共中央华南分局代理书记陶铸向大会作题为《怎样更好地培养青年一代》的报告，青年团广东省委第一书记孟宪德在会上作题为《全省青年团结起来，为实现过渡时期的总路线而斗争》的工作报告。大会通过广东省民主青年联合会章程并成立广东省民主青年联合会。中共中央华南分局相关领导致贺词，充分肯定广东青年几年来在各项工作中所取得的辉煌成绩，号召广东青年在党的领导下，为实现国家社会主义工业化和各项社会主义改造任务而奋斗。

（二）新民主主义青年团广东省第二次代表大会

自第一次团代表大会以来，广东省团的工作取得了显著的成绩。全省广大团员青年积极参加社会主义改造和各项建设事业，充分发挥了青年突击队的作用。许多团员青年的社会主义政治觉悟有了显著的提高。

1956 年 8 月 30 日至 9 月 8 日，中国新民主主义青年团广东省第二次代表大会在广州召开，会议正式代表 586 名，代表广东省 96.5 万名团员。大会通过团省委书记田心作的题为《更好地发挥全省青年的积极性，为建设社会主义的新广东而奋斗》的工作报告，报告高度评价青年团的工作成绩，也对青年团建设社会主义新广东的工作提出了明确要求，为青年指明了前进方向。

1956 年 8 月 30 日至 9 月 8 日，中国新民主主义青年团广东省第二次代表大会在广州召开

（三）开展宣传教育活动

1953 年 9 月，中共中央确立过渡时期总路线，即："要在一个相当长的时期内，逐步实现国家的社会主义工业化，并逐步实现国家对农业、手工业和对资本主义工商业的社会主义改造。" 12 月，中共中央宣传部发布了《为动员一切力量把我国建设成为一个伟大的社会主义国家而斗争——关于党在过渡时期总路线的学习和宣传提纲》。1953 年冬，新民主主义青年团中央发出《关于学习和宣传国家在过渡时期总路线的指示》，在全国掀起学习、宣传、贯彻党在过渡时期总路线的浪潮。

广东各级团组织响应党中央号召，根据团中央指示，迅速在团员青年中广泛开展学习和宣传活动：一是通过组织团干部和团员参加党所召开的各种会议或培训班，接受统一教育；二是根据自身的特点组织活动，如单独讨论自己关心的一些问题，听取模范人物的报告，帮助青年全面理解过渡时期总路线的内容和基本精神。此外，各级团组织还通过真人真事分享和亲身体验，从政治上翻身、经济上好转、文化上提高、婚姻上自由等方面进行回忆对比，划清劳动与剥削的界限，坚定了青年走社会主义道路、投身贯彻过渡时期总路线的决心。

各地党组织还将过渡时期总路线的宣传教育活动推向政府机关、国营企业、中等以上学校以及各民主党派和人民团体。青年团是领导青年学习的主要力量，在青年群体中开展学习宣传主要有两方面：一方面，在高校思想政治课程中突出总路线和社会主义过渡理论的内容；另一方面，各地团组织结合生产实践，通过团校、团的报刊等途径进行有针对性的宣传教育。华南团校在这一时期的青年干部培训班中就将总路线或政治经济学作为主要学习内容。截至 1953 年 12 月，全省 15 万名团员骨干分子通过会议的形式就总路线的基本精神接受了培训。各地团员青年除参加各种统一的学习宣传活动外，还以多种形式向人民群众宣传，如通过举行报告会，向文化教育、新闻出版、科学技术、医药卫生工作者宣传总路线。

1955 年 5 月，为深入贯彻落实过渡时期总路线的精神，新民主主义青年团中央第一书记胡耀邦到广州检查工作，在中山纪念堂向五千名高等学校学生和机关、工厂青年作题为《祖国需要怎样的青年》的报告。胡耀邦提出，国家在向社会主义前进，祖国需要“五个要有”的青年：一是要有实在的本领，二是要有高尚的道德，三是要有坚强的体质，四是要有优良的性格，五是要有旺盛的乐观主义精神。这次报告对当时广大青年继续深入贯彻总路线的学习和宣传及青年团的工作起到重要的指导作用。

总路线宣传活动不仅提高了青年的社会主义觉悟，鼓励和引导青年积极投入到社会主义现代化建设中去，也使广大青年认识到国家工业化的重要意义，认识到社会主义改造和国家工业化的关系，明确了前进的方向。

过渡时期总路线的提出及对其的学习宣传，使党和国家的工作全面转向动员一切力量为把我国建设成为一个伟大的社会主义国家而奋斗的新阶段。总路线的学习和宣传取得了较好的效果，提升了广大青年的理论水平和政治觉悟。

二、“一化三改”中的青年力量

1953 年，为贯彻落实党在过渡时期总路线，青年团带领广大团员青年积极参加国家的社会主义工业化和对农业、手工业、资本主义工商业的社会主义改造（以下简称“一化三改”），有力地配合了党和政府的中心工作。

广东宣布全省农村的土地改革基本结束后，遵照党中央的指示，积极将全省农民引导到农村生产合作化上来。从 1953 年冬开始，中共中央华南分局按照中共中央部署试办初级农业生产合作社。广大青年发挥先锋突击作用，积极投身轰轰烈烈的农业生产建设，推动农业合作社建设在全省全面开展。

（一）“最积极、最有生气的力量”

在广东试办初级农业生产合作社的一年多里，随着以互助合作为中心的农业生产运动的开展，农村中已经有 90% 的青年团员参加了互助合作组织。其中，有 40% 的团员担任了农业生产互助合作组织的领导职务，成为互助合作组织的骨干分子。团员青年在发展和巩固农业生产合作组织、推广先进生产经验技术和对抗自然灾害的斗争中，充分发挥青年力量，促进农业生产的发展。

为提前和超额完成第一个五年计划的农业增产目标，全省掀起了一场声势浩大的农业增产竞赛运动。在这一浪潮中，中山县新平乡（今中山市民众街道新平村）的 10 个农村青年生产队积极响应广东省委关于开展农业增产社会主义竞赛运动的号召。在中山县第二次农村青年社会主义建设积极分子大会上，有 57 个农村青年生产队和 658 个正在建立中的青年生产队报名参加了竞赛。全省农村青年生产队、青年突击队和广大农村青年迅速投入农业增产竞赛运动，在农村中掀起一个向大面积高额增产目标进军的高潮。

自 1955 年全国掀起农业合作化高潮以来，团华南工委倡议各地青年团组织高小、初中毕业生回乡参加农业劳动，参加互助合作的组织工作。广大团员青年积极参加社会主义改造和建设，广东省 700 万农村青年成为农业增产竞赛运动中一支生机勃勃的突击力量。在合作化运动中，农村青年突击队纷纷投入备耕工作中。据不完全统计，遂溪等 5 个县的 2644 支突击队 63 379 人在备耕运动中，积肥 11.8 亿多斤（1 斤为 500 克）；其中 779 支队开荒 11 937 亩，865 支队打“青年井”1194 眼，167 支队挖稻根 2006 亩。

青年团通过组织和建立各种青年生产组织，充分发挥了青年的突击和先锋模范作用，适应了社会主义建设的需要。1955 年 7 月，广东省青年社会主义建设积极分子代表大会在广州召开，对广大团员青年在各项工作中取得的优异成绩进行表彰，各行各业青年受到极大的鼓舞。截至 1956 年底，全省农村中已经有98%的团员和90%的青年参加了农业生产合作社；122万多名农村青年组织起各种形式的青年突击队5.7万多支；青年生产队9700支，队员23万名。在全省基本实现农业合作化后，农村青年都参加了农业生产合作社，他们在与自然灾害作斗争和突破农业生产薄弱环节中勇挑重担，发挥了突击队作用。

（二）工业战线的生力军

新中国成立初期，手工业在广东国民经济中占有重要地位。1950年11月，广东省最先在棉织、针织、农具等行业试办手工业合作社，这一举措极大激发了广大个体手工业者的积极性。广大青年投身于技术革新工作，提高工作效率，努力成为工业战线的生力军。

抗美援朝战争期间，汕头农业机械厂根据战场的需要，承担制造喷雾器的任务。在1954年3月到1956年4月期间，机械厂青年团员罗木命克服身体缺陷带来的不便和工作上的困难，共改进和创造大小工具和操作方法30种，解决了工业生产中的许多关键问题。罗木命凭借优异的成绩，先后被评为广东省特等劳动模范、广东省优秀青年团员、广东省和全国的青年社会主义建设积极分子。1955年，罗木命出席全国青年社会主义建设积极分子大会，受到周恩来、陈云的嘉勉。罗木命以崇高的奉献精神成为全国青年在社会主义建设中的一面旗帜。

1954年6月开始，广东一些厂矿企业和基建部门为重点培养青年技术骨干、建立一批先进班组或青年突击队，开展劳动竞赛。先进班组或青年突击队的工作业绩主要表现在：一是突破定额，完成或超额完成生产任务。湛江市6支青年突击队、汕头市三四三工地的7支突击队、粤北区12个青年先进班组，以及粤东区营建工程青年木工刘映芝，在完成主要工程任务中均突破劳动定额，超额完成任务。“一五”期间，全省各地基建工地的青年突击队就有1000支，参加人数达10 000人。二是节约原材料，提高产品质量。顺德县青年先进班组改进缫折生产，将蚀丝变为赚丝，提高了生产质量。汕头市公元摄影化学厂李木强小组，积极提出合理化建议，为国家节约了生产开支；在反浪费斗争中，青年先进班组和青年突击队的成员带头参加青年节约队，为国家节约了大量开支。三是带头学习和推广先进经验，推动劳动竞赛。粤北潭岭矿场青年组创造“快速上砂法”，清远民兴火柴厂青年组带头推广先进“入柴法”，龙江丝厂青年先进班组带头学习“定粒配满”操作法，均普遍提高工效。[1]公私合营的广州第二纺织厂青年女工周芬在1954年创造筒子纱落纱新工作法，也极大提高了机械利用率及产量。

广州第二纺织厂青年女工周芬（右）在指导生产操作

1956年5月29日上午，毛泽东在杨尚昆、罗瑞卿、陶铸等人陪同下视察广州造纸厂。毛泽东指出，为了建设社会主义，要注意点滴节约，充分利用木材，要多培养工人阶级的力量。他还和磨木车间团支部书记亲切交谈，一起翻阅值班长的记录簿。领导人对青年工作的关心大大激发了广东青年的劳动热情和创造性，鼓舞着无数青年为共产主义事业献身。

（三）协助对资本主义工商业的改造

在社会主义改造时期，工商界青年积极分子“是资产阶级中一支最激进、最积极的力量。他们不仅自己首先带头参加了改造，而且还说服父兄，推动其他同行进行改造”，是“分化和争取资产阶级的较易突破的环节”。1955

[1] 广东省地方志编纂委员会. 广东省志：青年工作志［M］. 广州：广东人民出版社，2007：114.

年11月底，广东省委成立对资本主义工商业改造领导小组。1956年1月18日，省委发出《关于加速资本主义工商业改造，加强领导，迎接运动全面高潮的紧急指示》，强调在1956年上半年完成全省的资本主义工商业改造工作。在私营企业中，青年是监督和改造资本主义企业的重要力量。广东省根据公私合营的需要，组织了青年突击队和监督小组，积极投身于企业的生产改造。青年白天坚持工作，晚上清产核资，为实现公私合营作出了贡献。1956年初，有1400多名工商界青年积极分子参加了突击队。[1]他们协助党和政府执行各项政策，逐渐形成了一个相对稳定的工商界青年积极分子群体。

青年团还协助党组织开展青年资本家的自我学习和改造以及对资本家子女的教育活动。与此同时，为使全社会尊重和认同工商界青年积极分子，《广州青年报》向全社会宣传不应将工商界青年拒之门外，号召工商界青年跟祖国一道向社会主义前进。青年团对工商界青年积极分子有很大的吸引力，廖承志在全国工商界青年积极分子大会上明确指出，只要“完全放弃了剥削”，并具备其他的入团条件，工商界青年可以加入团组织。1956年底，广州市就有19名工商界青年积极分子加入了青年团，团组织在团结教育青年的作用方面显著增强。

1956年，广东第一个五年计划顺利进行，三大改造基本完成，全省社会主义经济成分急剧增长，国营经济领导地位明显增强，已经形成了以公有制为主体的社会主义经济。至此，社会主义基本制度在南粤大地建立，广东省开始在社会主义道路上向前迈进。

三、青年突击队和青年志愿垦荒队

新中国成立初期，在中共中央华南分局对青年团的工作指示中，叶剑英就强调要围绕党的中心任务开展工作，同时要求团组织结合青年特点开展活动。在社会主义过渡时期，团华南工委按照中共中央华南分局要求，根据实践不断探索新的工作方法，动员广大青年建立青年突击队和青年志愿垦荒队，大力发展农业、增加粮食产量；建立青年节约队，开展爱国增产节约运动；

[1] 共青团广州市委员会，广州市档案馆，广州青年运动史研究委员会. 广州青年工作档案资料选编：1954—1956 [G]. 广州：共青团广州市委员会，2009：309.

建立青年扫盲队，参与和组织领导扫除文盲运动；建立青年造林突击队，开展植树造林活动。广东各条工作战线纷纷组织起青年突击队，广东青年工作呈现出生动活泼的局面。

（一）毛泽东盛赞中山青年突击队

1954 年，中国第一支青年突击队——木工青年突击队在北京成立。受此影响，广东各地青年突击队如雨后春笋般发展起来。1955 年，中山县新平乡第九农业生产合作社团小组在春耕热潮时，倡议并发动 36 名青年组成一支青年突击队。突击队主动承担备耕积肥重任，提高粮食产量；创造“倒缩取泥”的方法，加快大田入泥工作的进度；在开展科学种田活动中，主动承担消灭病虫害和合理密植的科学实验活动。青年突击队提高了劳动生产率，推动了劳动竞赛，增强了青年生产劳动的自觉性，在中山县的农业生产中取得了良好的效果。

1955 年夏天，中山县青年突击队代表梁碧南在团粤中区工委第一届青年代表大会上汇报工作经验，引起团省委的重视。此时，恰逢团中央到广东检查工作。团省委汇报了粤中区党委对青年突击队作出评价：“党委为领导，老农做参谋，青年打先锋。”团中央明确指出：“青年突击队的做法，是调动青年社会主义建设积极性的好形式，可以在全省、全国总结推广。”

根据团中央指示，团省委总结了青年突击队的做法，写成题为《中山县新平乡第九农业生产合作社的青年突击队》的调查报告，并将其刊登于团华南工委机关刊物《华南青年》第十六期。1955 年下半年，中共中央要求各地总结、选送一批农村工作的经验文章，团省委报送了《中山县新平乡第九农业生产合作社的青年突击队》一文。1955 年 12 月，该文被收录在中共中央办公厅选编的《中国农村的社会主义高潮》一书中，毛泽东为该文写下按语：

> 这一篇很好，可作各地参考。青年是整个社会力量中的一部分最积极最有生气的力量。他们最肯学习，最少保守思想，在社会主义时代尤其是这样。希望各地的党组织，协同青年团组织，注意研究如何特别发挥青年人的力量，不要将他们一般看待，抹杀了他们的特点。当然青年人必须向老年人和成年人学习，要尽量争取在老年人和成年人同意之下

去做各种有益的活动。老年人和成年人的保守思想是比较多的，他们往往压抑青年人的进步活动，要在青年人作出了成绩以后他们才心服，本文就是很好地描写了这种情况。对于保守思想当然是不应当妥协的，那末好罢，就来试试看，成绩出来了，他们也就同意了。[1]

毛泽东给予广东青年突击队高度评价，这是他在社会主义建设时期对青年工作写下的一篇短文，极大地激发了全省青年的劳动热情。

1960 年 8 月，中山县新平乡一大队青年突击队队员在田间地头重温毛主席写的按语

（二）青年志愿垦荒队

青年志愿垦荒活动是社会主义改造时期青年团领导的以垦荒、移民、扩大耕地、增加粮食为主要内容的活动。随着国家建设的全面展开，人们对粮食和农产品的需求量大幅增加。1955 年 7 月 1 日，团中央向团华南工委、团各省委市委发出了《关于组织青年参加边疆建设问题的一些意见》，提出青

[1] 中共中央办公厅. 中国农村的社会主义高潮：下 [G]. 北京：人民出版社，1956：959.

年团在这方面应起积极的突击队作用，并要求“动员一部分城市中未升学的初中、高小毕业生及其他失业青年参加垦荒工作”。在团中央的号召下，全国迅速掀起了垦荒热潮。

广东青年团先后组织了多支青年志愿垦荒队，在本地区或外地开展垦荒活动。1955 年 10 月，团广州市委批转了董志伟、许章等五名青年组成的广州青年志愿垦荒队到海南岛垦荒的倡议，引起强烈反响。12 月 6 日，广州市青年志愿垦荒第一队出发前往海南岛垦荒。

1955 年，广州市青年志愿垦荒第一队成立，并举行授旗仪式

1956 年 3 月，乐昌县组织 64 名青年垦荒队员，赴沿溪山开垦种茶。青年发扬愚公移山精神，在海拔 1000 多米的高山上，开山劈岭，艰苦奋斗 9 年多，建成一个以茶为主、多种作物综合经营的茶庄。1962 年，《人民日报》《中国青年报》在头版报道了沿溪山茶农垦荒种茶的事迹。1964 年 6 月，沿溪山茶场团支部书记赵国荀出席共青团第九次全国代表大会，并受到毛泽东等党和国家领导人的亲切接见。中南局第一书记陶铸曾三次来到乐昌沿溪山，指示要认真促进乐昌的茶叶产业发展。青年垦荒队队员充分利用沿溪山得天独厚的种茶地理环境开垦种茶，促进了乐昌白毛茶产业的发展，造福了当地百姓。

截至1956年，广东省动员城镇闲散人员及知识青年6.35万人到海南、新疆、青海等省内外边远地区参加垦荒工作。青年志愿垦荒队克服困难、坚定信念、艰苦奋斗，在开荒中发挥了模范带头作用。他们以高度的热情建设社会主义，用自己的双手在荒凉的地方开垦新地，为国家农业发展、粮食增产作出了巨大的贡献。

（三）青年节约队

20世纪50年代，广东省企业团组织发动广大团员和青年职工积极投入增产节约运动，组建或设立适应青年特点的青年班组、青年监督岗、青年突击队、青年突击能手，鼓励青年为社会主义建设建功立业，广泛地学习和发扬“见荣誉就让，见困难就上，见先进就学，见后进就帮”的崇高风尚。

1954年开始，团广州市东山区（后并入越秀区）委组织青年广泛参与增产节约、除“四害”（鼠、蚊、蝇、麻雀）等工作。据不完全统计，广州等8市2县7大厂矿青年团组织中，从1956年下半年至1957年，共建立了各类青年节约队452支。青年节约队还经常举办大型活动，一年回收废铁696吨及价值达58 247元的废旧材料。在江门市的12个厂矿企业中，参加青年节约队活动的有888人，回收废钢铁和节约原材料价值达11 969元。在增产节约运动中，团省委协助各地设立青年监督岗。据统计，截至1957年，广州等8市2县7大厂矿青年团组织，共建青年监督岗670个。“比先进、学先进、赶先进、帮后进、超先进”的热潮蓬勃兴起，广大青年的劳动热情和增产节约的积极性得到激发。

四、加强青少年文化建设

读书和看报可以增加青年的知识储备，丰富青年的业余文化生活，提高青年的文化水平。在20世纪50年代，团省委就积极组织和指导青年开展读书看报活动，不仅鼓励有条件的城乡团组织和团员青年集体订阅《中国青年》《中国青年报》《华南青年》《广州青年》等报刊，协助有关部门研究制定青年所需要的通俗读物的出版和发行计划，组织、鼓励和协助有关方面的作者为青年编写读物，还要求各级团组织及时把青年喜爱的读物和需求向上级团组织反映。除此之外，青年团组织还加强与图书馆的联系和合作，帮助建立和扩大城乡图书馆（室），推举团员青年担任管理工作，建立完善图书馆的规章制度，添备新书。[1]这一时期，青少年课外阅读量进一步增加，校外活动空间也得到进一步拓宽。

各级团组织还经常向青年推荐优秀读物和组织介绍读书经验的活动。《华南青年》《广州青年》等刊物经常开展好书评选和阅读指导活动，青年团还组织通俗读物下乡活动和指导青年阅读，发起“城市青年赠送农村青年一本书”活动，帮助农村青年进行文化学习。据统计，湛江、阳江等10个县市中，城镇青年共赠书15.7万本，帮助农村青年建立图书室、流动书摊；开办夜校1161间，参加学习人数达29 920人，其中60%以上是青年。在引导青年读书方面，团省委坚持向农村青年定期介绍和推荐工农通俗读物，在暑假、寒假与教育部门联合介绍假期读物，利用报刊指导阅读。青年团基层组织还发动图书室管理员主动向青年读者介绍好书，发动青年读书，利用各种方式提高青年的读书兴趣。

为配合读书活动的开展，团省委还与省文化厅合作，建立和管理农村小型图书室，力求做到每一间图书室有一定数量的图书和报刊、有固定的场所、有专人管理。同时在工矿企业中要求青年团组织发动赠书活动，用青年集体义务劳动所得购买图书、订阅报纸，选派优秀的团员青年在工矿企业中担任图书管理员。除此之外，团省委还制定报刊发行工作计划，引导青年积极订阅团报团刊，筑牢思想舆论阵地。

为了更好指导农村青年和节约成本，1955年10月3日，团华南工委机关刊物《华南青年》杂志改为报纸《广东青年报》，并由陶铸题写报名。8月，团省委接办《新儿童》杂志。团省委的内部刊物《团的工作》不定期发行，介绍团的各项工作。与《华南青年》半月刊不同的是，《广东青年报》为周报、四版，每期发行约1万份，偏向农村报道，主要读者对象为广大农村青年，为青年传播各种科学知识。

团省委还发动团员、少先队员和广大青少年以自愿为原则组织个人或集体订阅团报团刊，加深对广东经济社会发展的了解。1956年2月24日，团省

[1] 广东省地方志编纂委员会. 广东省志：青年工作志［M］. 广州：广东人民出版社，2007：155–156.

委作出《关于做好〈广东青年报〉〈新儿童〉的发行、通讯和读报工作的决定》，规定青年团地、县、区工委机关至少订《广东青年报》《新儿童》各一份，青年团县、区委干部每人订一份《广东青年报》，每所小学、每个少先队的中队订一份《新儿童》，每个文化馆（站）、俱乐部、图书室应有《广东青年报》和《新儿童》陈列。

随着少年儿童事业的蓬勃发展，少先队的组织基础也在不断完善。第二次全国少年儿童工作会议召开之后，广东省少先队员发展到1.5万多人，相比1953年增加3倍以上，并有了一支700多人的辅导员队伍，过去广东少先队组织基础十分薄弱的状况开始改变。1955年2月，团省委在《关于进一步开展少年儿童工作的意见》中指出，新建队的学校应首先建立建队委员会，建队委员会由行政人员和教师组成，委任准备聘请为总辅导员的教师为建队委员会主任。1955年，全省各地中小学开展读书活动，共建小图书馆（室、角）16 986个，共计藏书3 443 734册。大量新建图书馆和丰富的藏书，为少年儿童茁壮成长创造了有利的条件。

第三节 紧跟党探索社会主义建设道路

社会主义改造基本完成后，中国共产党开始探索符合中国国情的社会主义建设道路。作为党的得力助手，广东共青团带领广大团员青年积极地投入社会主义建设的各项事业中，争做社会主义建设的突击队和战胜艰难险阻的生力军，在探索社会主义建设道路过程中积累了宝贵经验。

一、青年团改名与青年工作的加强

在社会主义建设道路的探索中，广东共青团在党的领导下，在各条战线上发挥了积极作用，经受了广泛而深刻的锻炼和教育。广东省委根据形势发展的需要，对青年团及时给予指导。1956 年 11 月 2 日，省委在《关于改进和加强各级党委对青年团的领导的指示》中指出，党对团的领导方法是在方针政策上、团的工作方向上及时给予指示，过多地抽调团的专职干部去做中心工作和其他工作，使青年团没有足够时间进行业务工作的做法是错误的。各级党委应该注意到青年团组织的自身特点，加强党对团的思想政治领导，善于发挥青年团组织的先锋作用。广东省委的指示充分认识到青年团的特点，明确了党对团的领导方法，成为新阶段广东青年团开展青年工作的重要依据。

由于新民主主义革命在我国绝大部分地区已经完成，社会主义革命也已经取得决定性胜利，1957 年 5 月，中国新民主主义青年团第三次全国代表大会通过了《关于将中国新民主主义青年团改名为中国共产主义青年团的决议》。同月，新民主主义青年团广东省委员会改名为中国共产主义青年团广东省委员会。为积极配合党的工作，探索社会主义建设道路，广东陆续召开了共青团广东省第三、第四次代表大会。

（一）共青团广东省第三、第四次代表大会

为团结广大青年加快推进社会主义建设，1961 年 11 月 14 日至 29 日，共青团广东省第三次代表大会在广州召开。参会代表共 800 多名，代表全省 114 万名团员。大会通过团省委代理书记黄大仿作的题为《高举三面红旗，动员和团结全省青年，夺取新的更大的胜利》的工作报告，会议总结了五年来全省共青团的工作，提出了广东团组织今后的任务。

为动员广大团员青年夺取社会主义建设的新胜利，1963 年 8 月 19 日至 31 日，共青团广东省第四次代表大会在广州召开。参会代表共 510 余人，代表全省 90 多万名团员。团省委书记黄大仿代表共青团广东省第三届委员会向大会作题为《高举毛泽东思想的伟大旗帜，把青年一代培养成坚强的共产主义接班人》的报告，为广东团组织在今后的生产斗争和科学实验等方面指明了方向。

（二）青年工作的加强

随着广东国民经济的全面恢复和初步发展，青年工作步入正轨，团的组织机构设置也不断调整和完善。1956 年 3 月，青年团广东省委下设机构调整为办公室、组织部、宣传部、青工部、青农部、学校部、统战部 7 个部门。

1958年，共青团广东省委机构精简为办公室、组织部、宣传部、学校部4个部门。1959年，恢复青工部。1960年1月，恢复军事体育部。至1961年11月，共青团广东省委下设机构为办公室、组织部、宣传部、青工部、学校部、少先队工作部、统战部7个部门。

1956年11月14日，广东省第二次青年代表大会在广州召开，315名青年代表出席会议。会议审议通过《两年来的工作情况和今冬明春的任务》的工作报告。田心当选为主席，黄大仿等7人为副主席。本次大会对青年在国民经济发展和社会主义改造中的重要贡献进行了总结，为新阶段青年工作指明了前进方向。

1965年5月20日至24日，广东省第三次青年代表大会在广州召开，150名青年代表出席会议。团省委副书记赖诗逸在会上作题为《全省青年团结起来，坚决走社会主义道路》的工作报告。会议传达全国青联四届二次会议精神，确定省青联的工作任务，修改省青联章程，选出新的省青联领导机构，黄大仿当选为省青联主席，赖诗逸等10人为副主席。大会为青年树立了明确的政治方向，要求青年坚决走社会主义道路，团结起来为社会主义革命和建设事业的发展作贡献。

1965年8月13日，广东省学生联合会第三次代表大会在广州召开。团省委书记黄大仿作了题为《高举毛泽东思想红旗，为革命而奋发学习》的发言。会议成立了广东省学生联合会，推选林维庆为省学联主席，卓凤仪等11人为副主席。大会号召广大学生努力学习，成为有社会主义觉悟的有文化的劳动者。

党和政府一直以来高度重视青少年的培养教育工作。1956年2月2日，广东省扫盲工作会议提出一系列的扫盲计划与要求。为配合扫盲计划，各地厂矿、企业、乡村纷纷建立起图书室、娱乐室、青年之家等青年文化活动场所。1965年2月22日，省委批转团省委《关于做好农村“四清”运动中青年工作的意见》中，提出在“四清”运动中应大力加强青年工作，按革命事业接班人的要求培养和教育青年，这不仅是搞好运动的保证，而且是巩固运动成果的保证。5月14日和8月15日，省委分别批转团省委《关于在农村建立少年和儿童组织的请示报告》和《关于贯彻执行中央关于把青少年组织起来，把基层工作活跃起来的请示报告》，要求各地农村逐步建立青年群众组织，建立共产主义少年团、儿童团，加强对青少年组织的领导和教育工作，加强团的基层建设。在党和政府的关心关怀下，广东的青少年阵地和基层组织逐步建立起来。

自 1949 年中国少年先锋队（以下简称“少先队”）成立以来，在团省委的领导下，广东少先队的组织建设、队伍建设、阵地建设、机制建设持续得到完善。为充分发挥少先队组织的重要引领作用，1959 年 11 月 2 日，中国少年先锋队广东省第一次代表大会在广州召开。广东的青少年阵地也逐步增加。据不完全统计，截至 1960 年 2 月，广东省少年宫、少年之家、小俱乐部等校外活动场所达 2000 多间，通过小队之家、校外学习小组等形式将少年儿童组织起来，丰富拓展校外活动。作为少先队员的亲密朋友和指导者，广东各级团组织选派思想进步、作风正派、知识丰富、热爱少年儿童的教师以及各条战线的先进人物担任少先队辅导员，指定少先队辅导员负责管理少先队工作，并注重对少先队辅导员进行培训。1963 年 7 月，团省委与省教育厅联合发出《关于今年暑假训练少先队辅导员的意见》，要求各地用 5 ～ 15 天时间对辅导员进行培训。少先队辅导员制度的建立，对于加强党的少年儿童思想政治工作具有重要意义。

20 世纪 60 年代的广州市少年宫

在党和团的领导下，农村的少年儿童组织也逐步完善。1965 年 5 月，省委批转团省委《关于在农村建立少年和儿童组织的请示报告》指出，在农村要积极地、有步骤地按行政村（即生产大队）建立少年儿童组织，分别建立共产主义少年团（12 ～ 15 岁）、共产主义儿童团（7 ～ 12 岁），把全部少年儿童组织起来。据统计，1965 年广东省 7 ～ 15 岁的少年儿童共 1004 万人，其中在校学生 690 万人，7 ～ 8 岁的 265 万人。[1] 随着少年儿童组织的全面建立，少年儿童工作在种植、养殖、增产节约、扫盲运动、“学雷锋”等活动中生机勃勃地开展起来。

二、投身生态治理和水利建设

（一）植树造林、绿化祖国

新中国成立之初，党中央在大力恢复和发展经济的同时，也拉开了大规模生态治理和环境保护的序幕。1955 年，毛泽东向全国人民发出了“绿化祖国”的号召。《一九五六年到一九六七年全国农业发展纲要（草案）》中提出：“从 1956 年开始，在 12 年内，绿化一切可能绿化的荒地、荒山。”有计划地植树造林、绿化祖国成为一项重要而迫切的任务。

广东的植树造林活动开展得比较早。1954 年植树节，青年团广州市东山区工作委员会就组织 500 多名少先队员植树 3000 多株，培育各种树苗 2 万多株。1956 年，全区 1000 多名团员青年参加“青年造林队”，前后种花植树 8551 株。省委也十分重视绿化造林工作。1956 年，省委第一书记陶铸率领广东省、广州市党政军及团的干部、职工 6000 多人在越秀山、白云山等地植树 19 万株，点播造林 5000 亩，在全省掀起了绿化造林的高潮。

1956 年 1 月，为了进一步深化全省青少年造林绿化工作，团省委联合省林业厅召开广东省青年造林护林大会，明确提出“林业战线是青少年可以为祖国大显身手的一条广阔的战线”，号召全省青年“不仅要建设一个伟大的社会主义国家，而且要把她打扮成为一个美丽的花园”“用我们自己的双手，绿化我们伟大祖国的南方”。团组织推出多项适合青少年特点的造林项目，

[1] 广东省地方志编纂委员会. 广东省志：青年工作志［M］. 广州：广东人民出版社，2007：54.

如营造青年林、青年建设林、青年模范林、青年妇女林、红领巾林等，充分调动青少年植树造林的积极性。有的地方还结合征兵活动，发动应征青年营造青年爱国林。据统计，广州、海口、佛山等3市和中山、新兴等12个县中，青少年营造的各种青年林有1300多片，共计62 000多亩。由于坚持植树造林，广东各地的生态环境得到明显的改善。

1958年3月15日至23日，在共青团八届中央委员会第一书记胡耀邦的指导下，江西、湖南、福建、广东四省一百个县的团委负责人在江西瑞金联合召开共青团工作观摩学习会议（以下简称“四省百县会议”）。在学习会上，胡耀邦作了题为《只有思想大解放，工作才能大活跃》的重要讲话。会议根据胡耀邦的讲话精神，结合社会主义建设的任务，提出在四省百县团委中广泛开展包括植树造林、把开发山区和绿化工作结合起来在内的八个方面的友谊竞赛。会议结束前，147名代表在江西瑞金沙洲坝共造林50亩，胡耀邦提议取名为“赣湘闽粤四省百县林”。此次活动在赣湘闽粤的广大团员青年中产生了积极影响，有力地促进了包括广东省在内的四省青少年造林绿化活动的深入开展。

1958年3月，团省委与省林业厅联合在电白县博贺镇召开全省沿海青年造林积极分子会议，提出绿化全省海岸线的工作计划，并向全国沿海6个省份青少年发出在祖国的海岸线筑起一条“绿色长城”的倡议。在营造沿海防护林带方面，广东团组织发动青年建造雷东县灯塔防护林和电白县博贺林带。团雷州县委灯塔公社团总支以共青团员为核心组织了一支202人的造林突击队，营造了3个“青年爱国林”，共植树4.2万株。1954年至1958年，该社共植树174.19万株，其中青年造林约70万株，占40%左右。1958年3月12日，电白县博贺镇全体青年向全省共青团员发出《为绿化沙滩给沿海乡、镇青年的倡议书》。回乡知识青年王美季积极响应“绿化祖国”的号召，回乡组织青年营造林带。经过大力开展造林绿化，至1961年，电白县造林面积达4万多亩、绵延81千米，成为中国第一条沿海防护林带，被誉为“南海绿色长城”[1]“百里海疆绿长城”。时任中共中央中南局第一书记陶铸高兴地称赞电白县可以改为“电绿县”了。王美季的模范行动对全省青年开展绿化造

[1] 汪椿涛. 电白年鉴［M］. 广州：广东人民出版社，2015：67.

林活动起到重要的推动作用。

团省委认真总结各地经验，要求农村团组织在开展大规模的植树造林活动中，实行扩大种植和抚育相结合，种植成材林与经济林相结合，大种油茶、大栽果树，大搞油茶山、百果园，大量培育苗圃，每个团支部和青年农场至少培育一个苗圃，搞一个百果园，每名共青团员垦复一亩油茶，种植百株油茶和十株果树。广东各地农村青年积极响应，将植树造林与农业经济相结合，不仅使生态环境明显好转，还有力地助推农村群众增收致富。

（二）水利建设中的突击队

为解决雷州半岛长期受旱灾所苦的难题，从 1956 年开始，党中央和广东省委规划建设雷州青年运河，并于 1958 年 9 月 1 日动工兴建。湛江地区近万名青年突击队队员与当地群众一起，用 14 个月的时间进行大会战，每天劳动 12 小时以上，开展“三天一突击，五天大战役”的劳动竞赛，锄挖肩挑建成蓄水量超 10 亿立方米，运河总干渠全长 271 千米、干支渠总长 4547 千米的大型水利工程——鹤地水库和雷州青年运河。在建设工地，青年纷纷建立突击队，开展劳动竞赛。在这期间，涌现出一批颇具特色的突击队，如北京、首都、红旗、飞虎、火箭、穆桂英、花木兰、向秀丽等八大突击队以及红孩子班等。突击队数量也从 1959 年初的 280 支发展到 3509 支，队员人数由 6000 多人扩大到 1 万多人。在青年运河建库工地，各党支部通过考察、教育、培养，共发展新党员 1285 人，同时还有 3702 人加入中国共产主义青年团。

1958 年 12 月，周恩来总理接见出席全国社会主义建设先进单位表彰大会的雷州青年运河模范代表，并为这一工程签发国务院奖状。团中央同年授予工程指挥部“永远做社会主义建设的突击手”奖旗。董必武、邓小平分别赋诗、题字，赞颂雷州青年运河。1960 年 1 月，雷州青年运河开始输水，为廉江、遂溪、海康、湛江城区、化州、吴川等地抵御水旱灾害、发展农业生产、解决城乡供水发挥了重要作用。

雷州青年运河建设是中国人民自力更生、艰苦奋斗的生动实践，体现了“为民、务实、清廉”的宝贵精神。开工建设以来，多位党和国家领导人亲临视察，支持工程建设。雷州青年运河也引起了国际社会的关注，时任越南劳动党主席胡志明等外国政要纷纷前来参观考察，并予以高度评价。

雷州青年运河建设工地上的青年突击队

1958年7月，新丰江水电工程开工建设，1960年9月实现第一台机组发电，创造了当时国内同类水电工程建设速度最快和工期最短纪录。在工程建设中，团员青年发挥了突击队的作用，最高峰时，工地建设者达2.7万人，很大一部分是团员青年。大坝施工期间，建设者曾三次与特大洪水奋力搏斗，33岁的新丰江工程建设局第二工区党委副书记肖强、25岁的技术员黄慎容在抢救围堰中献出了年轻的生命，谱写了一曲壮丽的青春之歌。新丰江水电工程的建成，为广东经济发展和人民生活作出了重要的历史贡献。

1964年2月，为了让香港同胞早日喝上东江水，东深供水工程全线开工。在省委、省政府的指挥和协调下，项目指挥部从广州动员了5000多名知识青年，从东莞、惠阳、宝安等县动员了5000多名青壮年农民，组成一支不怕困难的建设大军，日夜奋战。1965年3月，东江水沿着新建成的东深供水工程输送到香港，从此解决了香港同胞的用水困难。为表达浓浓的感恩之情，香港同胞在向祖国赠送的一面锦旗上写道："饮水思源，心怀祖国"。

三、向科学文化进军

（一）农村科学实验活动

新中国第一个五年计划进入了关键期后，各种建设人才匮乏的问题逐渐凸显出来。为此，1956年，团中央向全国青年发出“向科学文化进军”的号召。1956年4月22日，团省委积极响应团中央的号召，在广州召开“青年向科学文化进军大会”。大会邀请科学家、工程师、作家等与青年座谈，对广大青年进行科学文化知识方面的教育，要求青年团员确定发展的方向，制定个人规划，努力学好科学文化知识，为社会主义建设服务。广东共青团忠实履行职责，带领团员青年投身社会主义建设，奋力拼搏，刻苦钻研，各条战线涌现出一批向科学文化进军的积极分子。

活跃在农业生产建设一线的广大工农青年在共青团的带领下，通过田间教学、参观评比、参加扫盲夜校和短期技术培训班等形式，学习农业科学技术，对农业生产进行技术性改造。1956年后，顺德县沙滘公社沙滘大队北村科学实验小组的青年坚持科学实验，取得了丰硕的实验成果。9年里，科学实验小组转战东、西、南、北四个村，改造低产田500多亩，探索出一套甘蔗高产的栽培技术，为大队培养出52名农业生产技术骨干，取得了骄人的成绩。

1954年至1957年，青年团新会县委每年发动青年3.4万人，组成选种突击队，开展大田选种，种实验田进行育种实验。新会县大泽区五和乡青年农民周汉华，为了改良水稻品种，运用水稻和高粱进行远缘杂交，打破水稻种子远缘杂交不易保持其优良特性的“权威”结论。1958年7月，周恩来视察新会时看望周汉华，参观杂交试验田和新品种标本，听取汇报，给予鼓励。当年11月第二次全国青年社会主义建设积极分子大会召开期间，周恩来邀请周汉华到家中做客，题写“高举共产主义旗帜，为培育良种，大搞杂交运动而奋斗”赠送周汉华。周汉华在作物育种栽培方面作出了突出贡献，被誉为“农民育种专家”，多次被评为县、省劳动模范与优秀共青团员，受到团中央的表彰。到20世纪60年代，新会县的青年育种能手发展到9000多人，有力地支撑了全县的杂交水稻育种产业。

罗定县田边村回乡知识青年杨明汉钻研水稻杂交育种实验数十年获得成功，育出“千粒穗”“双千粒穗”水稻。团省委组成“杨明汉巡回报告团”，向农村青年介绍他刻苦钻研的事迹和经验。1958年，新会回乡知识青年邓炎棠用北陆（稻）与狼尾作水稻远缘杂交实验获得成功，水稻得到大面积推广种植。邓炎棠获“全国先进工作者”称号，1964年出席共青团第九次全国代表大会。广州青年杜见好通过长期科学实验，摸清了50多个蔬菜品种的生长特性，培育出“59号”玉豆良种，比一般品种增产30%～50%。1958年，5万多名东莞青年参加消灭落后田运动，向7万多亩低产落后田要高产，“改次田为好田、变低产田为高产田”，使一些年产只有百斤左右的低产落后田产量翻了一番至数番，甚至部分达到了亩产千斤，有力地推动了农业增产增收。

邓炎棠（右一）在田间研究培育高产良种

1958年4月30日下午，在陶铸、朱光等省、市领导的陪同下，毛泽东来到位于广州市郊的棠下农业生产合作社。正在附近田间劳动的广州第三十中学的一群学生看见毛泽东，纷纷跨过水渠围拢过来。毛泽东热情地问学生们从哪里来，来这里干什么。学生们兴奋地回答。毛泽东十分高兴地指着学生，问旁边的农业社干部：“你们欢迎他们吗？”在场干部回答：“我们欢迎同学们来这里劳动，把知识同实践相结合。”

在广大青年的努力下，广东农业的基本建设进一步夯实，并在科学技术方面取得了比较突出的成果。为表彰优秀青年、传播先进经验，1958年8月1日至7日，广东省第二届青年社会主义建设积极分子大会在新会县召开，出席大会的青年积极分子977人。大会听取和讨论省委书记处书记区梦觉的指示和团省委的报告，并向全省青年发出开展消灭三类禾的突击活动、做一个工具改革的创造者和推广使用带头人、广泛建立青年种子队、开展月月突破定额和学习多种技术的活动、大搞滚珠轴承、大搞土化肥、带头推广和使用沼气等的倡议。

为进一步推动广东农村青年农业科学实验活动的蓬勃开展，1959年12月

10日，省委批转团省委《关于农村青年培育良种的科学实验活动的报告》，要求全省农村青年大搞科学实验活动、培育良种。广东农村青年的经验做法也得到了团中央的肯定。1960年1月，团中央转发团省委《关于农村青年培育良种的科学实验活动的报告》后，以青年为主体的农业科学实验和大搞“三田”（种子田、实验田、高产田）的活动蓬勃开展起来，广东农村各级共青团组织带领青年掀起了人人钻研技术的热潮。

1965年10月，团中央在广东省新会县召开全国农村青年科学实验会议。大会鼓励农村青年积极参加科学实验活动，在活动中大显身手，把农村科学实验活动广泛扎实地开展起来。这是农村青年科学实验活动开展以来的第一次全国性会议。12月7日，团中央发出学习推广农村青年科学实验三个典型经验的通知，把广东省新会县作为组织领导青年开展科学实验活动的样板之一向全国推广；要求各级团组织在党的领导和支持下，依靠群众的支持，发挥共青团组织的主动精神和青年的突击作用，根据省、市、自治区团委要办好一个县，团县委要办好一个公社，团支部要办好一个科学实验小组的要求，将农村科学实验活动广泛地开展起来，更加扎实地向前推进。

（二）掀起学文化的热潮

扫除文盲是提高全民族文化素质的一条基本途径，对于振兴社会主义经济、实现社会主义现代化具有重要意义。新中国成立后，党中央决定在全国范围内扫除文盲，共青团组织是扫除文盲工作的积极参与者。自1955年12月起，团省委就开始不定期出版扫盲工作简报。当时广东青年约700万人，其中70%左右的工农青年和60%左右的团员青年是文盲、半文盲。1956年2月2日，广东省工青妇及兵役局等部门在广州联合召开广东省扫盲工作会议。会后，全省45个县的青年团组织立即与县有关部门联合召开扫盲大会，贯彻会议精神，建立青年扫盲队。据统计，其中42个县共成立扫盲队5922支，队员167 042人。青年扫盲队的普遍建立在很大程度上解决了扫盲师资问题，有力地推动了扫盲工作的深入开展。青年采取发动入学、担任教师、布置识字环境、成立教研组及帮助学员解决物质困难等一系列措施，迅速成为扫盲战线上的主力军和突击队。1956年9月，全省第一次扫除文盲积极分子代表大会在广州召开，青年代表的比例超过一半。

新中国成立后，广东团组织是全省扫除文盲工作的积极参与者。图为少先队员教老奶奶识字

1956年11月，为推动扫盲工作更好地开展，团省委召开扫盲工作座谈会，提出1957年春的扫盲工作计划，要求全省动员180万青年文盲、半文盲入民校学习，力争10万人达到识一千字程度，并对粤东、粤中、粤西、海南、粤北、钦州、广州郊区的入学青年数与毕业青年数作出具体规定。经过青年扫盲队深入发动群众，全省掀起了学文化的热潮。至1958年，全省共扫除青壮年文盲534万人，全省青壮年中非文盲人数已上升到1304万，占全省青壮年总数1475万的88.4%，广东省教育厅正式宣布广东成为基本无盲省。

四、知识青年上山下乡

1955年，毛泽东在阅看《在一个乡里进行合作化规划的经验》后写下“农村是一个广阔的天地，在那里是可以大有作为的”这一按语，成为组织动员知识青年上山下乡的指导思想，知识青年上山下乡开始在全国范围内启动。1957年10月，中共中央发布的《一九五六年到一九六七年全国农业发展纲要（修正草案）》提出：“城市中的中、小学毕业的青年，除了能够在城市升学、就业的以外，应当积极响应国家的号召，下乡上山去参加农业生产，参加社会主义农业建设的伟大事业。我国人口百分之八十五在农村，农业如果不发展，工业不可能单独发展。”这一思想成为我国进入社会主义阶段后制定中学毕业生就业政策的主导思想。20世纪60年代中后期，在城镇就业压力日益增大和农业合作化运动兴起的社会条件下，“知识青年上山下乡”被提出来，其根本出发点是试图把解决城镇青年失业问题同改变农业生产落后的状况结合起来，探索一条解决城镇青年就业问题和发展农业的道路。

为配合国民经济发展全局，在广东省政府的领导下，广东各级团委结合实际情况广泛动员、细致安排失业工人及知识青年上山下乡，落实中共中央及省委的有关政策。上山下乡运动的开展方式一般分为两种：一种是到偏远乡村和当地贫苦农民一起生产、生活，即所谓的“插队”；另一种是前往边疆和海岛进行开荒。广东共青团在组织城乡青年到边疆垦荒的同时，积极宣传动员中小学毕业生到农村参加生产建设。1956 年，广东省动员大批知识青年到新疆、青海、海南等边远地区工作。1957 年 7 月 22 日，省委办公厅转发广州市委《关于广州市高、初中毕业生安排下乡参加农业生产问题的请示报告》，广州开始有组织、大规模地将大批毕业生送到农村参加生产劳动。1959 年至 1960 年，广东省共安置退伍兵及青壮人员 6.8 万人到海南岛和湛江地区参加农垦系统开荒建农场工作。知识青年听党号召，克服困难，在省内外边远地区辛勤劳动，为建设祖国奉献了自己的青春。

20 世纪 60 年代初，我国遭遇严重的经济困难，中共中央决定对国民经济进行调整提出“调整、巩固、充实、提高”的“八字方针”，要求精减城市人口。从 1962 年上半年开始，广东共青团肩负起组织、动员广东知识青年上山下乡的工作，协助党和政府做好已下乡青年的巩固工作，协助 1962 年成立的“国营农场、林场、水产养殖场安置家居大中城市精简职工、青年学生和城市闲散劳动力领导小组”（1964 年改为“广东省人民委员会安置城市下乡青年领导小组办公室”）工作，积极响应政府的号召，团结、带领农村青年广泛开展“建设社会主义新农村”活动，得到广大农村青年的热烈响应。

城镇知识青年上山下乡的安置地点，原则上由动员地区自行决定。广州、湛江等市自行安置有困难的，其知识青年主要安排到海南、佛山、惠阳、肇庆地区；汕头地区的知识青年主要安排到海南、惠阳地区。1962 年至 1963 年，广东知识青年主要安置到国营农、林、牧、渔场，两年全省共动员 12 054 人到上述地区农场参加生产，但均保留城市户口。城镇知识青年上山下乡后，主要依靠本人参加集体劳动的分配所得生活。

1964 年开始，广东大规模动员城镇知识青年下乡插队，安置由以农场为主改为以农村、山区为主，并帮助城镇青年在农村站稳脚跟。一般由 5 至 7 人组成知识青年小组，集体插入农村人民公社生产队，或由知识青年单独组建知识青年生产队，但也有部分知识青年是分散插队的。至 1966 年底，全省共动员 10 499 名城镇知识青年下乡或回乡插队，分布在全省 94 个市、县 300 多个人民公社的 4000 多支生产队中。青年满怀建设社会主义新农村、开发边疆的抱负，积极投身于南粤的广阔天地中。

在 20 世纪 50 年代末、60 年代初，围绕解决城市、农村青年就业问题这一重要任务，广东知识青年上山下乡是在省、市、县领导下有计划、有步骤地开展的，政策措施比较合理，青年安置工作也比较稳妥。这一时期的农业增产增收、社会主义农村经济发展都有着知识青年的辛勤付出和重要贡献。与此同时，在减少国家城镇人口数量、实现国民经济调整、战胜经济困难的战略部署方面，知识青年也作出了重要贡献。

五、开展青少年思想道德教育

20 世纪 50 年代，各级青年团组织围绕学习毛泽东的《为人民服务》一文，对广大青年进行全心全意为人民服务的教育，帮助团员青年树立正确的人生观、价值观。1958 年，共青团三届三中全会通过《关于组织广大青年学习马克思列宁主义、学习毛泽东著作的决议》。思想道德教育与学习经典活动的全面开展，对于提高青少年的马克思列宁主义思想水平具有深远的意义。

广东各级共青团组织广泛组织青少年开展学习马克思列宁主义理论、学习毛泽东著作，采取发文件、抓典型、树标兵、开展经验交流等办法推动学习活动的深入开展。

1959 年 8 月 4 日，省总工会、团省委、省妇联在广州举行了全省工矿企业工人学习马克思列宁主义理论、毛泽东著作现场会议。会议要求全省职工深刻学习党中央、毛泽东提出的以农业为基础、以工业为主导、工农业同时并举的方针，学习毛泽东的《矛盾论》《实践论》《关于正确处理人民内部矛盾的问题》等著作。11 月 2 日，全省第一次少先队员代表会议在广州召开。省委宣传部负责人作了题为《立定志向，听党的话，做毛主席的好孩子》的讲话，省教育厅负责人勉励小代表们好好学习，做毛主席的好孩子，做建设共产主义的优秀接班人。

加强学校思想政治教育，对于提高青年的社会主义觉悟，培养青年热爱劳动、尊重劳动人民的思想感情具有重要作用。1957 年召开的广东省中学校长会议和全省中等学校学生代表会议均对加强全省学生的思想政治教育提出了要求。广东是著名侨乡，在归侨学生思想教育方面，省委文教部、省委统战部、团省委联合发出《关于进一步加强对归国华侨学生、港澳学生团结教育工作的报告》，对华侨学生的回国升学采取积极的教育方针，通过做好归侨生与国内同学的团结教育工作，加强归侨生升学政策和农业劳动的教育，加强华侨学生法制及纪律教育、加强爱国主义教育，提高了侨生的思想认识。这些举措稳定了侨生的情绪，许多人逐渐成长为具有社会主义觉悟、有文化教养和身体健康的劳动者。

在共产主义道德教育活动的影响下，全省涌现出向秀丽、麦淑芳、英德“马口英雄”、麦贤得等一批先进集体和个人，他们英勇地抢救国家财产、出色地完成生产战斗、任务的事迹，为广大青年树立了光辉榜样。

1958 年 12 月 13 日，广州何济公制药厂的青年女工、中共预备党员向秀丽为抢救国家财产、保护人民生命财产安全，用自己的身躯挡住了烈火的蔓延，为前来抢救的人们赢得了时间，阻止了一场严重的爆炸事故。向秀丽全身烧伤面积达 67.25%，经全力抢救无效，于 1959 年 1 月 15 日光荣牺牲，年仅 25 岁。18 日，中共广州市中区委员会举行隆重的追悼大会，追认向秀丽为中共正式党员。1959 年 1 月底，团省委号召全省各级团组织开展学习向秀丽的活动。同年，《人民日报》以《毫不利己，专门利人》为题进行专题报道；《中国青年报》发表题为《崇高的品质，光辉的榜样》的社论；董必武、陈毅、林伯渠和郭沫若分别作诗、题词纪念向秀丽。团省委授予向秀丽“优秀共青团员”称号，号召全省团员青年学习向秀丽崇高的共产主义精神。

采煤女工麦淑芳在 1959 年矿上发生塌方事故时，镇定指挥工友们自救。年仅 18 岁的她在矿难中临危不惧、斗志顽强，成为广州市青年楷模、荣获“全国三八红旗手”“乌金英雄”，凭借爱岗敬业的“螺丝钉”精神鼓舞了一代又一代广东青年。

1960 年 2 月 26 日傍晚，英德县马口造纸厂突然起火。驻守在马口宝山的公安干部和武装民警为了保护国家财产，在队长马德林的带领下，奔赴火场，与火魔进行了殊死搏斗。参与救灾的公安干部和民警中有 13 人牺牲，36 人受伤。他们保护国家财产的英勇行为，为人们树立了光辉的榜样。

1965 年 12 月 28 日，共青团中央授予海战中负伤仍坚持战斗的“海上英雄艇”轮机兵麦贤得“模范共青团员”称号。1966 年 1 月 31 日，团省委、团广州市委召开大会，号召广大团员青年向麦贤得学习。

向秀丽，广东清远人，革命烈士、救火英雄

广东各级团组织还号召全省青少年学习雷锋的光辉事迹，以雷锋为榜样，做党和毛主席的好儿女。人民解放军战士雷锋，在平凡岗位乐于奉献、乐于助人，表现出崇高的共产主义情操。1962 年 8 月，雷锋因公殉职，年仅 22 岁。1963 年 3 月，毛泽东题词“向雷锋同志学习”，号召全国人民学习雷锋的共产主义精神品质。3 月 18 日，团省委负责人发表广播讲话，要求全省团员青年热烈响应毛主席“向雷锋同志学习”的号召。3 月 23 日，团省委举行学习雷锋报告会，广东省人民政府副省长李嘉人作《向雷锋同志学习》的报告，1700 多名省直和广州市机关、企业共青团干部参加学习。广大青年提出了“学雷锋、见行动”“像雷锋那样工作、学习和生活”等口号，在实践中深入学习和体会雷锋精神。

学习雷锋活动逐渐由城市向农村全面推开，涌现了许许多多学习雷锋的标兵和各行各业的“活雷锋”，形成 20 世纪 60 年代典型教育的一个重要特色。学习雷锋活动的持续开展，对于树立一代新风、培育一代新人产生了深远的影响，雷锋精神也成为中国人民宝贵的精神财富。

第四节 经受“文化大革命”的磨炼

1966年，“文化大革命”动乱发生并迅速在全国蔓延开来。持续十年的“文化大革命”，使党、国家和各族人民遭受到新中国成立以来时间最长、范围最广、损失最大的一次挫折。党的组织和国家政权受到极大削弱，大批干部和群众遭受残酷迫害，民主和法制被肆意践踏，全国陷入严重的政治危机和社会危机。“文化大革命”给广东青年运动带来了不可估量的损失，广东共青团组织也在动乱中受到严重损害。

一、“整团建团”工作遭受阻挠与破坏

随着“文革”动乱的进一步加剧，团省委无可避免地受到冲击，全省各级共青团组织领导机构基本处于瘫痪状态，共青团组织遭到严重破坏，一度停止活动。“文革”全面发动后，红卫兵迅猛兴起，开展大破所谓“四旧”（旧思想、旧文化、旧风俗、旧习惯）、大立所谓“四新”（新思想、新文化、新风俗、新习惯）的运动，广东共青团的领导系统在这一时期遭受严重破坏乃至瘫痪。直到1968年9月，广东开始进行重新建立共青团的试点工作，共青团组织才逐步恢复。广州共青团组织也在“文革”爆发后被迫停止工作，全体干部下放劳动，直到1973年才恢复工作。[1]这一时期，全省的生产、生活和社会秩序均遭严重破坏。

由于红卫兵组织在运动中暴露出严重问题，毛泽东希望共青团能重新成为全国青年的领导核心，并在中共九届一中全会上提出了整团的问题。此后，各地在整党建党工作的基础上陆续开展了整团建团工作。为了加强这项工作，1970年7月12日，中共中央发出《关于整团建团工作的通知》，要求各级党组织充分重视这项工作。为了加强领导，中央组织部设立了整团调查小组，

[1] 广州市地方志编纂委员会. 广州市志：群团志：卷11［M］. 广州：广州出版社，2000：760.

不久又扩编为整团小组，隶属于刚刚组建的中共中央组织宣传组，担负整团建团工作中具体领导和调查研究的工作。

为了落实中共中央整团建团的精神，广东各级党组织开始加强对共青团的领导。1970 年 9 月 20 日，广东省革委会在广州召开了全省整党建党经验交流会，会议具体研究解决六个问题，其中包括搞好整团建团工作。翌日，省革委会政工组发出《关于贯彻执行〈中共中央关于整团建团工作的通知〉》。此后，广东开始恢复建立团的领导班子，恢复团的组织生活。

1971 年初，全国一半以上的团支部开展了整团建团工作，恢复了团的组织生活。九一三事件后，周恩来主持党中央的日常工作，加快了全国整团建团工作的进度。广东共青团经过整顿和建设，团的基层组织得以重新建立健全起来，团员队伍不断壮大。自 1970 年至 1971 年 12 月底，全省 91% 的团支部开展了整团建团工作，其中 73% 的基层单位建立新的团支部，汕头、佛山、海南等八个地区进行建立团县委的试点工作。广东省委于 1972 年 3 月 7 日至 19 日在斗门县召开全省整团建团工作经验交流会，研究如何加强党对共青团工作的领导和如何搞好共青团组织的经常性建设问题，为恢复重建团广东省委作好了准备。3 月 27 日，《南方日报》为此发表题为《要关怀青年一代的成长》的社论。5 月 4 日，广东省、广州市各条战线的青年代表 5000 多人在广州中山纪念堂举行隆重集会，纪念五四青年节。在此期间，海口、湛江、肇庆、佛山、韶关、惠州、汕头、江门、茂名等市也举行纪念五四青年节活动。这些都为广东团组织的恢复重建奠定了坚实的舆论和群众基础。

10 月 14 日，中共中央向全国批转了中共上海市委《关于筹建共青团上海市委的请示报告》，要求“各省、市、自治区经过整团建团，在绝大部分基层团组织建立的基础上，在条件具备的情况下，把省、市、自治区一级团委建立起来”。广东省委根据中共中央指示精神，加快了恢复建立团省委的进程。1973 年 2 月 26 日，广东省委作出《关于召开共青团广东省第五次代表大会的决定》，成立筹备小组筹建团广东省委，并于 3 月上旬、5 月中旬先后召开筹备工作会议及扩大会议，就建立团省委的有关事项进行探讨和研究。

经过几年的艰苦努力，广东省参加整团建团工作的广大团干部和团员在革委会和党委的领导下，克服困难，逐步恢复重建了省、地、县三级团委，团的工作也得到一定的恢复和发展。

二、共青团工作的恢复与青年的觉醒

中共九届一中全会后，各地整团建团工作陆续展开。1973年2月至7月间，全国有29个省、自治区、直辖市都先后召开了共青团代表大会，成立了共青团省（自治区、直辖市）委员会。至1973年6月，广东省的地、县（市）共青团组织已经全部恢复重建，全省建立团支部52 000个，发展新团员7.49万名；有7.8万名共青团员加入了中国共产党；有10.5万支青年突击队奋战在生产建设的第一线，建立了7万多个青年科学实验小组，开展各种科研活动。在全省的地、县（市）团组织普遍恢复的情况下，广东省委根据各地团组织和广大团员青年的要求，决定召开共青团广东省第五次代表大会。

（一）共青团工作的恢复

1973年6月7日，中国共产主义青年团广东省第五次代表大会在广州召开，参会代表1304人，列席代表100人。省委书记、省革委会副主任王首道在大会上作了题为《用马列主义、毛泽东思想培养和造就无产阶级革命事业接班人》的报告。会议通过了题为《在毛主席无产阶级革命路线指引下生气勃勃地开展共青团工作》的决议，选举产生了共青团广东省第五届委员会，选举梁秀珍、赖诗逸等为书记。共青团广东省第五次代表大会的召开，标志着全省整团建团工作的完成，恢复了因“文革”而大规模停止的共青团组织活动，广东共青团工作进入新的历史发展时期。

1973年6月，恢复后的共青团广东省委下设办公室、组织组、宣传组、学校工作组，组织机构进一步加强和完善。1975年1月，《广东青年》杂志恢复出版，作为教育青少年的阵地。除此之外，广东省委将成立的青少年工作领导小组办公室也下设在团省委。新一届团省委领导班子组建后，团干部队伍建设问题也摆到了重要位置。为加强对省内团干部思想、工作、学习的指导，1976年6月，广东省委决定撤销广东省革命委员会政工组群众工作办公室，原业务归口到总工会、共青团、妇联等有关部门，团省委的组织队伍进一步壮大。

团省委恢复重建后，及时对全省团的工作进行全面指导，在巩固整团建团成果、完善团组织建设方面做了大量有益的工作。团省委指导团员青年进行团的基本知识教育，举办读书学习活动，开展青年突击队劳动竞赛，深入批判林彪、江青反革命集团等，引导广大团员青年树立远大的理想、坚定的信念。

（二）青年的觉醒

“文革”期间，一些勤于学习思考的青年从“文革”初期的政治狂热中逐渐冷静下来，开始理性思考“文革”对国家发展的负面影响。“文革”后期，越来越多团员青年变得冷静和成熟，对社会问题具有一定的辨别能力，对“文革”以来社会上发生的种种怪现象带着更加警惕的目光，不少青年开始觉醒。

1974 年 11 月，李正天、陈一阳、王希哲等人以“李一哲”为笔名，在广州闹市区的北京路口张贴大字报：《关于社会主义民主与法制》，被打成反革命集团。习仲勋主政广东后，多次主持召开省委常委会议研究“李一哲”案件问题，四次接见李正天等人，诚恳耐心地做他们的工作，晓之以理、动之以情，有时恳切批评、指出利害，最终妥善处理了这一问题。1979 年 2 月，省委召开平反大会，为“李一哲反革命集团”案平反。[1]

周恩来逝世后，江青反革命集团加紧进行夺取党和国家最高领导权的阴谋活动。此时不少团员青年已经觉悟并开始行动起来，纷纷参加了发生于 1976 年 4 月 5 日前后在全国范围内掀起的悼念周恩来、反对“四人帮”、支持邓小平的群众运动。4 月 5 日，天安门的群众悼念活动被诬为“反革命事件”而遭镇压。4 月 12 日，广东省韶关市街头有青年转抄张贴天安门事件中出现的诗词，韶关市三名知识青年被强加“张贴反动标语、破坏反击右倾翻案风”的罪名获罪。粉碎“四人帮”后，三人被彻底平反。

天安门事件三天后，广州半导体材料厂青年电工庄辛辛以“广东广西悼念周总理委员会”的署名，向《人民日报》和《红旗》杂志各投寄了一封反对“四人帮”的信件，因之获刑。1978 年，全国开展拨乱反正、平反冤假错案。7 月 14 日，广州市委召开平反大会，为庄辛辛彻底平反，恢复其名誉。庄辛辛因敢于同“四人帮”作斗争，团省委决定在全省青年中开展向庄辛辛学习的活动。7 月 17 日，《人民日报》以《我以我血荐轩辕》为题，大篇幅报道了庄辛辛的事迹，并配发社论《希望寄托在这一代》。

广东团员青年坚持正义、不畏强暴的斗争精神，将永载中国革命和中国青年运动的史册。

---

[1]《习仲勋传》编委会. 习仲勋传［M］. 北京：中央文献出版社，2013：390-395.

团一大旧址 1922.5.5

第七章

拥抱改革开放大潮

誓词

粉碎“四人帮”，纠正“文化大革命”的错误，彻底扭转十年内乱造成的严重局面，使党和国家从危难中重新奋起，是人民的热切期待。从 1978 年 6 月开始，广东和全国各地一样开展了关于真理标准问题的讨论，批判了“两个凡是”的错误方针，恢复了实事求是的优良传统和作风。1978 年 12 月，党的十一届三中全会召开，作出把全党的工作重心转移到社会主义现代化建设上来、实行改革开放的历史性决策。在省委、省政府的领导下，广东经济社会逐步好转，工农业生产逐步恢复。与此同时，广东创办蛇口出口加工工业区，引进外资和“三来一补”企业，吹响了改革开放的号角。在这一时代背景下，广东共青团工作不断恢复、发展，并确立起“以四化建设为中心，全面活跃团工作”的指导思想，引导青年在改革开放大潮中勇立潮头、奋勇争先，为党在改革开放和社会主义现代化建设新时期的总任务而贡献青春力量。

第一节 树立“四有新人”的时代风貌

“文化大革命”结束后，党中央在拨乱反正、认真纠正指导思想上“左”的错误的同时，开始了对中国社会主义建设道路的新探索。日益活跃的经济社会全新局面对社会主义精神文明建设提出更新更高的要求。1980 年，邓小平提出培养有理想、有道德、有文化、有纪律的“四有新人”。根据党中央的指示精神，团中央把全面提高青年素质、培养“四有新人”作为共青团工作的出发点和立脚点。广东共青团为培养“四有新人”先后开展“五讲四美三热爱”、学雷锋、学张海迪等活动，努力探索新时期青年思想工作榜样引领和服务引领并举的工作思路。

一、弘扬“五讲四美三热爱”

1979 年 9 月，党的十一届四中全会提出加强社会主义精神文明建设，以实现社会风气根本好转。1981 年 2 月，团中央等 9 家单位联合发出《关于开展文明礼貌活动的联合倡议》，号召全国人民，特别是青少年开展以“讲文明、讲礼貌、讲卫生、讲秩序、讲道德”和“心灵美、语言美、行为美、环境美”为内容的“五讲四美”文明礼貌活动，目的在于恢复和发扬优良的社会风气，推动社会主义精神文明建设。后来，这项活动又和“三热爱”[1]活动相结合，形成人们所传诵的“五讲四美三热爱”经典口号。

1981 年，团省委根据广东的实际情况，作出了“从净化环境、净化语言入手，从职业道德教育深入”推动全省青年“五讲四美”活动深入开展的工作部署。1982 年 2 月，中央宣传部和政府有关部门同意中华全国总工会、团中央、全国妇联等单位的建议，将每年三月定为“文明礼貌月”。为此，团省委设立全民文明礼貌月活动办公室，推动全民文明礼貌月活动开展。在第

[1] 三热爱，指热爱祖国、热爱社会主义、热爱中国共产党。

一个“全民文明礼貌月”，全省青年广泛开展“为您服务”、植树造林、种花种草、大搞环境卫生、维持交通秩序、改进服务态度等活动。7月，省委批转省委宣传部、团省委《关于深入持久地开展“五讲四美”活动的意见》，标志着“五讲四美”活动在全省更高的层次、更广的范围持久深入地推动开展。

改革开放初期，广东共青团广泛开展“五讲四美三热爱”活动。图为青少年喜爱的活动宣传画

1982年10月，《中国青年报》报道了第四军医大学三年级学生张华为抢救一名农民而牺牲的事迹。1983年2月，广东云浮县镇安公社民乐大队民兵刘树荣在奋力抢救两名不慎落水的小学生时英勇献身。1983年3月，广东人民广播电台记者安珂在广州街头一起盗窃行凶事件中与歹徒搏斗而英勇牺牲。这一系列英雄事迹在广东青年中掀起了一场关于“人生价值”的大讨论，对广东青年树立正确的人生观、价值观产生了重大影响。

绝大多数广东青年肯定张华、刘树荣、安珂的举动，认为这是雷锋精神在新时期的具体体现和发扬光大。当时，“五讲四美三热爱”活动正在青年中轰轰烈烈地开展，张华、刘树荣、安珂的先进事迹无疑是青年群体对自我价值的响亮回答。1983年3月26日，省委授予安珂“模范共产党员”称号；

3月31日，团省委发出《关于开展向“雷锋式青年”刘树荣学习的决定》；年底，中央军委授予张华“富于理想勇于献身的优秀大学生”荣誉称号。

1983年，团省委开展第二个“全民文明礼貌月”活动。活动的中心内容是治理脏、乱、差，搞好“三优一学”[1]。各级团组织围绕活动中心内容开展了创办示范岗、“为您服务集市”等活动。全省县以上团组织举办服务集市约150次，参加服务活动的青年约10万人。1984年2月，团省委在广州图书馆举办“青年之友活动日”，开启了全省第三个“全民文明礼貌月”活动。各级团组织也以多种形式开展第三个“全民文明礼貌月”活动。海南黎族苗族自治州20万青少年投入“治脏”活动，汕头市19万青年上街清除卫生“死角”，梅县50万青少年做好事，肇庆地区80万青少年参加“治脏”活动。“全民文明礼貌月”活动有力地推动了“五讲四美三热爱”活动的常态化和制度化。

“五讲四美三热爱”活动的持续深入开展促使青少年更加积极主动地参与社会主义精神文明建设。1984年，暨南大学、中山大学、华南工学院、华南师范大学等高校的学生在全国率先成立“广州尊师节促进会”，定期上门为教师义务服务，呼吁社会“尊师敬道，振兴中华”，对后来中国教师节的设立起了促进作用。

团广州市委依据青年的特点大胆创新“五讲四美三热爱”的活动形式。1985年，团广州市委提出以“美化广州、美化生活、美化青年”为主题，联合广东电视台、广东人民广播电台、羊城晚报社等媒体共同策划羊城青春美大赛。这是全国首次青春选美大赛，其竞赛考核内容包括三方面：一是时事政治、文史哲、地理、数学、化学等多学科的文化知识，所占比重最大；二是仪表、气质、风度、体态、表达能力以及普通话水平等；三是表演、唱歌、跳舞等才艺。羊城青春美大赛在争议声中揭幕，它的举办也引发了人们对诸多问题的深入思考和讨论。羊城青春美大赛的意义在于：作为全国青年美育教育活动的创新之举，广东青年用实际行动诠释了“美”的含义。此后，“最美奋斗者”“最美村干部”“最美乡村教师”等一系列评选活动深受青年热捧，一代又一代的广东青年在奋斗中诠释青春的美丽。

---

[1] 三优一学，即搞好优质服务，建立优良秩序，创造优美环境，学雷锋、学先进活动的简称，是共青团开展的“五讲四美三热爱”活动的重要内容之一。

1985 年，羊城青春美大赛吸引大批青年热情参与。图为大赛初赛

二、在学雷锋、学张海迪中成长

1963 年 3 月 5 日，毛泽东为雷锋题词并发出“向雷锋同志学习”的号召。进入改革开放时期，雷锋精神仍然为时代所需，是社会主义精神文明建设的重要内容。

20 世纪 80 年代初，广东青年学雷锋活动是与开展“五讲四美三热爱”活动结合在一起进行的。1978 年 9 月，广东共青团在学生中开展“学雷锋、创三好”活动，要求广大学生以“三好”[1]为目标，走德、智、体全面发展的道路。1984 年 3 月，团省委在广州召开学雷锋座谈会，提出把学雷锋活动作为“五讲四美三热爱”活动的重要内容来抓。1985 年 3 月，团省委召开“发扬雷锋精神，搞好五讲四美三热爱活动”座谈会，提出加强思想建设，把“美化生活、更新观念、改造世界观”作为活动的重要教育内容。1987 年 3 月，省委宣传部、团省委举办座谈会，纪念毛泽东等老一辈无产阶级革命家“向雷锋同志学习”等题词发表 24 周年。1988 年 3 月，广东全面实施《广东省少先队员学雷锋、树理想、做主人系列活动实施纲要》，部署在少先队员各个年级、不同成长阶段持续开展学雷锋系列活动。

[1] 三好，即思想品德好、学习好、身体好。

1989 年 12 月，为认真贯彻党的十三届四中、五中全会精神，团中央下发了《关于加强和改进思想政治工作的十点意见》，要求共青团广泛开展“学雷锋精神，树社会主义新风”的活动。1990 年 1 月，团省委发出《关于在全省青少年中广泛开展学雷锋树新风活动的决定》，要求通过开展活动，在青少年中形成人人“讲思想、讲文明、讲友爱、讲贡献”的社会风尚。3 月，省委宣传部、团省委等在广州举行学雷锋纪念大会和先进代表座谈会，号召青年“学雷锋、树新风、做‘四有新人’”，并把 3 月 2 日至 8 日定为全省“学雷锋实践周”。各地按照团省委的部署，迅速掀起宣传、学习雷锋精神的热潮。据统计，参加广州市“稻穗鲜花献人民”学雷锋行动周活动的团员青年达 100 万人；参加湛江市“让雷锋精神在湛江闪光”活动的团员青年达 130 万人。

1990 年 6 月 23 日至 25 日，团省委在广州召开全省“学雷锋树新风活动汇报交流会”，提出继续深入开展学雷锋树新风活动，加强团的思想政治工作。1991 年 6 月 30 日，团省委在全团“第二个学雷锋活动日”开展以“学雷锋，与党同心”和“像雷锋那样坚定不移地走社会主义道路”为主题的学雷锋活动，并要求各级团组织在开展学雷锋活动中注意做到四个结合：一是把学雷锋活动纳入社会主义精神文明建设中去；二是把动员社会学雷锋和亲身实践雷锋精神结合起来；三是立足本职工作与社会化学雷锋有机结合；四是以学雷锋带动志愿服务的探索发展。

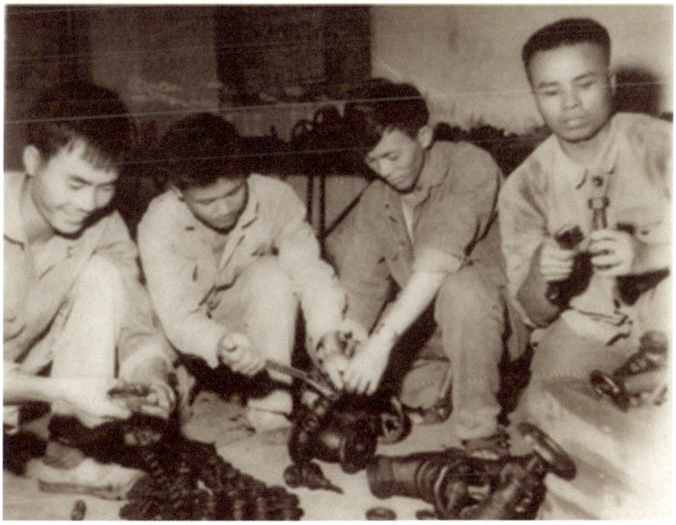

学雷锋活动在青年中蓬勃开展。图为茂名青工学雷锋小组在回收机械废品

在开展学雷锋活动的同时，身残志坚、勇斗病魔的山东姑娘张海迪是广东青年学习的另一个著名榜样。1981 年 12 月，《解放日报》报道了张海迪的事迹，全国上下立即掀起一股向张海迪学习的热潮。

1983 年 3 月，团中央授予张海迪“全国优秀共青团员”称号，要求团员青年向张海迪学习。5 月，中共中央作出《向张海迪同志学习的决定》，号召全国人民特别是青少年向张海迪学习。6 月，团省委作出《关于响应党中央号召，深入开展学习宣传张海迪活动的决定》。1983 年 4 月至 8 月，广东共青团宣传张海迪的事迹，组织团员青年收听、收看张海迪报告会的电视、广播、录音及录像，掀起学习张海迪的热潮。青年纷纷“学海迪，见行动”，为群众做好事，在本职工作岗位上作贡献。一些基层团组织有针对性地在团员青年中开展“我向张海迪学什么”“我和张海迪比青春”“人为什么活着”“学英雄、讲理想、比贡献”“应该怎样做人”等专题讨论。通过学习讨论，团员青年对人生、生活、成长等重大问题的思考更加成熟。1985 年 7 月至 8 月，团省委、团深圳市委邀请张海迪赴广州、深圳作巡回报告并参观访问，各地团组织号召团员青年掀起学习张海迪的新高潮。

在 20 世纪 80 年代，榜样引领对广东青年理想信念的塑造起到重要作用，“80 年代新一辈”成为勇立潮头、敢闯敢干的一代“四有新人”。随着广东改革开放的深入发展，商品经济思想越来越深入人心，经济社会逐渐呈现出全新的活跃局面，青年的思想观念也越来越多元化。为了适应青年的变化，广东共青团在不断推出各领域时代榜样引领青年的同时，也开始探索在服务青年中引领青年，即把服务青年和引领青年结合起来。为此，20 世纪 80 年代末，广东共青团推出了一系列服务青年的创新举措，如率先探索青年志愿服务、创办“大家乐”舞台、举办羊城青春美大赛、建设青少年活动阵地、构建青年服务体系等。这些工作实践表明，服务青年极大地拓展了共青团工作的空间。在强化榜样引领的同时，完善对青年的成长服务，有利于更好地完成共青团教育培养青年、团结凝聚青年的任务。

第二节 为青年成长成才创造条件

随着改革开放的深入，广东各种所有制企业如雨后春笋般涌现，社会经济的发展越来越呈现多元化的特点，青年成长成才过程中产生了更多样化的需求。广东各级共青团组织把青年的自身需求同党和人民对青年的要求有机结合起来，围绕青年运动的时代主题，积极为青年的成长成才创造条件、整合资源、搭建平台，加强青年培育，有效服务青年。

一、培养农村青年星火带头人

20 世纪 80 年代初，随着农村家庭联产承包责任制的开展，农村青年中被压抑已久的劳动干劲释放出来了，他们积极投身于农业生产的恢复和发展。为了在农业生产中使农作物获得更高的产量、更优的品质，农村青年对学习农业科学技术产生了强烈的需求。此时，广东共青团在农村青年中广泛开展“学科学、用科学”活动，大力扶持青年科技示范户。1984 年至 1987 年，东莞共青团开展农村青年“学科学、用科学、科学建设东莞新农村”系列活动，三年内共组织传授农业技术课 3200 多场，培训农村青年 13 万人，涌现青年科技示范户 9600 多户。青年农民叶钦海从 1982 年开始承包 17 亩荒坡残林地，办起家庭小农场，两年获利 18500 元，被团中央授予“全国农村学科学用科学青年标兵”称号。

随着改革的推进和生产力的发展，广大农村科技与人才匮乏的窘境愈加凸显，全面提高农民素质，尤其是农村青年的素质，已成为发展农村生产力的战略任务。这对共青团在农村青年中开展实用科技培训提出了更高的要求。1988 年 7 月，为配合落实国家星火计划[1]、丰收计划以及其他科技规划，团

[1] 1985 年 5 月，为推动农村生产力的发展，国家科委向党中央、国务院提出“关于抓一批短、平、快科技项目促进地方经济振兴”的请示，很快得到批准。此即“星火计划”，寓意科技的星星之火，必将燃遍中国的农村大地。

中央和国家科委决定发起培养农村青年星火带头人活动。年底，根据团中央、国家科委《关于在农村开展培养“青年星火带头人”活动的意见》，广东作为全国活动先行地区，启动培养农村青年星火带头人活动。该活动的宗旨是培养一大批懂科技、善经营、会管理、有商品经济观念的青年乡土人才，并通过他们扩散科技星火，带动更多农村青年用科技致富。活动的对象主要是青年专业户、科技示范户和有一定技术管理水平的乡镇企业青年厂长。活动的主要内容是传播先进适用的科学技术和管理知识，扩散“星火”技术，发现并扶持青年人才。

培养青年星火带头人活动迅速得到全省，特别是山区共青团组织的热烈响应。1988 年至 1989 年，团英德县委在全县农村广泛开展青年实用技术培训工作，举办培训班 117 期，印发各种材料 12.2 万份，培训农村青年 98 754 人，不少人掌握了一至两门农科实用技术，1382 名青年成为专业户、重点户，1238 名青年成为科技示范户。团新会县委围绕深化农村改革，抓好技术培训。全县相继办起各级业余农校 312 间，16 万名青年农民接受培训，其中不少人掌握了一至两门农科实用技术。

1989 年开始，信宜县各级共青团组织积极培养农村青年星火带头人，推动农村社会进步。两年时间里，全县涌现出 150 名农村青年星火带头人，开办 23 个乡镇示范点，带动越来越多山区农民走上致富之路。团五华县委以科技兴农为突破口，以提高青年科技文化和思想道德两方面素质为目标，广泛开展实用技术培训，培养一批懂技术、善经营、会管理的农村建设人才，有效促进农业生产的稳定发展。五华全县各级团组织累计举办各类技术培训班 1100 期，受训青年达 12 万多人。1988 年至 1990 年，团南雄县委培养和树立起一批青年科技示范户典型，建立起一批“共青团农业新技术推广基地”，同时因地制宜开展“科技兴农”劳动竞赛，有效地把广大农村青年组织起来，使他们在农村改革与实践中受教育、长才干、起作用。

广东共青团在推动培养农村青年星火带头人工作中，注意发挥经济活动对农村青年的吸引力，使思想教育内容与经济实践活动有机地融为一体，从而激发农村青年学科学、用科学的内在热情。同时，通过抓农村实用技术培训，有效地增强了农村团组织的号召力和凝聚力。

各级共青团广泛开展培养农村青年星火带头人活动。图为广州市农村青年星火带头人表彰会

二、重启青少年活动阵地建设

改革开放后，随着经济形势的好转和人民物质生活水平的逐步提高，青少年对课余工余生活的要求越来越高。广东共青团抓住有利时机，积极恢复青少年文化活动阵地建设，满足青少年的业余生活需求。

1983 年 4 月，团省委在高要县召开全省农村青少年活动阵地建设现场会，提出进一步办好青少年活动阵地，丰富青少年生活，开创团工作新局面。1985 年，随着经济体制改革的全面深入开展，社会经济生活发生了重大变化，对人们的生活方式和精神状态也产生重大影响。这就要求共青团组织要在建设社会主义物质文明和精神文明方面更好地发挥作用。青少年活动阵地是共青团对青少年进行社会主义精神文明宣传教育的重要场所。在改革开放时期，大力加强青少年活动阵地建设，对于引导和激励青少年积极投身改革洪流，树立与生产发展和社会进步相适应的新观念、新道德、新风气，建立新型的生活方式，具有重大促进作用。

1985 年，为推动各级团组织建设青少年活动阵地，团省委在全省农村开展青少年活动阵地建设竞赛活动，以促使全省农村各级团组织在团结、教育青少年与建设社会主义物质文明和精神文明中发挥更大的主动性、创造性。各地团组织针对农村经济体制改革的新动态、新形势，从适合青少年特点出发，把农村青少年活动阵地建设工作作为大事来抓。1986 年 1 月，团省委对在农村青少年活动阵地建设竞赛活动中表现突出的单位进行了表彰。各地团组织更加广泛、扎实地开展青少年活动阵地建设，涌现出一些在全省甚至全国范围内产生较大影响的活动阵地。

1987 年，广东新建、筹建青少年宫8间、青少年之家 15 593 间。广东各级共青团组织建设青少年活动阵地的主要做法如下：一是根据当地的经济条件，建立不同层次的青少年文化教育活动场所。二是改革原有的青少年活动阵地管理办法，建立和健全规章制度，实行目标管理责任制，把竞争机制引入管理之中。三是实现青少年活动阵地功能多样化，坚持宣传、学习、培训、文化活动"四位一体"的方式，活动内容由单一向综合发展，满足不同层次青少年的需求，逐步形成系统的青少年服务基地。四是积极发挥青年文化社团的作用。五是坚持财政拨款、社会集资、个人捐款、有偿服务、以文补文等多种经营相结合的渠道，筹集活动经费。六是在充分利用团内资源的同时，主动将目光投向社会，争取企业对青少年活动的财力和物力支持；通过与社会文化部门、文化团体的合作，争取在社会文化基地中开辟青少年活动阵地；共青团组织在报刊、电台、电视台中开辟青少年节目专栏，扩大青少年文化传播渠道，调动社会各方面的力量，优化青少年文化活动的环境[1]。

三、恢复与港澳台及海外青年的交流

（一）与港澳台青年交流

广东各级青年联合会组织发挥广东毗邻港澳的优势，积极与香港、澳门、台湾地区的青年组织开展多层次、多渠道、多形式的交流，逐步实现由简单的联谊向纵深、多方面合作的发展。

[1] 广东省地方史志编纂委员会. 广东省志：青年工作志［M］.广州：广东人民出版社，2007：158–159.

20世纪80年代，全省各级青联组织围绕服务经济建设的要求，加强与港澳地区青年的交往。广东改革开放的特殊政策和灵活措施，吸引着众多港澳青年，他们希望了解广东，也希望在广东的经济建设中占一席之地。各级青联组织及时向港澳青年介绍广东的投资环境及项目，安排参观交流活动，提供投资信息，协助他们排忧解难。全省各级青联组织还及时了解外来投资者的经营动态，通过举办青年企业家座谈会，倾听呼声，采纳建议，协调政府有关部门帮助他们解决实际困难。同时注重做好重点人物的宣传工作，将一批来广东投资的港澳青年企业家吸收到青年联合会组织中，树立一批热爱祖国、遵纪守法、勤奋创业的青年企业家典型，这一系列做法在港澳地区产生了良好影响。

各级青联组织发挥自身优势，广泛开展与港澳青年的交流活动。例如，广州市的“穗港澳青年大联欢”（1985年）、“穗港青少年大露营”（1990年）等活动；深圳市的“深圳和平之夜”（1980年）、“深圳青年文化节”（1988年）等活动；深圳与香港、澳门地区青年社团分别举办“深港青年书画展”“试点焦点摄影展”“经济发展中的青年新里程”“转变中的地区政治与青年工作”等文化交流活动、专题研讨会，其他地市先后举办“珠（海）港澳金沙滩青年大联欢”“迎回归汕（头）澳青年交流营”“佛（山）港澳青年大联欢”“新世纪的约会——中（山）港澳青年联欢活动”“惠（州）港澳青年大联欢”“惠（州）港澳经济合作前景与展望研讨会”等活动。

1989年夏季后，广东青年与港澳的联谊工作受到一些影响。省青联及时召开工作会议，振奋精神，主动工作：一方面，通过赴港澳的机会广泛拜会港澳的青年精英，走访青年社团，加强联系，巩固友谊；另一方面，主动邀请港澳青年到粤访问、参加活动，加强相互了解和合作。

20世纪90年代初，省青联通过举办大型综合性活动、营地联谊活动、实地考察活动、社团交流活动、学术研讨活动、旅游观光活动，深化与港澳地区青年的交流。例如，省青联成功举办了“省港澳青年迎春赏花”活动（1990年）、“省港澳青年交流营”（1991年），组织港澳地区的省青联特邀委员赴河源山区考察（1992年），等等。

推进祖国的统一大业是广东青年组织义不容辞的责任。长期以来，广东省青年联合会一直把对台青年工作作为统战工作的重点，通过各种形式逐步推进与台湾青年的交往。省青联与台湾“中华青年交流协会”、台湾省青年商会的交往不断加深。1993 年，省青联邀请台湾、香港、澳门地区的杰出青年来广东进行交流活动，举办两届由台湾大专青年访问团与广州地区大学生艺术团同台演出的“海峡两岸青年联欢活动”。台湾青年社团和组织从开始时仅仅是来广东探亲观光，发展到在经济、科技、教育、文化、体育等多个领域与广东开展深度交流合作。大量的台湾商人、企业家来广东投资，不但有利于广东的经济建设，同时还拓宽了广东各级青年组织对台青年工作的渠道。

（二）与海外青年交流

改革开放后，广东青年组织以“团结爱国、振兴中华”为旗帜，以“立足国内、面向海外、突出重点、发挥优势、协调发展”为指导思想，团结一切可以团结的力量，逐步恢复和拓展与海外青年的交流合作。

1980 年 5 月初，日本福冈市友好访问团和福冈市青少年男女子排球队在广州市少年宫和广州少年儿童举行联欢。5 月底，日本“福冈县青年友好之船”访问团一行 353 人抵达广州进行友好访问。1980 年 7 月，开平县侨办举行“美、加华侨华裔青年学生夏令营”，这是新中国成立以来广东第一个华侨华裔学生夏令营。1981 年 4 月，广州各界群众及日本来宾 700 多人在越秀山金印青少年游乐场集会，庆祝广州、福冈缔结友好城市两周年暨广州金印青少年游乐场开幕。1985 年，广东青年组团参加日本兵库县举办的有 30 多个国家和地区参加的国际交流会议。1988 年，广东省中国青年旅行社向美国派出第一支由三十名中国青年组成的自行车旅游团横跨美国大陆。1990 年开始，广东青年组织与日本青年组织的交往从一般交流深入到经济和文化领域。1983 年至 1990 年期间，省青联先后接待来自世界各大洲 80 多个国家和地区近 200 批青年到访，共 3000 多人次；并多次组团到日本、美国等国家访问交流。省青联主办的“中朝青年大联欢”“亚太地区青年大联欢”“广州地区青年与华裔青年大联欢”等活动，富有影响力，深受欢迎。1985 年至 1989 年，广东省青年旅行社共接待来华团队 4527 支，共 72 711 人次。各市青年海外工作也有很大发展，组团、随团出访 30 多批；接待海外青年朋友 200 多批，共 5000 多人次。

改革开放后，广东青年与海外青年的交流逐步恢复。图为 1980 年 7 月，开平县“美、加华侨华裔青年学生夏令营”师生合影

四、探索建立青少年社会化服务体系

（一）推进青少年事务立法

青少年事务立法是保护青少年健康成长的重要途径，也是落实青少年权益保护工作的重要举措。1988 年 1 月，团省委等代表在省七届人大一次会议上提出关于制定地方法规《广东省青少年保护条例》（以下简称《条例》）的第 131 号议案。1989 年 2 月，团省委牵头起草的《条例》经省七届人大常委会第六次会议审议通过，于 1989 年 5 月 4 日起施行。《条例》的制定与施行标志着广东省青少年维权工作取得实质性的突破。团省委、省司法厅、省教育厅等单位在全省开展《条例》的宣传教育活动。各地共青团组织把宣传、贯彻《条例》作为完善共青团的社会功能、深化共青团的社会监督和维权工作的重要工作内容来抓。《条例》的施行，对于保护青少年的合法权益，促进青少年健康成长，具有重要意义。

（二）形成维权工作机制

维护青少年合法权益工作必须有组织和制度上的保证。1989 年，经过团省委的积极争取，省委、省人大原则上同意设立广东省青少年权益保护委员会，办公室设在团省委。各市、县团委也积极争取党委和地方人大的支持，努力促成青少年保护机构的设立，反映青少年呼声，为青少年的发展成才提供机会。有些团委机关内部还设立青少年权益保护部门或联合社会有关方面组建法律咨询机构。例如，设立青少年心理咨询中心、青少年服务中心，提供热线电话等服务；“青年接待日”、热线电话和来信来访处理工作进一步制度化。共青团组织通过切实抓好以上软硬件建设，推动青少年合法权益保护工作的深入开展。

（三）拓宽服务工作领域

随着经济社会的发展和改革开放的深入，社会生活的各个领域逐渐发生了巨大的变化，一些青年如不能很好地适应这种变化就容易在升学、就业、婚恋、生活等方面面临更多的问题和困惑。及时支持和帮助面临困难的青年化解矛盾，提高其心理素质，帮助他们重新焕发对生活的热情和朝气蓬勃的精神面貌，是团组织面临的一项新任务。为此，团组织积极拓宽工作领域，解决青少年在自我发展方面所面临的困惑和矛盾。根据社会经济发展条件和需求，团组织为青少年举办形式多样的职业培训。一些团组织成立青年智力开发中心、青年人才交流中心，设立“青年热线”“中学生心声热线”，开办新婚夫妇学校，发展婚姻介绍所，为青年搭建交友平台。团省委还设立了青少年心理咨询中心，开展了多项活动，为青年解决成长面临的疑难问题。

1987 年，广州创立“中学生心声热线”

第三节 在四个现代化建设中建功立业

党的十一届三中全会以后，我国进入了改革开放的新时期，党中央领导全国人民继续坚持实现四个现代化的奋斗目标。1982 年 8 月，共青团广东省第七次代表大会向全省团员青年发出为开创祖国南大门现代化建设新局面贡献青春的号召。各级团组织积极响应号召，坚持以四个现代化建设为中心，调动广大青年的积极性和创造性，发挥他们在四个现代化建设中的生力军作用。改革开放实行后的十多年间，各级团组织带领广大青年深入开展争当新长征突击手、劳动竞赛、植树造林、“小庄园”等活动，为青年提供了施展才干、贡献力量的广阔舞台。广大青年在各个领域大显身手，建功立业，展示了青年一代的风采。

一、争当新长征突击手

青年是广东四个现代化建设的重要力量。改革开放初期，一大批广东青年勇立潮头，唱响敢闯敢干、敢为天下先的青春之歌。1979 年，回城知青容志仁在广州西华路司马坊开办“容光小吃店”，成为广州市最早的个体户之一。20 世纪 80 年代初，广州南方大厦百货商店率先改革经营管理体制，销售额增长跃居全国十大商店之首，共青团组织和团员青年在其中发挥了重要作用。据统计，在百货商店 3000 名职工中，30 岁以下的青年占 75%，并占第一线售货员总数的 86%。

1979 年，回城知青容志仁开办小吃店，成为广州最早的个体户之一

创办经济特区是一项伟大的创举。在经济特区建设中，青年作出了巨大的贡献。20 世纪 80 年代，大批青年投身深圳、珠海、汕头经济特区建设洪流，在改革开放事业中接受锻炼和熏陶。在深圳经济特区，从全国各地汇集来的青年从事着政治、经济和科技文化管理等方方面面的工作，成为经济特区建设的中坚力量。很多青年原先虽然没有接触过工业生产，但经过几年的磨炼，已成长为企业的管理或技术骨干。深圳经济特区喊出“时间就是金钱，效率就是生命”的口号，创造了快速发展的“深圳速度”。

1979 年 3 月，为激励广大青年投身改革开放和社会主义现代化建设，团中央作出《关于在全国青年中开展“争当新长征突击手”活动的决定》。广东各条战线的共青团组织了数万支青年生产突击队，在经济建设中承担急、难、险、重任务，在生产建设领域发挥积极作用。

据不完全统计，在全省主要城市和地区中，被授予“新长征突击手”称号的有 3476 人，青年突击队有 303 支。韶关凡口铅锌矿选矿车间团支部青年突击队，通过收旧利废，一年就为国家创造产值 141 万元，人均 4 多万元。1987 年，潮州市美术瓷厂青年车间组织青年突击队回收通花瓶“回头泥”1.5 万斤，价值人民币 1500 多元。潮州市华侨瓷厂积压一批副品瓷，美国客户通过市场预测，决定购下这批须经清洗方能出口的积压陶瓷。在时间紧、任务重、工厂不能停产清洗的情况下，团支部组织 130 多名青年突击队队员主动承担任务，用 15 天的业余时间清洗 38.8 万件陶瓷，为国家创汇 31 万美元。海南岛的黎族姑娘黄菊梅承包国家南药生产科研项目——白豆蔻的引种栽培，在人烟稀少的深山里艰苦劳动，几经失败，终于取得成功，填补国内种植业的一项空白。这项成果获得广东省 1986 年重大科研成果三等奖。

广大团员青年刻苦学习，忘我劳动，在四个现代化建设中发挥了突击队作用。广东共青团对这一时期取得突出成绩的青年和青年集体，授予“新长征突击手（队）”称号。1979 年 9 月，团省委在广州召开首次广东省新长征突击手命名表彰会，命名广州铁路局广州客运段广九二组团支部等 5 个集体为新长征突击队红旗，授予广东省体工队举重运动员陈伟强等 36 名先进个人为新长征突击手标兵；命名新长征突击队 146 支，授予“新长征突击手”称号 1968 名。1987 年 5 月 3 日，团省委作出表彰全省新长征突击手（队）的决定：授予黄菊梅等 275 人为广东省新长征突击手，授予广州市第一公共汽车公司“共青团号”七九二车组等 27 个集体为广东省新长征突击队。

二、掀起劳动竞赛的新热潮

1978 年 12 月，党的十一届三中全会作出把全党的工作重心转移到社会主义现代化建设上来、实行改革开放的历史决策。为深入推进广东社会主义现代化建设事业，广东各级共青团组织带领广大青年掀起劳动竞赛的新热潮。此时，劳动竞赛的目标逐渐转变为以提高经济效益为重点，劳动竞赛的内容转向以发挥群众创造精神、依靠技术创新为核心，劳动竞赛的参与者从一线生产工人转变为包括厂长、经理、技术和管理人员等的全体人员，劳动竞赛的领域转变为包含多层次、多类型的生产经营全过程。劳动竞赛对激发青年工人建功立业起到积极作用。

（一）“小发明”竞赛

1982 年 1 月，团中央青工部、《中国青年》杂志社联合国家轻工业部科研司发起组织全国青年“小发明”竞赛活动。广东共青团积极响应，广大团员青年踊跃参加，从生产实际和人民生活的需要出发，开展“小发明”“小革新”活动。据不完全统计，广东省有 3 万名青年工人参加“小发明”竞赛活动，取得 5000 多项成果，直接应用于生产的有 3000 多项。这些项目对企业的挖潜、革新、改造和产品的升级换代，以及促进企业的技术进步起着有益的作用。不少成果达到省级先进水平或国家级水平，有的还填补了我国在该领域的空白。

青年工人“小发明”竞赛活动不仅提高了经济效益，促进了生产发展和技术进步，还使一些陷入困境的工厂重获生机。广州市荔湾区兴龙针织厂由于产品款式陈旧，积压滞销，出现严重亏损。在青年“小发明”竞赛活动中，青年工人梁润明经过认真的市场调研，根据本厂产品特点，设计出 50 多款款式新颖的针织服装。这些服装投放市场后，成为畅销产品，让工厂扭亏为盈。

青年“小发明”竞赛活动促进青年学科学、学技术，提高青年的科学文化水平。全省各级共青团组织和业务部门配合文化补习，采取举办技术讲座、培训班、技术操作表演赛等形式，组织广大青年工人学科学、学文化、学技术。据统计，广州市、汕头地区、佛山地区、湛江地区举办各类讲座600多期，参加学习的青年工人达2万多人次。有的地方还成立青年科技组织，指导青年工人开展学科技活动。广州市荔湾区华林街团总支成立了40多名青年工人参加的青年科技促进会，帮助青年工人解决技术革新中的一些疑难问题，并定期举办专题科技讲座，提高青年工人的科技水平。

1982年，团汕头地委会同地区一轻处、二轻处组织全区轻工业系统广大青年工人开展青年“小发明”竞赛活动。经过一年多的努力，全区青年工人提交的发明项目有1420多项。其中，68项达到地区先进水平，25项达到省级先进水平，8项达到国家级先进水平。被采用的有180项，为企业创造经济价值的有30项，其中10万元以上的有26项，百万元以上的有9项。1983年4月，在团中央、国家轻工业部召开的全国青年“小发明”竞赛活动表彰会上，广东有6项成果获奖，团汕头地委被评为先进集体。

（二）青年工人“五小”智慧杯竞赛

1982年，团广州市委在全国率先开展青年工人“五小”（小发明、小设计、小革新、小创造、小建议）智慧杯竞赛活动。1983年3月，团中央联合国家经委、中华全国总工会发起开展全国青工“五小”智慧杯竞赛活动。广东各级共青团组织积极响应，“五小”智慧杯竞赛活动迅速在各条战线中开展起来。1983年至1989年，全省“五小”智慧杯竞赛一共举办了三届，取得了丰硕的成果。

据不完全统计，1983年3月至1984年3月，广东有25万名年龄在35岁以下的青年工人参加第一届竞赛活动，取得成果1.8万项。不少成果达到省级或国家级水平，实现直接经济效益2100万元。1984年5月，团省委、省经济委员会、省总工会表彰团广州市委等5个先进单位，表彰250项优秀项目。

1984年至1987年，团省委与省经济委员会、省总工会成立“广东省青工‘五小’智慧杯竞赛领导小组”，组织省内14个城市、百家企业开展第二届竞赛。据不完全统计，全省有140多万名青年工人参加“五小”智慧杯竞赛活动，取得5万多项成果（其中填补国家空白的有12项，填补省内空白的有32项），创造经济效益5亿多元。团广州市委等25个单位获得“先进单位”称号。

1984年，汕头市取得“五小”智慧杯竞赛活动成果850项，比1983年增加285项。有一部分项目分别填补市、省、国家的空白。揭阳县氮肥厂团组织把青年工人萌发出来的创造性思维引导到改变企业落后面貌上来，发动青年立下“军令状”，积极参与设备改造、技术攻关、节约能源等活动，经过几个月的奋斗，一举甩掉17年亏损1500万元的大包袱，当年盈利79万元，成为轰动全市的大新闻。

1986年，广东有60多万名青年工人参加竞赛活动，取得23 248项成果，其中1162项达到市、地级以上水平，6项填补国家空白，创造经济效益20 798万元。据不完全统计，1986年12月至1987年5月，全省又获得竞赛成果9000多项，创造经济效益8530万元。仅韶关市一地，1987年参加“五小”智慧杯竞赛活动的青年工人就超过3万人，取得成果3000多项，创造经济效益2364万元。海南铁矿团委组织青年工人成立技术革新小组28个，完成革新项目50多项，提出整改建议52条，为企业创造经济效益近百万元。

1987年至1989年，广东全省共有40多万青年工人参加第三届竞赛活动，取得成果5.9万多项，创造经济效益11.43亿元。团省委、省经济委员会、省科学技术委员会、省科学技术学会联合表彰茂名石油化工公司计算机中心张小明《茂油节能管理计算机软件》等155项优秀成果（其中一等奖27项、二等奖46项、三等奖83项），同时授予团韶关市委等7个团市委以及新会县纺织工业公司等32个基层单位团委为先进单位。

在第三届“五小”智慧杯竞赛活动中，茂名市呈现出层层发动、级级落实、志在夺魁的局面，创造经济效益1.7亿元，取得成果4182项，达到国家级、省级水平的59项；推广应用成果1685项，获得经济效益4960万元。

（三）“五杯”达标赛

1986年，团省委在全省工交、基建、财贸等战线开展了建功立业“五杯”（智慧杯、文明杯、贡献杯、精英杯、管理杯）达标赛活动。活动覆盖工交、基建、商业、服务、供销、银行、邮电、卫生、公安、个体等行业。各地的竞赛活动形式主要有如下几种：一是逐级认杯，层层竞赛；二是签订标状；

三是开展对手竞赛；四是开展达标活动；五是开展系列活动。

在开展"五杯"达标赛活动中，各级团组织注重扩大竞赛覆盖面，采取多种行之有效的形式组织竞赛，从而使"五杯"达标赛的各项内容得到落实，这项活动在全省取得较好的经济效益和社会效益。全省2万多家工业企业中，有1.9万多家企业开展了"五杯"达标赛，占工业企业总数的95%。全省共举办各种技术培训班3406期，培训青年工人192 681人次；开展技术练兵、技术比武2420场次，参加人数189 070人次；取得"五小"成果9000多项，创造经济效益8530万元。

团高州县委在青年员工系统中广泛开展"立足岗位创一流"的"五杯"达标竞赛活动，全县5234名青年员工共取得"五小"成果545项，开发新技术26项，创新产品311种，其中44种获产品奖，3种填补国家空白，13种打进国际市场，达标竞赛活动创造经济效益2217.44万元。

（四）"八大能手"劳动竞赛

1991年，团省委、省劳动局、省总工会、省经济委员会、省建设委员会、省财贸办公室联合在全省青年职工中组织开展"八大能手"（即优质高产、安全生产、生产操作、优质服务、技术革新、开发新产品、增产节约、经营管理）劳动竞赛。"八大能手"劳动竞赛契合当年国务院"质量、品种、效益年"的主题，得到各地党政领导的重视和支持。全省青年职工掀起人人争做先进、个个争当能手的比、学、赶、超竞赛热潮。据统计，有上百万名青年职工参加这一竞赛，覆盖10多个行业，创造了数亿元的经济效益。1992年2月28日，主办单位授予广州市等4个市和深圳市邮电局等53个单位劳动竞赛组织先进单位奖，授予罗军东等80人为青年职工"八大能手"，授予郑继明等118人为劳动竞赛的积极分子，授予池红燕等57人为优秀组织者。

（五）文明经营示范活动

1986年3月，团省委、省商业厅联合在全省城市商业、服务业开展文明经营示范活动。这项活动在全省17个城市同时开展，创建全国、省级、市级、本行业四个层次的文明经营示范单位。经各市推荐，省级考核，团省委、省商业厅在同年7月批准了广州酒家等37个单位为文明经营示范单位，并向这些单位授予文明经营示范牌匾，使其接受广大顾客监督。

文明经营示范单位通过加强企业管理、改善服务态度、提高服务水平，取得较好的经济效益和社会效益。潮州市百货大楼通过开展职业道德教育，增强文明经营的自觉性，增添便民措施和10多个新项目，不但赢得顾客的赞誉，企业的销售额也比上年增长17%，取得较好的经济效益。佛山市升平百货商店在开展文明经营活动中，1986年三项经济指标（即人均营业额、人均利润、流动资金周转率）均高于全国行业平均水平。1987年3月，团省委、省商业厅联合在佛山市召开总结表彰会，授予佛山市升平百货商店、广州市东山百货大楼等10个单位“先进单位”称号。

（六）“青春在旅游业中闪光”活动

1989年，团省委、省旅游局在旅游行业中开展“青春在旅游业中闪光”活动。活动的内容是：抓好青年员工的思想和职业道德教育，提高服务质量、提高青年员工的服务水平，引导组织青年员工在振兴旅游业中充分发挥作用。全省组织了三次大型活动：一是主题宣传活动。1990年3月，在广州英雄广场组织“青春在旅游业中闪光”主题宣传活动，有20多家宾馆、旅行社参加宣传活动。二是技术竞赛活动。1990年8月，在广州白云宾馆举行广东省首届旅游业青年员工技能比赛，共有12支代表队、60多名选手参加前台问讯、西餐摆台、中餐摆台、客房西式铺床、翻译导游等项目的比赛。三是交流学习。1990年9月，组织30名优秀服务能手到湛江等地巡回表演，交流服务技能。“青春在旅游业中闪光”活动中，广东选拔了5名优秀选手参加全国首届旅游业青年员工技能表演大赛，获得好成绩，受到表彰。

三、“十年绿化广东”的青春奉献

新中国成立后，广东青少年积极响应党的号召，广泛开展植树造林活动，保护生态环境。广东青少年植树造林有着光荣的传统。1979年，全国青年造林大会在延安召开，有力地推动了广东青少年植树造林活动的开展。7月，为了巩固和发展大好形势，团省委、省林业局在电白县联合召开全省青年造林会议，部署了全省青少年植树造林工作。各地团委和林业部门根据本地区、本单位的实际情况，把造林绿化和改变家乡面貌、使农村早日变富联系起来，制定了具体的措施，使青少年造林工作更加广泛扎实地开展起来，取得了新的成绩。

1980年初，团省委、省林业局联合批转了团韶关地委、韶关地区林业局《关于今年开展青少年植树造林活动的报告》。各地团委分别以召开造林工作会、现场会、表彰会，发通知、倡议等形式，广泛进行宣传发动。1982年是中国开展全民义务植树运动的第一年，广东各级共青团组织带领广大共青团员、青少年扎扎实实地开展造林护林活动，为绿化南粤大地作出新贡献。据不完全统计，1982年上半年，广东省有数百万名青少年参加植树活动，造林165万亩，造红领巾林2778亩，造青少年苗圃257个、面积12 220亩，四旁绿化植树2526万多株，道路绿化5358千米，造花圃1540多个、种花221万多株，种草地64多万平方米。

1983年1月，省人民政府批转团省委和省林业厅的报告，决定在全省青少年中深入开展造林护林达标竞赛活动。当年全省青少年植树造林面积达285万亩，比1982年增加120万亩；四旁绿化、义务植树7400多万株，道路绿化3万多千米。全省有64个县达到造林护林竞赛指标，比1982年增加40个县。同时，许多团县委营造了高质量的“青年基地林”。100多万亩的“青年林”“少年林”遍布南粤大地，近13万个青年“小五园”（小林园、小果园、小茶园、小药园、小苗园）星罗棋布，青少年培育的300多万盆鲜花盛开在千家万户。这一竞赛活动的开展，大大调动了各级团组织和广大团员、青少年造林护林的积极性，不仅绣绿了山川，还陶冶了青少年的思想情操，其中更涌现出一大批青少年造林护林先进典型，如电白县青年邵发被团中央、国家林业部授予“青年森林卫士”光荣称号。1984年，在“争当绿化南粤青年先锋”活动中，广东全省参加植树造林的青少年达1163万多人，共造林近414万亩，义务植树18万多株。当年，团中央、中央绿化委员会、国家林业部授予广东省10个集体、18名个人“绿化祖国突击手（队）”的称号。

1986年是中共广东省委、广东省人民政府提出“十年绿化广东”规划的第一年，团省委联合有关部门，在“两江五线”（韩江、北江流域，广海南、广海北、广汕、广韶、广梅公路沿线）开展植树绿化工程。在1986年、1987年两年里，广东青少年共造林1010多万亩，营造青少年林261万亩，义务植树2890万株，绿化道路17 491千米。1986年3月12日，团中央、交通部联合发出《关于表彰公路绿化先行县的决定》，广东的博罗县、电白县获“全国公路绿化先行县”称号。团博罗县委、团电白县委是广东青少年绿化公路活动中涌现出来的先进集体。1985 年，博罗县组织青少年公路绿化突击队，绿化公路 46 千米，植树 5.3 万株，成活率达 93.9%；电白县组织青少年绿化公路 175 千米，植树 25 万株，成活率达 85%。

1989 年，团省委在“青年植树周”活动中率先示范。3 月 11 日，团省委组织广州地区的共青团员、青年近千人在广州市郊太和镇种植“广州地区青少年林”400 多亩，带领全省各级共青团组织开展“植树周”活动。团茂名市委在茂南区设立一个集中连片 1000 亩的造林点，在“植树周”组织上万名青少年挖穴备耕、植树。广州铁路局团委承包广深复线绿化工程，在铁路两旁植树 10 万株。据不完全统计，在 1989 年植树节前后，广东各地共百万名青少年参加植树活动，造林 25 万亩。

在植树造林活动中，广大青少年以开拓进取、顽强拼搏的大无畏精神，顶烈日、冒风雨，当先锋、打头阵，在造林绿化事业中发挥了生力军作用。全省团组织在造林绿化中创造和积累了以下经验：一是造林绿化与美化环境相结合。二是造林绿化与脱贫致富相结合。三是造林绿化与育林护林相结合。四是造林绿化与创设经费基地结合起来。

四、山区青年大办“小庄园”

党的十一届三中全会以后，广东农村发生了深刻的变化，农村经济建设呈现生机勃勃的景象。但是，由于地域差异、自然环境和经济基础不同，全省广大农村经济社会发展存在不协调、不平衡问题。如何克服区域劣势、发挥农村优势，建设家乡、改变农村面貌成为山区青年面临的难题。

为实现青年发展山区的诉求，从 1986 年起，团省委在全省农村青年中开展“小庄园”活动。“小庄园”活动主要动员农村青年在承包的土地上开展造林、种果、养殖等劳动致富活动。广东各级共青团组织带领广大团员青年大搞开发性生产，全省共 1770 万青年造林、种果 250 多万亩，其中果树种植面积占 30% 以上。各地共青团组织都制定了开展“小庄园”活动的规划或方案，采取切实有效的措施推动活动的开展。

团龙门县委针对当地“八山一水一分田”的特点，立足本地自然资源条件，引导农村青年走勤劳致富、科学致富的道路。1984 年起，通过 3 年多的努力，全县办起青年“小庄园”4400多个，造林8.75万亩，种果2.28万亩。农、林、牧、渔业等多种经营的规模不断发展扩大，全县青年“小庄园”开发的总投资达300多万元。

团省委及时推广龙门县开展“小庄园”活动的经验。各地共青团组织结合区域特点，从实际出发，有计划、有步骤地把“小庄园”活动推广开来。团惠阳地委把“小庄园”活动作为农村共青团工作的突破口，成立“小庄园协会”。团惠东县委联合县科委、农委、科协、农牧局、林业局等有关部门成立“小庄园”活动协调小组，为农村青年兴办“小庄园”排忧解难，从本地实际出发，抓培训、抓服务，推动“小庄园”活动扎实开展。全县各级共青团组织用各种形式培训农村青年8530多人次，创办“小庄园”601个，开垦荒山3500亩，造林2.1万亩，种果1500亩，为青年解决资金、场地、种苗等难题213宗。

团湛江市委根据本地资源优势，以“湛江青年杯”竞赛活动的形式，推动“小庄园”活动的开展，促进农村商品经济的发展。据不完全统计，1986年后，全市农村青年约63万人，先后开辟荒山、荒地种果树8200多亩，造林12多万亩。农村青年种养专业户由1985年底的5700户增加到2000年的9.2万户。

团高州县委因势利导，带领农村青年办园致富。1986年起，把开展“小庄园”活动作为县农村共青团组织的工作主线，带动农村共青团的各项工作。全县建成初具规模的“小庄园”1180个，总面积41 300亩。同时，发展农村共青团员4590名，农村共青团工作呈现全面活跃的喜人局面。

团梅州市委注重发现典型、培养典型、宣传典型，用青年典型的感人事迹和成功经验引导和激励青年走耕山种果的致富道路。1985年以来，团梅州市委先后树立和推广了80多个典型。1987年以来，为“小庄园主”解决资金175万元。全市市、县（区）两级共办造林种果点9个，面积11 935亩；有县、乡（镇）级青年农科协会314个，会员达1.26万人，初步建立了一支由农科人员、农村青年星火带头人等组成的科技队伍，对提高青年“小庄园主”的科技素质和经营管理水平起到很大的推动作用。

在发展“小庄园”经济的过程中，各地共青团组织特别注重开展农业技术培训。恩平县举办县、镇、村、个人四级农科技术培训班3722期，受训

14.88 万人次，培训率达 95.8%，受训者都能掌握两至三门实用技术。河源市举办各类培训班，组织 100 户农村青年示范户，应用推广农业新技术，解决落实经费 16 000 多元。各乡镇办起 25 个由共青团组织、农技站、茶果办等单位人员组成的辅导站，成立各类青年协会 8 个、各种服务组织 86 个，形成县、镇、村三级培训网络。

五、农村青年务工潮的兴起

20 世纪 70 年代末，在邓小平及中央有关部门的支持下，广东开始调整政策，率先采取对外开放的灵活措施。1978 年，广东建设宝安、珠海出口基地，将宝安县改为深圳市，珠海县改为珠海市，并报国务院批准。与此同时，珠三角地区率先引进外资和“三来一补”[1]企业。1979 年 7 月，蛇口工业区破土动工，成为中国大陆第一个工业出口加工区。

改革开放初期的珠三角地区，由于大力引进外资，各种所有制企业如雨后春笋般涌现，带动本地农业劳动力迅速向第二、三产业转移。城镇劳动人事制度改革后，城镇职工择业自主权加大，导致劳动条件艰苦行业或岗位职工大量流失。珠三角地区在吸收消化本地农村剩余劳动力之后，仍然存在巨大的劳动力需求缺口，出现了地区性劳动力短缺、农村部分耕地弃耕的现象。

与此同时，在粤东、粤西、粤北山区和外省农村，有大量富余劳动力需要转移消化。党的十一届三中全会以后，农村实行家庭联产承包责任制。劳动生产效率大幅提升后，出现剩余劳动力。随着城乡隔离的坚冰慢慢消融，农民开始进城务工经商。在农村对劳动力的推力和珠三角对劳动力的拉力的

改革开放后，农村青年务工潮兴起。图为 1989 年深圳蛇口工业区工厂的外来务工青年（摄影　江式高）

[1]“三来一补”，指来料加工、来样加工、来件装配和补偿贸易。

共同作用下，大量农村劳动力涌向珠三角务工，并慢慢地又扩散到全省经济相对发达的其他地区，推动广东务工潮的兴起。

务工大潮中的弄潮儿是谁呢？1990年第四次人口普查资料显示，广东省有329.26万外来流动人口，居全国第一位。从户籍类型看，外来流动人口绝大部分来自农村；从年龄结构看，年龄在16岁到25岁之间的占78.52%，16岁到30岁之间的占89.19%；从文化程度看，中等专业水平及以上仅占1.17%，初中文化程度占55.30%，初中以下文化程度占43.53%。这说明人口普查数据中的外来流动人口以初中及以下文化程度的农村务工青年群体为主。

务工青年就业的领域非常广。从行业类型看，有基建、环卫、交通、纺织、化工、电子、家电等；从企业类型看，有“三来一补”企业、三资企业、乡镇企业、个体工商户以及适度规模经营的种田大户等。20世纪80年代，珠三角地区对务工青年已经形成相当程度的依赖，有的地区离开外来劳动力就无法正常进行生产。如深圳有“三来一补”企业3000家、三资企业100多家、乡镇企业1万多家，全市第二、三产业40多万就业人员中就有75%以上为外来劳动力。

从来源地看，统计数据显示，外来流动人口来自广东省内的有257.57万人，占78.23%；来自省外的有71.69万人，占21.77%。这说明，在改革开放初期，农村务工青年主要来自省内。但随着“广东遍地黄金”“东南西北中，发财到广东”在民间的广泛流传，加上务工青年的“传帮带”，省外务工青年所占的比例逐年快速增长。据相关统计，20世纪80年代中期，广东务工青年的来源地已基本包含全国各省区；80年代后期，南下务工青年队伍又从农村青年逐渐扩大到城镇青年，甚至青年知识分子和新毕业大学生也纷纷加入南下“淘金”的队伍。

务工青年对改革开放初期广东的四个现代化建设起到巨大的促进作用：一是促使广东经济总量不断增长。据估算，流动人口就业对广东的经济增长贡献率达到20%左右。以务工青年最集中的深圳为例，建市之初，务工青年不足10万人，地区生产总值不到10亿元；1994年务工青年超过200万，地区生产总值高达615亿元。二是加速了广东工业化和城市化进程。改革开放后，广东大量吸引外资办厂，大量的务工青年被吸纳到这些企业中，成为广东工业企业的主力军。工业发展必然推动工业化和城市化。三是促进广东商贸、运输的繁荣。务工青年在广东的衣食住行等消费行为，给广东经济各领域带来了巨大的商机。20 世纪 80 年代末期，广东的社会消费品零售总额名列全国第一，这与大量外来务工青年在广东生活消费是密切相关的。每年春节前后，务工青年掀起的返乡潮和回流潮，给广东的运输行业带来压力的同时也带来了收益。四是带动劳动力输出地经济发展和人民生活水平提高。据估算，以在广东的一个务工青年一年向家乡寄 3000 元钱计，10 年中，务工青年群体从广东寄回其家乡的人民币高达数百亿元。

务工青年作为广东青年群体的重要组成部分，一直得到广东共青团和青联组织的关心和帮助。各级共青团和青联组织纷纷围绕服务务工青年这一主题，开展丰富多彩的工余文化娱乐活动，加强培训以提升其文化水平和就业技能，推动保护合法权益和解决生活困难，促进务工青年融入当地社会生活等，涌现出一大批响亮的工作品牌。20 世纪 80 年代农村青年务工潮的兴起仅仅是序幕，随着广东改革开放和社会主义现代化建设步伐加快，务工青年南下大潮更加波澜壮阔。

第四节 抓基层建设，适应改革新形势

20 世纪 80 年代，随着改革开放的不断深入，中国社会产生了一系列前所未有的新变化，这也给共青团的基层组织建设提出了许多新课题。80 年代中期开始，共青团开启了团的体制改革的探索。1987 年 9 月，共青团广东省第八次代表大会提出，共青团必须抓基层打基础，适应改革新形势，切实加强自身建设，加紧团的改革，全面活跃团的工作。广东共青团先后开展试行团员证制度、启动“兴镇带村”、加强团干部队伍建设等工作，探索新时期团

的改革的新做法，进一步焕发团组织的生机和活力。

一、率先试行团员证制度

随着城乡经济体制改革和对外开放的不断深入，团员管理工作面临新的问题。在城市工厂企业，合同工、临时工、轮换工越来越多，团员的流动性也越来越大；在农村，团员外出搞承包，或进乡镇企业做工的也越来越多，团员来源地出现“多源化”的特点；基层团组织的机构设置比较单一，不能适应团员流动性大的形势；团组织发展工作缓慢，团员占青年比例较低。这种状况严重影响了团组织团结教育青年作用的发挥，使团的许多工作难以落实到基层。

为寻求合理的解决途径，各级团组织根据各自的实际情况进行了多种形式的积极探索。团深圳市委在团中央和团省委的支持下，大胆创新，尝试用试行团员证制度的办法来解决问题。1985 年 4 月，深圳市首届团代会作出了《关于在团员中试行团员证制度的决定》。经团省委批准后，团深圳市委于 8 月在全市范围内试行团员证制度。团深圳市委通过各级团组织对团员的情况进行调查摸底、组织登记，摸清了团的组织状况，进一步建立健全了团的组织，加强了团的组织管理。深圳市的实践证明，试行团员证制度是一项加强团的基层工作的有效措施，为改革和加强广东团的组织管理闯出了一条新路子。

在总结深圳市所取得的经验的基础上，并报团中央和省委批准后，团省委决定从 1986 年 2 月开始，在全省推广试行团员证制度。3 月，团省委在深圳市召开颁发团员证工作现场会，部署全省颁发团员证的试点工作，3 月至 6 月为试点阶段，7 月全省铺开。颁发团员证是一项崭新的工作，虽然深圳市和其他一些地方的团组织对试行团员证制度首先进行了探索，并提供了许多成功经验，但各地情况差异很大，经济特区、经济开发区、开放城市、平原、山区的经济条件不同，城市街道、厂矿企业和学校的特点不一。为了更好地总结各类地区、不同系统、不同单位颁发团员证工作的经验，团省委在试点阶段主抓一个山区县、一个大厂矿、一所大学，并在广州、佛山、茂名、东莞、新会等市、县建立一批不同类型的联系点。在深圳召开颁发团员证工作现场会后，各（地）县团委认真规划，精心组织，集中力量、全面开展颁发团员证的试点工作。省、市（地）二级抓的 31 个试点、54 个联系点单位的办证工作取得显著成效，主要是把有青年还没有团员证的空白点“填”起来，把瘫散支部“扶”起来，把二、三类支部搞活起来，把丢失了的团员“找”回来，把先进青年发展起来，把青少年文化阵地、团的经费基地建起来。

团广东省通什农垦局委员会重点帮助农场团组织搞好自身建设，抓好办证试点工作。经过努力，全场组建团总支7个、团支部35个，占应建立支部数的100%，使原来23个瘫散支部重新健全和活跃起来，一、二类支部占比上升到90%；办起了“青年之家”21个，占应建“家”单位的80%。有200名青年向团组织递交了申请书，97名青年加入了团组织，全场团员达到517人，占青年总数的43%。

在颁证工作中，东莞市黄江区针织厂根据对外加工企业的生产实际，开展一系列团的工作。该厂自1982年创办以来一直未建立团的组织，颁证试点工作开展后，通过调查摸底，找回14名团员，建立起团支部。团的活动正常开展后，在建立团支部的短短一个月时间里，就有50多名青年向团支部递交了入团申请书，首批发展43名新团员。团潮阳县两英区委员会通过调整充实团支部领导班子等有效措施对团支部进行了认真整顿。1986年，全区新接纳团员405名，新建立8个“青年之家”。

试点工作的实践证明，团员证制度是共青团工作改革的重大突破。对于各类地区、各条战线团组织具有普遍意义，颁发和管理团员证是“工作到支部、全团抓落实”的有效形式。各级团组织对团员证制度的认识提升到了一个新的高度，广大团干部对颁发团员证工作的重要意义统一了认识。

1986年7月，团省委决定在全省范围内铺开颁发团员证工作。各级团组织迅速行动，根据团省委制定的工作方案，扎实开展颁证工作。试行团员证制度是广东共青团适应改革开放形势的需要，是新时期团的组织工作的一项重大改革，对全国具有普遍意义。团翁源县委注意运用建立团支部的方法开展颁证工作，新建团总支51个、团支部441个，新配备团总支委261人、团支委619人；在乡镇企业的“空白地带”建立团支部276个，全县消灭三类团支部，一类团支部达到50%以上；发动青年自己动手建“家”，使168个团总支和团支部建立了经费基地，全县有137个乡302个村建立了“青年之家”，实现了乡乡有基地、乡乡有阵地的目标；有1万多名青年申请入团，吸收近万名青年入团，全县团员占青年比例提高到28.7%。韶关齿轮厂团委通过抓好团员的教育等方式搞好颁证工作，全厂团员占青年比例由颁证前的48%上升到53%，健全了团组织发展制度、团费收缴制度、思想汇报制度，建立了团支部书记、团支委、团员团籍管理注册登记制度和团员档案。

1986年9月至11月，团省委在全省高校铺开颁发团员证工作。在团员高度密集、团的组织比较健全、活动较为正常、团员流动性相对也不大的高等院校，颁发团员证具有现实意义。从改革的意义上看，试行团员证制度是高校团组织实现管理科学化的重要形式。

广东试行团员证制度取得进一步成效，逐渐累积起团员证有效管理的经验。通过颁证，广东共青团加强了对团员的管理和教育，增强了团员的光荣感和责任感，推动了团组织的发展，焕发了基层组织的内在活力。团中央认为实施团员证制度有利于新时期团组织管理工作，应该在全团范围内推广。1988年5月8日，共青团第十二次全国代表大会通过了《关于颁发团员证的决议》，决定全面实施团员证制度。由此，经团中央监督设计管理，在全国范围内统一发放的团员证正式登上了历史舞台。

二、“兴镇带村”——农村团工作探新路

随着乡镇企业的蓬勃兴起，大量农村青年“洗脚上田”，集结于圩镇周围，客观上已和整个社会大舞台融为一体。在商品经济的刺激下，农村青年对信息、技术、法律知识及有关生产活动的社会服务需求日益增加。与此同时，由于生活水平的不断提高，农村青年追求娱乐性活动的精神需求日益强烈。农村青年的这些变化对原有农村基层传统工作提出了新的挑战。如何针对农村青年的变化，调整团的工作是共青团组织迫切需要解决的问题。

1988年，团省委在深入调查研究的基础上，提出以全面强化镇一级团工作为突破口，带动基层团支部活跃的工作思路。随着农村青年社会化程度的日益提高，镇一级团工作实际上被推到了农村团工作的中心位置。农村青年的社会化迫切要求团工作打破相互分割的状态，在一定范围内建立起社会化的活动舞台和运行机制，这就决定了镇一级团委在农村团工作改革中处于愈加重要的位置。它不但要担负起承上启下的责任，同时还必须是直接吸引、团结、教育、服务青年的前沿阵地。强化镇一级团工作，就是要强化镇一级

团委的工作指导能力和活动辐射能力。具体来说，就是以镇一级团委为中心，充分依靠团工作的群体优势，借助青年社团的渗透力和影响力，广泛利用一切所能利用的社会文化资源，营造具有一定包容量和覆盖面的青年文化教育阵地、活动阵地及青年服务机构，由此形成一个适应青年社会化的开放式的团工作网络。

1989 年 1 月，共青团广东省委八届二次全体（扩大）会议在广州召开。会议确定了团的体制改革的重点在基层，决定在新会县开展以“兴镇带村”为内容的团基层改革试点工作。“兴镇带村”首先是“兴”，就是要加强农村城镇基层团委的建设，强化镇一级团委的功能。“兴镇带村”的“带”既有无形的“带”，也有有形的“带”。无形的“带”就是通过小城镇的影响，传播商品经济的思想、观念，帮助农村消除一些愚昧、落后、不文明的现象；有形的“带”就是通过镇团委在教育、活动、服务这些方面有形的工作把基层带动起来。“兴镇带村”的实践目标，是在农村基层逐步形成一个团的工作格局：以镇一级团委工作社会化、实体化、制度化为基础，集镇成为农村基层工作的中心，镇团委既能通过完善的组织机制，有效地指导、协调农村（包括乡镇企业、学校）团支部的工作，又能凭借服务、教育、活动一体化的工作网络，带动团支部工作的活跃，发挥团结、教育和服务青年的职能。

试点工作取得了明显的成效：一是为团的工作任务落实到基层提供了切实保障。团镇委工作力量的加强及对基层团支部工作指导带动机制的建立，改变了以往支部工作“断线”的局面，有效地促进了基层团支部工作的活跃。二是为农村团组织活动方式的变革提供了崭新的舞台。以镇为中心的青年活动阵地网络的建立，促使基层团的活动由封闭转向开放，由分散转向联合，由“独家经营”转向社会化，从而能够更好地适应青年的多元需求和农村劳动生产结构的变化，增强团组织对青年的吸引力和凝聚力。三是为实现农村团工作重心向乡镇企业转移创造了必要的条件。新会试点工作结束后，团省委在全省推广了“兴镇带村”的基层改革经验。

1989 年 9 月至 1990 年 12 月，清远市各级团组织在全市范围实施共青团基层改革和整顿工作，广大团员的先进意识有了较大提高，全市团干部和团员青年的精神面貌发生了很大变化；全市有 2107 个农村支部健全了班子，能正常开展活动的支部达到93%以上；全市各级团组织创办“青年之家”、青年文化室等青少年文化阵地1065个，共筹集资金338 658元。

1990年，电白县小良镇团委结合农村商品经济和乡镇企业兴起的实际，通过“兴镇带村”，加强团委、支部阵地建设。从镇政府、管理区、乡镇企业、学校中选拔德才兼备、年轻活跃的党团员组成新的团委班子；团委设农村、机关、学校、乡镇企业四个部委员，实行目标管理责任制。改革团组织设置，与团委四大部相对应，形成农村、机关、学校、乡镇企业“四大口”新布局；引入竞争机制，制定一套完整的管理和培训团干部的方法。采取“一联营二承包三创办”的做法开辟活动经费来源；建设镇的文化活动中心，团总支直属单位、学校、厂矿普遍建立“青年之家”、青年俱乐部等文化阵地，团支部建立青年活动室和周末活动俱乐部，初步形成一个有中心、多层次的青年文化活动阵地。镇团组织与文化、宣传、妇女、工会、民兵、教育等部门联系与合作，组成一个相对固定的社会化组织机构；成立“小良镇青年联合会”，发挥青年骨干的带头作用，吸引、团结、教育、服务青年。

1991年2月，全省农村基层组织建设工作会议结束后，团省委召集与会的各市团委书记召开座谈会，提出广东省农村基层组织要基本达到组织健全、职责明确、制度落实、关系理顺、运行正常的要求。各地团组织按照团省委的要求，继续深入开展农村基层团组织建设工作。

团的基层改革，为广东省团的体制改革提供了许多有益的经验。第一，必须坚持正确的改革方向。第二，团的基层体制必须适应商品经济的发展。第三，团的基层改革必须同团的基层建设相结合。第四，必须重视制度化建设。在团的基层改革取得突破的同时，团内民主建设、干部人事制度、组织机制、活动方式、代表和维护青年利益等方面的改革也稳步向前推进，取得了扎扎实实的成效。

三、加强教育培训和调查研究

团干部是党的干部的重要组成部分，是团的事业发展的骨干力量，从事的是面向青年的事业。推动团的工作和青年工作不断开创新局面，关键在于团干部。加强团干部的素质锻炼，是活跃全省团的工作的关键。1978年至1992年间，各级团组织按照党的要求，通过教育培训和实践调查的方式，提升团干部的理论水平、工作水平和业务能力，不断适应形势发展的需要。

教育培训是团干部提升理论知识、业务知识的重要途径。1978 年 8 月，共青团广东省第六次代表大会在广州召开，会议提出要加紧培训团干部。1978 年至 1982 年间，省团校和各地、市、县团委根据团省委的部署对省内专职团干部进行培训。各级团组织为党政部门输送了一批优秀的青年干部，有的还被选进各级领导班子，在各条战线上发挥了积极作用。但是，专职团干部的文化水平还是偏低。抓好团干部的政治和业务培训，努力提高团干部队伍的素质，仍然是十分紧迫的任务。

党的十二大报告明确指出，为了造就社会主义现代化建设的大批专门人才，必须大力加强干部的教育和训练工作。各级党校和干部学校，要按照社会主义现代化事业的需要和各自的分工，担负起对干部进行正规化培训的任务。1983 年 2 月，中央召开了第二次全国党校工作会议，决定党校教育要正规化。为尽快实现党中央提出的干部革命化、年轻化、知识化、专业化的目标，开创新时期共青团工作的新局面，团省委利用广东省团校培训基地与华南师范大学联合举办团干政治专修科。1983 年 10 月，由团省委牵头，广东省团校和华南师范大学联合举办的广东省团干政治专修科大专班开班。举办团干大专班，是新时期团的工作的一个创新，为市、县团组织培养了一批具有较高理论水平和实务工作能力的团干部人才。

1990 年 3 月，团省委发出《广东省团干部培训工作规划要点》和《1990 年全省团干部岗位培训实施意见》两个文件，对全省团干部岗位培训工作提出了具体要求。各地团组织对本地区、本单位的团干部岗位培训工作作出统一部署。到 1991 年底，团中央提出的“两个培训一遍”的任务基本完成。

调查是解决问题的基础，熟练掌握调查研究方法是提升团干部业务能力的重要途径。20 世纪 80 年代，中国社会开始朝着价值多元的经济社会转型，为准确把握青年的时代脉搏，团中央提倡干部要坚持深入基层，深入青年，开展调查研究。1980 年 1 月，团中央批转团上海市委办公室《精心做好调查研究、反映情况的工作》的通知指出，各级团委要把了解、研究、反映情况作为自己的重大政治职责和基本工作内容，认真地、精心地抓好。为贯彻落实团中央的精神，1980 年 7 月，团省委提出要大兴调查研究之风，深入基层、深入群众，调查研究新问题，总结新鲜经验；要坚持实践第一的观点；各级团的领导干部要亲自参加实践，摸索出一套适合当前新情况的工作内容和工作方法，使团的工作能适应这一代青年的特点，搞得更加生动活泼。

1981 年 5 月，团省委在肇庆市召开各地、市团委办公室主任会议，强调办公室要做好机关各部门、基层团组织的协调工作，充分调动大家的积极性，共同搞好调查研究、情况反映工作，更好地为团的建设和青年工作服务，为完成党的各项任务服务。会议进一步明确了办公室工作的职责和作用，共同讨论制定了《关于做好情况报告制度的规定》。

各地团委就加强调查研究开展了相应的行动。例如，团广州市委办公室通过编印《每月调查》，把调查研究作为一项经常性的工作来抓。《每月调查》内容包括青年的思想、学习、劳动、生活各个领域，涉及工、农、商、学各界青年，调查报告多次获得市委领导同志的批示。团海口市委办公室的调查途径，主要有五个方面：一是深入基层召开各种类型的青年座谈会，二是找团员青年个别谈心，三是经常同基层团组织保持联系，四是根据实际需要搞“民意测验”，五是抓好团市委各部门的定期汇报。通过一系列深入细致的调查，掌握了青年的思想动态，摸准了青年的思想脉搏，提出了很多合理的建议，得到上级领导的采纳。1985 年，共青团中央研究室编写《青年工作调研文集》，收录全国 32 篇调研报告，其中广东占了 5 篇。

四、青联、学联、少先队及团属事业的恢复

（一）青联组织的恢复

1979 年，省青联在广州复会。1983 年 7 月，省青联第五届委员会第一次全体会议在广州召开。1990 年 6 月，省青联第六届委员会第一次全体会议在广州召开。第五届委员会工作报告《广泛团结各族青年，为我省改革开放和社会主义现代化建设贡献力量》提出，继续高举爱国主义和社会主义旗帜，广泛团结各族各界青年，积极投身参与改革开放和社会主义现代化建设，协调、代表好青年的利益，拓展海外工作领域，加强自身建设，为进一步发展广东、振兴广东，为实现祖国统一、维护世界和平而努力奋斗。会议选举产生了省青联第六届委员会常务委员 27 名。

1979年至1984年，省青联重点开展的工作主要有三方面：一是加强各级青年联合会的组织建设工作。二是认真落实政策，为广大青年办事，为青年排忧解难。三是加强各族各界青年的联系，发展青年爱国统一战线。省青联工作最显著的特点，就是适时将工作重心转移到为经济建设服务、为改革服务上来；注重代表和反映青年利益，为培养和选拔青年开展各种服务工作；开展形式多样的各项活动，引导青年奋发向上；参与改革、投身社会，拓宽青年工作舞台；努力开拓青年统战工作新局面。

市、区（县）积极筹备青联工作。1985年3月，广东第一个县级青联组织——普宁市青年联合会成立。普宁市青年联合会也是全国第一个县级青年联合会，对于团结海内外爱国青年、加速推进四个现代化建设起到促进作用。1980年以来，广东的青年业余社团像雨后春笋般涌现，包括省级青年社团、市级青年社团及县级青年社团，使青联的工作范围不断延伸，团结和联系了各族各界、各行各业的大批青年，青年爱国统一战线不断发展壮大。

（二）学联组织的恢复

1984年，省学生联合会第五次代表大会在广州召开。1990年11月26日至28日，省学生联合会第六次代表大会在广州举行。省学生联合会第五届委员会向大会作了题为《爱国、学习、实践，努力成为社会主义现代化事业的建设者和接班人》的工作报告，提出共青团要在工作和活动的政治方向上加强对学联、学生会的指导，并要通过建立密切的工作、会议和信息联系制度，切实保障和实现共青团对学联、学生会组织的指导作用。

20世纪80年代，省学生联合会以帮助引导广大青年学生成为适应社会主义现代化建设需要的合格人才为中心任务，从提高大中学生的思想政治素质和动手能力出发，教育引导全省大中学生开展社会实践活动。“走进社会大课堂”是团省委、省学联根据中学生的思想实际和年龄特点，引导中学生接触社会、了解社会、深入社会，提高中学生思想素质和动手能力的系列教育活动。中学生实践教育活动在举办军事夏令营、科普夏令营、网络夏令营、环境保护宣传夏令营、“党在我心中”寻根营、“在实践中成长”素质训练夏令营、“祖国在我心中”参观考察营等内容的基础上，逐步形成“走进社会大课堂”这一品牌，形成组织农村学生到大城市、城市学生到农村实践锻炼的工作格局。随着大学生、中学生的社会实践活动不断发展，每年寒暑假青年学生深入基层，开展社会调查、普法宣传、科技服务、支教送医等活动成为必不可少的社会实践课。

大学生开展社区社会实践服务

（三）少先队组织的恢复

1978 年 5 月，广东各地陆续恢复少先队工作。1985 年 8 月 2 日至 4 日，少先队广东省第二次代表大会在广州召开。少先队广东省工作委员会向大会作了题为《面向未来 适应改革开放 努力培养富有创造性的新一代》的工作报告，提出坚持不懈地开展共产主义思想教育，切实加强少先队组织建设。1991 年 7 月，少先队广东省第三次代表大会在广州召开。少先队广东省工作委员会向大会作了题为《坚持正确方向 培养社会主义事业接班人》的工作报告，提出坚持以“五爱”[1] 为起点基础的共产主义教育，建立系统化的教育新格局，全面加强少先队的组织建设和队伍建设，继续优化少先队的社会环境，

［1］五爱，即爱祖国、爱人民、爱劳动、爱科学、爱社会主义。

创造少先队工作的崭新局面。

1981 年，围绕“五讲四美”活动，广东少先队开展“队队争做红花中队，人人争当红花少年”活动。1982 年，广东少先队开展“五讲四美三热爱”活动、创“三好”活动和学英雄活动，加强少先队、辅导员队伍的建设。1984 年，围绕“三热爱”教育活动，少先队员开展“红领巾为‘六五’计划作贡献”“创建优秀中、小队”“红领巾读书读报奖章”“红领巾文明街”“红领巾月”等活动，激发少年儿童爱祖国、爱人民的感情，发挥少先队组织在学校教育中的特殊作用。1985 年，广东少先队员开展“小主人杯”竞赛活动，“红领巾读书、读报”活动，“五小”（小考察、小发明、小实验、小种植、小能手）活动，并开展创优秀中队、优秀小队活动，加强少先队组织建设。

1985 年至 1991 年，广东少先队先后开展“学先锋、树理想、做主人”“红领巾跟党走，学英雄做主人”“学赖宁，做党和人民的好孩子”等一系列主题教育活动；开展“红领巾读书、读报”活动、“科技小发明、小制作”比赛、“观测哈雷彗星”活动；开展“红领巾尊师礼”“争当文明好少年”“红领巾学雷锋、学赖宁行动月”活动；开展“小主人杯”“革命历史考察”“红领巾绿化路”“绿化近卫军”“红领巾跟党走”活动；开展“学习进步达标竞赛”“有趣的数字游戏”活动；开展“敬礼，亲爱的老师”“红领巾文明行动周”“做爸爸、妈妈的好帮手”活动，寓教育于丰富多彩的活动之中。1985 年至 1991 年，有 132 名少先队好队长受到全国表彰，182 个少先队小队获“全国勤巧小队”称号，20 个中学少先队大队获全国中学创造性活动优秀奖。一大批优秀少先队辅导员为少年儿童健康成长辛勤付出。1986 年，共青团中央、全国少工委授予肇庆市十六小原少先队辅导员黄绣谊“献身红领巾事业的优秀少先队辅导员”光荣称号。

1991 年，广东少先队启动实施《广东省少先队系统活动纲要》，围绕爱国主义这一工作主线，先后开展“可爱的祖国、可爱的家乡”“亿万儿童绘祖国”活动；开展“手拉手情系灾区小伙伴”“手拉手脱贫致富奔小康”“手拉手红领巾助残”“手拉手为患病同学分忧”“手拉手读书交友”活动。通过少先队员的积极参与和实践，培养少先队员助人为乐、尊重他人、热爱集体的观念。还开展“五爱”教育，开展“讲文明，树新风”“学雷锋、学赖宁”“学规范，看行动”“告别游戏机”“告别陋习”等活动，开展《广东省青少年保护条例》宣传教育活动，帮助少先队员逐步养成良好的行为规范和遵纪守法的行为准则。

（四）团属事业的恢复

团组织积极兴办团属事业，不断改善物质条件和工作手段，提高履行社会职能的能力。全省团组织建起了一批包括团校、革命传统教育基地、大学生社会实践基地在内的青少年教育场所，全省多个市县建起了青少年宫，全省有多家向社会公开发行的青少年报刊，省、市两级团委建立了一批青少年工作研究机构。这些为团组织开展青年工作提供了有力支持。

1982 年 3 月，在省委、省政府的领导下，广东省团校正式复办。复办后，广东省团校致力于教育正规化建设。1983 年，由团省委牵头，广东省团校与华南师范大学联合举办广东省团干政治专修科大专班，标志着团校教育开始向正规化迈出新的一步。1985 年 4 月，广东省高等教育局正式复函同意成立广东青年干部学院，该学院属于成人高等教育性质。1986 年 1 月，经广东省人民政府批准，广东青年干部学院正式成立。3 月，国家教委同意广东青年干部学院备案，纳入成人高等院校体制。4 月，省委批准广东青年干部学院为副厅级建制。1986 年秋，广东青年干部学院正式自主招生，大专学历教育和岗位培训教育均逐步走向正规化，为培养广东省共青团干部和青年工作者作出了积极的贡献。

全省各地恢复或建立团校。1980 年 6 月，广州市团校在广州市五山路复办，开设不同层次的岗位培训班、大专班，并设有穗港澳青年研究所。1989 年 12 月，深圳市团校正式挂牌开学，定为财政全额拨款事业单位。1990 年，团高明县委和县教育局在全县各中学建立健全青少年团校。地方以团校为阵地对中学生开展团的基本知识教育，不仅提高了团员队伍的素质，还促进了基层团组织的建设。

1981 年 5 月，团省委在广州市召开全省青运史座谈会，并成立“广东青运史研究委员会”，对全省青运史的编写研究工作起到积极的推动作用。梅县、汕头、海南黎族苗族自治州、广州、惠阳、韶关等地也相继成立青运史研究工作机构，青年运动史资料征集工作在全省逐步铺开。

1982年，广东青运史研究委员会研究室创办《广东青运史》（原称《广东青运史资料》），以刊登青运史资料和研究文章，推动广东青运史资料的征集与研究工作。1983年6月，全省青运史工作座谈会在广州召开。8月，省委办公厅转发《全省青运史工作座谈会纪要》。在省委的重视和支持下，广东青运史研究委员会研究室在青运史研究工作中取得了丰硕的成果，先后组织编撰出版了《广东青年运动回忆录》《黄居仁研究史料》《抗战时期的粤北青运》《香港学运的光辉》等一批图书。1987年和1989年广东青运史研究委员会研究室两次被评为全国先进集体。

为加强对青少年问题的研究，引导广大青年做“四有青年”，投身四个现代化建设作贡献，团组织主办了不同类型的青少年刊物：一类是综合性刊物，包括《黄金时代》《少先队员》《广州青年报》《深圳青年报》等，这类刊物成为青少年获取信息资讯的重要途径，在引导青少年学习、工作、生活等方面发挥重要作用。其中，团省委主办的《黄金时代》《少先队员》以其贴近时代、贴近青少年和信息量大、发行面广的特点成为全国有广泛影响的青少年刊物。另一类是专业性刊物，包括《广东青年干部学院学报》《青年探索》，为有关部门、决策机构、高等院校等广大青年实务工作者和理论工作研究者提供有价值的参考资料。20世纪80年代，各地团组织先后创办工作交流刊物，如《汕头团讯》《深圳共青团》《湛江团讯》《珠海青年》《佛山团讯》《广铁团讯》《中山团讯》，成为交流工作经验、反映工作动态的重要载体。

团一大旧址 1922.5.5

第八章

迎接跨世纪征途

1992年10月，根据邓小平南方谈话精神，党的十四大为全国人民指明前进方向，描绘中国迈向21世纪的宏伟蓝图，中国改革开放和社会主义现代化建设进入蓬勃发展的新阶段。1997年9月，党的十五大站在新的历史高度，提出新的“三步走”发展战略。以江泽民同志为主要代表的中国共产党人，成功把中国特色社会主义推向21世纪。在这样的历史背景下，1992年至2002年，广东改革开放和社会主义现代化建设迎来跨世纪发展的十年。1993年5月，省第七次党代会提出广东二十年赶上亚洲“四小龙”、率先基本实现社会主义现代化的奋斗目标。1998年5月，省第八次党代会提出实施三大发展战略，争创四大发展新优势，全面推进广东现代化建设。广东青年站在新的历史起点，迎接跨世纪发展的机遇和挑战。高举邓小平理论的伟大旗帜，适应加快建立和完善社会主义市场经济体制，加快经济发展的要求，构建科学合理、适合青年特点的团工作体系和运行机制，引领青年积极投身“两个文明”建设，成为广东共青团和广东青年运动这一时期的重要历史任务。

第一节 实施“跨世纪青年文明工程”

20世纪90年代，党中央坚持“两手抓，两手都要硬”的方针，动员全党全社会的力量，继续推进社会主义精神文明建设。1993年12月，为贯彻党中央方针政策，团中央提出实施“跨世纪青年文明工程”。1996年10月，党的十四届六中全会作出《中共中央关于加强社会主义精神文明建设若干重要问题的决议》，对新形势下社会主义精神文明建设作出部署。这一时期，广东共青团以学习邓小平理论、开启青年志愿者行动、创建青年文明号和青年文明社区等重点工作为抓手，引领青年全面实施“跨世纪青年文明工程”，推进社会主义精神文明建设。

一、高举邓小平理论伟大旗帜

党的十四大提出用邓小平同志建设有中国特色社会主义的理论武装全党的任务，党的十五大确立邓小平理论为党的指导思想。用邓小平理论武装广东共青团，教育引领广东青年，构筑强大精神支柱，是广东实施“跨世纪青年文明工程”的首要任务。

1993年11月，《邓小平文选》（第三卷）出版。第三卷汇集邓小平从1982年9月党的十二大到1992年春视察南方期间的主要著作和论述，深刻阐述了建设有中国特色社会主义理论和实践的一系列重大问题。1993年12月，团省委发出通知，要求各级团组织精心组织学习《邓小平文选》（第三卷），并与研究部署下一年的工作结合起来，掀起学习新高潮。1994年1月，省委召开“省市厅级领导干部学习建设有中国特色社会主义理论汇报会”，团省委向会议提交题为《努力培养造就社会主义事业合格接班人》的学习体会。10月，《邓小平文选》（第一、二卷）再版。团省委发出通知，要求全省团组织以《邓小平文选》三卷本和《建设有中国特色社会主义理论纲要》为基本教材，层层举办学习班、培训班和研讨会，抓好各级团干部的理论学习。

1997年8月，团省委要求全省团员青年组织观看大型电视文献纪录片《邓小平》，缅怀邓小平在中国革命和建设中建立的丰功伟绩。1998年7月，团省委发出《关于在全省团员青年中深入学习邓小平理论的意见》，要求全省团员青年深入学习邓小平理论，坚定理想信念，树立正确的世界观、人生观、价值观。

在学习、宣传邓小平理论的活动中，共青团充分利用各种宣传舆论工具和教育阵地，通过举办报告会、专题讲座、知识竞赛等活动，广泛开展学习宣传。各级团组织注重做到两个结合：一是把学习邓小平理论与改革开放教育结合起来。通过开展“改革开放的广东”“企业这15年”“改革开放与家乡变化”等主题活动，引导青年深刻认识到没有邓小平理论的指引，就没有广东改革开放的巨大成就。二是把学习邓小平理论与学习市场经济结合起来。组织团员青年认真学习党的十四大、十五大精神，结合岗位和行业特点，有针对性地学习社会主义市场经济运行规则，增强贯彻执行党的基本路线的自觉性。

20世纪90年代，广东大学生掀起学习、宣传邓小平理论的热潮。1998年7月，团省委发出通知，确定《邓小平文选》（第三卷）、《邓小平理论在广东》等书籍为大学生学习首选书目，要求大学生结合改革开放实践和自身成长经历学习邓小平理论。1998年10月，团省委、省学联召开“全省大学生实践中学习邓小平理论座谈会”，提出通过深化社区援助和文化、科技、卫生“三下乡”等社会实践活动，提高运用邓小平理论指导社会实践、解决实际问题的能力。1999年底，团省委安排大学生志愿者担任“辉煌的五年——广东成就展”讲解员，并组织大学生参观学习。之后，成立“邓小平理论与广东改革开放实践”报告团，深入高校巡回演讲。1998年至1999年，全省49所高校大学生成立邓小平理论研究会、学习小组600多个，举办邓小平理论报告会、演讲会、座谈会、辩论赛、知识竞赛等4500多场次，参加的学生超过10万人。

二、构建青年思想教育体系

共青团肩负着为党育人的重要职责。20世纪90年代，为帮助青年树立正确的理想、信念、人生观和价值观，成为有理想、有道德、有文化、有纪律的社会主义事业建设者和接班人，广东共青团在思想教育领域着力推进以下五大主干项目。

（一）开展爱国主义和革命传统教育

1994 年 8 月，中共中央印发《爱国主义教育实施纲要》，指出爱国主义教育是全民教育，重点是广大青少年。为做好教育规划，团省委、省学联、省少工委会同有关部门制定《贯彻〈爱国主义教育实施纲要〉的意见》，对每个时期、每个阶段教育的重点内容、方法步骤作出具体规定；对不同战线、行业的青年教育对象提出具体要求，确保教育的系统性、连续性和针对性；坚持结合“两史一情”（近代史、现代史和国情），组织青少年参观学习，开展社会实践，举办主题团日、主题队会活动，掀起爱国主义教育的热潮。

广东共青团坚持利用重大纪念日、重大历史事件、重大社会活动和重要革命遗址开展中国革命史、中共党史、中国共青团史集中教育。1994 年 12 月 9 日，团省委、省学联在广州召开广东青年纪念一二·九运动 59 周年暨贯彻《爱国主义教育实施纲要》座谈会，引导青年学生缅怀革命先辈的丰功伟绩，弘扬和继承一二·九运动的光荣传统，积极投身改革开放和社会主义现代化建设的伟大实践。1996 年、1999 年分别举办大型主题系列活动，纪念红军长征胜利 60 周年与五四运动 80 周年。2000 年 5 月，团省委、团广西区委组织两广地区 3000 名青年参加“两广青年赴百色追寻小平革命足迹”考察活动。2001 年，团省委以“高举团旗跟党走”为主题，开展纪念建党 80 周年系列学习教育活动，举办“党在我心中”青春歌曲创作大赛，组织广东青年赴“三山”（韶山、井冈山、宝塔山）考察学习，邀请革命圣地青年广东行，举办“永远跟党走”粤赣湘桂黔陕六省（区）青年纪念建党 80 周年系列活动。2002 年，全省团组织举办纪念建团 80 周年系列学习教育活动。通过上述大规模集中教育，引导团员青年学习党的辉煌历史，颂扬党的丰功伟绩，坚定信念跟党走，努力成为党的事业的忠实继承者和可靠接班人。

20 世纪 90 年代，随着改革开放步伐的加快和社会主义市场经济的建立，加强青年思想政治引领的工作愈发重要。广东共青团在对团员青年加强理想信念教育的同时，注重加强形势政策教育，引导其正确认识国情省情。广东各级共青团组织先后组织团员青年参与庆祝改革开放 20 周年、庆祝中华人民共和国成立 50 周年、迎接香港澳门回归等系列活动，充分利用重大时间节点开展国情省情教育。2000 年 3 月，团省委部署“致富思源、富而思进”主题教育活动，引导团员青年思邓小平理论之源，思奋发进取、自强不息。5月，团省委部署学习“三个代表”重要思想，号召各级团组织和团员青年认真组织学习。通过一系列爱国主义教育，在跨世纪的关键时间节点把广大团员青年的智慧和力量凝聚、发挥出来，为广东争创发展新优势、率先基本实现现代化提供强大的精神力量。

（二）开展反霸权和反“台独”斗争

1999年5月8日，以美国为首的北约悍然轰炸中国驻南联盟大使馆。新华通讯社记者邵云环、《光明日报》记者许杏虎和朱颖当场牺牲，数十人受伤，大使馆建筑严重损毁。事件发生后，中国人民群情激愤。广州、深圳、珠海、佛山、东莞等地的青年，尤其是大学生，掀起了一场场反美示威活动，青年学生和群众前往美国领事馆抗议。全省各级团组织纷纷召开座谈会、发表文章，愤怒声讨北约的暴行，组织引导广大团员青年特别是青年学生依法进行声势浩大的抗议活动，号召青年把对北约暴行的愤慨及时转化到弘扬五四爱国精神、振兴中华的具体行动上来。

1999年5月9日，广东大学生愤怒声讨北约轰炸中国驻南联盟大使馆的野蛮行径（摄影　李洁军）

台湾地区领导人李登辉上台后，在美国等外部反华势力的支持和纵容下，在搞“台独”、搞分裂的路上愈走愈远。1995 年 6 月，李登辉以所谓私人名义窜访美国，公然在国际社会制造“两个中国”。1999 年 7 月，李登辉公然抛出分裂祖国的所谓“两国论”。2000 年，台湾民进党领导人陈水扁上台后，拒不接受一个中国原则，否认“九二共识”。广东全省的共青团、青联、学联组织纷纷召开座谈会、组织专题报告会、撰写专题文章，揭露、批判“两国论”，加强对台湾青年的统战工作，坚决维护祖国统一。

（三）开展禁毒和反邪教斗争

20 世纪 90 年代中期，受国际毒潮泛滥和国内多种因素的影响，我国毒情形势严峻复杂。为防范新型毒品毒害青少年，广东共青团持续开展禁毒宣传教育活动，活动注重点面结合：一方面，组织青少年参加大型禁毒活动，推动在社会“面”上形成禁毒氛围。1995 年 6 月，全省 10 万青少年参加团省委、省禁毒办组织的“禁毒宣传教育大行动”。1997 年 6 月，团省委、省禁毒办在东莞市虎门镇举办“粤港青少年迎香港回归”销烟纪念活动，现场销毁禁毒专项督查中缴获的 100 千克海洛因和 50 千克冰毒。另一方面，通过创建青年文明社区，开展“讲文明，树新风”“社区援助”等活动，推动禁毒宣传教育“点上开花”。1997 年 10 月，团省委要求全省所有社区、机关、学校、街道、农村、工矿企业等基层团组织，在禁毒部门的指导下面向青少年组织一次禁毒教育宣讲会或知识竞赛。

1999 年 4 月，针对极少数人利用邪教蛊惑人心、破坏社会稳定的事件，党中央领导人民坚决果断地进行了反对邪教组织的重大政治斗争，及时依法取缔了相关邪教组织。全省各级共青团、青联、学联迅速组织专家学者开展“崇尚科学，反对邪教”巡回宣讲活动。1999 年至 2001 年，团省委、省青联、省学联先后发出《“崇尚科学，反对邪教”倡议书》，开通全国首个“青少年反邪教电子社区”，成立广东青年志愿者帮扶服务队，组织青年科学家、青年志愿者帮教原邪教成员，启动“校园拒绝邪教”宣传教育周、“广东青年文明社区反邪教行动”，召开揭批邪教座谈会 500 多场。

（四）青年参与先进文化建设

20 世纪 90 年代，党中央要求动员全党全社会的力量，继续推进社会主义精神文明建设，大力发展中国特色社会主义文化。广东毗邻港澳，是改革开放的前沿、对外交往的窗口和中西文化的交汇点。充分发挥广东的人文、地理资源优势，用健康向上的文化引导青年，用高尚的精神塑造青年，是青年思想教育工作的重要任务。

这一时期，广东共青团“一手抓正面教育，一手抓净化环境”，广泛开展“读好书、看好片、唱好歌”活动，挖掘青年文化资源，拓展青年文化活动。经常性举办以综合性文化艺术交流为目的的“青春歌曲创作演唱比赛”“青年文化节”“青年艺术节”，以活跃农村青年文化生活为目的的“乡村青年歌手卡拉 OK 大赛”“乡村青年文化节”，以活跃大中学生校园文化生活、促进全面发展为目的的“校园歌曲竞赛”“形象之星大赛”“开口讲英语”“读书竞赛”“演讲辩论竞赛”，以活跃外来务工青年文化生活为目的的“大家乐”演出，青年文化活动百花齐放、精彩纷呈。

一批青年文化精品从广东走向全国，留下青年文化的时代记忆。1994 年 8 月，团省委、省青联、省音乐家协会等单位主办“海王杯”广东青春歌曲创作大赛，推出一批为青年创作的歌曲。其中，金奖作品《春天的故事》经团省委推荐，获得中国音乐电视大奖赛金奖，在全国广为传唱，并被选为大型电视文献片《邓小平》主题曲。2001 年，团省委主办“党在我心中”青春歌曲创作大赛，歌曲《永远跟你走》脱颖而出，迅速风靡全国，获得第八届中宣部“五个一工程”奖。团中央宣传部向全国青少年推荐歌曲《永远跟你走》，要求广泛传唱。这些弘扬时代主旋律，歌颂党、歌颂社会主义、歌颂改革开放的佳作，对加强广东团员青年的政治引领起到重要作用。

一批团办青少年期刊脱颖而出，引领广东青少年时尚文化新潮流。团省委主办的《黄金时代》《少先队员》两刊贴近时代、贴近青少年，在 20 世纪 90 年代，月平均发行量分别达到 100 万份和 135 万份，产生良好的社会效益和经济效益。1998 年，《黄金时代》被国家新闻出版署评为“全国百种重点社科期刊”。团广州市委主办的《广州青年报》被广州中学生评为“最喜欢的报纸”；团深圳市委主办的《深圳青年》，月平均发行量达到 40 万份，社会影响力跻身全国期刊前百名行列。

（五）启动 18 岁成人仪式教育

成人礼倡导个体成年后应履行相应的社会责任，是中华优秀传统文化的体现之一。1994 年，中共中央印发《爱国主义教育实施纲要》，提倡各地组织年满 18 周岁的公民举行对国旗宣誓的成人仪式。同年，根据团中央、教育部的统一部署，团省委、省教育厅决定在 16 岁至 18 岁处在向成年公民过渡关键期的中学生中开展以爱国主义、公民素质和社会主义精神文明为重点内容的 18 岁成人仪式教育活动。1995 年，广州市在全省率先明确 18 岁成人仪式教育活动的法律地位，规定每年 10 月 18 日为“广州成人宣誓日”。1996 年 4 月，团省委、省教育厅在广州、深圳、珠海、佛山、中山、江门、韶关等市同步举行启动仪式，正式推出成人预备期志愿服务制度，每名中学生配备一张“一助一志愿服务卡”和一本志愿服务手册，要求每人每年志愿服务时数不少于 48 小时。至此，18 岁成人仪式教育活动形成由成人预备期教育、成人宣誓仪式和成人预备期志愿服务三个相辅相成的环节构成的整体。1999 年，《广东省青年志愿服务条例》提倡 16 岁至 18 岁青少年应参加累计 100 小时的志愿服务，标志着广东 18 岁成人仪式教育活动法制化取得重要进展。

三、率先开启青年志愿者行动

青年志愿者行动顺应时代召唤和社会需要产生，是社会主义市场经济条件下共青团动员、组织青年参加社会主义精神文明建设的有效载体。

广东是中国青年志愿者行动最早的发源地之一。1987 年 6 月，广州设立全国首条“中学生心声热线”，10 多名热心青少年工作的青年教师担任义务咨询员，为广大中学生排忧解难，这是广东青年志愿服务的雏形。1990 年 6 月，深圳市成立全国第一个青年志愿者团体——深圳市青少年义务社会工作者联合会。1993 年 3 月，佛山市青年志愿者（义务工作者）协会成立。这些民间公益行动，开启了广东青年志愿服务的早期探索，并得到团中央的充分肯定和大力倡导。

1993 年 12 月，共青团十三届二中全会号召全国开展青年志愿者行动，将其作为“跨世纪青年文明工程”的重要内容。1994 年 2 月，团中央在全国铁路系统启动青年志愿服务，拉开中国青年志愿者行动的帷幕。按照团中央的统一部署，团省委、省学联、广铁集团公司团委在广州火车站举行广州地区大学生志愿者“’94新春热心行动”。12月，中国青年志愿者协会成立，发布“奉献、友爱、互助、进步”的中国青年志愿者精神。

1995年3月，广东成立全国首个省级青年志愿者社团——广东省青年志愿者协会，组建科技扶贫服务、青少年帮教服务、医疗服务、希望工程助教服务等4支青年志愿者专项服务总队，联合企业创立“昂泰”科技扶贫服务基金、“宇田”医疗服务基金等全国首批志愿服务基金，探索青年志愿服务事业精细化、专业化和可持续化发展之路。[1]江门市等地开展“侨乡青年学雷锋”活动，在海外华侨、港澳同胞中产生良好反响。1995年9月，全国首个农村（镇）青年志愿服务站——江门市会城青年志愿者服务站成立。其后，深圳市社区服务站、珠海市青年志愿者咨询中心、广州市增城农村志愿服务站相继建成，标志着广东青年志愿服务事业实体化、阵地化建设迈出探索的步伐。1999年8月5日，省第九届人大常委会第十一次会议通过《广东省青年志愿服务条例》。这是我国首部青年志愿服务地方性法规，标志着广东青年志愿者行动步入法制化、规范化的发展轨道。

2000年2月，经省委、省政府批准，广东省青年志愿者协会的常设工作机构——广东省青年志愿者行动指导中心成立。作为团省委直属的财政核拨副处级事业单位，指导中心主要工作职能有四项：一是指导全省各地开展青年志愿者行动，二是负责青年志愿者重大项目的策划、组织和实施，三是开展青年志愿者业务培训，四是组织青年志愿者交流合作。

2000年5月21日第十次“全国助残日”来临之际，中共中央政治局委员、省委书记李长春致信全省助残志愿者，高度评价青年志愿者行动对推动广东精神文明建设、倡导文明新风的重要意义，对青年志愿者行动发展提出新的要求。这封公开信在全省青年志愿者中引发巨大的反响。团省委及时召开学习座谈会，向全省发出志愿服务倡议书，加大工作力度，在社会化、网络化、项目化、阵地化、规范化等方面谋划青年志愿服务事业更大发展。

随着广东青年志愿者行动组织、队伍、法规、阵地、机制建设加快，志愿服务覆盖面不断扩大，从城市向乡村推广，逐渐形成覆盖全省城乡的青年

[1] 共青团广东省委. 实施两项跨世纪青年工程和服务万村行动的基本实践[J]. 生力军，1997（7）：11–14.

志愿服务网络。服务领域不断拓展，从早期的扶危济困、扶弱助残、扶贫助教、环境保护、社区发展，向对专业技能有较高要求的社会公共事业服务，乃至抢险救灾延伸。1998 年夏，我国遭遇一场历史罕见的特大洪涝灾害。广东先后派出两支青年医疗志愿者服务队奔赴江西省九江市重灾区，诊治灾区军民 2 万人次。此外，青年志愿者还先后为深圳中国国际高新技术成果交易会、珠海国际航空博览会、广州世界举重锦标赛等大型会展、竞赛活动提供专业、热情、周到的服务，赢得社会各界的好评。2001 年 11 月，数万名青年志愿者为第九届全运会赛场提供 11 个方面的高质量、全方位优质服务，成为当时全国青年志愿者行动开展以来大型活动中规模最大、服务项目最多、参与面最广、最富有特色的志愿服务之一。青年志愿者行动在推动广东经济社会发展中发挥越来越重要的作用。

从 1995 年广东省青年志愿者协会成立，1999 年《广东省青年志愿服务条例》立法通过，到 2000 年广东省青年志愿者行动指导中心成立，标志着广东青年志愿者行动的社会化、法制化、事业化过程基本完成。截至 2001 年底，广东共有各级青年志愿者协会 180 个、青年志愿者服务站 5500 个、青年志愿服务队 64708 支、青年志愿者人数 130 万人，形成省、市、县三级协会和服务总队、服务队、服务站（中心）组成的志愿服务网络。珠三角地区提前完成团中央下达的 50% 的街道建立青年志愿服务站的任务。

四、打造青年文明号、青年文明社区

（一）青年文明号

建立和发展社会主义市场经济，与之相适应的是怎样的职业文明？这是改革开放初期急需回答的重大问题。广东是较早探索创建青年文明号的地区之一。20 世纪 80 年代中期，团惠阳地委、团深圳市委率先启动创建“青年文明岗”“共青团岗”“共青团号”“青年优质服务岗”活动，引导青年弘扬良好的职业道德，创造一流工作业绩。1994 年 1 月，团中央在中央电视台举行中共中央直属机关“青年文明号（岗位）”挂牌仪式，30 个单位、部门首获荣誉。2 月，团中央下发《关于在全国开展创建“青年文明号”活动的意见》，对青年文明号创建的范围、宗旨、目标、条件、要求及当年活动安排作出部署。

1994年4月1日，江泽民为青年文明号题名，广大青年深受鼓舞，创建青年文明号的热情高涨。同年，团省委与有关部门在公安、公交、建筑、财贸、服务、工商、税务、旅游等窗口行业先行开展创建青年文明号活动，确定广州百货大厦等21家单位为先行试点单位。

1996年3月，团广州市委率先推行青年文明号服务卡承诺式优质服务，并在广州南方大厦、上下九商业步行街等"六店一街"先行试点。服务卡承诺式服务是以青年文明号为依托，以服务卡为联系手段，以"事先承诺—优质服务—社会监督"为主要活动形式的优质服务模式。青年文明号服务卡一经推出，很快得到团中央、国内贸易部的肯定。

1996年4月，团中央、国内贸易部在广州召开"全国推行青年文明号服务卡工作座谈会"，部署在全国商业行业先行示范，推行青年文明号服务卡。以此为载体，进一步深化创建青年文明号活动。

1996年10月，党的十四届六中全会作出《中共中央关于加强社会主义精神文明建设若干重要问题的决议》，对新形势下社会主义精神文明建设作出部署。以创建文明城市、文明城镇、文明行业等为主要内容的群众性精神文明创建活动在全国蓬勃开展。团省委提出，以青年职业道德建设为突破口，以服务卡为纽带，推动青年文明号活动在窗口行业全面铺开，在重点建设工程和工业企业广泛开展。

规范化管理是青年文明号可持续发展的重要保障。1999年，团省委对青年文明号全面实施动态监督管理，公布服务承诺和监督电话，实施淘汰制和公示制，公开接受社会监督，提升评选的透明度与科学性。

随着创建青年文明号活动深入开展，其示范带动效应不断显现。2000年，国税、卫生、建委、电力、交通等系统在岗位创建的基础上，开始探索青年文明号线路、示范街、旅游景区整体创建。同年，全省首批10条商业街获省青年文明号示范街命名表彰。2001年，全省首次开展"青年文明号优质服务促假日经济"活动和青年文明号信用建设示范行动月活动。以开展示范街等整体创建活动为标志，青年文明号创建活动逐渐从单个单位到连点成线、连线成片的规模化发展，实现从个体向群体、从零散向集中、从局部活动向形成规模转变。

从1996年团省委全面启动青年文明号，至2001年底青年文明号创建活动在全省28个行业、10万多个青年集体中展开，涌现出数以万计的各级各类青年文明号。其中，全国青年文明号265个，全国青年文明号生产线4条，省级青年文明号985个。团省委获得“全国青年文明号活动优秀组织奖”，深圳市获得全国“创建青年文明号模范城市”称号。

（二）青年文明社区

20世纪90年代，广东工业化、城镇化步伐加快，城镇社区快速发展。社区作为现代城镇的基础和细胞，聚居着大量团员青年，成为共青团工作的重要领域。1996年，为加强新时期城镇青少年思想教育和寻找共青团工作新的增长点，团中央、民政部等部门决定开展创建青年文明社区试点工作。

1999年，团省委开启创建青年文明社区活动。2000年3月，团中央在深圳召开全国青年文明社区大家乐活动现场推进会，推广深圳“大家乐”活动的经验。9月，团省委在广州召开创建青年文明社区工作现场推进会。会议提出全省创建青年文明社区活动的主要任务是：加强和改进社区青少年思想政治工作，加强社区团组织建设，推进社区青年服务项目和青少年活动阵地建设，建立创建活动的保障机制。

广东共青团创建青年文明社区的主要做法如下：一是以团建为基础，构建社区大团建的组织体系。加强社区团的外围青少年组织建设，成立社区少工委。二是以项目为主导，构建青年服务社区、社区服务青年的双向服务体系。深圳创建青年文明社区重视各类青少年活动阵地建设，包括“大家乐”、义工站、少先队队部室、青少年培训基地、图书室（角）、热线电话等。三是以机制建设为重点，构建可持续发展的保障体系。加强制度建设，坚持社会化运作方式，探索事业化发展路径。截至2002年，广东省创建全国青年文明社区8个、省级青年文明社区56个、市级青年文明社区300个，参与活动人数300多万人，涌现出广州市南华西街、华景新城社区、大塘街，深圳市莲花北村，中山市孙文步行街，汕头市“金不换工程”，廉江市青年文明一条街等一批全国、全省社区典型和项目典型。

第二节｜奔赴经济建设主战场

20 世纪 90 年代，团中央明确提出，青年要担负起跨世纪的历史责任，就必须踊跃投身经济建设主战场，在发展社会主义市场经济中有所作为。1992 年 9 月，共青团广东省第九次代表大会在广州召开。大会号召全省团员青年听从党的召唤，投身改革开放，为广东 20 年赶上亚洲“四小龙”，为广东实现社会主义现代化建功立业。这一时期，广东青年积极开展科技创新创业行动，投身经济建设主战场。

一、科技创新中的青春才智

1992 年，为贯彻落实党中央关于把经济建设的重心转移到依靠科技进步和提高劳动者素质的轨道上来的战略决策，团中央决定实施“中国青年科技行动”。团省委要求全省团组织要主动适应这一转变，把提高青年素质、推动科技进步作为深化团的劳动创造活动的主攻方向，作为服务经济建设的重点，引导和组织青年积极参与“中国青年科技行动”。

1993 年 6 月，团省委、省委宣传部、省科委等在广州中国出口商品交易会举办广东青年高新技术交易会。来自广东本省及部分外省（区、市）的 400 多家单位选送 1300 多项高新技术项目参展，涵盖计算机、机械、电力、五金、交电、电子、新材料、建材、海洋工程、石油化工、轻工纺织、医药保健工程、生物工程技术等高新技术领域。交易会期间，参与观摩人员达 4.22 万人次，签订合作协议 300 项，成交金额 4.2 亿元。其中，接待外商百余人次，达成技术出口意向 13 项。交易会期间举行了技术成果拍卖会。新型建筑装饰材料镭射光学玻璃项目以高于开叫价三倍多的价格拍卖成功；连县（今连州市）青年科技个体户的节能锅技术成果在交易会上成交近 2000 万元。省委书记谢非视察交易会并给予高度评价。

1994 年 11 月，团省委组织广东青年发明家和专利技术持有人参加在北京举办的第二届中国青年科技成果博览会。广东代表团达成合作意向 20 多项，成交金额1200多万元，参评的11项技术成果全部获得博览会金奖，并获得最佳组织奖。展览结束时，广东代表团向革命老区捐赠一批科技成果。

1999年2月，根据团中央的统一部署，广东率先启动“青年科技创新行动”[1]，从青年科技创业教育和青年科技创业实践两方面推动实施。科技创业教育包括：创建一批广东青少年科技广场，命名一批广东青少年科技教育基地，编辑出版一批青少年科普读物，开设一批青少年科技宣传教育专栏，举办一批科技专题教育活动，评选一批标志性人物和事件。科技创业实践包括：带领青年积极投身企业技术改造和技术创新，参与高新技术产业发展；投身农业科技进步，促进农业产业化、现代化。

1999年6月，团省委、省农业厅、省科委等单位在广州举办“首届广东青年‘三高’农业博览会”。作为广东青年科技创业行动的重头戏，博览会通过产品展示、技术转让、招商引资、贸易洽谈，全面呈现改革开放以来全省团组织、团员青年、青年星火带头人及企业、高等院校、科研院所青年科技人员在“三高”[2]农业开发领域取得的成就，引导青年投身“科技兴粤”的浪潮。博览会吸引200多家企业参展、3万人次参观洽谈，达成招商引资、贸易销售、技术转让项目300多项，签约总金额14亿元。经专家委员会评审，从1300个参展产品中，评选出金奖19个、银奖25个、铜奖35个。中共中央政治局委员、省委书记李长春亲临博览会视察，勉励青年争当广东农业产业化经营、现代化发展的突击队、生力军。2000年7月，团省委在高州市（茂名市代管县级市）举办“展望21世纪广东现代农业发展青年论坛暨农副产品订货会”，推广农业科技项目，推销农副产品，一批“三高”农业产品面向市场开疆拓土，签约金额1.3亿元。

世纪之交，随着知识经济的到来，一场以信息技术、生命科学、新材料开发和应用为标志的科技革命兴起。这一时期，广东涌现一批高新技术企业，从业者基本是青年。青年站在社会生产力发展的前沿，成为科技创新的主力军。

[1] 1999年5月，共青团中央、科技部联合下发《关于共同实施中国青年科技创新行动的意见》，中国青年科技创新行动正式在全国实施。1999年12月，共青团十四届三中全会通过《共青团中央关于大力推进中国青年科技创新行动，为全面实施科教兴国战略作贡献的决定》，中国青年科技创新行动作为全团的重点工作全面开展。

[2] “三高”指高产、高质、高经济效益。

1999年6月25日，首届广东青年“三高”农业博览会在广州举办

二、为山区崛起建功立业

广东素有“七山一水二分田”之说。50个山区县（市、区）土地面积占全省的66%，主要分布在粤东、粤西、粤北。20世纪90年代，随着珠三角地区经济开发速度加快，广东山区发展战略出现重大调整——从过去的大搞绿化、造林种果，立足本地资源搞开发，转变为打开山门扩大开放，大搞能源、交通、通信等基础设施建设，大力发展第二、三产业。

在这样的背景下，省委、省政府对山区共青团工作提出新要求。1993年10月，全省山区共青团工作会议在农村“小庄园”活动颇具特色的梅州市召开，50个山区县（市、区）团县（市、区）委书记参加会议。会后出台《关于加强山区团工作的意见》，提出山区团工作新的指导思想，即以山区经济建设为中心，以服务青年成才、提高青年素质为宗旨，以深化科技兴农为抓手，引领广大青年为山区经济发展和社会进步贡献力量。

为落实全省山区共青团工作会议精神，团省委、省科委、省农委等在全省山区县（市、区）团组织中启动“学用科技致富，为山区崛起建功”主题活动。活动的主要内容有四项：一是继续深化培养农村青年星火带头人活动。

二是以农村初高中毕业生为重点，开展农村实用技术培训。抓好国家级、省级星火项目推广。三是组织实施好希望工程。在50个山区县（市、区）建立希望工程助学基金。四是持续开展青农战线的长项工作，包括青少年造林绿化和农田水利基本建设等。

1995年4月，为贯彻落实党中央《关于加强党的建设几个重大问题的决定》，团中央决定在全国农村基层团组织中实施“共青团服务万村脱贫致富奔小康行动”（以下简称“服务万村行动”），在带领农村团员青年脱贫致富的同时，加强团的基层组织建设。由于“服务万村行动”与“学用科技致富，为山区崛起建功”主题活动高度契合，在山区得以迅速推动。团省委决定，以“服务万村行动”统揽农村团工作，用三年或更长时间开展这项工作。

1995年7月，团省委确定27个贫困县中集体经济年收入3万元以下的223个管理区为实施“服务万村行动”的重点，要求各创办一个以上的服务当地经济发展和农村青年成才致富的项目。组织沿海7市对山区6市2县结对扶持，发动30家乡镇企业、9家城市企业与联系村签订结对扶助协议，要求团省委机关各部室在贫困县建立联系点，并在英德市（广东省辖县级市，由清远市代管）设立综合示范县。截至1997年，全省共建立“服务万村行动”联系点1352个，创办服务项目1420个，建立各级农科示范基地、农科协会1458个，形成以12个省级青年星火培训推广基地为骨干，市、县、镇三级培训基地为网络，覆盖全省的农村实用技术培训体系。

“服务万村行动”推动农村团员青年领办科技推广项目，一批致富项目产生良好的经济效益和社会效益。“稻田养鱼”项目通过在水稻田中养殖鱼类提升稻田的经济效益，实现“鱼和稻米兼得”。1996年，团省委在云浮市郁南县实施800亩早造“稻田养鱼”试点，项目深受农民欢迎，584名农民和626名团员青年从中获益。7月，团省委在郁南县召开全省“稻田养鱼”项目推广会，把这一项目向全省山区推广。1997年，“稻田养鱼”项目辐射20多个山区县，推广面积达7千亩，实现直接经济效益1300万元。1998年早造作物推广到50个山区县，面积达3万亩。“庭院养羊”充分利用农村庭院空间养羊，实现短平快增收。1996年，团连州市委实施团中央推广的“庭院养羊”项目，带动263户农民，帮助78户农民摘掉“特困户”的帽子。

三、从造林绿化到“保护母亲河”

造林绿化、保护生态环境是广东青年的光荣传统。1990年，经过5年的奋战，造林绿化初见成效，广东成为全国第一个基本消灭宜林荒山的省份。其中，青少年造林绿化发挥了重要作用。据统计，1978年至1994年间，广东青少年造林绿化1868万亩，创建青年绿化工程3751项。[1]希望工程和青年志愿者行动实施以后，造林绿化、保护生态环境成为公益捐赠和青少年志愿服务的常规项目，每年植树节活动从未间断过。

1992年联合国环境与发展大会召开后，党中央、国务院明确提出实施可持续发展战略，正确处理经济发展同人口、资源、环境的关系。1994年以后，广东青少年造林绿化行动的宗旨逐渐从传统的消灭荒山、脱贫致富转向保护资源环境、提升青少年现代环保素质。1994年7月，团省委、省绿委、省林业厅在肇庆召开广东省青少年造林绿化活动表彰大会，提出今后一段时期全省青少年造林绿化活动的主要任务：继续抓好青少年义务植树活动，加强管护措施，巩固绿化达标成果，大力发展“三高”林业，坚持造林绿化与育人树人相结合，提高活动的经济效益、生态效益和人才效益。生态效益、人才效益被提升到与经济效益同等重要的位置。

1999年1月，为保护和改善我国生态环境，团中央、中国青基会联合国家有关部委发起“保护母亲河”环保公益行动。团省委计划用五年时间，以工程、基金、活动为重点开展“保护母亲河”行动：一是建设“保护母亲河绿色工程”。要求全省各市、县（区）每年至少完成一项工程造林任务，面积分别不少于500亩和200亩，统一命名为“保护母亲河绿色工程××项目”，作为本地区重点工程或样板工程。二是创建“保护母亲河绿色希望工程基金”。采取“5元捐植一棵树”“200元捐植一亩林”“捐建命名纪念林”等形式募集资金。三是开展“保护母亲河行动周”活动。每年组织全省团员青年开展为期一周的集中行动，通过开展植树造林、清除垃圾、义演义卖、宣传法律、募集资金等活动，营造保护生态环境的社会氛围。

---

[1] 共青团广东省委员会．建国以来广东共青团工作、青年工作回顾及未来展望[J]．生力军，1994（6）：8-13.

青年是保护生态环境的重要力量。图为团惠东县委组织中学生植造“共青团林”

1999年至2001年，广东青年围绕珠江、东江、西江、北江、韩江等广东省内主要江河坚持开展“保护母亲河”行动，其中影响较大的活动有：1999年3月，团省委在广州市举行“广州地区青少年整治珠江行动”，开启全省“保护母亲河”春季行动；2000年2月，团省委在清远市举办“保护母亲河，北江披绿妆”万人植树、签名、募捐活动，万余名团员青年在北江河畔3000亩荒地上种植40万株荷树、阴香树；2000年4月，粤、湘、赣、港、澳五省区青少年在韶关市开展“清洁北江水，保护珠江母亲河”行动，共同出资建造“韶关号”“粤湘赣号”“穗港澳号”三艘宣传船，宣传保护母亲河；2000年9月，中国青基会联合广东、江西两省青基会在惠州市博罗县启动“保护母亲河东江碧水行动”，资助东江五县植造“希望林”5万亩，广州、深圳、汕头、河源、清远、韶关、汕尾、云浮等地市纷纷开展“保护母亲河”春季行动；2001年5月，团省委、省高速公路公司等单位共建“京珠北青年绿色希望通道工程”，在京珠北高速公路粤境北段沿线109千米两侧的荒山、荒坡、荒沟植树造林8000多亩。

四、实施希望工程与扶贫攻坚行动

（一）希望工程的启动和战略转移

20世纪80年代，我国每年有100多万小学生因家庭贫困交不起四五十元的书杂费而失学，严重影响少年儿童的成长。1989年10月30日，中国首个救助贫困地区失学少年儿童的基金——希望工程在共青团中央、中国青少年发展基金会的发起下设立，并宣言：只要中国还有一名因贫困失学的孩子，希望工程的崇高使命就不会结束。其时，广东区域经济社会发展极不平衡，山区仍有几百万人口未摆脱贫困，每年约有7万名少年儿童因贫困而辍学或面临辍学，需要政府和社会救助。

1992年5月，广东省实施希望工程工作领导小组成立，下设领导小组办公室，负责希望工程日常工作。1992年6月，广东省实施希望工程工作领导小组在广州市举行全省实施希望工程暨发行希望工程爱心券募捐动员大会，募集善款1226万元，标志着广东省希望工程正式启动。希望工程实施初期，资助贫困学生与援建希望小学是两大主要公益项目。1992年7月，广东第一批5000名失学少年儿童得到资助。1993年1月，广东第一所希望小学——畲维希望小学在梅州市五华县转水镇落成。

1993年1月19日，广东第一所希望小学——五华县畲维希望小学落成

1994年4月，在希望工程广东助学基金的基础上，团省委、省青联、省学联、省少工委联合成立广东省青少年事业发展基金会（以下简称“省青基会”）。其宗旨是：争取海内外关心青少年事业的团体、个人的支持和捐助，推动青少年教育、科技、文化、体育、卫生、社会福利和环境保护事业的发展；

通过资助服务、利益表达和社会倡导，帮助青少年健康成长，改善青少年成长发展环境。省青基会成立后，与希望工程工作领导小组办公室合署办公，仍将实施希望工程作为工作重点，为希望工程的长期化实施、规范化运作奠定了基础。

广东实施希望工程进一步得到各界的积极响应，从普通群众到社会机构，纷纷慷慨解囊，捐款捐物，弘扬中华民族助人为乐和扶危济困的美德。韶关铁路二中教师刘庆红在身患绝症的情况下，仍资助 5 名失学孩子；广州的铁路退休工人郑名爵，8 个儿女 3 个下岗，仍捐献毕生积蓄 20 万元，在乐昌市附城镇援建邓玉莲希望小学；顺德身患绝症的朱佑雄老人向希望工程捐赠毕生的积蓄——5.6 万元国库券和电力债券。1992 年至 2002 年，香港慈善机构苗圃行动和爱心步行者为祖国教育事业筹集善款 7400 万元。其中，在广东援建希望小学 35 所，累计捐款 806 万元，成为广东希望工程捐助善款最多的社会机构。

青年志愿者纷纷投身希望工程扶困助学，为希望工程无私奉献，从中涌现出一批青年先进典型。1993 年，陈凤霞赴清远市清新县白湾镇希望学校担任代课教师，积极联系社会人士关心、支持乡村教育事业发展。1996 年，陈凤霞被联合国开发计划署授予首届“国际青少年消除贫困奖”。

省委、省政府高度重视希望工程事业。1993 年 1 月，省长朱森林向省八届人大一次会议作政府工作报告时强调“要动员全社会力量，支持搞好希望工程”；1996 年 11 月，省委七届五次全会再次明确“要深入开展希望工程”；2001 年 12 月，省政府发布《关于贯彻〈国务院关于基础教育改革与发展的决定〉的意见》，要求“要继续发挥原有的希望工程、扶贫助学基金的作用，保障农村贫困家庭子女接受九年义务教育”。

省领导多次接见受助学生代表和资助代表。1994 年 7 月，团省委、省青基会举办第一届希望工程羊城会亲活动，省领导接见来自韶关、清远、河源、梅州、肇庆五市的希望工程受助学生代表 40 人。1997 年 3 月、2001 年 5 月，团省委、省青基会先后举办第二届、第三届希望工程羊城会亲活动，省领导分别接见参加羊城会亲活动的 103 名、130 名受助学生代表，勉励他们好好学习，争当共产主义事业接班人。

20世纪90年代后期，由于政府扶贫攻坚、普及九年义务教育制度工作力度的加大和社会各界的大力支持，全国失学儿童的绝对数量和占比均大幅下降，农村因贫失学现象不再是一个需要广泛动员全社会力量进行大规模救助的突出社会问题，贫困地区适龄儿童对社会资助的需求发生很大的变化。1999年，根据中国青基会的统一部署，团省委召开全省希望工程工作会议，宣布广东希望工程实施战略转移。战略转移后，希望工程停止接收400元资助一名学生的结对资助捐款，转为告知有失学现象的学校名称和地址，由热心人士直接联系捐助。希望工程的工作重心转移到援建希望小学和跟踪培养“希望之星”，并向社会推出保护母亲河行动绿色希望工程、中华古诗文经典诵读工程、扶孤助学工程等公益项目。扶孤助学工程的结对资助标准是：资助一名少年儿童完成就读阶段的学业，小学阶段捐2000元，初中阶段捐2000元，高中阶段捐3000元，大学阶段捐8000元以上。

1992年至2001年，广东希望工程推出近百项宣传发动、募捐筹资、实施资助、加强管理等专项活动。其中，形成较大社会影响的有希望工程粤北考察活动、十二小时全省广播听众大联播活动、“爱心券”募捐活动、百万爱心行动、1 + 1助学行动、爱心有奖储蓄活动、扶贫支边行动、对口援助广西行动、缴纳特殊团费活动、抗洪赈灾献爱心活动、羊城会亲活动、成果摄影展览、签名售书活动、筹款拍卖活动、义卖义演活动、社会监督日活动等。10年间累计筹款逾1.8亿元，资助失学少年98 868名，援建希望小学368所，捐赠希望书库图书2000多套，捐建音像电子馆等230个。

广东希望工程在省内援建希望小学的同时，也在其他省、区（主要是中西部地区）援建希望小学52所，包括广西11所，江西7所，湖南、湖北各6所，西藏5所，内蒙古4所，新疆3所，黑龙江2所，陕西、河南、四川、浙江、福建、山西、安徽、吉林各1所，累计援助金额670万元。

（二）扶贫攻坚行动

20世纪80年代以来，党和政府在全国范围内开展有组织、有计划的大规模扶贫工作。1994年制定实施的《国家八七扶贫攻坚计划》提出，从1994年到2000年，力争用七年左右的时间基本解决8000万农村贫困人口的温饱问题。1996年，为贯彻落实《国家八七扶贫攻坚计划》，团中央启动青年志愿者扶贫接力计划，采用社会公开招募的方式，组织青年志愿者到贫困地区从事一年的教育、科技、医疗等方面的志愿服务。

1998 年，团省委联合教育、卫生部门实施青年志愿者扶贫接力计划，招募青年志愿者到广西马山县、广东龙川县从事为期一年的教育、科技、医疗等方面的志愿服务，服务期满后由下批志愿者接替，形成接力机制，连续三年。8 月，团省委在广州举行“1998 年至 1999 年度广东青年志愿者赴广西扶贫接力出发仪式”，首批 16 名志愿者奔赴广西马山县开展扶贫服务，安排团广州市委、团东莞市委分别与广西百色、河池地区对口援助。11 月，广东共青团和各界青年向广西希望工程捐款 350 万元，用以援建 11 所希望小学，资助 3300 名儿童读书。

1999 年 9 月，党的十五届四中全会作出实施西部大开发战略的决定，要求支持中西部地区和少数民族地区加快发展。2000 年，团省委、省青联组织粤港澳青年参与西部大开发，组织一批项目对口援助新疆哈密地区，在新疆巴里坤县援建希望小学，先后接收两批新疆哈密地区的青年干部在广东接受短期培训，每年安排来自新疆、四川、湖南、贵州、广西等西部地区和少数民族地区的团干部到广东挂职锻炼。

2000 年 6 月，为加快贫困山区脱贫奔康的步伐，确保广东率先基本实现社会主义现代化，省委、省政府决定在全省开展扶贫两大会战，确保年底之前实现“村村通机动车、户户有半亩‘保命田’”的目标。团省委积极响应省委、省政府的号召，开展“实践‘三个代表’，投身两大会战”行动，以全省 16 个贫困县为重点修建广东青年志愿者路。

广东共青团响应党的号召，积极组织团员青年参与扶贫攻坚行动，一方面给山区带去了现代意识和先进观念，促进了城乡文化的交流和现代文明的传播，推动了山区经济和文教卫生等事业的发展；另一方面也带动了社会各界更加关注、支持山区经济社会的发展，为山区群众的脱贫致富创造了更加优越的外部条件；与此同时，直接参与扶贫接力计划的青年志愿者在艰苦的环境中经受了锻炼，加深了对国情的了解，增进了同人民群众的感情，为今后的成长成才打下了坚实的基础。在全国扶贫攻坚战中，广东青年谱写了一曲服务大局、用知识和技术帮助山区群众脱贫致富的青春之歌。

第三节　服务青年成长和社会参与

20 世纪 90 年代，发展社会主义市场经济的新形势使得青年在成长发展中遇到许多新情况、新问题，他们迫切希望得到共青团组织更多的关心和帮助。为适应这种变化，共青团在强化服务大局、服务社会的工作的同时，明确提出把服务青年作为团的工作的出发点和落脚点，即把教育青年和服务青年结合起来，把贯彻党的要求和实现青年的根本愿望结合起来，把围绕大局开展工作和发挥青年优势结合起来，把做好党的青年群众工作和开发青年人力资源结合起来，把服务社会和提高青年素质结合起来，创造性地开展共青团工作。

一、推进“跨世纪青年人才工程”

1993 年 12 月，团中央在推动“跨世纪青年文明工程”的同时，提出实施“跨世纪青年人才工程”，高举“科学技术是第一生产力”的旗帜，促进科技成果转化，培养一代掌握过硬劳动技能和具备较高科学文化素质的青年人才。广东共青团全面实施“跨世纪青年人才工程”，努力服务青年的成长发展。

（一）树立青年榜样

改革开放以来，广东青年人才辈出，先后涌现出一批时代青年榜样。在引导青年学习榜样精神，汲取奋进力量的同时，广东共青团通过制度化的工作，把培养、举荐、表彰、宣传青年榜样作为推进“跨世纪青年人才工程”一项重要工作来抓。

20 世纪 80 年代，粤中一些地市团组织率先探索“十大杰出青年”评选工作，在团员青年中产生良好的榜样效应。1990 年，全国青联等单位开展首届“中国十大杰出青年”评选。1993 年，为进一步激发广东青年艰苦创业、奋发成才的热情，团省委、省青联推出首届“广东十大杰出青年”评选活动。其后，1995 年、1998 年、2001 年先后开展第二届、第三届、第四届评选。经过多年的实践与探索，“十大杰出青年”评选经历了社会认同感不断增强、影响面不断扩大、代表性更加广泛的发展过程。1993 年之后，全省大部分市、县团组织相继开展和完善“十大杰出青年”评选工作，并纳入政府表彰序列，形成层层选拔、逐级推报、专家评审和社会评议相结合的评选机制及党政关心、青年关注的良好社会氛围。

1997 年五四青年节期间，团中央、全国青联首次颁发“中国青年五四奖章”。1999 年 3 月，团省委、省青联设立“广东青年五四奖章”，作为广东优秀青年个人及先进青年集体的最高荣誉。五四奖章一般在每年五四青年节期间颁发，有特殊贡献者可随时颁发。5 月，团省委、省青联开展首届“广东青年五四奖章”评选，集中表彰、宣传一批在“两个文明”建设中取得突出成绩的青年典型。中共中央政治局委员、省委书记李长春亲切接见首届“广东青年五四奖章”获得者，号召全省青年向他们学习。其后，2000 年、2001 年、2002 年，团省委、省青联先后开展第二届、第三届、第四届评选。截至 2002 年，60 名优秀青年个人获得“广东青年五四奖章”，4 名优秀青年个人获得“中国青年五四奖章”。

20 世纪 90 年代，团省委、省青联初步建立以“广东青年五四奖章”“广东杰出青年奖章”为核心的优秀青年人才培养、举荐、表彰、宣传机制，包括 1996 年建立“跨世纪优秀青年人才奖励基金”，1996 年设立“南粤优秀博士生、优秀大学生”奖，1997 年设立“广东省优秀青年科学家奖”，2001 年设立“留学青年回国创业之星”“杰出（优秀）青年企业家”“杰出（优秀）青年卫士”和“十佳少先队员”等奖项评选表彰机制。

与此同时，全省市、县两级团组织纷纷出台优秀青年人才培养计划或建立奖励基金，为青年人才成长搭桥铺路。广州市推出“后备军工程”，深圳市出台“鹏城青年功勋计划”，惠州市启动“青少年未来工程”。团组织通过大力培养、举荐、表彰、宣传青年典型，发挥青年典型的榜样导向作用，促进青年崇尚先进、学习先进良好风气的形成。

（二）“挑战杯”争创佳绩

“挑战杯”是共青团中央、中国科协、教育部、全国学联和地方政府等共同主办的全国大学生系列学术科技竞赛，包括“挑战杯”全国大学生课外学术科技作品竞赛和“挑战杯”中国大学生创业计划竞赛两个并列项目。自1989年首届竞赛举办以来，“挑战杯”坚持“崇尚科学、追求真知、勤奋学习、锐意创新、迎接挑战”的宗旨，在促进青年创新人才成长、深化高校素质教育、推动经济社会发展等方面发挥了积极作用。

广东大学生是“挑战杯”的积极参与者。1989年，团省委、省学联组织广东大学生参加第一届“挑战杯”全国大学生课外学术科技作品竞赛，取得不俗的成绩。1995年，第四届“挑战杯”在武汉举行，广东获得一等奖两项、二等奖一项、三等奖五项的佳绩。1999年，第六届“挑战杯”在重庆举行，暨南大学、汕头大学和中山大学总分位于全国前30位，团省委、省学联获“全国优秀组织奖”。2001年，第七届“挑战杯”在西安举行，中山大学、汕头大学获得“优胜杯”，华南理工大学、暨南大学、广州大学获得“高校优秀组织奖”，华南理工大学获得第八届“挑战杯”承办权。

1989年以来，团省委、省学联将组织参加“挑战杯”作为统领广东大学生科技创新实践的领头项目，同时组织开展省级系列竞赛，完善赛训体系。1990年，团省委、省学联推出“挑战杯”广东大学生课外学术科技作品竞赛，每两年一届。1996年至2001年，团省委、省学联先后组织“挑战杯”广东大学生创业计划竞赛、大学生电脑竞赛、大学生展望新世纪设计大赛、“中学生星火计划实践队活动”、“科普知识”竞赛、“金钥匙”科技作品竞赛，实施“素质拓展”计划，成立省学生科技协会，设立省学生科技基金，加强青少年科技创新实践教育，推动大学生科技成果转让。

大学生课外学术科技活动蓬勃开展推动高校深化素质教育。中山大学、暨南大学、汕头大学、广州中医药大学、广州大学、佛山科技学院等高校通过建立学生科研基金、发布科研课题等办法鼓励大学生参与学术科技活动。一些高校探索教师指导学生科技活动计入课时的制度，提出学生参与竞赛按作品得奖层次计入学分，极大地提高了师生参与学术科技活动的积极性。

（三）拓展社会实践大课堂

20世纪90年代初，随着国家启动毕业生就业制度改革，计划经济时代的统招统分制度开始改革。为适应激烈的市场竞争，青年学生参与社会实践的热情高涨，广东共青团是大中学生社会实践活动的重要组织者和服务者。

大中学生充分利用假期深入城乡社区开展社会实践。1991 年 7 月，团省委、省学联组织大学生干部赴清远市清新区浸潭镇挂职锻炼，组织大学生志愿者赴揭阳、汕头、河源、清远等市宣传税务政策、行政法规。1994 年 7 月，团省委、省学联组织 500 支大学生志愿服务队奔赴农村基层，开展科技文化服务。1995 年 7 月，团省委、省学联组织 800 支大学生志愿服务队近 5 万人赴农村基层，开展科技文化服务，培训 6 万人次，扫盲 15 300 人，为希望工程捐款 30 多万元。1996 年 1 月，团省委、省高教厅等联合推出大中学生社区援助活动，组织志愿者利用假期或课余深入城镇社区，开展长期结对公益服务。4 月，团省委、省教育厅推出成人预备期志愿服务，要求处于向成年公民过渡的关键时期的 16 岁至 18 岁中学生每年开展不少于 48 小时的志愿服务，越来越多的中学生通过成人预备期志愿服务参与社会实践。

1996 年 12 月，为贯彻落实党的十四届六中全会精神，中宣部、团中央等十四部门发起文化、科技、卫生“三下乡”活动。大学生通过寒暑假“三下乡”活动深入广大农村，尤其是“老少边穷”地区[1]，给农村群众带来精神文化的享受，也帮助他们获得致富的信息和技术、健康知识以及医疗服务。1997 年 7 月，团省委、省学联组织 600 支大学生和青年教师志愿服务队赴 300 多个村开展“三下乡”活动，举办培训班 200 多期，培训乡村干部、青年致富带头人 3000 多人次，传授种植技术 120 多项，捐书 40 多万册，建立乡村青年图书站 87 个，举行文艺演出 320 场次，为 1.5 万名农民开展健康检查，累计服务群众近 11 万人次。1997 年冬至 1998 年春，团省委、省委宣传部在“三下乡”活动中集中开展“百万农村青年科技传播活动”，根据农村主导产业发展的要求，组织省农业院校、农业科研单位、青年教师、科研人员、大学生组成科技传播志愿队，赴农村乡镇开展有针对性的科技咨询和结对服务。2001 年暑期，团省委、省学联组织 118 支挂职社会实践队，深入基层宣讲“三个代表”重要思想。截至 2002 年，先后有 50 多万名大学生参加“三下乡”活动，既促进了农村“两个文明”建设，又帮助大学生深入了解国情、省情、民情。

---

[1] “老少边穷”地区，指革命老区、少数民族自治地区、陆地边境地区和欠发达地区。

各地市、高校、中学团组织按照团省委、省学联的统一部署，开展“三下乡”活动，并各自确立主题、创新做法。1997 年暑期，12 名大学生在团广州市委、广州市学联的组织下赴花都市炭步镇挂任为期一个月的村委会主任助理，书写青春履历精彩的一页。

（四）深化青年星火带头人培养

20 世纪 90 年代，省、市、县三级团组织联合有关部门坚持多渠道、分层次培养表彰青年星火带头人，推广“星火技术”项目，培养一大批以经营“三高”农业为特色的青年专业户、青年科技示范户。1995 年实施“服务万村行动”后，新建省级青年星火培训基地 12 个，各级农科示范基地、农科协会 1458 个，构成多层次、多形式、多种类和覆盖全省的农村实用技术培训体系。

团韶关市委坚持每年举办一至两期“星火技术”项目培训班，由下辖县（区）选送优秀农村青年参加学习培训。20 世纪 90 年代，韶关青年专业户、青年科技示范户人才辈出——乳源瑶族自治县学员种桑养蚕致富，推动当地的桑蚕业从无到有；乐昌县学员发明治疗果树黄龙病的药物，获国家专利；始兴县学员发明恒温孵化机，成为远近闻名的鸡苗供应大户；仁化县学员承包荒山 100 亩，致富不忘乡亲，斥资 10 多万元，建桥修路。1993 年、1994 年，团韶关市委连续两年被评为全国培养青年星火带头人优秀组织单位。

1997 年，团省委成立全国首个省级青年星火带头人协会。协会成立后，有效加强了青年星火带头人之间的横向交流合作，提升了为农村青年提供产前、产中、产后服务的能力，助推“星星之火，燃遍农村大地”。统计数据显示，1992 年至 2002 年间，全省培养国家、省、市、县级青年星火带头人 2 万多名，其中 30 名荣获“全国杰出（标兵）青年星火带头人”称号，累计培训青年农民 15 万人次。一批青年专业户、青年科技示范户成长为地方农业龙头企业，发挥出辐射带动效应。

（五）培养“青年岗位能手”

20 世纪 90 年代，党中央坚持把经济建设转移到依靠科技进步和提高劳动者素质的轨道上来，加速实现国家的繁荣强盛。1991 年 7 月，为引导青年工人提高劳动技能，走岗位成才之路，团省委、省劳动局联合制定《广东省青年岗位成才奖励暂行规定》。1994 年，团中央、国家经贸委等决定在企业开展培养“青年岗位能手”活动。以岗位为基本单位，以提高岗位文明、岗位技能、岗位效益为基本内容，以培养为中心环节，以规范、考核、评定、奖励为主要手段，持久培养“青年岗位能手”。同年，团省委联合有关部门，以“学技术、创优质、当能手、争标兵”为主题，启动“青年岗位能手”活动。该活动选取茂名石油化工公司、广州石油化工总公司、韶关钢铁集团公司等 9 家在地区、行业具有一定代表性的企业作为全省示范点，各市也相应确定一批市级试点企业。“青年岗位能手”活动重点抓好两头：一头抓好广大普通青年员工的“学技术”达标，尤其是经历职业身份转变的外来青年员工；另一头抓好青年科技标兵、青年员工发明创造以及优秀青年企业家评选活动。试点期间，团省委在 9 家试点企业开办 388 期培训班，培训青年员工 5.46 万人次。

培养“青年岗位能手”活动促进青年岗位成才。图为三茂铁路“青年岗位能手”在维护“青年号”机车

1995 年 9 月，团省委、省经贸委等在广州联合召开全省培养“青年岗位能手”活动经验交流会，总结一年多来全省开展培养“青年岗位能手”试点工作情况，部署在全省企业全面推开培养“青年岗位能手”活动，并以此为龙头，推进“学技术、创优质、当能手、争标兵”主题系列活动。茂名石油化工公司、韶关钢铁集团公司等 10 家企业被命名为“广东省青年岗位能手活

动示范企业”。

1997 年，“青年岗位能手”活动以“导师带徒”和技术比武为重点，突出抓好培训环节，广泛开展“赛、练、带、推、创”等多种形式的岗位练兵活动，推动“学技术、创优质、当能手、争标兵”蔚然成风。1999 年，团省委、省经贸委等单位联合推动“99 广东青工技能月活动”，通过开展实用技能培训、青年员工技术比武、先进操作法现场演示、应知应会技能测试等活动，掀起学技术、比技能、讲贡献的热潮，帮助青年员工提高技能水平和岗位竞争力。截至 2001 年底，全省培养“青年岗位能手”活动共举办 50 多个工种的技术比武，参与青年员工近 600 万人，涌现出全国“青年岗位能手”50 多名，省级“青年岗位能手”500 多名，省青年科技标兵 320 多名，市级以下“青年岗位能手”10 万多名。

二、加快建设青少年活动阵地

20 世纪 90 年代，随着广东经济社会的快速发展，城乡青少年人口大幅增长，青少年课余、业余文化活动需求迅速加大。为充分满足青少年日益增长的成长需求，在各级党政部门的大力支持下，全省青少年活动阵地建设步伐加快。

（一）加快建设青少年宫

1991 年，在团省委的指导下，广东青少年宫系统的行业领导机构——广东省青少年宫协会成立。协会成立后，一方面大力促进全省青少年宫交流合作，另一方面大力推动青少年宫建设。1990 年，在省委、省政府的支持下，青少年宫建设被纳入全省国民经济和社会发展规划，省财政逐渐加大对山区青少年宫建设的支持力度。1991 年，团省委争取省财政“八五”期间每年拨出 50 万元专款，1995 年追加到 150 万元，支持全省 50 个山区县建设青少年宫。1999 年，团省委争取省财政拨出青少年文化阵地建设专项扶持资金 142 万元，支持 28 个山区贫困县和 16 个特困县建设青少年宫和青少年活动阵地。2000 年，省财政拨出青少年文化阵地建设专项扶持资金 100 万元，支持清远、梅州、汕尾、肇庆等地市建设青少年活动阵地和青少年新世纪读书俱乐部。截至 2002 年，全省 82 个市、县建成青少年宫。其中，占地面积 2000 平方米、建筑面积3000平方米以上的青少年宫共20座，广州、深圳还分别拥有一座占地面积3万多平方米的青少年宫。随着全省各地青少年宫的落成，一批现代化、高标准、高质量的教育、娱乐、体育设施投入使用，一支高素质的教育、管理队伍在实践中成长壮大，每年吸引5000万人次青少年参加教育培训活动。

（二）深圳首创“大家乐”

1986年7月，深圳“大家乐”自创立以来快速发展，逐渐推广到全市，在外来务工青年中持续拥有超高的人气。1990年，“大家乐”以最高票当选“深圳市文明单位双十佳”。1991年，“大家乐”被团中央、文化部授予“全国文化建设先进典型”。1991年、1996年，深圳市政府分别拨出65万元、200万元专款改建位于红岭路与红荔路交界处的“大家乐”舞台。20世纪90年代，深圳“大家乐”持续火爆，在深圳各区逐渐发展到110多个，被称为青少年活动阵地的“深圳模式”。在深圳特区建设早期，在全国各地百万青年闯深圳的特殊背景下，团深圳市委以接地气的方式创建“大家乐”，弥补了当时文化娱乐设施的匮乏，是服务外来追梦青年精神文化需求的成功探索。有主流媒体对深圳“大家乐”给予了这样的评价：

> “大家乐”文化生长于全国改革开放的前沿阵地，以前所未有的人视野去透视和解决新兴移民城市青年群众文化建设面临的新情况、新问题，构筑出移民文化、大众文化、广场文化三位一体的崭新文化模式。它是一个时代的文化共鸣，也是特区开放包容精神的文化图谱。

2000年3月，中央文明办、团中央等六部门在深圳市举行全国“青年文明社区大家乐”活动启动仪式，将深圳“大家乐”的活动经验向全国推广。“大家乐”逐渐发展到全国各地，被誉为流动青年的“精神家园”。截至2002年，仅在广东省就推广建立“大家乐”舞台1800多个，登台表演60多万人次，现场观众累计3500多万人次。

1995 年，深圳“大家乐”演出现场

（三）探索青年文化广场

青年文化广场是贴近需求、建设青少年活动阵地的另一种探索形式。1997 年 4 月，团省委联合有关部门在广州著名商业网点天河城广场创建全国第一个以满足青年艺术、文化、科学需求为主要内容的文化广场——广东青年文化广场。1999 年 4 月，团省委、省邮电局等联合在广东青年文化广场举行首场现代科技知识咨询服务活动，并每月定期举办现代科技知识学习传播活动，传播形式包括咨询、展览、竞赛、高新技术产品演示、科学家与青少年论坛、科技进步宣传等。截至 2002 年，团省委先后在广东青年文化广场举办 30 多场由专业文艺团体和青年艺术家担纲的高水准文艺演出，举办 20 多场由青年科技工作者和专家学者领衔的大型青少年科普活动，吸引各界群众 50 多万人次。青年文化广场的文艺演出和科技传播服务突出对团员青年的教育性、导向性、开放性、社会性和示范性，这一活动形式得到省委宣传部的肯定。在省委宣传部的倡导下，汕头、佛山、肇庆等市率先兴办市级青年文化广场，全省 43 个省、市、县、镇级青年文化广场先后投入使用，极大地丰富了城乡团员青年的业余文化生活。

三、维护青少年合法权益

随着我国改革开放的深入，党和政府越来越重视建立和完善保障青少年健康成长的法制环境。1991 年、1999 年，我国先后制定《中华人民共和国未成年人保护法》《中华人民共和国预防未成年人犯罪法》。这是我国未成年人权益保护史上两部里程碑式的专门性法律，构建起我国未成年人权益保护法律体系的基本框架。

两部保护青少年健康成长的法律出台后，广东共青团大力开展学习宣传贯彻活动。团省委召开专题座谈会，开展“保护明天行动”，联合相关部门集中解决危害未成年人成长的“老大难”问题，创建“青少年安全放心网吧”“青少年维权岗”，整治校园周边环境，净化文化市场。与此同时，加快完善青少年保护的地方性法规。1996 年 9 月，深圳市制定《深圳经济特区实施〈中华人民共和国未成年人保护法〉办法》；1997 年 7 月，团省委主持修订的《广东省青少年保护条例》经省八届人大常委会第三十次会议审议通过。

处于社会边缘的特殊青少年群体是青少年合法权益保护的重点人群。1992 年，团广州市委、广州中院等单位发起旨在帮教违法犯罪青少年的“羊城金不换工程”。特邀共青团陪审员制度作为这项工作的重要组成部分，在未成年人犯罪案件审判和违法犯罪青少年帮教中发挥重要作用。1992 年至 2002 年，全市有 500 余名陪审员参加庭审，2000 多人次参加帮教。被帮教的少年缓刑犯及刑满释放人员绝大多数无重新犯罪，逐渐回归社会，并积极要求上进，部分人重返校园读书，其中 5 人考上大学。

1999 年 3 月，团省委、省综治办等单位在全省开展创建优秀“青少年维权岗”活动。广州、深圳等 10 市率先启动，通过设立维权中心、法律援助中心，开通维权热线，加强青少年维权工作，为广大青少年提供法律、生活、医疗等方面援助服务，为优化青少年成长环境办实事。1999 年 10 月，深圳市罗湖公安分局在辖区 55 间中小学校开展警校共建，成效显著，荣获团中央、公安部联合授予的全国首批优秀“青少年维权岗”称号。团深圳市委联合 90 多家单位及社会知名人士签署全国首例《关心青少年约章》，广州市开设全国第一条青少年紧急援助热线。截至 2002 年，全省 21 市、13 个系统推进创建活动，涌现出各级优秀“青少年维权岗”800 多个。其中，全国优秀“青少年维权岗”20多个。[1]

改革开放以来，大量务工青年辛勤劳作在生产第一线，成为建设广东的重要力量。维护其合法权益，帮助其成长成才，共青团责无旁贷。1995年，团省委联合有关部门在全省外来务工青年中开展“同是广东建设者”主题活动，提出构建包括舆论支持、教育培训、法律援助、中介咨询、生活保障等方面的外来务工青年维权工作体系；设立“广东共同建设者”青年奖章，开展“安心于广东、热心于岗位、爱心于社会、信心于自己”的“四心”教育和法律知识竞赛。1999年春运期间，团省委在返乡的外来务工青年中开展“把文明带回家”活动，团广州市委、羊城铁路总公司开通“外来务工青年专列”，自1999年3月12日起在广州和张家界两地往返。2001年7月，团省委在全国率先启动“进城务工青年发展计划”，通过抓团建、抓服务、抓机制，大力开展组织建设、制度建设、队伍建设、阵地建设，提供政策、创业、技能、维权、信息、保障、文化、宣传服务，努力办好“十件实事”。2002年1月，团中央在广东召开现场推进会，推广广州、深圳、珠海、佛山、东莞、中山等地推进“进城务工青年发展计划”的经验。

四、迎接香港、澳门回归祖国

广东地处祖国南大门，毗邻港澳。由于地缘、人缘、历史渊源的优势，广东青年工作在港澳统战工作大局中负有特殊的责任。1995年7月，省青联七届一次全会提出，随着我国对香港、澳门地区恢复行使主权的日期临近，对港澳青年的联谊工作日益重要和紧迫。广东共青团依托各级青联组织，配合做好港澳青年统战工作，促进港澳平稳过渡。

加强同港澳青年社团的联谊交流是统战工作的重头戏。广东各级青联组织通过举办粤港澳青年交流营、青年研讨会、文化艺术竞赛、青年工作者互访等活动，扩大与港澳青年社团的交流合作，帮助港澳青年加深对“一国两制”、“港人治港”、“澳人治澳”、高度自治的方针的理解和认识。其中，影响比较大的活动有：1996年11月在广州市举办的“粤港青年运动会”；1997

[1] 共青团广东省委. 全省青少年权益系统五年工作回顾［J］. 生力军，2002（7）：11–13.

年 3 月在深圳市举行的“迎香港回归”京九植绿护绿活动；1998 年 12 月举办的“粤港澳青年与解放军官兵迎新年大联欢”活动；1999 年 12 月在珠海市举办的迎澳门回归系列活动；2001 年 8 月举办的“爱我中华”海峡两岸暨港澳青年新世纪大汇聚活动，近 800 名青年访问井冈山、北京、秦皇岛、上海、南京，并在北京受到党和国家领导人的接见。

与此同时，广东共青团广泛联合港澳各界青年开展科技、文化、经济交流，利用生动具体的爱国主义活动影响港澳青年。1996 年至 1999 年，团省委、省青联举办三地青年“迎回归”主题交流活动逾百次。其中，规模比较大的活动有：1996 年组织 400 名小学生到香港开展的粤港少年交流营，1997 年举办的粤港澳青年纪念五四迎接回归联欢晚会、粤港澳青年迎香港回归虎门销烟纪念活动、省港澳青年交流营、粤桂港三地少年儿童“迎回归，手拉手”主题交流营、粤港澳青年庆国庆万人文艺联欢晚会。1997 年，团深圳市委、深圳市青联举办的深港两地青年学生“迎接香港回归”交流活动更是丰富多彩，活动形式包括参观、访问、联谊、夏令营、竞赛等。1998 年 12 月，全国青联、省青联在珠海市举办“内地与澳门青年迎澳门回归祖国倒计时一周年大联欢”，掀起青年迎接澳门回归活动的高潮。

为帮助港澳青年精英加深对祖国改革开放和经济社会发展巨大成就的认识，省青联多次组织港澳特邀青联委员参观考察内地。其中，影响比较大的活动有：1996 年 9 月香港地区青联特邀委员和部分青年团体负责人参观东深供水工程，1997 年 5 月广州“粤港青年庆回归迎回归联欢晚会”，1998 年 11 月港澳特邀青联委员赴珠海参观中国国际航空航天博览会。这些活动有力促进了港澳人心回归，培养和壮大了爱国爱港爱澳力量。

第四节 适应社会主义市场经济要求，加强团组织建设

1994 年 9 月，党的十四届四中全会通过《中共中央关于加强党的建设几个重大问题的决定》，把新时期党的建设提到“新的伟大工程”的高度，为新的历史条件下加强团的组织建设指明了方向。广东共青团认真分析自身建设面临的新形势，积极探索新时期加强团的组织建设的目标、任务和途径。1997 年 8 月，共青团广东省第十次代表大会提出，坚持服务大局、服务社会、服务青年，致力构建与社会主义市场经济体制相适应的共青团工作体系。团的组织建设在探索中不断加强。

一、加强共青团基层组织建设

（一）推荐优秀团员作党的发展对象

共青团组织担负着为党培养新生力量和向党输送新鲜血液的任务，是党的助手和后备军。1982 年 12 月，共青团十一大把“推荐优秀团员作党的发展对象”（以下简称“推优入党”）作为团的基层组织的一项任务，明确写入团的章程。

1985 年 5 月，省委组织部、团省委联合下发《关于各级团组织积极做好推荐优秀团员入党工作的意见》，全面部署推优入党工作。1992 年 6 月，中共中央组织部、共青团中央在上海市召开“全国推荐优秀团员作党的发展对象工作座谈会”，联合下发《关于进一步做好推荐优秀团员作党的发展对象工作的意见》，提出 28 岁以下青年入党一般应从团员中发展，发展团员入党一般应经过团组织的推荐。1992 年 10 月，省委组织部、团省委在惠州市惠东县召开全省推优工作座谈会。会后，全省 20 市先后召开推优工作专门会议，结合实际贯彻落实推优工作。至此，全省各级党团组织制度化、规范化的推优工作机制基本形成。落实推优工作比较普遍的做法主要有：一是联合下发推优工作文件，对党团的各自职责做明确分工；二是成立专门的工作领导机

构，加强领导，由地方党政主要领导担任责任人；三是建立党团双向责任制、推荐工作程序、定期推荐制度、培养制度、推优对象联系人等推优工作制度；四是坚持实施多途径的教育培训。

经过多年的努力，广东共青团推优入党工作稳步推进，经常地、积极负责地把优秀团员推荐给党组织，不断向党输送新鲜血液。1997 年至 2002 年，全省推荐约 24.2 万名优秀共青团员加入中国共产党。

（二）坚持党建带团建

1994 年 10 月，省委七届三次全会传达学习《中共中央关于加强党的建设几个重大问题的决定》。为贯彻落实党中央关于加强党的建设的重大决定，1995 年至 2000 年，省委先后启动两轮农村基层党组织建设。团省委充分抓住党建有利时机，全面加强基层团组织建设。1995 年 4 月，团省委在中山市召开全省团建工作会议，提出企业、农村、学校、机关、街道等是基层团组织建设的重点，要求各级团组织要以改革为动力，从完善内部机制和优化外部环境着手，针对不同地区、不同战线团工作特点，实行分类指导，走灵活建制、注重实效的团建新路。

1995 年 10 月，省委组织部、团省委联合下发《关于在党建中进一步加强团的建设的若干意见》，对各级党委加强团的建设提出具体工作要求，明确指出团的建设要纳入党建工作大局，整顿农村基层党组织与整顿农村基层团组织统一规划部署、检查指导、验收总结。2000 年 10 月，为贯彻落实全国基层"党建带团建"工作会议精神，省委组织部、团省委在广州市召开全省基层"党建带团建"工作会议，出台《关于进一步加强党建带团建的工作意见》，提出当前和今后一个时期基层党建带团建工作的总体思路和目标要求。总体思路是服从服务于全省改革、发展和稳定大局，紧紧围绕共青团基层组织建设"五个有"[1]的目标，把握一个中心，突出"两个重点"[2]，力求在"四

[1]"五个有"，即有一个好的领导班子，尤其要有思想政治素质好、事业心强、受到团员青年拥护的带头人，有一支能够发挥模范带头作用的团员队伍，有围绕党的中心工作的适合团员青年特点的活动，有一套行之有效的团组织工作制度，有保证团组织正常工作开展的必要经费和活动阵地。

[2]把握一个中心，即以经济建设为中心；"两个重点"，即整顿软弱涣散的后进党团组织，大力提高党团员素质。

个方面”[1]取得新进展，力争用三年时间，使全省“五个有”团组织在学校、机关、事业单位和国有企业占比达到100%，在农村、街道、社区、非公有制企业占比达到60%以上。

（三）创建“五四红旗团委”

争创先进基层团组织是加强共青团基层组织建设的重要工作手段。1998年12月，团中央在全团部署创建“五四红旗团委”活动，作为团中央授予基层团组织的最高荣誉。团中央确定全国25个创建试点单位，深圳市宝安区、顺德市（现为佛山市辖区）分别被确定为社区类型和企业类型创建试点单位。1999年，团省委出台《关于开展创建“广东省五四红旗团委”活动的意见》，以“四好”[2]基本标准为框架，分别制定农村、机关、企业、社区、学校“五四红旗团委”的具体标准。全省各地按照团省委的部署，普遍在机关、企事业单位、农村、街道、社区、学校等各条战线的基层团委中积极开展创建活动。截至2002年，全省共创建全国“五四红旗团委”108个，省级“五四红旗团委”331个。东莞市长安镇团委、深圳市龙岗镇团委先后获得全国“五四红旗团委”标兵称号，团省委获得全国创建“五四红旗团委”活动组织奖。

（四）创新基层团组织设置

20世纪90年代，广东新兴社区、新经济组织方兴未艾，吸收大批流动团员青年居住、就业。从表面上看，这些脱离传统“单位”的流动团员青年的流向和分布显得“杂乱无章”。但实际上，他们中大部分人有序分布在社会的两端——居住端和工作端，即新兴社区和新经济组织。因此，在新兴社区和新经济组织建立团组织，让流动团员青年找到自己的“家”，就顺理成章成了社会主义市场经济条件下团建工作探索的突破口。

团深圳市委较早开始社区建团的探索。1994年，全国第一个社区团委——深圳市八卦岭工业区团委成立。八卦岭工业区团委根据兴趣、居住地、行业、年龄等属性或特点重新组合团员青年，建立14个团支部，有效带动其他工业

[1]“四个方面”，即党团员队伍建设、新经济组织党团覆盖率、后进基层党团组织转化、党建带团建配套联动工作机制。

[2]1999年团中央提出“五四红旗团委”“四好”的基本标准：班子建设好、主题活动好、支部建设好、活动阵地建设好。

区社区建团。社区建团从点起步，最终连成片。[1]是年，团深圳市委开展“一封家书”征文活动，一篇获奖家书反映了当时流动团员青年对社区建团浓浓的期盼。

> 爸妈，我被大家推选为八卦岭工业区社区团委兼职团干。这可是一份没有报酬的工作，但是我乐意，因为在这个大家庭里，我可以帮助伙伴们，累是累一点，也没有收入，有时还要自己贴钱，可每当见到朋友们开心的笑脸，我也就心满意足了。正是我们个人的奉献，为大家找回了家的感觉，送去了家的温暖……

伴随着我国改革开放的深入，外资企业、股份制企业、私营企业等新经济组织迅速发展，成为社会主义市场经济的重要组成部分。在探索社区建团的同时，新经济组织建团的探索也没有停止。1992 年以前，广东新经济组织建团的重点放在经济特区和粤中的外商投资企业和乡镇企业。1992 年党的十四大之后，团省委拓展思路，全方位、多层次推进新经济组织建团。1995 年，为拓宽建团路径，团省委、省总工会联合下发《关于加强合作，加快在新型经济组织中建立工会和共青团组织的意见》，提出依托工会或与工会合作建立团组织，实现资源互享。20 世纪 90 年代中期，江门市新会市（今新会区）依托工会建立的团组织占新经济组织总数的 80%，工会的许多工作反过来依托团组织完成。

1997 年 11 月，团省委在深圳市龙岗区召开全省新经济组织团建工作座谈会。2000 年，团省委配合团中央在深圳市宝安区召开全国团建创新试点工作现场研讨推进会。在两次会议的推动下，团省委先后出台一系列关于加强新经济组织团建、加强流动团员管理的政策文件，强调团的基层组织设置要与生产建制和青年从业流向的变化相适应，打破行政隶属关系的限制，建立区域型、行业型、兴趣型团支部，实行以村建团为核心，以支部进厂和厂外建团为内容的以村带厂模式。

---

[1] 中国青少年研究中心. 改革开放 16 年深圳共青团工作的发展历程和主要探索 [J]. 生力军，1997（10）：26–29.

非公有制经济组织团建[1]是 2001 年全省团建年工作的重点，团省委派出工作组到东莞市清溪镇开展为期五个月的团建抓试点工作。9 月，团省委在东莞市清溪镇召开全省非公有制经济组织团建工作会议，进一步推动全省非公有制经济组织团建。经过多年的探索和实践，截至 2002 年，广东非公有制企业独立建团 15518 家，占符合建团企业数的 17.2%。

（五）启动全省团建年

为迎接 2002 年建团 80 周年，团省委确定 2001 年为全省团建年。团建年的重头戏是贯彻落实省委工作部署，在全省农村团组织和团员青年中广泛开展“学习‘三个代表’，服务百镇千村”行动。2001 年 2 月，团省委在深圳市龙岗区召开工作动员会；3 月，在广州市召开工作推进会，选取 118 个乡镇、50 个非公有制经济组织作为工作示范点。团省委机关在肇庆市广宁县古水镇、东莞市清溪镇建立示范点，采取省、市、县三级团组织联动，省直、市直、高校团组织挂钩帮扶等形式，开展“抓学习、抓培训、抓团建、抓服务”四项工作，以点带面，辐射带动上千个村，在农村青年中掀起学习实践“三个代表”重要思想的热潮，带动农村团工作全面活跃。经过一年狠抓团建，全省团组织建设取得一定成效。据统计数据，2002 年，广东共青团员 369 万名，团员占青年比例 24.4%，基层团委 6800 个，团支部 114 900 个，专职团干 9600 人；镇村团组织集中统一换届后团干部平均年龄 27.5 岁，比换届前下降 3.2 岁。[2]

二、稳妥推进共青团体制改革

20 世纪 80 年代，共青团工作开始了适应社会主义市场经济的探索。1988 年 5 月，中国共产主义青年团第十二次全国代表大会首次提出“积极稳妥搞好共青团体制改革”。8 月，团中央印发《关于共青团体制改革的基本设想》，提出共青团体制改革的目标和基本内容。12 月，团省委出台《广东省共青团

---

[1] 1997 年 9 月，党的十五大第一次提出“非公有制经济是社会主义市场经济的重要组成部分”。这一论断是总结我国改革开放和社会主义建设的历史经验，特别是发展以公有制为主体、多种所有制经济共同发展的社会主义市场经济的历史经验，所得出的崭新结论，是对邓小平理论的丰富与发展。

[2] 团省委组织部. 团省委组织部五年工作回顾［J］. 生力军，2002（6）：8–11.

体制改革实施方案》，确定广东共青团体制改革近期目标、方针、原则和实施重点。

适应发展社会主义市场经济要求，改革组织体制是广东共青团改革探索的重点。1985年，团深圳市第一次代表大会即提出团工作社会化的初步构想，在围绕党政中心工作的前提下面向社会寻求团的发展资源、实现团的服务功能。1992年12月，全省团的体制改革座谈会在顺德召开。会议提出广东共青团体制改革的长远目标，即以完善团的社会职能，活跃团的基层组织，转变团的活动方式，推进团的工作社会化，增强团的物质依托为重点，尽快建立起适应社会主义市场经济要求的团的新体制和运作机制。通过改革创新，实现广东共青团职能转变和组织转型，发挥共青团在“两个文明”建设中的积极作用。1999年，团省委十届三次全会提出构建小机关、大服务、大队伍、大网络“一小三大”的团工作新格局，提升团的领导机关整合社会资源的能力，完善青少年服务功能，履行和实现团的社会职能。

各级团的领导机关内设机构改革是共青团体制改革的重点之一。根据适应发展社会主义市场经济和共青团工作社会化的要求，各级团的领导机关内设机构的改革总趋势是突出共青团履行和承担社会职能的能力。1993年，团省委增设希望工程服务中心，撤销青运史研究委员会；1994年成立青少年事业发展基金会，增设青少年维权服务中心；1996年青工部、青农部合并为城乡部；1997年成立青少年研究中心；1999年增设少年军校、广东省青少年事业服务中心；2000年增设青年志愿者行动指导中心等内设机构；先后成立广东省青少年研究会（1991年）、广东省青少年宫协会（1991年）、广东省青年志愿者协会（1995年）、广东省青年科学家协会（1996年）、广东省青年星火带头人协会（1997年）等社团组织。[1]社团组织帮助共青团更广泛地获取社会资源，被形象地称为共青团“延长之工作手臂”。与此同时，共青团市级机关改革也稳妥推进。团深圳市委为建立小机关、大社会的工作架构，把原组织、宣传、青农、学校、少工委、办公室等团的业务部门合并为团务部，保留办公室、联络部，设立经济开发部和青少年权益保护部，由团务

[1] 广东省地方史志编纂委员会. 广东省志：青年工作志［M］. 广州：广东人民出版社，2007：170–173.

部直接面对基层，统筹团务工作，以增强基层组织的自主性和灵活性。[1]这些改革对于优化共青团领导机关的权力配置、理顺共青团系统内部青年工作机制和流程、强化共青团在社会主义市场经济体制下的社会支柱作用具有重要意义。

基层体制改革是共青团体制改革的基础性工作。随着所有制结构的多元化、市场主体及生产经营方式的多样化、团员青年生产组合流向的市场化，调整团的基层组织结构成为当务之急。团省委强调针对不同地区、不同行业、不同经济类型团员青年的特点，实行分类指导，打破团的基层组织设置与党政建制完全对应的传统方法，根据团员人数的实际需要，合理调整和灵活设置团的基层组织。在自然村中建立团的支部或总支部，在行政村建立团的总支部或基层团委，在大中型企业车间的班组、生产线按班次建立团支部，在系统性较强的行业或跨地区的企业集团中建立行业或系统团委，在城镇街道建立社区团组织。国有企业在公司改造、建立现代企业制度时，及时建立团的组织和相应的工作机构，配备精干的团务工作人员，明确调整后的团组织与同级党组织和上级团组织的隶属关系。

随着信息化时代的到来，广东共青团工作的信息化建设迫在眉睫。2001年12月，团省委十届六次全会审议通过《关于加快广东省共青团工作信息化建设的决定》，提出广东共青团工作信息化建设的远景规划和近期目标。远景规划是建成完善的全省共青团工作信息网络，实现团的各级机关办公自动化，将网站建设成为青少年教育的新阵地。信息化建设顺应时代的发展潮流，对提升团组织在团员青年中的影响力，推动共青团工作模式的转变和创新起到重要作用。

三、青联、学联、少先队和团属事业的发展

（一）青联组织的发展

20世纪90年代，广东省青联加强组织建设，健全和完善工作机制，工作逐步正规化、制度化。全省地级市全部恢复或建立青联组织，部分县（市、

[1] 中国青少年研究中心. 深圳共青团工作模式的基本要素和效益评价［J］. 生力军，1997（11）：19–21.

区）成立青联组织，在全国率先成立省直青联组织和行业青联组织。

1995年7月12日，省青联七届一次全会在广州召开。第六届委员会向全会作题为《肩负起跨世纪的历史使命，为实现广东社会主义现代化建设的宏伟目标而奋斗》的工作报告，提出以建设有中国特色社会主义理论为指导，最广泛地团结全省各族各界青年、港澳台青年和海外青年，为广东20年内基本实现现代化，为培养和造就新一代跨世纪的合格青年人才而努力奋斗。会议选举产生省青联第七届委员会常务委员33名。

2000年12月25日，省青联八届一次全会在广州召开。第七届常委会向全会作题为《高扬时代风帆，谱写新世纪壮丽的青春之歌》的工作报告，号召青年为广东率先基本实现社会主义现代化、为实现中华民族的伟大复兴而努力奋斗。会议选举产生省青联第八届委员会常务委员72名。

20世纪90年代，广东各级青联组织对外交往的深度和广度不断拓展，接待来自世界32个国家的青年及联合国官员超过146批、3943人次，派遣39个出访团组、1608人次，分别赴日本、韩国、朝鲜、越南、新加坡、马来西亚、菲律宾、泰国、澳大利亚、美国、加拿大、墨西哥、法国、德国、英国、荷兰、比利时、丹麦、卢森堡等国家访问、交流和考察。通过“请进来、走出去”，建立、恢复和拓展与世界各国青年的友好交往。

（二）学联组织的发展

1995年6月13日，省学联第七次代表大会在广州召开。第六届委员会向大会作题为《面向新世纪，发奋学习，努力成为社会主义现代化建设的合格人才》的工作报告，提出学联组织要带领广大同学在跨世纪历史进程中发奋成才，学生干部要在服务同学的实践中提高自身的素质，共青团组织要切实加强对学联工作的指导。

2000年6月24日，省学联第八次代表大会在广州开幕。第七届委员会向大会作题为《树立伟大理想，提高综合素质，努力成为建设有中国特色的社会主义事业的合格人才》的工作报告，号召青年学生树立崇高的理想信念，成为建设有中国特色社会主义的坚定实践者、实施“科教兴粤”战略的强大生力军、传播社会文明新风的先锋力量。

20世纪90年代，全省各级学联、学生会组织从时代发展和青年自身成长的需要出发，采取多种活动形式，引导广大青年学生认真学习邓小平理论，深刻认识广东改革开放的伟大实践，组织丰富多彩的校园文化建设，开展青年志愿服务和文化、科技、卫生“三下乡”活动，举办“挑战杯”“金钥匙”科技作品竞赛等活动，在服务青年学生成长成才中发挥重要作用。

（三）少先队组织的发展

1998年6月1日至2日，少先队广东省第四次代表大会在广州召开。出席大会代表382人。少先队广东省工作委员会向大会作题为《面向新世纪，争创新优势，为培养和造就社会主义事业合格建设者和接班人而努力奋斗》的工作报告，提出以“五爱”教育为主线，以实施“雏鹰行动”为载体，实现由传统的少先队教育方式向现代少先队素质教育方式转变。

20世纪90年代，广东少先队全面实施《广东省少先队系统活动纲要》和“少先队跨世纪发展计划”，全面开展“广东省跨世纪中国少年雏鹰行动”，紧紧抓住爱国主义、集体主义、革命理想教育这一主线，先后开展“可爱的祖国，可爱的家乡”“迎接香港回归祖国”“亿万儿童绘祖国”“手拉手情系灾区小伙伴”“手拉手脱贫致富奔小康”“手拉手红领巾助残”“手拉手为患病同学分忧”“手拉手读书交友”“五爱教育”“讲文明、树新风”“学雷锋、学赖宁”“学规范、看行动”“告别游戏机”“告别陋习”，以及学习宣传《广东省青少年保护条例》等活动。全省300多万名少先队员参加“雏鹰行动”达标争章活动，超额完成全国少工委规定的阶段性实施指标。6市8县（市、区）被评为广东省“雏鹰行动”达标单位，8市42县（市、区）被评为广东省“雏鹰行动”先进单位，1万多名少先队员分别获得全国三个级别的“雏鹰奖章”。1994年，团省委、省少工委、省教育厅、广东中华民族文化促进会设立广东少先队辅导员最高荣誉奖——“南粤优秀少先队辅导员”。截至2000年，120名少先队辅导员先后被评为“南粤优秀少先队辅导员”。1999年9月，团省委、省少工委在深圳市召开广东省少先队社区工作现场会，部署推广广州、深圳等珠三角地区少先队社区工作的经验。广东成为全国较早推广少先队社区工作的地区之一，有力推动了全省少先队工作的创新发展。

（四）团属事业的发展

20 世纪 90 年代，广东共青团积极发展团属事业，不断改善物质条件、创新工作方式，提高履行社会职能的能力。实施机构改革后，团省委有广东青年干部学院（广东省团校）、广东省青少年研究中心、广东省希望工程服务中心、广东省青年志愿者行动指导中心、广东省青年旅行社、《黄金时代》杂志社、《少先队员》杂志社、广东省少先队服务公司、广东省少年军校等 9 家下属企事业单位。全省建立起一批能够履行团员青年教育培训、青少年和青少年工作研究、革命传统和思想教育、大学生社会实践等职能的机构、基地和场所，82 市、县建成青少年宫，[1]向社会公开发行的青少年报纸期刊有 10 多家。

广东青年干部学院着力抓好基层团干部、团员青年教育培训的主责主业。1995 年在全国率先举办基层团干大专班，先后为广东、海南、福建等省的党政部门、共青团组织、企事业单位培养 1 万多名合格的大专毕业生；1999 年，按照团省委"团干部 321 培训计划"[2]要求，举办团干部培训班 15 期，培训团干部 860 人；2000 年至 2002 年，按照"西部大开发"活动要求，为哈密地区培训 61 名青年干部。团属研究机构坚持服务共青团主责主业，开展青少年状况和共青团工作调查研究，编辑出版《改革开放与青少年问题》《广东青年运动史》《跨世纪共青团干部实用读本》《青年探索》《南方青少年研究》等研究成果。

[1] 共青团广东省委员会．把青春献给建设广东的伟大事业：建国以来广东共青团工作、青年工作回顾及未来展望［J］．生力军，1994（6）：8–13.

[2] 团中央 1999 年起在全团实施"团干部 321 培训计划"，即用三年时间，力争使共青团 21 万名专职干部普遍接受一次培训。详见《共青团中央关于印发〈实施"团干部 321 培训计划"的方案〉的通知》（中青发〔1999〕2 号）。

团一大旧址 1922.5.5

第九章

率先发展的青春力量

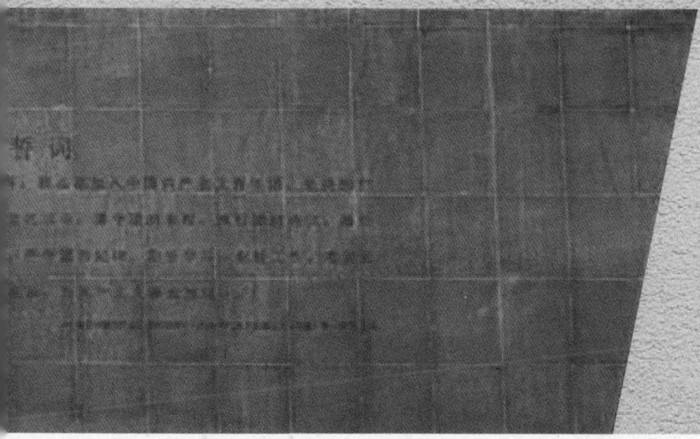

2002年11月，党的十六大召开，中国进入全面建设小康社会、加快推进社会主义现代化新的发展阶段。2007年10月，党的十七大对实现全面建设小康社会的宏伟目标作出全面部署，在经济、政治、文化、社会、生态文明五个方面提出新要求。以胡锦涛同志为主要代表的中国共产党人，成功在新形势下坚持和发展了中国特色社会主义。自2002年起的10年间，广东肩负“加快发展、率先发展、协调发展”的重大使命，积极实践科学发展观，以加快转变经济的发展方式和转型升级为主线，着力实施“双转移”，建设“和谐广东”“幸福广东”，成为全面建设小康社会、加快推进社会主义现代化的排头兵。站在新世纪的历史起点上，广东共青团紧跟党的步伐，围绕省委、省政府的工作大局，切实履行好共青团的职能，发挥好组织青年、引导青年、服务青年、维护青少年合法权益的作用，引领全省团员青年争当实践科学发展观的先锋，为广东全面建设小康社会、率先基本实现社会主义现代化贡献青春力量。

第一节 | 引领青年坚定理想信念

进入新世纪，随着广东改革开放的深入和社会主义市场经济的发展，社会生活发生了广泛而深刻的变化。社会经济成分、组织形式、就业方式和分配方式日益多样化，青年在思想、教育、就业、生活和维权等方面的利益诉求日益多元化。青年工作要想真正赢得青年的支持，就必须始终站在理想信念的制高点上引领青年。这一时期，广东共青团用“三个代表”重要思想和科学发展观教育引导青年，始终把青年凝聚在党的理想信念旗帜之下。

一、学习贯彻“三个代表”重要思想

2000 年 2 月 21 日至 25 日，江泽民在广东考察工作时完整提出“三个代表”的重要思想。他指出：“我们党所以赢得人民的拥护，是因为我们党在革命、建设、改革的各个历史时期，总是代表着中国先进生产力的发展要求，代表着中国先进文化的前进方向，代表着中国最广大人民的根本利益。”2002 年 11 月，党的十六大把“三个代表”重要思想写入党章，同马克思列宁主义、毛泽东思想、邓小平理论一道，作为党必须长期坚持的指导思想。

全党认真学习“三个代表”重要思想，并以此开展了深入的思想政治教育。广东共青团在团员青年中推动学习贯彻“三个代表”重要思想。2000 年，团省委部署学习“三个代表”重要思想，组织理论学习中心组专题学习，举办团委书记、大学生干部专题学习班，编印《百题问答学习资料》，号召各级团组织和团员青年认真组织学习。6 月，团省委响应省委、省政府的号召，开展“实践‘三个代表’，投身两大会战”行动。2001 年，团省委组织 118 支“三个代表”重要思想宣传队进村入户，在全省农村团组织和团员青年中开展“学习‘三个代表’，服务百镇千村”行动，掀起学习实践“三个代表”重要思想的热潮，带动农村团工作全面活跃。2002 年 2 月，团省委开展“实践‘三个代表’，百团扶百村”行动，组织动员全省 100 个经济发达地区的团委与欠发达地区的 100 个村开展“一助一”结对帮扶。这一行动让各级团干部深入基层、联系群众，以实际行动领悟“三个代表”重要思想的核心内涵。11月，以“十六大精神耀南粤”为主题的“广东青年文化直通车”开进社区、校区、山区，掀起广东青年学习“三个代表”重要思想和党的十六大精神的热潮。

2003年1月6日，共青团广东省第十一次代表大会在广州市召开。第十届委员会作题为《全面贯彻“三个代表”重要思想，为加快率先基本实现社会主义现代化奉献青春力量》的工作报告。报告指出，广东共青团在新世纪新阶段要围绕“贯彻十六大精神，实践‘三个代表’重要思想”的主题，进一步巩固党执政的青年群众基础，进一步提高团组织服务发展大局的能力，进一步保持和发展团的先进性，把思想建团、服务立团、人才强团、党建带团、作风促团、事业兴团的各项工作落到实处。广东共青团把学习贯彻“三个代表”重要思想和党的十六大精神作为首要政治任务，当作各项工作的重中之重。

二、争当实践科学发展观的排头兵

2003年4月，胡锦涛在广东考察时提出“要坚持全面的发展观”。同年8月底至9月初，胡锦涛在江西考察时提出“科学发展观”概念，指出要牢固树立协调发展、全面发展、可持续发展的科学发展观。10月，党的十六届三中全会第一次在党的正式文件中完整地提出了科学发展观，强调“坚持以人为本，树立全面、协调、可持续的发展观，促进经济社会和人的全面发展”。

广东共青团将宣传贯彻落实科学发展观作为首要任务，教育引导团员青年争当实践科学发展观的排头兵。2004年，团省委把学习贯彻“三个代表”重要思想与落实科学发展观紧密结合，在全省青少年中启动“爱国、守法、诚信、知礼”现代公民教育活动。2005年，团省委组织5万多名学生党员走进社区、农村、企业，开展“三走进三了解三提高”实践活动，并继续开展“立志、修身、博学、报国”现代公民教育活动。2006年，团省委开展“我与祖国共奋进”实践活动，开展以“热爱祖国、建设广东、服务人民、奉献青春”为主题的社会主义荣辱观教育活动。2007年9月，团省委在北京大学成功举办全省新任职地市团委书记“科学发展观与新时期共青团工作”研修班，推动各级团组织在工作中更加自觉地贯彻落实科学发展观。

2008年4月，共青团广东省第十二次代表大会在广州市召开。第十一届委员会作题为《高举中国特色社会主义伟大旗帜，引领全省青年争当实践科学发展观的先锋》的工作报告。报告以科学发展观为指导，分析了新世纪、新阶段推动共青团实现科学发展所面临的新形势和新挑战，明确接下来五年广东共青团要准确把握和贯彻落实科学发展观，推动各项工作再上新台阶。同年，团省委开办高校团委书记科学发展观专题培训班，举办“解放思想、科学发展、青年争先”广东高校青年论坛，开展“科学发展观进校园”“科学发展、青年担当”征文比赛，团结带领广大团员青年争当实践科学发展观的排头兵。

2009 年，团省委贯彻落实《广东省深入学习实践科学发展观重点行动纲要》，将科学发展观的核心内涵融入推动青年发展的各个方面。2009 年 7 月，团省委组织 12 支大学生科学发展观实践服务团深入基层，开展宣讲科学发展观暑期社会实践。2012 年，“科学发展新成就”广东大学生社会实践报告会在广东外语外贸大学举行，来自各高校的暑期社会实践团队以践行科学发展观为主题进行汇报和交流。广大青年通过在社会实践中深入学习贯彻科学发展观，增长了才干，加深了对科学发展观的认识和理解。

三、实施青年马克思主义者培养工程

2007 年 5 月，团中央下发《关于深入实施青年马克思主义者培养工程的意见》，启动青年马克思主义者培养工程（以下简称“青马工程”）。“青马工程”作为共青团为党育人的重要抓手，旨在通过教育培训和实践锻炼，为党培养信仰坚定、能力突出、素质优良、作风过硬的青年政治骨干。

2007 年以后，团省委重点在五类青年群体中实施“青马工程”：一是在大学生中每年为党培养上万名青年马克思主义者；二是以“圆梦计划·北大 100”项目为蓝本，打造推广新生代产业工人“高考”的标准化模式，每年在新生代产业工人中培养一批青年马克思主义者；三是通过加强革命教育等方式，培养能够担当时代重任的红色青年企业家；四是在青年农民中，通过创建广东青年现代农业发展促进会，培育农村青年致富带头人，强化党团在农村基层的骨干力量；五是以“学党史、读马列、强党性”系列活动强化思想武装，推动青年公务员成为坚定的马克思主义者。

学校是广东共青团推进实施“青马工程”的重点领域。2007 年 5 月，团省委组织8名高校学生代表赴京参加共青团中央、全国学生联合会举办的首期全国大学生骨干培训班。大学生骨干培训班作为大学生“青马工程”培训班的前身，承担着大学生骨干思想政治教育培训的任务。8月，团省委在番禺职业技术学院举办首期广东大学生骨干培训班，来自全省58所高校的279名大学生骨干参加培训。此后，广东大学生骨干培训班每年至少举办一期。

2011年，在大学生骨干培训班的基础上，团省委选取中山大学等12所高校作为首批实施“青马工程”的试点单位，探索“青马工程”的规范化运作模式。2013年，团省委在总结全省12所试点高校实践经验的基础上，通过优化“青马工程”理论+实践的课程培训体系，推动“青马工程”在全省141所高校全面铺开。2014年，团省委推进“青马工程”进院（系），逐步形成“省—校—院（系）”三级培养机制，推广全省“青马工程”教学资源共享，确保高校开设“青马工程”的二级院（系）数量占本校二级院（系）总数的比例达到30%以上，院（系）每年培养人数不低于本院（系）团员数的10%，校级骨干班每年培养人数不低于100人。

截至2015年，全省“青马工程”培养“青马学员”超65万人，其中省级“青马班”举办21期，培养5100余人。团省委主导的“省—校—院（系）”三级培养机制逐步构建起全流程的人才培养链条：省级重示范，旨在提升培养成效；校级重质量，旨在实现多方协同；院（系）级重规范，旨在扩大培训规模。在课程培养方面，通过多维度创新“青马学员”培养举措，构建起党性修养、理论学习、实践锻炼、能力训练等四大课程体系，建立起科学规范的培养机制，既符合“青马学员”培养要求，也遵循人才培养规律。“青马工程”以社会实践锻炼和政治实习为重要培养方式，通过组织学员走进精准扶贫、工程建设、信访工作等一线，开展深入的国情观察和场景锻炼，有计划地为学员创造高质量的政治体验和政治实践演练机会。

第二节 | 投身经济强省建设

进入新世纪，中国加入世界贸易组织，党中央抓住经济全球化发展机遇，全面扩大对外开放，深度融入世界经济的发展。国际竞争日趋激烈对广东转变经济发展方式、大力推进自主创新、加快建设创新型广东提出了新的要求。2002 年 5 月，省第九次党代会提出实施外向带动、科教兴粤、可持续发展、区域协调发展四大战略，增创开放、产业、科技、体制、环境五大优势，努力建设经济强省，加快率先基本实现社会主义现代化。为贯彻落实省委的工作要求，广东共青团着力提高团组织服务经济发展大局的能力，带领团员青年敢闯敢干，积极投身经济强省建设，为广东经济又好又快发展贡献青春力量。

一、推动科技创新创业行动

服务南粤青年积极投身科技创新创业，推动制定和落实青年创新创业促进政策，努力探索扶持青年创新创业成才的新机制，激发社会创造活力，成为这一时期广东共青团工作的主线之一。

广东共青团注重搭建青年创新创业平台，做好优质项目的孵化工作。2002 年 5 月，团省委与珠海市金湾区政府共同设立“广东青年科技创业园”，扶助青年企业家创新创业。2004 年 10 月，“广东青年企业家百县行”活动在增城启动。次年，青年企业家走进河源，在河源市创建全国首个“青”字号的青年绿色产业园。随后，“广东青年企业家百县行”活动逐步向粤北、粤东、粤西等地区推进。2009 年 11 月，团省委与梅州市政府共建广东青年（梅州）创业园。为推动创业园建设，梅州市政府出台十大优惠措施，扶持入园的青年创业企业发展。

2011 年 8 月，为重点孵化领军创业企业，团省委与省证监局、省科技厅等单位共同主办“广东青年领军企业上市孵化工程”，面向全省遴选 100 家优秀青年领军企业，整合各方资源，以路径引导、政策支持、融资帮扶、资源共享的方式，扶持这 100 家企业集中上市。该工程着力推动广东省一批战略性新兴产业和高新科技领域的领军企业上市发展，打造出一批具备技术创新性、具有核心竞争力、凸显集群攻坚效应的优秀企业，培养了一批积极拥护党的领导、能够担当时代重任的青年企业家。

启动资金往往是制约青年创业的瓶颈，广东共青团竭力帮助青年解决创业过程中启动资金不足的问题。主要做法如下：一是成立青年创业基金。2009 年 12 月 8 日，团省委、省青联、省青年企业家协会等 16 家单位共同发起成立广东省青年创业就业基金会，并得到社会各界的大力支持，首期筹集资金 4000 万元。基金会拨出专项资金，为部分投资少、见效快、风险低、有较强示范带动作用的项目提供贴息扶持。首批运营项目包括广东青年（梅州）创业园、广东大学生 3G 创业平台、广东青年创业小额贷款、广东青年“订单式”技能培训、广东青年（创意文化）创业计划大赛五个项目。二是扶持农村青年创业小额贷款。2010 年 3 月，团省委与省农业银行在肇庆市签署《关于支持农村青年创业就业的合作协议》。在该协议的助推下，累计发放超过 3 亿元创业小额贷款，扶持超过 7000 名农村青年成功创业，挖掘 2000 多个农村青年优质创业小额贷款项目。各地团组织结合当地实际，创新推进青年创业贷款工作，形成肇庆“政府贴息贷款模式”、茂名高州“行业协会贷款模式”、湛江“农业龙头企业担保贷款模式”、梅州蕉岭“诚信小额贷款模式”、广州增城“一户多保贷款模式”五大创新信贷模式。肇庆市通过“政府贴息贷款模式”帮助农村青年解决创业资金问题的做法，得到省委、省政府的肯定。

大学生积极参与科技创新创业行动，培养科学探索精神。2003 年 11 月，第八届“挑战杯”全国大学生课外学术科技作品竞赛决赛在华南理工大学拉开帷幕。此届竞赛开创了“挑战杯”创办以来的多个“首次”：港澳台地区 12 所大学首次参赛；新加坡的大学首次组团前来观摩；首次成功举办全国大学生科技成果拍卖会，18 件“挑战杯”参赛作品成功转让，总成交额达到 1300 万元；首次举办全国优秀大学生精英推介会和首届大学生创新创业工作研讨会，架起青年人才与市场对接的桥梁。此外，广东共青团还通过举办广东大学生科技节，积极整合资源，构建科技创新创业扶持机制。

2008 年，为应对国际金融危机对大学生就业的冲击，团省委启动了“广东大学生就业创业促进工程”，鼓励大学生通过自主创业实现就业。工程包括以下四个项目：一是构建广东大学生“U势界”创业服务平台，为大学生创业的教育、研究、交流提供服务；二是创设大学生（聚晖）创业基金，为优秀创业项目及大学生提供扶持资金；三是建设大学生创业孵化培训基地，为有创业意愿的大学生提供优质培训，为创业项目提供孵化场所；四是举办“U势界”大学生创业大赛，挖掘大学生创业潜能，选拔扶持优秀创业项目。2010年9月，团省委联合国有移动通信企业启动“MM百万青年创业计划”，深入全省30多所本科、高职、中职院校举办60余场创业大讲堂，在高校成立创业孵化基地。团省委通过企业帮助大学生创业，使创业回报与企业经营实现良性循环，进一步活跃大学生的创新创业。

二、提升就业技能，适应产业升级

1999年，我国高等教育实行扩大招生规模的教育改革。其后，2002年、2003年，随着扩招后的毕业生陆续走出校园，高校毕业生面临的就业形势越来越严峻。2008年，国际金融危机爆发，省委、省政府提出实施产业和劳动力“双转移”[1]战略，加快珠三角地区产业转型升级。这对青年就业既是新的机遇，也是严峻的挑战。广东是青年就业大省，服务青年就业是广东共青团服务青年成长成才的重要内容。21世纪以来，广东共青团通过整合资源、搭建平台、提供渠道，提高城乡青年的劳动就业技能，全面服务青年就业。

打造一支具有高职业素养、高专业技能的青年工人队伍，是促进产业转型升级的关键因素。2004年5月，团中央、劳动和社会保障部等联合下发《关于实施“青工振兴计划”的意见》，决定在企业青年技术工人中组织技能培训，开展技能竞赛，加强职业技能鉴定，完善激励机制，尽快提升青年技术工人的劳动就业技能。同年，团省委、省劳动和社会保障厅等单位在全省启动“青工振兴计划”。2006年8月，“白云学院杯”首届广东青工职业技能大赛举办，来自全省16个单位的116名青年技术工人分别参加团体和个人比赛。大赛是全省青年技术工人职业技能的一次集中检阅，有力推动了青年技术工人职业

[1]“双转移”，即2008年广东提出的“产业转移”和“劳动力转移”两大战略的统称。具体是指珠三角劳动密集型产业向东西两翼、粤北山区转移；而东西两翼、粤北山区的劳动力，一方面向当地的第二、三产业转移，另一方面其中一些较高素质的劳动力，向经济发达的珠三角地区转移。

技能培训和企业用工紧密结合。除技能大赛外，广东各级团组织还开展各式各样的技能培训，仅 2008 年，全省各级团组织建立 209 个培训基地，培训青年超过 16 万人次。技能竞赛和技能培训有效地提高了广东青年技术工人的专业能力，为广东加快实现现代服务业和先进制造业发展转型升级储备了人才资源。

2006 年，"白云学院杯"首届广东青工职业技能大赛的参赛者在进行技能比拼

进入新世纪，大学生就业是共青团服务青年就业的重中之重。由于就业形势日趋严峻，职业生涯教育逐渐成为大学生在校期间需要学习的重要课程，广东共青团积极参与其中。2005 年，团省委启动 KAB（Know about Business）教育项目，对大学生广泛开展职业素质教育、职业生涯教育和创业启蒙教育，帮助学生了解企业运营方式，普及创业知识，激发创业潜能。此外，共青团组织经常邀请企业人力资源管理人员和成功创业人士指导大学生面试和择业；举办以"岭南青年就业创业论坛"为代表的省级就业创业培训论坛；建立服务青年就业创业的新媒体工具体系，以大学生喜闻乐见的方式，指导大学生参与到提升职业素质的活动中。

2004 年 4 月，为帮助大学生多在实践中积累工作经验，团中央发出《关于实施"大学生就业见习行动"的通知》，呼吁各大企业吸纳大学生到企业见习、实习和就业。广东共青团将工作重心放在“青年就业创业见习基地”建设上。2008 年至 2012 年，团省委依托大中型国企、青年企业家会员企业建立 23 家共青团“青年就业创业见习基地”，为 13 883 名大学生提供见习岗位。团省委联合国有企业共同开展百家“青年就业创业见习基地”建设项目，创建 14 个全国见习基地和 10 个广州见习基地，实施大学毕业生带薪实习计划，为应届大学毕业生、已毕业未就业大学生等青年群体提供见习机会。2009 年 2 月，为缓解青年就业创业压力，团中央向社会公布第一批 1952 个共青团“青年就业创业见习基地”。团省委响应号召，同步下发《关于全力推进共青团“青年就业创业见习基地”建设的通知》，得到各地企业的鼎力支持。仅三个月，在各级团组织的动员下，广东省共建立 1233 个“青年就业创业见习基地”，可吸纳近 3 万名青年见习、实习和就业。基地建设为用人单位选人用人搭建了可靠平台，也提升了青年就业创业能力。

这一时期，越来越多的大学生利用闲暇时间从事勤工助学活动，既缓解了生活压力，又熟悉了社会环境、提升了就业技能。广东共青团积极为大学生勤工助学对接岗位，一些高校团组织甚至将其作为常项工作来抓。2005 年暑假前夕，团省委牵头举办广东省大中专学生暑期勤工助学见面会，发动 100 多家企业为大学生提供 5000 多个勤工助学岗位。2006 年暑假，团省委、省教育厅联合开展以勤工助学为主题的社会实践活动，各地团组织积极发动全省数百家企事业单位为全省青年学生提供近万个勤工助学岗位。2007 年，团省委依托“金钥匙”广东大学生就业创业行动，开展“百校千企万岗”企业与人才对接活动，发动 1000 家企业提供 10 000 个适合大学生勤工助学和就业的岗位，帮助一大批大学生实现勤工助学，甚至顺利就业。

三、“健康直通车”推动区域协调发展

长期以来，广东区域之间、城乡之间经济社会发展不平衡。进入新世纪，省委、省政府对统筹区域、城乡经济社会发展作出一系列重大部署。团省委按照省委、省政府“加快山区开发步伐，增强东西两翼地区发展后劲，提高发达地区的辐射带动能力，努力实现各种类型地区优势互补、协调发展”的工作要求，做好扶贫开发工作，凝聚引导社会力量，推动区域协调发展。

2001 年 12 月，为响应省委、省政府关于解决特困群众子女入学难、住房

难、就医难和打官司难等“四难”问题的号召，团省委、省卫生厅、省药监局等单位发起“健康直通车”——广东青年卫生医药志愿者扶贫接力行动，广泛动员组织青年卫生医药志愿者到经济欠发达地区送医送药、送健康、送温暖。按照行动要求，每支下基层的服务队必须完成“六个一”任务，即诊治一批特困群众、开展一次健康检查、举办一次大型义诊、举办一次健康讲座、赠送一批健康丛书、培训一批当地医生。活动启动以后，“健康直通车”有效开展“防治非典型肺炎志愿服务月”“《阳光快车》电视节目”“爱心助万家志愿服务月”“粤港澳‘健康直通车’爱心行”等一系列活动，在一定程度上改善了“老少边穷”地区特困群众缺医少药、患病就医难和因病致贫、因病返贫的困境。

随着西部大开发战略的实施，广东共青团按照省委、省政府关于对口支援工作的要求，积极参与援藏援疆工作，助力全国区域经济社会协调发展。2005 年 8 月，“健康直通车”首次开进青藏高原。按省委、省政府的工作要求，“健康直通车”活动作为援藏的民心工程之一，每年开展一次。截至 2012 年，“健康直通车”8次走进西藏，5次开往新疆，免费义诊群众 35 955 人次，实施手术 300 多例，向少数民族地区群众免费赠送药物及各种医疗设备，价值 740 多万元。“健康直通车”从对口扶助山区到开进西藏、新疆，覆盖范围越来越广，成为广东共青团服务党政中心工作、服务社会、服务青年的有效载体。2005 年，中共中央政治局委员、省委书记张德江肯定“健康直通车”送医送药到西藏的行动，指出“健康直通车”为深入开展援藏援疆工作探索出一条新路。

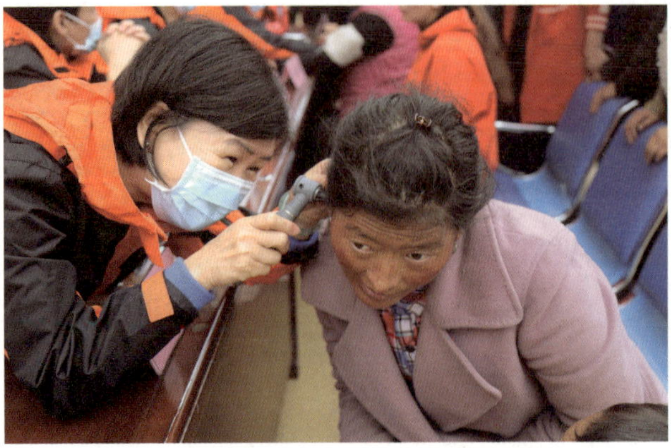

2006 年，“健康直通车”帮助双耳失聪三年的藏族女青年平措卓玛重获新“声”

为探索长效帮扶机制，“健康直通车”采取一系列有效措施，致力于增强少数民族地区医疗服务的“造血功能”：一是为当地培训一批医务人员。“健康直通车”专家深入林芝地区人民医院各科室、各病房，与当地医生一起诊疗问症，通过与当地医务人员共同举办专科研讨会，对疑难病例进行会诊等形式，开展学术交流，相互切磋医术，促进当地医务人员业务水平的提高。二是捐赠了一批先进技术设备。医疗服务队将先进的臭氧治疗技术引进到林芝地区人民医院，还专门针对高原环境定制了超氧刀治疗设备，为林芝捐建了具有国内先进水平的超氧刀治疗中心，并给波密县人民医院捐赠了口腔综合治疗台，填补了当地的一项医疗技术空白。南方医科大学将林芝地区人民医院确定为远程医疗点，利用互联网开展长期医疗技术帮扶。三是捐建全国首个农牧民医疗信息管理站。医疗服务队在布久乡捐建了全国首个农牧民医疗信息管理站，利用南方医科大学自行研制的新型农牧区健康普查医疗信息管理系统，为当地农牧民免费开展健康普查，建立医疗信息档案。信息管理站的建立，对提高基层医疗服务水平、增强农牧民卫生意识具有促进作用，其远程会诊咨询功能也使偏远牧区的牧民同样能够享受到先进的医疗技术。

四、“信息直通车”助力建设新农村

2005 年，在全面建设小康社会的关键时期，党的十六届五中全会提出建设社会主义新农村的重大战略部署。2006 年 7 月，为贯彻落实省委、省政府关于建设社会主义新农村的工作要求，以信息化推动山区经济社会实现科学发展、和谐发展，团省委、省科技厅等联合开展“信息直通车”——广东青年服务社会主义新农村建设行动。“信息直通车”在省科技厅“农村科技信息直通车工程”的基础上，发挥共青团的组织优势，整合资源、汇集力量，为建设“生产发展、生活富裕、乡风文明、村容整洁、管理民主”的社会主义新农村服务。

“信息直通车”根据农业、农村和农民的需求，把农村团支部建设成农村信息站，安排团支部书记担任信息员，依托农村科技信息综合服务平台，以信息化为手段，将各种有效的农业科技信息及时、快速、便捷、准确地送到农民手中，以促进农业增效、农民增收和农业现代化。2006 年，首期 106 个农村团支部改造成农村信息站，成为集信息发布、信息收集、技术咨询及远程教育等为一体的工作阵地。农村信息站立足一村，服务辐射覆盖1000多个自然村，有效提高了农业生产效益。

以“信息直通车”为契机，团省委开展农村实用技能培训，领办科技文化推广项目，培养“有文化、懂技术、会经营”的新型青年农民。2006年4月，首期“信息直通车”培训班在广东青年干部学院举行，经全省精选的100多个村庄的村委会、团支部的信息员聚集一堂，参加为期8天的封闭式培训。培训班邀请专家学者讲授农村信息化建设、农村基层团组织建设的理论与实践经验，传授数码拍摄技巧和网络信息传输等实用技能。除了省级层面的培训，各级团组织也常态化开展农村青年技能培训工作。团省委通过持续深化新型青年农民科技培训工程、青年星火带头人培训计划和举办“广东农村青年科技文化活动月”等方式培养农村科技人才。据不完全统计，2007年至2012年，五届“广东农村青年科技文化活动月”主办单位共整合资金4000多万元，培训服务农村青年达50万人次，受益农村群众超过1000万人次。

2006年暑假，来自全省40多所高校的大学生组建的志愿服务队深入农村，帮扶农村信息站建设。参与帮扶的高校各组建一支由6～8名计算机、农业与经贸等专业的大学生组成的志愿服务队，完成建立网站、开展培训、组织调研、上报信息、组织活动的任务，重点帮扶农村信息站建设。在大学生志愿者的加入下，农村信息站加速成型，有效推动农民增收。在“信息直通车”网站和信息员的帮助下，肇庆市广宁县的农场主成为养猪大户；梅州市种植沙田柚的农民成为当地有名的沙田柚产销大户；惠州市石湾镇农民种植的马铃薯实现增产增收。高校团组织结对帮扶农村信息站建设，既帮助大学生实践成才，又促进农村社会经济发展。

“信息直通车”逐渐成为广东农村信息化建设的名片，科技部多次将其作为典型经验进行推广交流。2007年8月，科技部批准广东省成为第一批“国家农村科技信息工程示范试点”，作为现代农业发展和社会主义新农村建设的样板。2009年，农村信息站已覆盖广东所有行政村，惠及5000多万名农民，实现了农民与外部市场、专家的“零距离”接触。2007年至2012年，团省委“信息直通车”评选出一大批省、市、县三级农村青年生产经营能手和文化名人，并统一造册登记，建成“南粤农村青年人才库”。

“信息直通车”平台

随着我国电子商务逐步走向成熟，并覆盖广大农村地区，“信息直通车”完成其使命，逐步退出历史舞台，被越来越便捷的电子商务平台所取代。共青团组织早期进行的探索和推广，为农村电子商务的发展和农村基层团组织的完善打下坚实的基础。

第三节 | 参与建设和谐社会

进入新世纪，广东经济社会保持了持续、快速、稳定发展，极大地提高了人民生活水平。与此同时，经济社会发展中的一些深层次矛盾也日益凸显，突出地表现为教育、文化、卫生等社会事业发展与经济发展不协调，不同类型地区发展不协调，不同社会阶层、群体之间收入分配差距扩大。为妥善解决这些矛盾和问题，2007 年 5 月，省第十次党代会强调，要以科学发展观统领经济社会发展全局，紧紧围绕发展与和谐两大主题，实现经济又好又快发展，开创社会和谐新局面。广东共青团按照省委、省政府的工作要求，在引领青年投身经济强省建设的同时，积极参与社会建设，促进社会和谐。

一、擦亮志愿服务的品牌

进入新世纪，广东志愿服务从“多元发展”逐步转变为“全民参与”。志愿服务不断健全机制，实现规范化、专业化、多元化、系统化发展。广东共青团充分发挥广东作为志愿者大省的优势，不断完善公益志愿服务体系，让志愿服务成为广东共青团参与社会管理的重要窗口和独特优势。

大学生是志愿服务的积极参与者。2003 年 6 月，团中央、教育部等部门启动大学生志愿服务西部计划（以下简称“西部计划”），招募一定数量的普通高等学校应届毕业生或在读研究生，到西部基层开展为期 1 ～ 3 年的志愿服务工作，鼓励志愿者服务期满后扎根当地就业创业。团省委从 300 多名报名的大学生中选定 25 名思想过硬、品学兼优、具有较强奉献精神的优秀毕业生参与第一期“西部计划”。9 月，团省委、省财政厅、省人事厅、省教育厅等单位启动“西部计划”地方项目——大学生志愿服务山区计划，组织大学生志愿者到贫困地区从事教育、卫生、农技、扶贫等方面的志愿服务工作。截至 2012 年，广东有 1704 名青年参与大学生志愿服务西部（山区）计划，为推动欠发达地区发展作出重要贡献。

大学生志愿服务西部计划研究生支教团志愿者在给学生上课

2001年是联合国确定的国际志愿者年，广东青年志愿服务迎来了走出国门、融入国际的机遇。2002年底，团深圳市委从1600名报名者中严格筛选确定6名国际志愿者，前往缅甸开展为期半年的志愿支教服务。2004年底，团省委协助团中央，派出18名广东交通青年志愿者赴泰国开展志愿服务工作。2006年，团省委承办中国青年志愿者海外服务计划缅甸项目，派遣有各类专长的15名青年志愿者到缅甸开展志愿服务工作。2002年至2012年间，广东青年志愿者累计海外服务时数达到17万小时，广东向非洲派出志愿者达71人，占我国向非洲派出志愿者总数的六分之一。广东的志愿服务从国内走向国外，国际化服务水平得到多个国家的认可，形成了国际志愿服务品牌。

2008年是中国志愿服务事业发展历程中的重要年份。这一年，越来越多的广东青年投身志愿服务。1月底，南方发生大范围低温、雨雪、冰冻等自然灾害，广东出现大量返乡人员滞留火车站、高速公路的现象。团省委组织青年志愿者奋战在春运一线，为滞留人员提供票务咨询、交通疏导、后勤保障等多种志愿服务；同时，志愿者为就地过年的务工人员开展“青春暖流”系列活动。2008年春运期间，全省共发动志愿者60 000多人，提供服务326 800人次，服务时数达172.74万小时，筹集物资价值超过400万元。5月12日，四川汶川发生特大地震。地震发生后，广东共青团迅速行动，组织志愿者奔赴灾区第一线，投入抗震救灾和灾后重建工作。各级团、队组织迅速开展“赈灾献爱心”特殊团费、特殊队费收缴工作。6月30日，团省委收到特殊团费、特殊队费1130万元。8月，第29届夏季奥林匹克运动会在北京举行。广东组织100名赛会志愿者为奥运会、残奥会提供志愿服务18 096小时，积累了宝贵的赛会志愿服务经验。

经过2008年重大事件的历练，广东共青团和广大志愿者进一步认识到在志愿服务中建立机制、整合资源、联合行动的重要性。事实上，在2007年，团省委已经着手突破制约志愿服务事业发展的瓶颈，创立全国首个志愿者事业发展基金会，成立省发展志愿服务事业指导委员会。2008年12月，广东省志愿者联合会第一次会员代表大会在广州市召开，这是全国首个省级志愿者联合会，400多名会员代表参加了大会。省级志愿者联合会的成立有效突破了“条块分割、行业限制”的体制障碍，有效整合了各领域的志愿服务资源，实现志愿者组织和志愿者的社会化大联合，为广东志愿者搭建起一个服务有平台、行动有组织的“志愿者之家”，标志着广东志愿服务走上规范化、专业化、多元化、系统化发展正轨。2009年2月，省委、省政府出台《关于进一步发展志愿服务事业的意见》，明确提出在全国率先建立起覆盖全社会、与政府服务和市场服务相衔接的社会志愿服务体系。2010年7月，省十一届人大常委会第二十次会议修订通过《广东省志愿服务条例》，充分吸收广东志愿服务实践中的有益经验和做法，明确共青团、省志愿者联合会的指导和协调地位，从法律层面明确志愿者的权利和义务。2010年10月8日，广州志愿者学院挂牌成立。这是全国第一家政府主导筹办的志愿服务培训、研究机构，在全国率先创建志愿服务岗位能力培训体系，首创性地建立了以志愿服务时数为基础的阶梯式课程体系，并组织内地（大陆）及港澳台地区的专家学者编写国内第一套志愿服务岗位能力培训教材。

2009年12月5日，中共中央政治局委员、省委书记汪洋，省长黄华华发出《致广东志愿者的一封信》，肯定广东省志愿服务在弘扬“争当志愿者，创造新生活”观念等方面取得的成就，并希望广东志愿者增强主人翁意识，积极投身广州亚运会的各项筹备工作。2010年11月，6万名亚运会赛会志愿者、2.5万名亚残运会赛会志愿者、50万名亚运城市志愿者、2200多支城市文明志愿服务全民行动队激情奉献广州亚运会、亚残运会，让广东志愿服务

2010年11月，广东青年志愿者为亚运会倾情奉献

迎来了全民参与的热潮，赛会志愿服务也成为广东志愿服务的亮点。广州亚运会的志愿服务，结合亚运会的特点和华南地区的特色，创造出志愿服务的组织化动员、社会化运作、民间化参与、时尚化引领、国际化合作的新型模式。广州亚运会的“志愿彩”“志愿礼”“志愿歌”等广泛流传，带动了社会的文化新时尚。此外，广州亚运会志愿服务注重“行政化之后的社会化、形式化之后的生活化”的工作思路，将亚运会志愿服务的成果转化为日常生活的宝贵财富，转变为广大市民喜闻乐见的生活时尚。

2011 年 8 月，第 26 届世界大学生运动会在深圳举办。为配合大运会的各项赛事，深圳大胆创新志愿服务的做法：一是志愿者队伍更加多元化；二是发动全社会共同参与志愿服务；三是广泛设立城市志愿服务站点。深圳大运会志愿服务团队由核心志愿者、1552 名深外志愿者、2.2 万名赛会志愿者、25 万名城市志愿者、100 万名社会志愿者共同组成，在大运会期间真正实现了志愿服务无处不在。

2011 年 7 月，省委、省政府出台《关于加强社会建设的决定》，提出设立南粤志愿服务“红棉奖”，完善以星级认证为主要内容的志愿者激励机制。“红棉奖”是全省志愿服务领域的最高奖项和志愿者的最高荣誉。2012 年 12 月 5 日，首届南粤志愿服务“红棉奖”表彰大会暨第二届广东公益志愿文化节、志愿服务广交会在广州琶洲国际会展中心举办。广州青年志愿者协会等 10 个集体和 10 名志愿者分别获得首届南粤志愿服务“红棉奖”（集体）和“红棉奖”（个人）称号，来自全国的 501 个志愿服务组织、796 个项目申报参展，共筹集社会爱心资源 1219 万元，资助优秀项目 500 多个。

进入新世纪，广东逐渐打造出一支专业可靠、服务完善、规模庞大、保障有力的青年志愿者队伍。统计数据显示，2012 年，全省注册志愿者人数 635.7 万人，注册志愿者人均参与志愿服务时数 33.6 小时。同时，广东也涌现出一批青年志愿者榜样。

二、实施“圆梦计划”

广东是全国进城务工人员最集中的省份之一。统计数据显示，2010 年，广东进城务工人员超过 3000 万人，其中约 70% 为 35 岁以下的新生代进城务工人员。尽管新生代进城务工人员的文化程度有了很大的提高，但总体上仍然偏低，初中及以下文化程度的进城务工人员约占广东进城务工人员总数的68%。文化程度偏低导致新生代进城务工人员并不能很好地适应广东产业转型升级的要求。因此，提升文化技术水平，更好地融入广东社会，成长成才，既是新生代进城务工人员自身成长的要求，也是“加快转型升级、建设幸福广东”的必然要求。

为推动进城务工人员向新生代产业工人转型，2010年，团省委联合省人力资源和社会保障厅、省财政厅、省教育厅等单位推出“圆梦计划”——广东省新生代产业工人骨干培养发展工程，决定立足广东加快产业转型升级的核心任务，瞄准新生代产业工人提升综合素质这一核心诉求，按照“社会捐助一点、政府支持一点、学校优惠一点、企业帮助一点、青年承担一点”的资金筹集方式，每年资助大约1万名18～35岁的广东新生代产业工人接受2～2.5年的本科或专科网络教育，圆新生代产业工人的读书梦、大学梦。按照团省委的设计，“圆梦计划”的目标和宗旨被定位为“三工程一通道”，即将“圆梦计划”打造成为党在新生代产业工人群体中基本可依靠力量的培养工程；实现社会管理创新，推动新生代产业工人群体自我管理、自我服务的骨干培养工程；助推“广东制造”走向“广东创造”、加快转型升级的高素质劳动者培养工程；新生代产业工人成长发展的向上通道。

2010年12月，团省委联合北京大学等单位启动“圆梦计划·北大100”项目。2011年5月，100名优秀新生代进城务工人员从2500多名报名者中脱颖而出，获得免费攻读北京大学网络教育本科学位的机会。“北大100”试点项目的成功形成了“圆梦计划”的标准化模式，也标志着中国第一次通过政府、企业、社会、个人多方资助合作的形式，把新生代产业工人的成长纳入国民继续教育体系。2011年下半年起，“圆梦计划”实现“大扩容”：提供学位从100个大幅增至一万个。其中，北京大学学位由100个增至2000个。“圆梦计划”通过“试点先行—形成标准—复制推广”的模式不断发展，合作院校包括北京大学、中国人民大学、中山大学等14所高校，招生专业涵盖管理类、营销类、经济类等多个学科门类。学员的资助金额也调整为省市资助4000元，学员出资1000元。2011年7月，第一期“圆梦计划”正式开始秋季招生，9656名新生代产业工人从24 059名报名者中脱颖而出，圆了大学梦。

"圆梦计划·北大100"部分学员合影

2011年，教育部支持开展"圆梦计划"，将其作为网络高等学历教育改革试点项目，给予广东先行先试政策支持，支持通过"圆梦计划"开展网络继续教育新模式中课程体系、教学内容、管理模式、激励机制等方面的改革创新，支持在继续教育课程共享、考试服务、学分认证、学费分担等方面开展进一步探索。

"圆梦计划"的改革和探索，为教育更好地面向弱势群体服务提供了思路和经验。2012年，为在更大范围帮助新生代产业工人更好地融入广东、融入城市，帮助他们更好地实现自我管理、自我服务，"圆梦计划"实施"双导师双助理"制度，为学员配备人生导师、学业导师、学习助理和班主任助理。在课程设计上，除了设置专业知识模块，还邀请各高校教师专门针对学员的群体特征开设党团知识、社会建设、群众工作、志愿服务等课程，引导他们热爱党、热爱祖国，同时更好地服务社会、融入社会。

"圆梦计划"紧扣新生代产业工人的民生需求，为青年群体办好事、办实事，得到了省委、省政府和社会各界的高度肯定。团中央认为"圆梦计划"为共青团做好服务进城务工青年工作提供了宝贵经验。"圆梦计划"成功探索出一种具有普遍意义的帮助务工青年圆梦大学的工作机制，为他们通过自身努力实现人生价值提供了渠道和保障，也为广东经济社会发展和产业转型升级培育了一批高素质的产业人才。

三、深化“保护母亲河”行动

绿水青山就是金山银山，广东始终高度注重建设绿美广东。进入新世纪，广东共青团以深化“保护母亲河”行动为抓手，着力全面培养青少年环保意识，践行绿色发展理念。

2002 年，全国保护母亲河行动领导小组将每年的 3 月 9 日设立为“保护母亲河”行动日。新时期的广东“保护母亲河”行动，紧扣绿色发展理念，注重宣传，增强公众的绿色环保意识。结合当时省委、省政府关于生态景观林带和森林碳汇等重点生态工程建设的安排，“保护母亲河”行动组织发动社会力量，重点围绕省内各大江河或区域干流，开展特色生态景观林种养及维护活动，从青年群体出发，带动社会公众，增强环保意识，构建生态文明。

引导青年积极参与植树造林，恢复生态环境，是这一时期广东“保护母亲河”行动的工作亮点。2005 年 7 月，在江门市新会区沙堆镇，100 多名团员青年扛着锄头在公路边种下一批树苗，标志着团省委与省公路局开展的“青春共建绿色长廊”项目正式实施。该项目在全省国道、省道两侧规划范围内逐步展开公路环境绿化，有近 100 万名团员青年积极参与，有效加强了广东省公路生态环境建设。

2006 年，为在青少年中倡导人与自然和谐相处的理念，推动生态环境保护，团省委与中科院华南植物园联合启动“广东青年林”共建项目。“广东青年林”是广东青年参与绿色广东建设的重要举措，项目占地约 500 亩，通过更新物种、植物认养等方式，建成“共青林”“同心林”“成人林”等一批“林中林”。2011 年 3 月，团梅州市委组织开展“绿满梅州青春行”春季义务植树行动，倡议每名团员、少先队员认捐树苗，建设“共青林”“志愿林”“少队林”“幸福林”等。

得益于社会环保意识的普遍增强和新媒体的快速传播，“保护母亲河”行动的参与人群更加广泛、活动影响更为深远。广东共青团充分利用新媒体的特点，广泛动员青农会、青联等各类社团组织和兴趣协会，深入开展碳汇林募捐、义捐行动，号召全体团员青年成为绿色广东的创造者、呵护者。在 2012 年的植树节当天，团省委推出“保护母亲河”网络植树节暨心愿征集活动。“鼠标轻轻一点，郁郁葱葱一片”，网友每在线植树一次并留言一条，热心企业和单位就捐助一元钱或一株树苗。网络植树节在以实际行动支持实地植树、开展生态环保活动的同时，也增强了大众的环保意识，取得了良好的社会效益。

这一时期，“保护母亲河”行动逐渐与“节能”“环保”“绿色”“循环”等可持续发展理念联系在一起，活动覆盖面从美化河道、植树造林等具体实践，延伸至各类涵盖绿色概念的实践活动，如开展“节约能源，从我做起”、“环保创意设计大赛”、节约资源“四个一”等主题活动，在引导全省青少年增强节能降耗意识，形成爱护环境、厉行节约的良好风尚等方面起到积极作用。此外，团省委依托“保护母亲河”行动专项基金，创造条件支持青年科技工作者、青年企业家和青年职工积极开发和推广节能降耗、替代和循环利用技术，提高资源利用效率。

四、引领青年文化健康向上

随着经济全球化加快和全面进入互联网时代，中国青年与世界的交流日益频繁，生活方式、思维方式发生了巨大变化。新世纪的青年知识储备丰富，视野更加开阔，利益诉求多样，个性更加张扬。为适应新世纪青年的特点，广东共青团注重开展青年群众性文化活动，积极建设斑斓多姿、充满活力的校园、社区、网络文化，引领青年健康向上。

大学生是参与广东青年文化建设的重要群体。广东共青团为大学生搭建青年文化艺术展示平台。2002 年，团省委举办首届广东大学生校园文化巡礼，成立广东大学生艺术团和广东省青联志愿者艺术团，引导大学生利用节假日深入基层开展“送戏下乡”活动。2005 年，团省委举办“大学生走进剧场”系列活动，在全省 16 所高校开展话剧演出，有 1 万多名大学生走进剧场观看粤剧《花月影》。2006 年，团省委、省教育厅、省学联共同主办首届广东大学生校园文化艺术节，以“活力青春，和谐校园”为主题，设计安排近 40 项活动和比赛项目，吸引 50 多所高校的 2000 多名大学生直接参加，在全省高校中掀起一股活跃校园文化、构建和谐校园的浪潮，受到广大青年学生的热烈欢迎。

面向社区青年，广东共青团以深化青年文明号活动为契机，引导广大青年积极参与建设和谐广东。2004 年是青年文明号活动在全国范围内开展十周年，团省委以“诚信青年·文明使者·和谐广东”为主题，在全省开展青年文明号爱心服务周、纪念广东省青年文明号活动十周年颁奖典礼、杰出青年文明号评选等系列活动，以此为契机营造“倡导高度职业文明、创造一流工作业绩”的文明和谐氛围。2010年6月，广东青年文明号促进会成立大会在广州召开，标志着全国首个省级青年文明号促进会正式成立。促进会的成立是团省委对青年文明号创建工作作出的积极探索和大胆创新。2012年，团省委、省青联成立广东青年创意文化联盟，团结凝聚由青年组成或业务面向青年的社会组织和企事业单位，培育文化创意社会组织和文化创意青年人才，引导他们积极承担社会职责，参与社会管理，推进广东的青年文化创意事业。

广东共青团加大对青年文化创作人才队伍的培养和扶持力度，引导青年文化潮流。2011年10月，团省委等单位发起成立全国首个省级产业工人作家社团——广东省青年产业工人作家协会，并和《中国青年报》联合举办全国首届“产业工人文学大奖”，推出一批具有时代气息、内容积极向上的优秀“打工文学”作品，树立一批优秀产业工人作家、诗人典型。通过外围社团组织培养优秀青年文化人才，引领青年保持健康向上的精神状态，是广东社会管理创新和文化体制改革探索的目标之一。

随着互联网时代的到来，一方面，互联网逐渐成为青年接收社会信息的主渠道；另一方面，互联网也成为青年展示个性、成就自我的新平台。为倡导清朗健康的互联网空间，引导青少年健康成长，广东共青团深入实施青少年网络文明建设工程，发挥青少年网络协会的作用，打造南方青少年网、青少年网络电台等一批青少年主题品牌网站，积极拓展互联网视听节目等综合服务，形成青少年文明上网、健康上网的阵地依托；通过广泛开展“美德网上行”主题活动，引导青少年遵守网络道德和网络规范，树立正确的网络美丑观念，共同打造“知荣明耻”的绿色网络空间；积极配合有关部门开展“净化网络”“整治非法网吧”等工作，不断优化青少年的上网环境。广东共青团主动投入互联网大潮，从被动应对变为主动引导，坚守共青团的互联网阵地。

第四节｜帮助青年走好成长之路

共青团组织在团结带领青年充分发挥党的助手和后备军作用，投身服务大局、服务社会的同时，还明确提出要把服务青年作为团的工作的出发点和落脚点。2003 年 7 月，团十五大召开，提出共青团要坚持竭诚服务青年，不断巩固和扩大党执政的青年群众基础。广东共青团强化服务意识，加强服务能力建设，注重分类服务和个性化服务，建立健全服务项目长效机制，服务各类青年群体成长成才。

一、多措并举培育青年学子

关心关爱青年学生的成长是共青团工作职责所在。广东共青团根据新时期青年学生的成长需求，通过心灵护航、困难帮扶、社会实践、典型引路，多措并举帮助青年学子成才。

一是开展“健心工程”——大学生心理健康服务行动，关注学生心理健康。2003 年 12 月，团省委启动“健心工程”——大学生心理健康服务行动。该活动主要依托广州中医药大学和广东省高校心理健康与咨询专业委员会的心理学专家学者，通过网络咨询、电话咨询、信函咨询、面谈、专家讲座、心理素质训练等形式，为大学生的心理健康提供全方位的服务。“健心工程”首期活动就吸引了省内 10 多所高校 240 名大学生参与，其中 97%的参与者认为活动对提高自己的心理素质非常有用。2004 年 6 月，团省委联合省教育厅、省卫生厅、省科协共同开展大学生“健心工程”巡回演讲暨大学生心理健康服务月活动。“健心工程”为广大学生，特别是大学应届毕业生普及心理健康知识、提供心理健康服务，有助于大学生保持心理健康和增强自助意识，形成健全的社会人格。

二是整合社会资源，帮扶困难大学生。为贯彻落实省委“十项民心工程”，按照青年学生所需、共青团能为的原则，团省委加大对广东困难大学生的帮扶力度，整合社会资源服务大学生的健康成长。2005 年 8 月，团省委、省福利彩票中心、省学联联合开展“广东福彩爱心助学子——帮扶生活困难大学生行动”，筹措300万元专项资金，资助600名品学兼优的困难大学生。2009年春节前夕，团省委、省学联联合开展“青春暖流”慰问春节留校大学生系列活动，让同学们感受社会大家庭的温暖。在资助的同时，广东共青团还组织受资助的大学生参与各种志愿服务活动，回馈社会，帮助受助大学生实现身心健康发展。

三是持续开展“三下乡”活动，引导学生参与社会实践锻炼。经过多年发展，大学生“三下乡”活动已经成为各高校广泛开展、大学生热心参与的一项具有旺盛生命力的活动。2002年至2012年，广东省“三下乡”活动以“受教育、长才干、作贡献”为指导思想，紧扣时代发展脉搏，围绕中心，开展“实践‘三个代表’，弘扬民族精神”“传承五四报国志，落实科学发展观”“践行纲要建广东，学习实践报祖国”等主题鲜明的社会实践活动。参与“三下乡”的大学生奔赴各地，开展农技推广、支教扫盲、医疗卫生、环境保护、文艺会演、扶老助残、关爱进城务工人员子女等志愿服务活动。“三下乡”活动参与人数多，服务范围广，反馈效果好。以2009年为例，共有73所广东高校开展暑期“三下乡”活动，派出社会实践团队5030支，在暑期2个月内为12 000多个镇村或街道社区群众办好事、办实事34 000多件。“三下乡”活动等社会实践活动鼓励和引导广大青年学生积极投身广东经济社会发展，争当实践科学发展观的排头兵，在推动科学发展、促进社会和谐的伟大实践中成长成才。

四是树立青年时代榜样，帮助青年汲取奋进力量。“广东青年五四奖章”1999年首次设立个人奖，2010年增设集体奖。2003年至2012年，有110名青年获得“广东青年五四奖章”，28个组织（集体）获得“广东青年五四奖章”集体奖。其中，2003年奋战在广东抗击非典型肺炎疫情斗争最前沿的16名青年医务人员优秀代表获得广东青年五四奖章。2003年至2012年，“广东省十大杰出青年”评选活动开展三届，30名优秀青年获此殊荣。与此同时，各地市的“十大杰出青年”评选活动在树立青年时代榜样中继续发挥重要作用。“广东青年五四奖章”“十大杰出青年”的举荐、评选和宣传，树立了新世纪南粤青年的时代榜样，激励青年积极成长成才、服务社会。

二、完善机制维护青少年合法权益

2004年11月，中央综治委下发《关于深化预防青少年违法犯罪工作的意见》，首次提出将五个群体[1]列为预防青少年违法犯罪的重点群体，实施“为了明天——预防青少年违法犯罪工程”。团省委争取党政支持，协调有关部门，做好预防青少年违法犯罪工程的总体规划、任务分解、信息交流、协调配合、督导考核等各项工作。

2006年12月，由团省委、省综治委预防青少年违法犯罪工作领导小组办公室牵头起草的《广东省预防未成年人犯罪条例》经省十届人大常委会第二十八次会议审议通过，2007年1月1日起施行。该条例的实施压实了主体责任，完善了工作机制，构建了预防未成年人犯罪的教育体系。与此同时，为配合宣传该条例，团省委等单位拍摄的《为了明天》预防未成年人违法犯罪专题片在广东卫视开播。广东各级团组织还深入实施“青少年法制宣传行动”“为了明天——广东省未成年犯罪爱心帮教行动”“远离毒品行动”“青少年违法犯罪社区预防计划”等主题活动，做好预防未成年人犯罪工作。

广东共青团倾力打造青少年权益倾听平台，维护青少年合法权益。2004年1月，团省委、省司法厅联合启动广东省法律援助志愿服务计划，在省直单位、高等院校、省直属律师事务所招募并组建6支志愿服务分队。在此基础上，2004年12月，广东青少年维权中心正式成立，设立青少年维权岗，广东成为全国最早开通12355维权服务热线的省份之一。其后，团省委推动全省21个地市全部开通12355维权服务热线，逐步把12355维权中心打造成维护青少年合法权益的重要渠道和平台。

2007年6月，团中央下发文件，要求各级团组织按照《“青少年维权工程”实施方案》的内容和要求，结合当前青少年权益工作的实际，实施“青少年维权工程”。广东共青团组织专家在原《广东省青少年保护条例》的基础上，根据未成年人身心发展的特点和给予未成年人特殊保护、优先保护的原则，修订形成《广东省未成年人保护条例》。2008年11月28日，省十一届人大

[1] 五个群体，指中小学生、闲散青少年、流浪儿童、违法犯罪青少年和进城务工青年。

常委会第七次会议审议通过《广东省未成年人保护条例》，于2009年1月1日起施行。2011年5月18日，全国首个青少年法律与权益保护研究基地成立。团省委作为省综治委预防青少年违法犯罪工作领导小组办公室的执行单位，以研究基地成立为契机，与全省法院系统合作，就预防青少年违法犯罪等进行广泛深入的合作研究。《广东省未成年人保护条例》的颁发和研究基地的成立，有效完善了未成年人保护的工作机制。结合“人大代表、政协委员面对面”等品牌活动的开展以及青少年维权岗、12355维权中心等有效表达渠道的建立，广东共青团逐步形成矛盾纠纷排查调处的有效机制。经常性的维权工作顺利开展，切实维护了青少年合法权益。

三、构筑青少年的“希望家园”

长期以来，广东省各地经济社会发展不平衡，粤东、粤西、粤北农村地区存在留守少年儿童问题，其中有不少人出现“心理失衡、亲情失落、生活失助、安全失保”等情况，需要全社会的关爱和救助。

2010年3月，团省委、省青联决定实施“希望家园”项目，为全省留守少年儿童量身定做“成长计划”，推出“心理疏导、情感交流、学习帮助、文体活动”四项服务，满足农村留守少年儿童的成长需求。2010年6月，57个统一标准的“希望家园”示范点在粤东、粤西、粤北农村揭牌。团省委、省青联计划用三年时间推动“希望家园”从示范点逐步覆盖全省留守少年儿童较为集中的全部村落。2010年8月，“七彩梦·飞起来”——广东首届留守少年儿童“福彩夏令营”正式开营，迎来全省各地“希望家园”近100名小客人。“希望家园”号召青年企业家和社会各界人士关爱农村留守少年儿童，服务留守少年儿童的健康成长，是扶贫开发模式上的一次创新尝试。

除在农村设立“希望家园”外，广东共青团还依据留守少年儿童的特点设计多种形式的活动。2008年，广州市海珠区“蓝信封”留守儿童关爱中心成立。数年来，“蓝信封”通过一对一书信往来、参与夏令营、走访项目地等形式，构建起志愿者与留守儿童间的长期心灵交流平台，引导留守儿童形成积极健康、阳光向上的生活态度。

志愿者与留守儿童通过“蓝信封”形成一对一的长期通信陪伴

2011 年 5 月，广东共青团、省青基会等共同发起“幸福厨房”项目，旨在建设以“加热自带午餐和集中蒸饭煮粥”为主要功能的电器型厨房，让粤东、粤西、粤北贫困地区乡村小学的孩子们吃上热气腾腾的午饭。这类活动对帮助贫困地区少年儿童身心健康成长发挥了重要作用。

此外，广东共青团持续推动“会亲”活动，帮助困难少年儿童。希望工程会亲活动自 1994 年推出以来，先后在广州举办了九届“羊城会亲”活动，在深圳举办了两届“鹏城会亲”活动。2008 年 9 月，团省委、省青基会联合社会慈善机构举办“感动广东·希望工程南粤会亲活动”，将会亲活动从广州、深圳推向全省 21 个地市，按照“统一主题、统一名称、统一形式、统一内容”的要求同步举行会亲活动。此后，“南粤会亲”逐渐成为广东希望工程的特色品牌。2011 年，“南粤会亲”会场延伸到县一级，扩展至全省 121 个县（市、区）。2012 年，广东扶贫济困日活动办公室授予“南粤会亲”活动“广东扶贫济困优秀项目”称号。媒体称赞“南粤会亲”活动是帮助困难少年儿童共享社会发展成果、增强幸福感的有效活动载体，是共青团组织参与社会建设、把党的关怀直接传递给少年儿童的有益探索。

进入新世纪，随着城镇化的快速发展，越来越多的青少年向城镇社区聚集，城镇社区青少年的成长引发共青团组织高度关注。2007 年 11 月，团中央、民政部等五部门联合印发《关于开展青少年事务社会工作者试点工作的意见》，在全国启动青少年事务社会工作者试点。12月，团省委决定，广州、深圳、东莞、佛山等地率先开展青少年事务社会工作者试点。2008年2月，团广州市委、海珠区政府按照“社会化运作，职业化发展”的思路，采用政府购买公共服务的办法，启动“青年地带”驻校社工试点，探索共青团参与社会治理创新、服务青少年成长的新工作模式。

2011年5月，针对社区儿童上学安全等问题，团省委、省少工委、省青年志愿者协会联合发起实施“稻草人”——广东青年志愿者社区少年儿童守护计划（以下简称“‘稻草人’计划”）。该计划通过在社区组建志愿者队伍，为社区、家庭提供少年儿童安全宣传、定点守护、社区巡逻、快乐陪伴等志愿服务，帮助少年儿童安全、快乐、充实地度过课后时光。同月，广州市白云区景泰街成立首个“稻草人”社区少年儿童守护服务队。团省委以此作为试点及示范，编制工作指南，整理工作个案，制定应急预案，总结推广经验，推动各社区成立服务队。“稻草人”计划是志愿服务参与社区社会管理创新的有益探索，得到学校、家庭和社会各界的广泛称赞。2011年11月，“稻草人”计划被团中央授予第九届中国青年志愿者优秀项目奖。

四、推进粤港澳台及国际青少年交流

1997年7月1日和1999年12月20日，我国政府相继对香港、澳门恢复行使主权。进入新世纪，中国加入世界贸易组织，扩大高水平对外开放。在这样的历史背景下，广东青年与港澳台及国际青年的交流合作迎来了前所未有的发展机遇。广东共青团充分发挥广东的区位优势，推动粤港澳台青年事务的合作，加强与国际青年组织的交流，展示广东现代化建设的伟大成就和南粤青年的良好形象。

促进粤港澳青年交往、交流、交融，增强港澳青年对祖国的向心力，是广东共青团的重要政治任务。2004年6月25日，粤港青年交流促进会（以下简称“促进会”）成立，并在次日举行第一届粤港青年交流高峰论坛。促进会旨在促进香港青少年通过广东了解祖国内地，以增强他们对国家和民族的认同感，并为粤港青年在就业、就学及文化交流等方面寻找新的发展天地。为有效推动粤港青年社团互访，促进会把每年8月定为粤港青年交流月。团省委联合有关团体签署粤港青年交流合作协议书、粤澳青年志愿者服务合作框架协议，建立粤港澳青少年交流中心，筹集粤港青少年交流资金，推动粤港澳青年全方位互联互通。

2004 年 8 月，为加强全球华人青年的交流合作，“青春中华·首届中国青年文化周”拉开序幕，海内外万名华人青年共聚深圳，参加为期 5 天的青春盛会。首届文化周活动以“弘扬民族精神、致力振兴中华”为主题，荟萃中华民族文化精品，挖掘民族文化内涵，创造一批青年文化精品，推出一批中华青春偶像，为海内外的华人青年展示丰富多彩的中国文化，进一步增强华人青年对祖国的认同感和自豪感。

2007 年 7 月，由广东省青联、粤港青年交流促进会等青年社团主办的“十载风云家国情，中华青年专列行”活动在深圳举行授旗出发仪式。该活动系 2001 年首次举办的“爱我中华”海峡两岸暨港澳青年大汇聚系列活动之一。粤港澳台 1000 名优秀青年乘坐专列前往长沙、北京、上海进行考察交流。粤港澳台青年在参与活动的过程中增进了对中华历史文化的了解，增强了对祖国、民族的认同感，缔结血浓于水的深厚情谊。

2008 年 12 月，《珠江三角洲地区改革发展纲要（2008—2020 年）》（以下简称《发展纲要》）出台后，粤港澳三地青少年交流更加频繁。广东共青团积极贯彻落实《发展纲要》，深化与港澳青年的交流合作。2009 年 11 月，粤澳青年参与“中国心，粤澳情”考察交流活动，庆祝澳门回归十周年。2010 年后，全国青联、省青联先后开展“内地大学生赴港实习计划”“香港大学生暑期内地实习千人计划”，以大学生实习为主要形式的粤港双向交流机制逐步成熟，成为常态。2011 年起，团省委、省青联实施“小伙伴”迎未来粤港澳青少年合作计划，以“粤港澳 100”为载体，每年在粤港澳三地中小学中各挑选 100 名 14 岁以下的优秀少年儿童参与夏令营，通过参观爱国主义教育基地、与名人面对面、团队探究式学习等活动加强三地少年儿童的交流，进而强化港澳少年儿童对祖国的认同感和归属感，为粤港澳三地的发展培养未来之星。

广东是我国著名的侨乡，粤籍华侨华人遍布世界各地。广东共青团注重利用侨乡的优势联系华侨华人青年。团潮州市委、团汕头市委以国际潮青联谊年会为纽带联系全球潮汕籍青年，传递乡情乡谊，弘扬潮汕文化。1999年，国际潮青联谊年会首次在香港成功举办，其后每两年举办一次。2004年5月8日至9日，第三届国际潮青联谊年会在加拿大蒙特利尔市举行。来自世界各地的20多个代表团500余人欢聚一堂，共谋发展，畅想未来，并成立国际潮青联合会。年会就“潮汕文化”“潮州青年对社会的贡献”“加拿大多元文化和保持与发展加拿大华人文化遗产”“学习中华优良文化，融入当地主流社会”等专题进行了交流研讨。此后，国际潮青联谊年会分别在中国深圳（2006年7月）、泰国（2008年3月）、中国汕头（2010年12月）、中国澳门（2012年11月）成功举办。潮汕籍华侨华人青年以国际潮青联合会为纽带，传承先辈心系祖国、报效家乡的优良传统，发扬勤奋刻苦、团结友爱的精神，在实现个体人生价值的同时，不断推动祖国事业的发展。

此外，团省委还注重加强与国际青年的交流活动。广东青年外事工作认真贯彻落实党的外事工作方针政策，凭借广东地缘优势和经济社会发展的优势，坚持“广泛请进来”与“积极走出去”相结合，不断拓宽广东青年对外交往渠道，展示广东青年的良好形象。2004年8月23日，首届“中非青年联欢节”在北京开幕，并于8月30日在广州闭幕。此次闭幕式由团省委承办，非洲44个国家的青年代表和非洲国家联盟的观察员110人参加“中非青年联欢节”。此后，广东共青团每年都要接待国际青年交流团。仅2006年，团省委就接待越南青年代表团、日本青年协议会代表团、法国青年社会工作者百人团等10批次青年访问团，共390人次。同时，团省委大力开拓出访交流渠道，通过协助团中央组织青年代表前往美国、澳大利亚、韩国、印度等国家和地区交流考察，选派单独组团代表赴欧洲、亚洲、美洲、大洋洲的多个国家考察访问等方式，实现对外交流合作，帮助广东青年开阔眼界，增进对世界的了解，广交各国青年朋友，增强民族自豪感。

第五节 改革创新促进团组织建设

随着 2001 年中国加入世界贸易组织，广东加快推动经济发展转型升级，带动经济社会各领域发生深刻变化，共青团和青年工作面临新的机遇和挑战。2003 年，团十五大指出，要进一步加强共青团的自身建设，积极探索和创新社会主义市场经济条件下团的组织体系和运行机制。2008 年，团十六大报告指出，要以改革创新的精神推进团的建设。团省委始终坚持把握现实突出问题，解放思想，推进团的建设理论创新、制度创新、工作创新，切实加强团的基层组织建设，加强团干部队伍建设，打造学习型团组织，推动团属事业发展。

一、持续深化党建带团建

2004 年，为深入贯彻落实党的十六大精神，根据《中共广东省委关于实施固本强基工程，全面推进党的基层组织建设的决定》，团省委决定部署推进共青团固本强基工程，集中用三年时间，通过深化党建带团建，抓重点、抓分类、抓整体，全面推进团的基层组织建设，并以此统揽、带动团的其他各项工作。

在农村，团省委重点抓好镇、村两级团组织建设，积极推行镇、村团组织按期集中换届等做法；实施“信息直通车”，进一步规范农村基层团组织建设，激发农村基层团组织活力。在社区，团省委加大社区、非公有制经济组织和新社会组织的团建力度，逐步建立健全社区、街道团工委、青工委和少工委等组织；通过创建青年文明社区、青少年维权、青年文明号助万家等活动，扩大社区团的组织覆盖和活动覆盖范围。在学校，团省委通过开展“团支部进公寓”“特色团支部活动”“网上团日活动”等，丰富高校团建形式，增强高校团组织凝聚力，并出台《关于加强高校共青团工作的意见》《关于加强中小学团队工作的意见》，努力解决学校团建中存在的突出问题。

团省委以党建带团建进一步强化团的基层组织建设。2005 年 9 月，省委组织部、团省委联合召开全省发展党员暨党建带团建工作会议。2006年1月底，省委办公厅下发《关于加强新形势下“党建带团建”工作的意见》，要求全省各级党团组织要按照“六带一优化”[1]的要求加强团的基层组织建设。2011年8月，团省委召开基层党建带团建暨共青团系统深入开展创先争优活动座谈会，研究制定党建带团建实施意见。9月，省委组织部印发《关于贯彻落实中共中央组织部、共青团中央〈关于加强新形势下基层党建带团建工作意见〉的实施意见》（以下简称《意见》）。《意见》以中国特色社会主义理论体系为指导，围绕加快转型升级、建设幸福广东的核心任务，以带干部队伍建设为关键，以带基层组织建设为基础，以创先争优活动为载体，推动建立广泛覆盖、富有活力的团的基层组织。《意见》明确各级党组织要切实加强对党建带团建工作的领导，各级党建工作领导小组应吸纳团组织负责人参加，并把党建带团建作为党建工作的重要内容，要落实团组织书记列席党的领导班子会议制度。同时，把党建带团建工作纳入地方党委领导班子党建工作考核内容，做到“团建不合格、党建不评优”。此项考核内容的纳入，完善了党建带团建长效机制，有效落实了党建带团建的工作要求。

团省委以团建创新为切入点，实施“五个团建”工程，做好党建带团建的工作部署。根据团省委十一届五次全会关于加强“两新”组织团建创新工作的有关要求，广东各级团组织不断拓宽组织覆盖，围绕“使团的基层组织网络覆盖全体青年，使团的各项工作和活动影响全体青年”的目标，实施新经济组织团建、新社会组织团建、行业协会团建、驻粤团建、乡镇实体化“大团委”建设“五个团建”工程，坚持用“青年在哪里，团组织在哪里”“社会怎么样使青年聚集，就用怎么样的方式建立团组织”的基层团组织建设基本原则开展工作。

2006年，团省委全面推行《企业团委基本工作规范（试行）》等12份基层团组织工作规范文件，推动全省各地大胆探索依托社会组织、青年自组织、民营企业等“传统体制外力量”建立团组织的团建新路。2008年7月，团惠州市委在惠州登山运动协会建立团委，通过网络发帖、网络自荐、网络投票

[1]“六带一优化”即带思想建设、带组织建设、带班子建设、带队伍建设、带作风建设、带工作发展和优化工作条件。

的方式选出团委领导班子。2008 年 11 月，佛山成立首个依托聊天群自发建立的网络团总支——佛山网友俱乐部网络团总支部，并发出首张电子团员证。

2009 年 11 月 12 日，团省委与省民政厅、省社会组织党工委共同推动成立共青团广东省社会组织工作委员会。该组织系全国首个省级社会组织团工委，填补了全省行业协会及无业务主管单位的社会组织团建工作的管理空白。2011 年 9 月，根据团中央印发的《共青团参与加强和创新社会管理工作分工和实施意见》的要求，团省委开始推动枢纽型青年组织构建工作。枢纽型青年组织成为各级团组织参与社会管理的有效手段，延伸了共青团参与社会工作的手臂。

通过党建带团建的方式，在各级团组织的共同努力下，基层团组织建设工作进步显著。截至 2012 年底，全省累计新建非公团组织 30 658 家，找回团员 152 万人；新建社会组织团组织 3546 家，找回团员 17 万人；促成 22 家省级行业协会成立团组织；成立全国驻粤团工委联络办公室，共有 15 个省、159 个市、546 个县到广东建立驻外团工委；新建乡镇直属团组织 26 679 个，覆盖团员 31 万人，联系青年 99 万人。

二、加强团干部教育培训和实践历练

团干部教育培训和实践历练是团干部队伍建设的基础工程。广东共青团坚持政治标准，坚持按需施教，坚持学以致用，加强团干部教育培训和实践历练。进入新世纪，团省委实施青年人才培训计划，依托中央团校（中国青年政治学院）、广东青年干部学院加强团干部政治理论培训。2005 年，团省委确立全省专职团干部在 2005 年、2006 年两年内普遍接受一次系统的教育培训的目标，并积极争取经费，对欠发达地区团干部参加培训给予补贴，为后期全省团干部的轮训工作做了探索。2011 年 8 月至 12 月，团省委在北京成功举办三期广东共青团骨干培养工程中央团校班，成建制地组织轮训省、市、县三级共青团干部骨干300多名。这是广东共青团学习型组织建设的一次探索，为共青团和青年事业的发展培养了一大批青年骨干力量。

基层历练是团干部成长的必由之路。按照新时期党对青年干部成长的要求，团省委注重在基层一线和困难艰苦的地方培养锻炼年轻干部，选拔使用经过实践考验的优秀团干部。2006 年，为响应党中央建设社会主义新农村的号召，团省委启动“十百千万”工程，多批次选派干部下基层驻村工作。2008 年 5 月，四川汶川发生特大地震，灾区抢险救援和灾后重建时刻牵动着广东团员青年的心。团中央决定选派团干部援助四川地震灾区，团省委按照团中央统一部署，从积极报名的 200 多名团干部中严格选拔首批 9 名同志赴地震灾区挂职锻炼。9 名团干部平均年龄 27.9 岁，最年轻的只有 25 岁。挂职干部积极参与灾后重建，多名同志分别获得“四川省优秀抗震救灾志愿者”“汶川县荣誉市民”等称号。

2011 年，团省委开展“两进三同”工作，组织全省约 1.6 万名各级团的领导机关干部“走进基层，走进青年”，与青年“同劳动、同学习、同生活”。团干部下基层和基层青年群众打成一片，有利于深入了解基层青年的工作和生活需求，是巩固和扩大党执政的青年群众基础的有效路径。团省委通过选派优秀团干部到基层进行指导，选拔基层优秀青年干部与粤东、粤西、粤北地区团干部进行挂职交流，有效开阔了团干部的视野，提升了团干部的工作能力，切实加强了团的队伍建设。

三、推进学习型团组织、枢纽型青年组织建设

（一）推进学习型团组织建设

2009 年 12 月，中共中央办公厅印发《关于推进学习型党组织建设的意见》，明确提出建设学习型党组织的重要意义、总体要求、主要原则、工作内容和途径方法。将共青团队伍打造成学习型团组织，通过各种实践提高团组织、团干部的素质与能力，从而更好地应对新时代的考验，是党对共青团组织和团干部的要求。

团省委直属机关面向广大团干部率先启动先进性教育活动，通过开展集中学习、交流探讨、主题实践、专题讲座和撰写学习心得等活动，扎实推进每个阶段、每个环节的工作；通过用“粤团早读”手机短信，精选党报、党刊、党网权威评论和重大政策信息，以及共青团工作方法技能等摘要，每天早上准时发送给全省团干部。

在面向广大青年学习层面，广东共青团拥抱“微时代”，探索新媒体平台学习路径，为广大农村青年创办“农青学堂”，为青年产业工人建立“青

工手机学堂”。2012年2月，广东共青团形成全国首个省、市、县三级团委社媒集群。团省委要求全省共青团统一建制，用青年乐于接受的语言体系，用青年喜闻乐见、爱用常用的方式，通过新媒体联系、服务、凝聚青年，引导青年跟党走。

为更好了解青少年需求，广东共青团加强对青少年工作的研究。2006年11月30日，广东省青少年研究协会第三次会员大会暨广东首届青少年发展论坛在广州举行，有力推动青少年理论研究工作。2007年1月23日，《广东省青少年发展报告》出版，为广东省各部门、各行业、各社团开展青少年服务提供了科学依据，为国内外了解广东青少年状况提供了有益的参考。2008年，为了解粤商的发展现状及粤商面临的困难与问题，团省委依托广东省青年企业家协会、广东省青年商会开展调研并发布《粤商发展报告》，为粤商的发展提供战略与对策。2012年9月5日，广东青工教育研究院在肇庆学院揭牌成立。广东青工教育研究院是全国首个为异地务工青年教育而专设的研究组织，填补了“青年务工者再教育”研究领域的空白。此外，广东共青团完成一批国家级、省部级青年研究课题，编辑出版《广东共青团年鉴》《广东省志·青年工作志》《青运春秋》《非公有制经济组织团建工作探索》《广东省进城务工青年服务手册》《广东省未成年人犯罪调研报告》等一系列理论成果。

广东共青团还积极建设青少年活动阵地，通过现场教学、环境熏陶等形式加强青年学习。2012年5月8日，广东省纪念建团90周年暨团一大纪念广场落成仪式在广州东园中国社会主义青年团第一次全国代表大会旧址举行。团一大纪念广场从此成为团队仪式教育、青少年爱国主义教育和革命传统教育的重要场所。

（二）推进枢纽型青年组织建设

2012年12月，省委、省政府出台《关于构建枢纽型组织体系的意见》，提出“在发挥工会、共青团、妇联等人民团体联系群众的体制优势和人才优势的同时，在竞争中培育发展一批枢纽型组织，协同相关社会组织参与社会服务，形成既有竞争又有合作的社会组织服务管理体系”。

广东共青团主要从四个方面探索构建枢纽型青年组织：一是谋篇布局，共建试验区，基层发力试水探路。团省委在省级层面形成整体规划设计，地市一级推动综合改革试验，区（县）、镇（街）两级配合打造特色“亲青家园”青少年服务中心。2012 年 5 月，广东省“亲青家园”青年社会组织培育发展中心揭幕，开启了广东枢纽型青年组织建设的试点工作。二是多措建点，拓展新阵地，延伸手臂，凝聚力量。鼓励、协助创建如广东青年社会组织联合会、广东省圆梦青工成长服务中心、广东省青年文化创意联盟、广州市启智社会工作服务中心、珠海市新豫青少年综合服务中心、容桂青少年成长促进会、家庭综合服务中心等枢纽型青年组织，实现阵地共建、资源共享和项目协同。三是互动联网，搭建大平台，构建合作伙伴关系。选取广州青少年宫社会工作服务中心等 36 家试点单位先行先试，依托青少年宫、义工服务站、志愿者站点等原有团属阵地体系，建立培育孵化基地，通过资金项目扶持、骨干培训凝聚、活动交流聚合等方式，建立青年社会组织。四是激发活力，强化功能性，承接政府青少年事务。

广东共青团枢纽型青年组织建设得到省委、省政府的政策扶持，各级团组织、青年社会组织主动承接政府购买服务。广东共青团在社会建设和社会治理创新中发挥生力军作用，在构建枢纽型青年组织方面“摸着石头过河”，为开展青年社会组织工作、参与基层社会治理探索了一条新路径。

四、青联、学联、少先队和团属事业的拓展

（一）青联组织积极作为

进入新世纪，广东青联组织根据建设枢纽型青年组织的工作思路，配合团省委组织实施“好社会 · 亲青汇”广东青年社会组织培育发展计划。2012 年，推动建立广东青年社会组织联合会，成立广东省首个青年社会组织孵化基地——广州市青年社会组织孵化基地，筹集 2715 万元“种子”基金和项目对接基金，创建 1005 家“亲青家园”，成功注册 235 家团属青年社会组织，并通过实施竞争培优机制，推动青年社会组织“抢接政府订单”超过 6000 万元。推出“亲青汇训练营”等系列平台，联系凝聚社会组织骨干超过 1.8 万人次。2012 年，“好社会 · 亲青汇”项目获得广东省社会管理创新奖，中山市建设枢纽型青年组织成果获中国社会管理创新奖优胜奖，成为唯一获奖的团属工作项目。

2007 年 7 月 12 日，省青联九届一次全会在广州召开，会议审议并通过了第八届常务委员会《高扬爱国旗帜，凝聚青春力量，为广东率先基本实现社会主义现代化而奋斗》的工作报告，选举产生了第九届广东省青年联合会常务委员会常务委员 164 名。会议确立了全国首个省级青年联合会章程——《广东省青年联合会章程》，并向全省青年发出“奉献树新风，志愿促和谐”的倡议。2012 年 12 月 13 日，广东省青年联合会第十届委员会第一次全体会议在广州开幕，第九届常务委员会工作报告《聚合青春正能量，领跑幸福中国梦》指出，省青联将努力构建学习型青联、开放型青联、枢纽型青联、数字化青联，不断聚合青春正能量，团结带领广东各族各界青年，为广东率先转型发展、全面建设小康社会而努力奋斗。会议审议通过《我们正年轻》为广东省青年联合会会歌。会议选举产生省青联新一届常委会常务委员 239 名。

（二）学联活动丰富多彩

21 世纪以来，团省委推动省学联继续承办“挑战杯”、开展“三下乡”活动、实施大学生志愿服务西部计划和山区计划。2006 年，省学联创办广东大中专学生校园文体艺术节，设置思想引领类、精品艺术进校园类、文艺竞演类、体育健身类等四大类活动，辐射影响全省大中专学校，影响学生人数超过百万。2007 年，省学联创办广东大中专学生科技学术节，设创新创业、实战竞赛、社科普及等三大类活动项目，吸引全省高校、中职学校、技工学校超过 30 万学生参与。

2005 年 6 月 20 日，广东省学生联合会第九次代表大会召开，第八届委员会向大会作题为《立足发展大局、勇担时代重任，争当全面建设小康社会的栋梁之才》的工作报告，号召青年学生为全面建设小康社会贡献青春力量。2012 年 12 月 21 日，广东省学生联合会第十次代表大会在广州召开。第九届委员会向大会作题为《广东再出发，我们第一棒》的工作报告，号召青年学生在广东新一轮的大发展中跑出领先全国的第一棒。

（三）少先队工作不断进步

2006 年 2 月，团省委少年部成立，加挂省少工委办公室牌子，承担省少工委办公室的日常工作，负责组织少先队员开展思想教育和劳动实践活动，协同教育部门规划、指导少先队和培训少先队辅导员。团省委以此为契机，坚持全团带队，进一步加强少先队工作。

2006 年 9 月，省少工委开展“手拉手关爱灾区小伙伴”行动。2009 年 3 月 24 日，中山市两所直属小学在全国率先成立学校少工委，校长担任少工委主任。成立学校少工委对加强少先队工作队伍建设和基层组织建设具有积极意义。

2010 年，团中央、教育部、人社部、全国少工委联合下发《关于进一步加强少先队辅导员队伍建设的若干意见》，提出要“探索在国家一级学科教育学下设与少先队组织根本任务紧密相关的二级学科”，教育部明确与团中央共同开展少先队相关学科建设工作。中山大学、华南师范大学、广州大学 3 所高校成为全国试点高校，开始招收“少年儿童组织与思想意识教育”专业硕士生，少先队学科建设取得实质性突破。

2011 年 2 月 21 日，全国首个少先队基金“广东红领巾基金”在广州成立。“广东红领巾基金”拓宽了留守少年儿童、贫困地区少年儿童资金救助的渠道，促成了常态化资金救助机制的建立。2012 年 1 月 4 日，团省委联合省教育厅、公安厅、地震局及影视传媒等单位，举办首期“小红帽”应急避险教育训练营暨“幸福广东·青春情暖”城乡少年手拉手活动。“小红帽”应急避险教育以童谣、漫画、网络游戏、电视节目等少年儿童喜闻乐见的形式开展宣传教育活动，以县为单位建立试点及示范学校，强化少先队辅导员应急避险教育职责，加强教育方法培训，并将可复制教育模式作为少先队工作重要内容在全省中小学推广。

2006 年 6 月 1 日，少先队广东省第五次代表大会在广州召开。全省各地及省直有关单位共 24 个代表团的 447 名少先队员、辅导员及少先队工作者代表出席大会。2012 年 6 月 1 日，少先队广东省第六次代表大会在广州召开，全省各地市 500 多名代表参加会议。会议还表彰了第十二届省十佳少先队员、第七届省十佳少先队辅导员，颁发了第二届红领巾终身荣誉奖，命名了第二批红领巾示范校。

（四）团属事业加快发展

2005 年，经省机构编制委员会同意，广东省青少年事业服务中心更名为广东省青少年事业发展中心。2010 年 3 月，团省委作为全省事业单位分类改革试点单位，顺利完成机构编制设定和人员安排工作。改革后，广东省青少年研究中心、广东省青少年事业发展中心撤销，成立广东省青少年事业研究与发展中心、广东省青少年事业促进中心，广东省少年军校更名为广东省青少年军校，广东省青年志愿者行动指导中心升格为正处级一类事业单位。

2010 年 1 月 14 日，广东青年干部学院（广东省团校）在广州市白云区钟落潭高教园区举行新校区奠基典礼。广东青年干部学院新校区的建设项目得到省委、省政府高度重视。校区占地 532 亩，建成后新校区全日制办学规模达 5000 人，每年培训规模 2 万人以上。2011 年 2 月，经省政府同意，广东青年干部学院改制为广东青年职业学院。自此，广东青年职业学院进入高等学历教育与团干部培训教育共同发展的阶段。

此外，团属刊物发展也欣欣向荣。《生力军》《黄金时代》《少先队员》《青年探索》《广东青年职业学院学报》等团属刊物坚持正确的舆论导向，突出办刊特色，努力贴近青少年需求，深得青少年喜爱。

团一大旧址 1922.5.5

第十章

奋进新时代

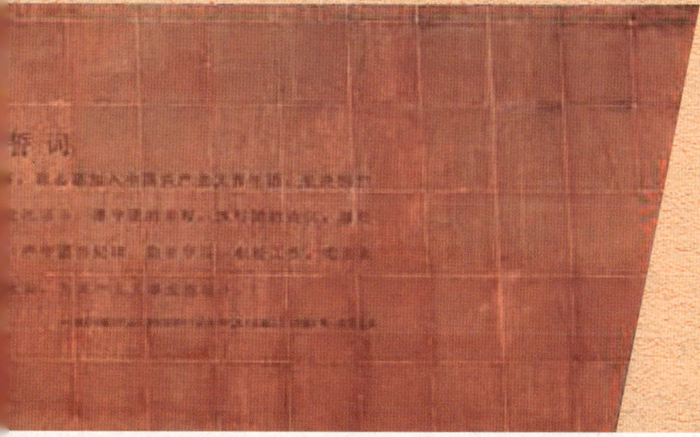

党的十八大以来，中国特色社会主义进入新时代。从此，围绕实现社会主义现代化和中华民族伟大复兴的总任务，一系列理论创新和实践创新相继展开，中国特色社会主义新时代的大幕开启。2017年10月，党的十九大确立习近平新时代中国特色社会主义思想为党的指导思想，对决胜全面建成小康社会、开启全面建设社会主义现代化国家新征程作出战略部署和安排。2022年10月，党的二十大胜利召开。大会阐述了开辟马克思主义中国化时代化新境界、中国式现代化的中国特色和本质要求等重大问题，对全面建设社会主义现代化国家、全面推进中华民族伟大复兴进行了战略谋划，对统筹推进“五位一体”总体布局、协调推进“四个全面”战略布局作出了全面部署。广东在新时代的发展是我国新时代十年伟大变革的生动缩影。十年来，广东发展日新月异，经济实力连年跃升，迎来了建设粤港澳大湾区、深圳先行示范区和横琴、前海、南沙三大平台等重大机遇。新时代十年伟大变革为广东共青团改革发展和南粤青年成长成才搭建了广阔舞台。广东共青团高举习近平新时代中国特色社会主义思想伟大旗帜，持续推进共青团改革攻坚和从严治团，团结带领南粤青年为推动广东在中国式现代化建设中走在前列贡献青春力量。

第一节 学习贯彻习近平新时代中国特色社会主义思想

党的十八大以来，以习近平同志为主要代表的中国共产党人，坚持把马克思主义基本原理同中国具体实际相结合、同中华优秀传统文化相结合，科学回答了新时代坚持和发展什么样的中国特色社会主义、怎样坚持和发展中国特色社会主义等重大时代课题，创立了习近平新时代中国特色社会主义思想。这一思想是当代中国马克思主义、二十一世纪马克思主义，是中华文化和中国精神的时代精华，实现了马克思主义中国化时代化新的飞跃。广东共青团坚持用习近平新时代中国特色社会主义思想引领青年，使广大青年成为习近平新时代中国特色社会主义思想坚定的信仰者、忠实的实践者。

一、开展理想信念教育实践

（一）培育和践行社会主义核心价值观

党的十八大提出，倡导富强、民主、文明、和谐，倡导自由、平等、公正、法治，倡导爱国、敬业、诚信、友善，积极培育和践行社会主义核心价值观。2013 年 12 月，中共中央办公厅印发《关于培育和践行社会主义核心价值观的意见》，要求全社会普遍开展爱国主义教育活动和群众性精神文明创建活动，将社会主义核心价值观纳入国民教育体系，推动其进教材、进课堂、进学生头脑。2014 年，团中央要求在广大青少年中深入开展社会主义核心价值观宣传教育和实践活动。2014 年 6 月至 10 月，团省委、省文明办、省少工委等单位在全省中小学生中开展“南粤美　我传承”广东青少年社会主义核心价值观实践活动，鼓励学生围绕社会主义核心价值观的内容，寻找身边的题材，选择独特角度和感兴趣的内容，通过微视频、摄影、漫画、诗歌、童谣等方式展现自己对社会主义核心价值观的认识、体会和思考。2014 年 10 月，团省委在全省团员青年中开展“践行核心价值观　争做向上向善好青年”主题活动，面向各行各业和基层一线，寻找、发现、推选一大批模范践行社会主义核心价值观、带头传播正能量的身边好青年。活动采取层层推选的方式进行，分为爱岗敬业好青年、创业创优好青年、诚实守信好青年、崇义友善好青年、孝老爱亲好青年五大类别。通过广泛开展学习讨论、主题宣传、交流分享和实践活动，以可亲、可信、可学的榜样力量，引领广大青年见贤思齐、崇德向善，从自己做起、从身边做起，将社会主义核心价值观内化于心、外化于行，争做社会主义核心价值观的倡导者、实践者。

新时代以来，广东共青团持续开展“广东青年五四奖章”“最美南粤少年”等评选活动，树立青年榜样，激励南粤青年见贤思齐；不断推进青年信用体系建设，建立青年成长档案等，引导南粤青年抱诚守信；不断深入开展学雷锋志愿服务行动、大学生志愿服务西部（山区）计划、“三下乡”、“手拉手”等活动，坚持实践育人、文化育人、服务育人相结合，将社会主义核心价值观教育实践细化为贴近青年群体的实实在在的行动。

（二）投身中国梦主题教育

党的十八大召开后不久，习近平总书记在国家博物馆参观《复兴之路》展览时提出并阐述了“中国梦”。2017 年 10 月 18 日，习近平总书记在党的十九大报告中指出：“中国梦是历史的、现实的，也是未来的；是我们这一代的，更是青年一代的。中华民族伟大复兴的中国梦终将在一代代青年的接力奋斗中变为现实。”2022 年 5 月 10 日，习近平总书记在庆祝中国共产主义青年团成立 100 周年大会上强调：“实现中国梦是一场历史接力赛，当代青年要在实现民族复兴的赛道上奋勇争先。”

为实现中华民族伟大复兴的中国梦而奋斗是当代中国青年运动的时代主题。2013 年以来，广东共青团在青少年中持续开展“我的中国梦”主题教育实践活动，推进开展大学生“梦想励志殿堂”、中职学生“彩虹人生——我的中国梦”、中学生“梦想与人生对话”、“红领巾相约中国梦”等活动，凝聚青少年共筑中国梦的思想共识。2013 年五四青年节期间，团省委、省青联、省学联、省少工委开展“高举团旗跟党走，奋力实现中国梦”系列活动，以“青春励志梦”“青春创富梦”“青春公益梦”“青春微梦想”四大板块内容，引导全省团员青年将个人梦想融入中国梦之中，为实现中华民族伟大复兴的中国梦贡献青春力量。

（三）开展党史学习教育

2021年2月20日，党中央召开党史学习教育动员大会，习近平总书记出席会议并发表重要讲话，明确要求抓好青少年学习教育，让红色基因、革命薪火代代传承。团中央迅速在全团开展“学党史、强信念、跟党走”学习教育，从学习教育、组织生活、实践活动三大方面，对全团开展党史学习教育进行了部署。团省委把开展党史学习教育作为重大政治任务来抓，围绕“学史明理、学史增信、学史崇德、学史力行”要求，聚焦“学党史、悟思想、办实事、开新局”目标，开展了学习教育系列活动，引领全省556万名团员和1200万名少先队员认真学习党的光辉历史、忠实实践党的创新理论，切实把思想和行动统一到习近平总书记重要讲话精神和党中央决策部署上来。

广东共青团不断创新党史学习教育方式方法，深挖组织优势，激活党史学习教育的源头活水；坚持以上率下，迅速掀起学习热潮；立足分层分类，以“灯塔工程”为牵引开展学习教育；紧扣主题主线，高标准、严要求开好专题组织生活会；聚焦民生实事，落实“我为群众办实事”重点项目，为青年解决“急难愁盼”问题；引领青春建功，将学习成果转化为行动实效。全省各级团组织将党史学习教育融入组织生活；把团支部、少先队中队作为党史学习教育基本单元，坚持组织化学习基本形式，依托“智慧团建”平台实行动态监测。全省19.4万个团支部开展专题学习、主题团日、专题组织生活会等256.7万次，平均开展率达99.84%；开展30万次主题队日活动，覆盖1200万名少先队员。在丰富生动的党史学习教育中，广东青年对党和国家的政治认同、历史认同、情感认同得到显著提升。

2022年5月10日，习近平总书记出席庆祝中国共产主义青年团成立100周年大会并发表重要讲话。2022年5月12日，广东省学习贯彻习近平总书记在庆祝中国共产主义青年团成立100周年大会上的重要讲话精神座谈会和团一大纪念馆开馆活动在广州举行。中共中央政治局委员、省委书记李希，省委副书记、省长王伟中等领导出席座谈会，为团一大纪念馆揭牌并参观纪念馆主题历史展馆。团一大纪念馆向广大青年生动呈现了中国共产党领导下的中国社会主义青年团创建历史以及团一大代表人物的生平事迹，引导青年在沉浸式展览和互动式体验中学习党领导下的共青团百年历程。

广东共青团围绕习近平总书记在庆祝中国共产主义青年团成立100周年大会上的重要讲话精神，开展学习宣传贯彻活动。团省委要求全省各级共青团、青联、学联、少工委要紧紧抓住迎接党的二十大胜利召开和学习宣传贯彻党的二十大精神的主线，同党史学习教育、学习团史和青年运动史相贯通，同深入学习习近平总书记重要讲话精神、对广东的重要讲话和重要指示批示精神相统一，同学习宣传贯彻省第十三次党代会精神相结合，团结带领全省广大团员青年努力把省党代会擘画的宏伟蓝图转化为美好现实。

2021年5月6日，广东青少年庆祝建党100周年展演暨党史学习教育宣讲活动在广州举行

（四）开展“青年大学习”行动

2018年4月，根据团中央印发的《关于在全团实施“青年大学习”行动的方案》的统一部署和要求，团省委印发《广东共青团“青年大学习”行动方案》，在全省共青团组织部署实施“青年大学习”行动，突出理论武装和思想引导，通过构建“导学、讲学、研学、比学、践学、督学”六位一体的学习体系，着力加强学习的制度化和实效性，推动党的创新理论深入人心。

广东共青团发挥大中学团校的学习主渠道作用，开办各级各类青年新时代“研习社”“讲习所”，推动习近平新时代中国特色社会主义思想和党的十九大精神进团课、进支部、进社团、进网络。2021年，“青年大学习”围绕党史主题开课，全年组织团员青年超9737万人次参与“青年大学习”网上主题团课，发动1200万名少先队员学习“红领巾爱学习”网上主题队课。

作为“青年大学习”行动的重要组成部分，“青年讲师团”也是推进党的青年理论武装工作创新发展的重要抓手。团省委从2015年开始探索开展“万名团干部讲党团课”活动，推动团干部大规模上讲台授课，将其作为全省共青团抓思想引领的重点任务。2019年2月，团中央印发《共青团中央关于在全团实施“青年讲师团”计划的通知》；6月，团省委出台《广东共青团团干讲党团课工作实施办法（暂行）》，明确把讲授党团课作为专职团干部的基本任务，规范授课的内容与形式，强化评价考核与刚性约束。2020年2月，《广东共青团宣传思想文化工作行动方案（2020—2023年）》进一步明确，组建省、市两级“青年讲师团”，每名成员每年深入学校、企业、社区、农村等开展群众性宣讲不少于5次；深化“团干讲党团课”工作，县级以上团委机关的专职团干每年讲党团课不少于3次，未完成任务的专职团干不得评先评优。

全省各地团组织积极推进团干讲党团课、“青年讲师团”宣讲、青年传承红色基因志愿宣讲等活动。广大团干部深入基层一线团员青年中，围绕党史、党的基本理论及政策主张、国情省情和团工作理论实务等进行专门授课和主题宣讲。2021年，全省1.29万名团干部讲党团课超3万场，覆盖164.6万人次；省、市两级青年讲师1588人开展宣讲超8000场，线上线下覆盖超1309万人。

（五）推动理论学习常态化制度化

广东共青团强化自觉履行为党育人的职责，坚持开展主题教育实践，推动团员青年理论学习常态化制度化。2016年开展“两学一做”学习教育，2019年开展“不忘初心、牢记使命”主题教育等。这些举措从加强理论武装、组织团队活动、开展实践建功活动、加强服务引领、做好宣传文化工作等方面着手，团结引领南粤青年坚定跟党走、建功新时代。

2019年9月，共青团十八届三中全会审议通过了《新时代共青团宣传思想文化工作规划（2019—2023年）》。2020年2月，团省委印发《广东共青团宣传思想文化工作行动方案（2020—2023年）》，全面贯彻落实“全团抓思想政治引领”要求。团省委以深化全省共青团系统党的建设为抓手，推动习近平新时代中国特色社会主义思想学习常态化、制度化，建立政治要件办理工作台账，健全“传达学习＋研究贯彻举措＋工作部署＋反馈情况＋实际成效评价＋定期回头看”的学习贯彻落实闭环机制。全省各级团组织不折不扣落实“第一议题”学习制度，及时跟进学、深入学，推动全省团干部和团员青年学习习近平新时代中国特色社会主义思想。

广东共青团通过组织动员，持续掀起学习热潮：动员27.8万个团支部充分依托“三会两制一课”深入开展组织化学习。持续开展“活力在基层”主题团日活动，推动基层团支部开展专题学习1700余场，全省高校共青团通过专题讲座、青年分享、剧目创编、歌舞展演等青年学生喜闻乐见的形式开展“青年大学习”宣讲交流进校园、“灯塔学习会”等100余场。每周动员全省超560万名团员青年、1200万名少先队员参与“青年大学习”“红领巾爱学习”主题团课、队课线上学习，掀起南粤青少年学习热潮。

广东共青团积极运用“青言青语”提升引领实效，探索理论青年化阐释，积极推动党的创新理论“飞入寻常百姓家”。团省委联合省委网信办，启动习近平新时代中国特色社会主义思想“进村入户”网络传播工程，打通宣传“最后一公里”；常态化、制度化推动全省团干部上讲台宣讲党的创新理论；通过联合广东省社会科学界联合会发布课题、调研选题等方式，全面提升广东省青年工作理论研究和咨政研究水平。

团省委建立健全常态化收集、分析、报告机制，掌握青少年意识形态的第一手资料，有针对性地开展思想政治引领工作。2021年，团省委连续第二年开展样本量超56万人的广东青年政治认同网络调查。结果显示，广东青年对党和国家的政治认同达到新的历史高位，团员青年对党和国家的历史认同、情感认同得到大幅提升，大样本多轮调研数据反映了广东团员青年思想政治教育取得明显成效。

二、“灯塔工程”照亮新时代青春信仰

2018年3月，为贯彻落实习近平总书记关于“帮助广大青年确立正确的理想、坚定的信念，应该成为团组织的首要任务”的重要要求，团省委、省教育厅、省学联启动“灯塔工程”——广东青年大学生思想引领行动，深入挖掘、培育具有显著育人成效和思想引领作用的活动项目，全面加强育人对象、

品牌、内容和队伍建设。

点燃一盏灯，照亮一大片。“灯塔工程”以思想引领贯穿高校共青团和学生工作的全过程各环节，以思想引领贯穿广东青年大学生的组织建设、创新创业、志愿服务、社会实践和成长服务。聚焦思想政治引领主责主业，打造育人实践“第二课堂”，推动共青团全员、全过程、全方位融入“大思政”工作格局，有效破解思想政治引领务虚不务实的问题，对党的科学理论进行了有效的青年化阐释，润物无声般给青年学生以人生启迪、智慧光芒和精神力量。

2020 年 12 月 13 日，团省委举办“灯塔工程”广东青年大学生思想引领建设成果展示交流活动，公布了 56 个大学生思想引领精品项目，聘请了包括“共和国勋章”获得者钟南山在内的 18 位榜样人物为“灯塔工程”导师。《中国青年报》头版推出五篇“灯塔工程”系列报道，分别从综合报道、实践育人、文化育人、网络育人、组织育人角度深入介绍广东共青团开展青年大学生思想引领工作的做法，生动展现了广东高校团学思想政治引领工作全省全覆盖、校校有亮点的整体风貌，在全团打造思想政治育人的“广东样本”。

“灯塔工程”创新对“青马工程”学员的培训，推动高校探索“青马工程”和党课培训相结合的路径，建立优秀学员推优入党机制。广州市团校通过综合运用听、说、读、写、画、赛、颂、演、唱、思十大实训方式，借助集展览、教学、互动、任务、展示于一体的沉浸式、互动式的教学场域，培训“青马工程”学员，取得良好的教学效果。一些团组织将“灯塔学习会”制作成青年学生喜闻乐见的“青马公开课”学习视频，纳入全省“省—校—院（系）”三级“青马班”课程体系。在“灯塔工程”的思想引领下，全省高校中申请成为入党积极分子的人数明显增多，学生参加志愿服务的次数不断增加。

2021 年 4 月，团省委、省教育厅、省学联、省少工委推出“灯塔工程”2.0 版，共同开展“灯塔工程——广东青少年学习践行习近平新时代中国特色社会主义思想行动”，将“灯塔工程”从大学延伸至中小学，将思想政治引领贯穿团学队工作全过程、各环节，着力构建大中小学团学队组织思想政治引领一体化工作体系，以“灯塔”之光照亮青少年成长成才之路。

三、学习宣传贯彻党的二十大精神

2022 年 10 月 16 日，党的二十大胜利召开。这是在全党全国各族人民迈上全面建设社会主义现代化国家新征程、向第二个百年奋斗目标进军的关键时刻召开的一次十分重要的大会。为深入学习宣传贯彻党的二十大精神，努力推动党的二十大精神在广东青少年中入脑入心，团结带领广大团员青年在全面建设社会主义现代化国家的实践中贡献青春力量，广东共青团迅速行动，掀起青年学习宣传贯彻党的二十大精神的热潮。

（一）深刻领会党的二十大的重大意义

一是以上率下，深入学习，全省团干部带头深入学习。党的二十大胜利召开后，团省委第一时间召开学习宣传贯彻党的二十大精神大会；组织党员干部参加相关理论座谈会、团省委专题书记会、团省委理论学习中心组学习会；向机关党员下发党的二十大学习材料，每周更新“知识小测验”专题题库巩固学习成果；策划专题读书班及“青年夜校”，要求全体机关干部率先学、示范学，带动全省各级团的领导机关干部加强学习。

二是精准导学，分众部署，掀起南粤青少年广泛学习热潮。团省委印发《关于学习宣传贯彻党的二十大精神的通知》，要求准确把握共青团学习宣传贯彻工作的目标要求，层层推进，落实组织化学习。组织制定“广东学联学习宣传贯彻党的二十大精神九项举措”“全省青年社会组织、新兴青年群体学习宣传贯彻党的二十大精神线上学习会方案”等宣传学习方案，推动各层级、各领域青年深入学习。

三是迅速培训，全面覆盖，发挥组织优势将学习抓实抓细。广东共青团坚持以组织化学习为基本形式，举办主题团日、座谈交流、征文演讲等多种形式的活动，实现组织化学习全覆盖。各级青联、学联学生会举办座谈会、研讨会、培训班、实践调查等学习活动。省青联组织召开技能人才界别党的二十大精神线上学习交流会、第十九期“青社学堂”暨全国青年网络作家学习党的二十大精神培训班。截至 2022 年 12 月底，广东共青团组织化开展党的二十大精神专题学习的团支部达 22.6 万个，覆盖团员 516.7 万人，覆盖率达 97.56%。

四是网络带动，点面结合，打造青少年喜闻乐见的宣传产品。广东共青团官网设置“学习党的二十大”专题并每日更新内容。广东共青团官方新媒体平台开设“青年学习进行时”“经济大省的红色底色”“新青年故事”“学习党的二十大精神”等原创专栏；精心打造学习类产品体系，每周一上午推出“学习党的二十大精神”系列新媒体作品。此外，广东共青团组织各界青年代表热议党的二十大报告，在《中国青年报》《南方日报》《羊城晚报》等媒体刊登 10 篇专题报道，在全省青少年中形成浓厚学习讨论氛围。

（二）加强党的创新理论青年化阐释

一是发挥优势，精心筹备，打造专业理论课程体系。广东共青团组织省团校 40 余名教师成立课题组，形成包括“深入学习贯彻党的二十大精神，深刻把握青年工作的战略性工作定位”等十门课程；并迅速召开课程试讲会，由团的领导机关干部做评委、提意见，优化课程。十门课程先后通过试讲，并启动面向基层的授课。截至 2022 年底，已开展党的二十大精神宣讲 160 余场，覆盖青少年 20 万人次。

二是深入研究，凝聚智力，形成系列研究成果。2022 年 10 月，省团校组织教师撰写学习党的二十大精神系列理论文章。其中，《深刻把握新时代党的青年工作战略地位》《人的现代化：中国式现代化视域下的青年在场》等理论文章在中央、省级主流媒体刊发。与此同时，团省委参与省委宣传部“悦理轩”理论评论宣传项目，策划“什么是新时代好青年”“港澳青年如何更好融入国家发展大局”等选题，组织学者撰写评论文章，传播学习党的二十大精神。

（三）组建宣传党的二十大精神“青年战队”

一是构建全媒体立体化传播模式，打通党的二十大精神宣传“最后 100 米”。广东共青团打造团的新工作品牌——广东“红小荔”正能量传播青年志愿服务。组建省、市、县、镇、村五级志愿队，建设省、市、县三级融媒体中心，创作适用于基层传播的网络文化产品，以理论学习、宣讲宣传、文化活动等为抓手，抓实党的二十大精神宣传教育分层分众精准覆盖。开展“不打烊创作营”广东大学生新媒体达人培养计划，发动全省高校 120 个优秀原创团队，创作出 320 件互联网作品讲述对党的二十大精神的理解，建设拥有持续造血功能的青少年网络文化精品库，为宣传党的创新理论培育专业网络传播力量。

二是打造青年宣讲队伍，推动多层次宣讲全覆盖。广东共青团遴选一批宣讲能力突出的青年讲师，组建“党的二十大精神”广东青年宣讲团，精心组织宣讲团培训班，制定党的二十大精神宣讲工作方案，为全省各级团组织开展宣讲工作提供有力指导。面向全省农村、企业、社区、校园等，完成70余场基层宣讲活动，覆盖青年群体逾3万人。

三是策划丰富多彩的宣传活动，宣传宣讲多头并进。广东共青团开展“学习党的二十大精神广东青年宣讲大会”，遴选20名各行各业优秀青年参与线上大宣讲，面向全省青少年直播展演。策划制作“奋进新征程”系列网络主题宣讲课程，完成包括“用青春阐释初心与使命——从那些被总书记点赞的干部讲起”等22门网络微党团课。持续开展“爱上广东红”党的二十大精神系列宣讲展播活动。在主流报刊推出专栏报道，其中在《南方日报》要闻版开设“广东青年扬帆时”报道专栏，聚焦党的十八大以来广东青年和共青团工作成效，陆续推出9篇半版综述报道。

四是增强融媒体原创力，团属新媒体产品社会影响力再创新高。广东共青团依托新媒体平台专栏建设，以海报、图文等形式，每周推出“学习党的二十大精神”系列新媒体产品。推出《湾区24小时》《超级工程的青春色彩》《我们这十年》等原创网络精品，上线24小时内，全网累计传播量超2000万，并在海外平台上传播，向世界展现粤港澳大湾区的青春风采。

第二节 | 全面推进广东共青团改革

为了从党和国家机构职能上确保坚持和加强党的领导、坚持和完善中国特色社会主义制度，推进国家治理体系和治理能力现代化，党中央把深化党和国家机构改革工作提上议事日程，并专门对深化群团组织改革作出部署。2015年，中共中央印发《关于加强和改进党的群团工作的意见》，首次召开党的群团工作会议，为群团组织改革指明了方向。2016年，中共中央办公厅印发《共青团中央改革方案》，对团中央深化改革作出全面部署。在这样的背景下，广东共青团改革全面推进。

一、出台《广东共青团改革方案》

2016 年 4 月，省委召开党的群团工作会议，印发《关于加强和改进党的群团工作的实施意见》，全面启动广东群团改革。5 月，团省委成立广东共青团改革工作领导小组，派出 4 个专项调研组，就团的基层组织状况等 13 项课题深入全省各地调研，赴上海、重庆、吉林、宁夏等改革先行地考察学习。领导小组通过召开座谈会、举办培训会、举行“机关开放日”、开发网络新媒体平台等方式，广泛听取团干部和青年群众对改革的意见。围绕基层工作力量配备、经费保障等重点难点问题，领导小组主动与省委改革办、省委组织部、省编办、省财政厅、省民政厅、省国资委等部门沟通协调，积极争取职能部门的支持。省委领导同志多次对群团改革工作作出指示批示，专门走进中学调研共青团工作，多次主持召开专题会议，研究制定改革方案。

2016 年 12 月，省委办公厅印发《广东共青团改革方案》（以下简称《方案》）。2017 年 1 月，共青团广东省十三届六次全会在广州召开，会议对广东共青团深化改革作出全面部署。

《方案》坚持以习近平新时代中国特色社会主义思想为统领，围绕当好党的助手和后备军这一根本定位，聚焦强“三性”、去“四化”[1]根本目标，提出广东共青团改革的总体思路：一是突出加强党的领导。《方案》从指导思想、原则目标到具体改革举措、保障措施都贯穿了加强党对共青团的领导这一主线。二是突出问题导向。围绕习近平总书记指出的“四化”问题，以及部分团员光荣感不强、“团青不分”、团组织对青年的带动作用不够、团队先进性体现不明显等问题，《方案》有针对性地作出了安排。三是突出基层导向。基层薄弱是共青团长期存在的问题，《方案》在夯实基层基础方面提出了切实可行的针对性措施。四是突出青年导向。《方案》坚持把服务青年作为共青团工作的生命线。五是突出广东特色。《方案》注重凸显

[1] 强“三性”、去“四化”，即加强政治性、先进性、群众性，去除机关化、行政化、贵族化、娱乐化。

和强化广东特色，将其列为今后开展工作的重要基础。

《方案》围绕加强团建工作和提升共青团在青年群体中的存在感、影响力，推出六个方面的改革措施：一是大力加强共青团的政治性和先进性建设。引导青年是共青团的根本使命，要把思想政治引领贯穿团的各项工作和活动中，并在先进性建设上有所作为，如带领青年投身创新创业、助力脱贫攻坚、促进粤港澳台及海外青少年合作交流、健全志愿服务体系等。二是建立健全直接联系服务青年的体制机制。目标是常态化直接联系和服务青年，为此，提出每名专职团干部经常联系100名团员青年等工作内容，并落实好“圆梦计划”“展翅计划”等服务项目。三是改革优化共青团的组织格局和运行方式。显著提高基层一线团干部、团员在各级团组织的常委、委员、代表中的比例，优化领导机关和直属单位的机构职能，构建“共青团+互联网”的工作体系。四是夯实共青团的基层基础。全面加强县域和镇街团组织建设，进一步突出学校共青团的地位，加强机关、国企、事业单位及“两新”组织、村（社区）团建工作，加强基层服务阵地建设。五是改革机关干部选拔、使用和管理。打造专职、挂职、兼职相结合的团干部队伍，打破年龄、学历、身份、职级壁垒，不拘一格从各行各业优秀党团员中选拔团的干部。六是加强党委政府对共青团的领导和保障机制。推进优秀志愿者守信联合激励工作，确保各级团组织必要的财政支持和经费保障，重点解决粤东、粤西、粤北地区及珠三角部分山区县团工作经费严重不足的问题。

《方案》中五个关键词凸显广东共青团改革亮点：

一是获得感，即让青年拥有更多的获得感。《方案》提出，健全脱贫帮扶机制，每年为不少于1万名贫困生提供资金资助；完善志愿服务体系，普及广东志愿者信息管理服务平台（“i志愿”系统），推广“广东注册志愿者证”，为青年志愿者提供实际便利；提升服务青年水平，落实好“圆梦计划”，每年帮助约1万名青年产业工人通过远程教育上大学；深化“展翅计划”，每年常态化向大学生提供不少于10万个见习、实习岗位。

二是参与感，即让青年获得更多的参与感。《方案》提出，让更多基层一线青年参与共青团的决策。省、市、县（市、区）团委换届时，其代表大会、全委会、常委会组成人员中，来自基层和一线的人员比例分别不低于70%、

50%、25%。

三是存在感，即让共青团离青年更近。《方案》提出，一是建立“8+4”“4+1”“1+100”工作制度，即每年安排不少于50%的省、市团委干部到区、镇级团委工作4个月，机关干部每周安排1个工作日到基层开展工作，每名专职团干部经常联系100名左右不同领域的团员青年；二是加强各领域团建，将工作对象从28周岁以下的团员青年扩展到35周岁以下青年。

四是归属感，即进一步彰显团员先进性。《方案》要求：一是合理控制团青比例[1]，用3年左右的时间，将初中、高中（中职）阶段毕业班团青比例分别控制在30%、60%以内，到2025年，努力将总体团青比例降低到30%以内；二是将“推优入党”纳入党员发展工作计划，各级党组织安排一定额度的党费，由共青团组织用于开展推优工作、青年骨干教育培训和基层团组织建设；三是畅通青年直接参与共青团工作的渠道，组织活动请青年一起参与，部署任务请青年一起参与，表彰先进请青年一起评议，探索实行青年评议共青团工作制度，将更多的决定权、评价权交给广大青年。

五是保障力度，即加大基层工作保障力度。《方案》提出，保障包括人力资源、经费、基层阵地建设三个方面。其中，来自基层、社工、高校、中小学的人员有所增加和优化，粤东、粤西、粤北地区的基层工作经费有所提升，并建设工作网、联系网、服务网“三网合一”的“网上共青团”。

二、加强基层团组织建设

基层组织是共青团全部工作和战斗力的基础，加强基层团组织建设是共青团履行自身职责使命的内在要求，是深化共青团改革的基础性工作。

（一）提升组织力三年行动

2018年6月，团省委制定《广东共青团整治软弱涣散基层组织三年行动“命脉工程”实施方案（2018—2020年）》，明确通过三年努力，落实基层团建工作责任制，健全基层组织体系，规范基层基础团务；抓好入团前教育、团员意识教育和“推优入党”工作，切实增强团员队伍的先进性；丰富团建工作载体，确保基层团组织工作和活动阵地得到有效保障。

[1] 团青比例，即共青团员与28周岁以下适龄青年总数比例。

2019年10月，团中央印发《共青团基层组织改革综合试点方案》。2021年4月，省委办公厅印发《广东省加强党的基层组织建设三年行动计划（2021—2023年）》。6月，为贯彻落实团中央、省委工作要求，团省委印发《加强团的基层建设提升组织力三年行动“命脉工程2.0”实施方案（2021—2023年）》，部署新一轮加强团的基层建设行动，力争通过三年努力，实现进一步健全基层组织体系、规范基础团务、完善基层团干部培育选拔举荐任用机制、全面提高基层团组织阵地效能、推动县域共青团改革纵深发展的工作目标。

截至2022年1月，全省整治“空心团支部”7.2万个，建立各级各类行业团工委20家，制定团工委派出、国企团建、“两新”组织团建、团组织换届、团费管理等27个制度文件；聚焦基层“四缺”，制定36条工作举措；依托“智慧团建”系统实现1.71亿人次线上缴纳团费，年度学社衔接率达96.24%，团员先进性评价率达94.03%。

（二）开启学校共青团改革

学校共青团在全团处于基础性、战略性、源头性地位。2016年11月，团中央、教育部印发《高校共青团改革实施方案》《中学共青团改革实施方案》，提出学校共青团改革措施。同月，团省委、省教育厅召开全省中学共青团改革会议，出台《〈中学共青团改革实施方案〉有关任务分解》，将改革任务分解为5方面46条，明确改革的任务书和时间表。12月，《广东共青团改革方案》出台，进一步明确高校、中学共青团改革要求。

学校共青团改革的主要内容有：一是严把教育关。推动高校和中学团校全覆盖，常态化开展团员教育实践活动，严格落实“三会两制一课”等制度，守护源头活水。二是落实好政策。推动落实高校团委独立设置，落实校、院两级团委书记专职配备、中层正职待遇等规定，理顺高校团组织隶属关系。三是严把团员入口关。严格入团标准，执行“一课双推三公示四考察五步曲”[1]

---

［1］一课双推三公示四考察五步曲：一课，入团积极分子培训团课；双推，入团积极分子推优、团的发展对象推优；三公示，入团积极分子名单公示、团的发展对象名单公示、新团员名单公示；四考察，入团申请考察、入团积极分子教育考察、团的发展对象培养考察、接收的新团员资格考察；五步曲，申请入团—确定和教育入团积极分子—确定和考察发展对象—接收新团员—开展入团仪式。

的入团程序，提高发展团员质量，合理控制团青比例。四是强化管理关。加强团员教育管理，规范团员组织关系转接，完善团员档案管理制度，稳妥有序处置不合格团员。五是聚焦先进性。把握好党培养接班人的“队—团—党”时序链条，健全“推优入团”“推优入党”工作机制，开展“共青团员先锋岗”创建等活动，各级教育部门和学校党组织将团建工作纳入学校党建工作一并部署，同步考核。

三、建设“网上共青团”

互联网正以前所未有的广度和深度影响着时代，建设“网上共青团”成为推进共青团改革的基础性工作。2016年，《广东共青团改革方案》提出建设工作网、联系网、服务网“三网合一”的“网上共青团”，以构建青年互联网工作新模式、研发推广青年在线服务系列产品、打造具有社会影响的青年新媒体矩阵为工作着力点，力图破解“高度市场化的互联网世界中群团组织如何竞争”的难题。

（一）构建团属互联网服务平台

2013年，广东共青团启动团中央“智慧团建”试点，确定广州市为首期试点区域。2014年3月，中山市获批成为全团首个“电子团员证制度试点城市”，开发出电子团员证等产品。2014年5月，“智慧团建”在广州青年中心举行试运行上线启动仪式。2015年3月，团广州市委实施机关各部室及“智慧团建”各中心一体化运作模式，为后续开展“网上共青团”建设提供了借鉴。

2015年，为推进“网上共青团”建设，团省委组建统筹广东共青团互联网工作的领导机构和专门执行团队——广东青少年大数据及新媒体中心，随即启动“青年之声”、大数据和新媒体建设等工作。年底，广东共青团响应团中央号召，上线“广东青年之声”互动社交平台1.0版。2016年10月，为更好地突出以青少年为中心的工作导向，进一步丰富青少年服务要素，“广东青年之声”互动社交服务平台上线，全团首创“找活动”“找帮助”板块，形成“找活动、找帮助、找咨询，上广东青年之声”的产品形象；2019年在粤省事平台上线“青少年求助”小程序；2020年“广东青年之声”正式更名为“12355青年之声”。

2016 年，团省委在广东志愿者信息管理服务平台的基础上，推出其移动端版本——“i 志愿”，面向公众提供实名注册登记、服务活动报名、服务时长记录、服务证书下载、数据统计分析等服务，并配套发行注册志愿者证，推出保险保障、实名服装、金融消费、公益配捐等服务。同年，青年职业服务平台“易展翅”系统上线，为广大青年提供实习兼职、校园招聘、职业辅导、技能培训、全职招聘及灵活就业等服务，为企事业单位、政府机构提供人力资源专项服务。

2017 年 6 月，省文明办、省民政厅、团省委联合印发《关于统一全省志愿服务信息系统实现数据互联互通的通知》，确认“i 志愿”为广东省官方认证志愿服务平台。同年，广东青少年大数据交互系统落地，依托该系统实现地市早期自建志愿服务系统与“i 志愿”账号通、数据通、服务通。

2017 年 10 月，共青团首个独立运行的省级系统——广东“智慧团建”系统上线。每一级团组织在系统中建立其直属的下一级组织、录入校验团干部，直至组织的最末端——团支部，团员通过移动端自主实名向所在团支部报到。同时，系统还率先推出了线上缴纳团费业务。广东“智慧团建”系统既是全面从严治团的有效抓手，也是团员履行义务的核心载体和团干部履行职责的有力帮手。

广东“智慧团建”系统平台入口界面图

2019年，广东共青团全面融入广东“数字政府”的整体规划布局，扩大广东共青团互联网服务的覆盖面和影响力。“志愿服务”“心理咨询”“大病救助”“找实习”“找校招”等应用先后入驻粤省事平台。2022年，粤省事平台上线全国首个政务“志愿公益”专区和首个“青少年求助”专区。

2022年，广东“智慧少先队”系统建设启动，系统计划实现对少先队组织、少先队员、少先队辅导员等群体的基本信息实时动态采集，提升对全省1200万名少先队员的管理服务水平。

依托“智慧团建”系统，共青团在历史上首次通过互联网实现了在关键团务上对组织最末梢“细胞”——团支部、团员的“点对点直接抵达”，实现了百万人次的团员组织关系转接。截至2022年底，广东“智慧团建”系统累计入驻团员576.1万人、团干部55.4万人、团组织34.6万个；全省95.2%智慧团建的应届大学毕业生团员、97.4%的应届中学毕业生团员通过系统转接团组织关系，初步破解了“学校尤其是高校学生团员毕业即失联”的难题。“12355青年之声”平台累计注册用户980万人，开展活动23.6万场次，覆盖835万人次；“青少年求助”小程序受理线上咨询29.31万次；大数据交互系统累计采集基础团务数据超2亿条，志愿者用户数据超1500万条，志愿服务组织数据超25万条，志愿服务活动数据超900万条，求职实习、青年活动、奖惩信息等数据超3000万条。

（二）加强网络新媒体思想引领

广东共青团新媒体平台通过图文、漫画、视频、音乐、互动小游戏等形式，积极发挥团属新媒体平台的传播优势，开展青年喜闻乐见的网络学习宣传教育实践活动；坚持产品化思维、年轻化视角，聚焦党史学习教育、理论政策解读、发展成就展示、青年工作宣传、青年故事讲述等内容板块，引领广东青年干事创业，积极投身经济社会建设；关注青年成长发展和民生实事，做好党的理论、政策和工作信号的青年化、儿童化阐释。

截至2022年底，广东共青团省级新媒体平台有近4000万名粉丝，覆盖青年聚集的多个互联网社交平台，以篇均35万阅读量的文章传播力和年均百部百万点击量视频产品的影响力，不断扩大在青年群体中的有效覆盖面。其中，广东共青团新媒体公众号、部分新媒体平台账号影响力连年位居全团省级第一。

与此同时，广东共青团以优质新媒体产品触及不同领域、不同圈层的青年群体。团属新媒体矩阵中，35 周岁以下青年用户群体超 88%，全平台每日评论及互动留言达上万条，其中包含大量真实、客观的青年思想动态信息，为研究青年思想动态提供了宝贵素材。广东共青团新媒体不断提升平台内容原创能力，分圈层、分群体、分领域策划原创互联网文化产品，做到形式“入圈”、内容“出圈”。

围绕庆祝中国共产党成立 100 周年主题，广东共青团开设“百年大党的青春密码”“图鉴中国”等原创宣传专栏，在全网总传播量超 2.2 亿次。打造《百年风华》《将明》等红色主题沉浸式体验产品，以更新颖、更时尚的宣传方式吸引青年群体主动了解历史。全网首创民乐合奏版《国际歌》，用音乐的形式演绎、传递先进思想，在海内外各大网络平台总播放量超 1800 万次。

广东共青团新媒体打通社会宣传动员合作渠道，多渠道培养校园内容创作团队。与人民日报、新华社等多家官方新媒体平台联合发布原创新媒体产品，合作推出原创互联网文化精品，探索打造红色教育、禁毒宣传、科技创新、心理健康等系列科普漫画和原创专栏。稳定联络社会媒体资源，持续拓宽广东共青团新媒体合作矩阵的覆盖面，增强影响力。创新推出“不打烊创作营”广东大学生新媒体达人培养计划，为宣传党的创新理论培育新生代网络传播力量。

（三）推动青年大数据应用

2019 年，团省委依托“智慧团建”系统组织树功能开发“广东青少年问卷调查”系统。系统建成后，充分发挥平台联系服务青年的功能和青年大数据建设的优势，承担广东共青团多项调研工作。截至 2022 年底，该系统完成超过 40 项网络调研任务；连续两年开展广东团员青年政治认同跟踪抽样调查工作，每年问卷量超 50 万份、留言超百万字。

经过摸索和实践，“广东青少年问卷调查系统”基本形成“调研议题设置 + 指标体系构建 + 专业意见支撑 + 预调研 + 多渠道问卷发放 + 数据统计分析 + 专家咨询指导 + 调研报告撰写 + 成果应用”的自主型调研工作模式。相关调查成果多次获中央和省有关领导批示。广东“智慧团建”系统发挥青年大数据建设优势开展调查研究工作，真实掌握青年思想动态和发展状况，及时、全面、准确向党委政府传递青年的心声，切实履行好共青团作为党的助手的职能。

2017 年 9 月，为落实国家关于建立志愿服务嘉许回馈激励机制及实施志愿者联合激励计划的要求，推进青年信用体系建设试点工作，团省委在全省推广注册志愿者证。以此证为载体，整合银行资源为志愿者提供嘉许回馈激励，提升广东志愿服务事业发展水平，构建全社会的“爱心循环”。2018 年，团省委实施广东志愿者守信联合激励计划，联合各领域龙头企业为志愿者提供加油、网上购物、通信资费等优惠或便捷服务，推动各地市拓展爱心组织，为志愿者提供更多的优惠或便捷服务。截至 2022 年 12 月，多家银行先后加入，成为注册志愿者证合作发行机构，推广应用注册志愿者证超 500 万张，为志愿者赠送服装、保险等。志愿服务与嘉许回馈相互促进的良性机制得以建立，为志愿服务事业信息化建设和可持续发展提供资金支持。

四、青联、学联学生会、少先队与团属事业单位改革

（一）青联改革

2017 年 3 月，团中央、全国青联印发《全国青联改革方案》，从 6 个方面提出 25 项改革措施。2022 年 9 月，团中央、全国青联印发《新时代深化全国青联改革实施方案》，全面部署新时代深化全国青联改革。2017 年 4 月，广东省、市两级青联启动改革调查研究，酝酿改革方案。2018 年，团省委、省青联出台《广东省青联改革方案》《广东省青联关于新形势下推进从严治会的实施细则（试行）》《广东青联委员履职规范（试行）》等文件，全面启动省青联改革。2017 年 5 月、2022 年 6 月，省青联第十一届委员会全体会议、第十二届委员会全体会议先后在广州召开，对部署和推进广东青联改革起到重要作用。广东各级青联改革主要体现在以下方面：

一是在遴选委员方面，严把委员“入口关”。突出委员人选的政治素质、思想道德和社会形象。遵循提名权和审核权分离、权责统一原则，委员须经过推荐、协商、考察、审核、公示、会议确认、确认委员资格等程序产生。

新一届委员中，长江学者、珠江学者、“万人计划”人才、省级以上“青年五四奖章”获得者、劳动模范、“五一劳动奖章”获得者、农村青年致富带头人等青年英才占比达到10%。

二是在优化委员结构方面，更加注重发挥青联组织的统战功能。重点提升基层一线劳动者、新兴青年群体代表以及“双创”青年代表比例；优化专业领域委员结构，非中共党员、少数民族委员比例进一步提高，涵盖大学生村干部、新社会阶层人士中的专业人士等不同青年群体优秀代表，以及新媒体领域从业人员、网络“大V”、自由撰稿人、独立导演等新兴青年群体；优化调整港澳特邀委员结构。

三是在创新委员履职方面，制定履职考核、改革先行先试十条等一系列制度。率先设置委员宣誓、签订承诺书等环节；树立“互联网+”思维，加快建设“网上青联”；要求全体委员作为注册志愿者奉献社会；面向重点界别开展交流活动，推动法律、教育等界别分别召开工作会议；组织粤港两地法律、互联网技术等界别的青年专业人士开展交流活动，继续深化粤港澳台青年交流合作；依据属地划分、统筹协调、就近就便就地的原则，设立23个青联小组开展活动。

2019年11月，团中央、全国青联启动健全地方青联组织社团基础试点，佛山市青联、深圳市南山区青联成为全国首批试点单位。试点工作开展以来，佛山市青联、深圳市南山区青联在吸纳新兴青年群体、创新组织制度、建设社团阵地等方面大胆探索。建立有效联络机制，打造实体服务平台，成立团属青年社团，以团属品牌项目发现新兴青年，反哺扩大团属覆盖面，不断增强青联组织的政治性、先进性、群众性。

（二）学联学生会改革

2017年3月，团中央、教育部、全国学联印发《学联学生会组织改革方案》，从3个方面、14个领域提出具体改革措施。2017年至2019年，团省委连续三年发布广东学校共青团、学联学生会改革任务清单，将改革任务细化到团省委及地市、高校和中职技工学校的团组织。2017年5月，省学联第十一次代表大会在广州召开，审议通过第十届委员会题为《百年学联改革前行，团结引领广大青年学生在广东“四个坚持、三个支撑、两个走在前列”的伟大时代实践中立德成才》的工作报告，就学联改革作出动员和部署。

2020 年 5 月，为落实团中央、教育部、全国学联印发的《关于推动高校学生会（研究生会）深化改革的若干意见》和《关于落实共青团和学联对高校学生会（研究生会）指导管理责任的若干规定（试行）》的工作要求，团省委印发《关于推动高校学生会（研究生会）深化改革的通知》，推动高校学生会（研究生会）深化改革。2022 年 6 月，省学联第十二次代表大会在广州召开，审议通过第十一届委员会题为《坚定跟党走，奋进新时代，为广东在全面建设社会主义现代化国家新征程中走在全国前列、创造新的辉煌贡献青春力量》的工作报告，就学联学生会改革推出一系列措施。

广东学联学生会改革主要内容有：一是推动 21 个地市全部建立学联组织；二是制定出台《关于加强和改进广东高校学生会组织“学校、院系、班级”三级联动工作机制的若干举措》；三是落实“学校联系日”“学联开放日”制度，将提案征集、办理、反馈作为地方和高校学代会的必要环节；四是广泛开展“我为同学做实事”主题实践活动，形成一批定位准确的服务同学的精品项目，提升广大学生的满意度、获得感。

（三）少先队组织改革

2017 年 3 月，团中央、教育部、全国少工委印发《少先队改革方案》，从 6 个方面提出了 19 项具体改革措施。2021 年 1 月，党中央出台《中共中央关于全面加强新时代少先队工作的意见》，这是新中国历史上第一个以党中央名义下发的专门加强少先队工作的文件，为新时代少先队事业发展创造了重大战略机遇。

2017 年 8 月，团省委、省教育厅、省少工委印发《广东少先队改革实施方案》。2021 年 12 月，团省委、省委宣传部、省教育厅等印发《关于构建新时代广东少先队社会化工作体系实施意见》。综合归纳，新时代少先队改革主要体现在以下几方面：

一是坚持“全团带队”。聚焦增强少先队员光荣感和组织归属感，加强少年儿童政治启蒙，推进少先队工作制度化、专业化、时代化、系统化；注重组织建设，加强省、市、县少工委建设，支持小学和初中建立学校少工委；加强初中少先队、民办学校少先队建设，加强省级红领巾示范学校建设。二是注重育人载体建设。开展“同一堂课”少先队网络活动课，开发《少先队活动》教材，组织少先队标准化教研活动，完善少先队荣誉表彰办法，让少先队组织更具吸引力。三是注重辅导员队伍建设。组建少先队辅导员导师团和少先队鼓号队教练团，成立辅导员名师工作室，将辅导员培训纳入教育系统培训计划；注重学科建设，推动高校设立“少年儿童组织与思想意识教育”二级学科，建立联合培养机制，开展专项课题研究；指导各地成立街道（乡镇）、社区（村）少工委、少先队大队，在共青团、妇联等系统的青少年宫、“青年之家”成立少工委、少先队大队；在博物馆、公共图书馆、美术馆、新时代文明实践中心、科普基地等场所建设、命名少先队校外实践教育营地（基地）；成立少年军校、少年警校，聘任少先队校外辅导员。四是构建少先队校外实践教育课程体系。组织研发《少先队活动》教材，广东成为全国率先将其纳入中小学九年义务教育免费教材的省份之一。开发、建设、推广使用“广东少先队校外实践教育地图”，引导少先队员就近就便参与“打卡”和“红领巾奖章”争章活动；推出广东“红领巾文化季”系列活动，组织开展少先队标志礼仪互检、“红领巾实践小队”等系列活动。

2012 年 6 月，少先队广东省第六次代表大会在广州召开，会议通过了题为《四好少年心向党，幸福广东小主人》的工作报告，此次少代会中首次出现动漫版工作报告。2019 年 10 月，少先队广东省第七次代表大会在广州召开，会议通过了题为《南粤少年心向党，我与祖国共成长》的工作报告，举办了少代会提案发布会和首届广东省学校少工委主任专题研讨会等活动。

（四）省团校改革

2017 年 11 月，十九届中央全面深化改革领导小组第一次会议审议通过《中央团校改革方案》。2018 年 5 月，省委全面深化改革领导小组第六次会议审议通过《广东省团校改革方案》。2018 年 7 月，省青少年军校职能并入省团校。2019 年 8 月，省委编委批复省团校机构编制方案，明确改革后省团校为副厅级一类事业单位。12 月，经中央编办批准，省团校加挂“广东青年政治学院”牌子。改革后，省团校不断加强理论研究和决策咨询研究，2020 年 9 月，《广东青年职业学院学报》改刊为《广东青年研究》，由团省委主管，省团校（广东青年政治学院）主办，成为面向国内外公开发行的青年类综合性学术期刊，被中国社会科学评价研究院评定为“2022 年度中国人文社会科学期刊 AMI 综合评价”拓展期刊。2021 年，省团校（广东青年政治学院）完全剥离学历教育，聚焦主责主业，全力开展团干部培训教育，围绕“建设党在青年工作领域特色鲜明的政治学校”这一根本定位，把课程建设作为团干部培训教育的先导性、基础性工程。同年，省青少年事业研究与发展中心并入省团校。2022 年 4 月，省团校获省人力资源和社会保障厅批复同意开展教师职称自主评审，学校可自主组建教师高级职称评审委员会，负责本校在职在岗正高级及以下职称评审工作。2022 年 6 月，经团中央书记处批准，省团校被认定为“全国团干部教育培训基地”。

（五）团属宣传舆论阵地及直属单位改革

宣传舆论阵地改革是共青团改革的重要领域。2012 年 4 月，黄金时代杂志社更名为广东省青少年文化促进中心。2013 年 4 月，广东黄金时代杂志社有限公司成立。2012 年 5 月，少先队员杂志社完成转制，2013 年 4 月，广东少先队员杂志社有限公司成立。2020 年，《黄金时代》《少先队员》吸收团省委办公室《生力军》编辑部的办刊力量，对相关团属刊物重新定位：《黄金时代》（生力军版）为广东共青团团刊，《黄金时代》（中学生版）为广东中学共青团团刊，《少先队员》为广东少先队队刊。2022 年 1 月，根据团省委改革工作安排，黄金时代杂志社、少先队员杂志社完成脱钩划转，由广东省出版集团主管，《黄金时代》《少先队员》保留团刊、队刊的定位不变。

2016 年 11 月，广东青少年大数据及新媒体中心（广东青少年网络舆情分析引导中心）成立，统筹各类青少年网上服务平台。2017 年，广东省青年志愿者行动指导中心更名为广东省志愿者行动指导中心。同年，广东省青少年事业促进中心更名为广东省青年创业就业促进中心，主要任务是指导青年创业就业，承办创业就业有关服务项目。

第三节 在全面建成小康社会中建功立业

党的十八大以后，党中央审时度势，准确把握我国经济社会发展大势，提出一系列关系我国经济社会发展全局的重大论断，成功驾驭我国经济社会发展大局，经济建设和社会发展取得重大成就。新时代中国青年迎来更广阔的成长空间和建功立业的难得机遇。广大南粤青年在全面建成小康社会和推动经济社会高质量发展过程中，积极投身科技创新创业、助力脱贫攻坚、参与基层社会治理、奔赴疫情防控第一线，在服务人民、报效祖国的过程中实现人生价值。

一、奋战在经济主战场和科技前沿

（一）争当创新创业的生力军

勇于创新创业是南粤青年的优秀传统。团省委紧紧围绕创新驱动发展战略，积极构建共青团服务青年创新创业工作全链条，助力打造具有影响力的科技和产业创新高地。

2013 年 4 月，团省委联合银行推出“创业圆梦快线”——广东青年连锁创业扶持项目，通过省人社厅提供贴息、银行设立创业低息小额贷款以及连锁企业免加盟费等方式，解决创业青年遇到的资金难题。以发动品牌连锁企业为青年提供创业免费加盟项目为例，帮助创业青年解决寻找项目难的问题；同时，借助连锁企业成熟的管理、培训、经营、人力和市场等资源优势，解决创业青年在创业过程中的其他各项难题。

2013 年 8 月，团省委等单位实施“领航 100”——广东亿元级青年领军企业实力提升计划。“领航 100”着力培育青年企业家，每年遴选百家成长型亿元级青年领军企业进行指导帮扶，通过建设企业公共（技术）服务平台、提供政策解读辅导、鼓励财政专项申报等 10 项帮扶举措，努力实现企业发展规模扩大。截至 2022 年，“领航 100”入围企业 560 家，其中上市企业 66 家，“专新特精”企业占比超过90%，80%以上的企业年主营业务收入实现10%以上的增长。

资本服务和融资对接是创新创业的重要环节。2014年5月，团中央、省政府决定共同建设中国青年大学生创业综合金融服务平台（以下简称“中国青创板”），为青年创业者提供资本市场服务。省部共建的“中国青创板”面向全国青年创新创业项目和企业提供包括孵化培育、规范辅导、登记托管、挂牌展示、投融资对接、交易和退出等服务，促进青年创新创业项目市场化、资本化、产业化发展。随后，广东21个地市先后建立“青创板”示范园区、运营中心、服务工作站等49个线下服务站点，与超过50家国家级科技园区、孵化器、众创空间建立合作关系，为创业项目和企业落地运营提供低成本、高效率的服务。2016年以来，“中国青创板”多次被列入广东省实施创新驱动发展战略年度工作要点和省政府工作报告。“中国青创板”是中国首个面向青年创新创业者提供融资服务的金融平台，填补了场外交易市场在青年学生创新创业项目和初创企业方面的空白。

2014年，为贯彻落实习近平总书记关于全社会都应当重视和支持青年创新创业的指示精神，团中央、教育部等单位决定，在原有“挑战杯”中国大学生创业计划竞赛的基础上，组织开展“创青春”全国大学生创业大赛，每两年举办一次。3月，团省委等单位决定联合社会力量启动“创青春”广东青年创新创业大赛。11月，中国青年创新创业大赛广东赛区暨2014首届“创青春”广东青年创新创业大赛在佛山举办。团省委为参赛者提供青创训练营、创新创业成果交易会、青年创新创业论坛、“创青春”成果展示等活动平台，为创业青年提供创业培训、资本市场与合作资源对接等服务。其后，团省委将“创青春”广东青年创新创业大赛打造成广东青年创新创业的重要品牌，每年举办。2018年5月，第五届“创青春”广东青年创新创业大赛暨首届粤港澳大湾区青年创新创业大赛在广州举办，搭建青创服务体系、聚合粤港澳大湾区青年协同创新成为大赛的最大亮点。2021年，第八届“创青春”粤港澳大湾区青年创新创业大赛暨交流营在珠海举办，并推动全省21个地市举办市级“创青春”竞赛，动员120个港澳创业项目参与粤港澳大湾区竞赛交流，直接联系和服务青年创新创业项目超过6000个；推动667个企业（项目）在“中国青创板”上板展示，实现投融资对接1.25亿元；推荐31个优秀项目参加全国赛，获得3金3银3铜10优秀的好成绩。

2019年，第六届“创青春”广东青年创新创业大赛暨第二届粤港澳大湾区青年创新创业大赛在广州举办

2014年，团省委联合省人社厅、省发改委等单位开展青年创业基地建设，引导各地建设一批社会化青年创新创业基地，有效撬动各地资源，打造集交流、培育、实训、孵化、展示、对接等功能于一体的青年创业示范性平台。经过严格评选，微谷众创社区、坪山创新广场、金荣达产业园、壹境创业孵化基地、横琴·澳门青年创业谷、中科云智孵化器、易创空间创业孵化基地和中山-潮州（枫溪）产业创新中心等被确定为省级青年创新创业示范园区（基地）。截至2022年，服务青年创新创业的“园区+联盟+导师”立体化工作组织体系结出丰硕成果：全省建成6个国家级、51个省级青年创新创业示范园区（基地），服务场地总面积达381万平方米，服务企业数达5765家；广东青年创客联盟吸收优秀创新创业青年258人，推荐3人获第十一届“中国青年创业奖”；推荐国家级青年创新创业导师44名，选聘省级青年创新创业导师175名、市县级青年创新创业导师657名。

2015年，为提升青年大学生科技创新能力，团省委联合省财政厅开启“攀登计划”广东大学生科技创新能力提升行动，省财政每年资助广东省高校1000个大学生科技创新团队开展具有前沿性、开创性的科技创新实践研究，随后逐年加大支持力度。截至2022年，“攀登计划”投入专项资金1.5亿元，资助7500个大学生团队，覆盖大学生超过5万人次，平均结项率超过80%，论文发表率达89.8%，专利和著作权拥有率达47.5%，为广东推进科技创新强省建设挖掘和培育了一批后备人才。

2015年12月，为进一步培养党在青年创业者中的可靠力量，团省委等单位发起“青创100”广东大学生创新创业引领计划，由省团校具体实施。“青创100”以“创业成长、成长创业”为核心价值观，以“融情、融智、融资”为使命，每年从广东高校在校生、毕业生中遴选100名最具潜力的创新创业者成为“青创100”学员，对其进行培训指导和创业支持，旨在培养一批红色青年创业骨干。截至2022年，“青创100”共举办六届，来自全省百余所高校的560名学员参与培训计划。其中，431名学员已注册企业，年营收3000万元以上的企业达到52家。

2018年以来，广东积极探索推动青年创新创业法律法规出台，以制度创新支持青年创新创业高质量发展。团省委主动承担国内第一个专门的青年创新创业地方性法规的起草工作，并支持广州先行先试。经广州市人大常委会表决通过、广东省人大常委会批准，《广州市青年创新创业促进条例》于2023年3月1日起实施，这是地方探索青年领域专项立法的突破，在全国尚属首次。

2020年8月，经团中央书记处批准和“共和国勋章”获得者、中国工程院院士钟南山授权，中国青年创业就业基金会设立“钟南山青年科技创新奖”（以下简称“创新奖”）及“钟南山青年科技创新奖基金”。“创新奖”面向全国医学和生命科学等领域38岁以下青年科技工作者评选颁发，每年10人。经团中央批准，颁奖活动永久落户广东，由团省委、省青联承办。2022年1月，10名来自全国医疗卫生事业和生命科学领域的青年科技工作者获得首届“创新奖”，彰显了科技创新在抗疫斗争中的重要价值，激励广大青年投身科技创新事业。

新时代的“挑战杯”注重对大学生创新创业实践锻炼、素质拓展、孵化入市能力的整体提升。2015年11月，由广东工业大学、香港科技大学联合承办的第十四届“挑战杯”全国大学生课外学术科技作品竞赛决赛在广州开幕，广东参赛高校总成绩名列全国第二。此届竞赛开创了自创办以来的多个“首次”：首次由粤港合作承办；首次在香港地区举办选拔赛；首次在香港地区举办专项赛；首次采用跨境两校合作的承办模式；建立了全国首个青年大学生创业综合金融服务平台。2017 年，广东 2 件作品获得“挑战杯”特等奖。2021 年，团省委等单位在深圳大学举办第十六届“挑战杯”广东大学生课外学术科技作品竞赛，全省 142 所高校 3636 件作品参赛，超 10 万人次在线上观看颁奖仪式；并首次举办广东大学生科创夏令营活动，率先推出省级“大学生群众性创新创业活动活跃指数”。

（二）立足岗位建功立业

党的十八大以来，广东共青团引领职业青年继续秉承“敬业、协作、创优、奉献”的理念，深化“青年文明号”“青年岗位能手”“青年安全生产示范岗”“振兴杯”“青春建功十四五”等品牌项目活动，助力培育大国工匠，提升青年就业质量，创建优秀文明集体。

青年文明号创建活动持续深化，在各领域基层一线发挥示范引领作用。截至 2022 年，全省共有国号 132 个，省号 2397 个，市号 2370 个，县区号 510 个，优秀青年岗位能手 19 万名。青年文明号建立起“亮形象、亮身份、亮承诺”机制，各创建单位持续开展号手联动开放日、开放周等公众参与活动，结合业务实际形成工作亮点。省卫生健康系统打造号手联动“以评促建，以评促改，以评促管，评建结合”的青年文明号管理模式，据不完全统计，截至 2022 年，培养的青年人才获得国家级科研基金、成果等 172 项，荣获各类国家级集体和个人荣誉 139 项。

广东青年积极参与“青春建功十四五”行动。各行业青年紧扣中心、服务大局，在政治理论学习、重大项目建设、疫情防控前线、服务群众一线等领域发挥生力军和突击队作用。1500 余支青年突击队在深中通道、汕汕铁路、湛江湾隧道等重点工程项目中攻克“急难险重新”任务，并作出突出贡献。广州白云机场海关“旅检值机青年战疫突击队”坚守口岸疫情防控一线近千个日夜，外防输入，守护国门安全。“青年安全示范岗”活动持续开展，以深入开展安全生产意识教育、有效融入安全生产大局、深化青年建功岗位行动、建立健全工作联动机制等方式助力安全生产。2005 年至 2022 年，“振兴杯”赛事培养一批大国工匠青年人才。2022 年 7 月，在第十七届“振兴杯”全国决赛中，广东 8 名参赛学生获 2 项金奖、2 项铜奖。

二、服务脱贫攻坚、乡村振兴和对口援助

（一）“领头雁”计划培育致富带头人

扶贫攻坚，乡村振兴，人才是关键。2014 年 2 月，为贯彻落实党的十八大、十八届三中全会和中央农村工作会议精神，团中央启动农村青年创业致富“领头雁”计划，通过在农村普遍开展创业小额贷款和实用技能培训，用 5 年时间培养 100 万名带头人，争取村村有带头人、县县有带头人协会。2014 年 5 月，团省委联合省农业农村厅等单位实施“领头雁”农村青年人才培养工程，以返乡创业大学生为重点，充分发挥青年人才在乡村振兴的骨干引领作用，在全省范围内挖掘培育一批具有专业技能、愿意扎根农村、有致富经验的农村青年带头人。

团省委整合资源，构建立体帮扶体系，多方位培育“领头雁”。联合社会组织及专业机构组建起专家帮扶团队，开发各类线上线下专属课程作为项目载体，紧扣新时代农业发展趋势免费提供高质量专业赋能专题培训。设立技术与企业“双导师”制，为农村青年提供技术指导、成果转化、品牌建设等全方位的支持和辅导。2018 年，在团省委的持续推动下，通过致富带头人和驻村干部调动 2000 多个帮扶单位资源，初步形成“1 名农村致富带头人 +1 名驻村干部 +1 名乡镇团干 +N 名龙头企业家 +N 名农科专家”的“1+1+1+N+N 农村青年人才互助共享生态圈”。

为推动农村青年创新创业，团省委组织“领头雁”项目参加广东青年创新创业大赛，在“创青春”农业农村组竞赛比拼，参加“青农优品”优质农产品评选，帮助农业创业青年打造充分展示自己的平台。“领头雁”项目还被选送参加全国创业就业服务展，向全国展示推广，一批项目荣获“优秀项目奖”，多名青年获评“全国农村青年致富带头人”。

“领头雁”计划致力于打造农村青年人才互助共享生态圈，通过网络交流群等方式将农村青年联合起来，让新技术、新理念汇集到农村青年手中，让资源共享得以实现。截至 2022 年，全省“领头雁”工程累计建立农村青年人才互助共享生态圈 305 个、青年电商联盟 54 个、电商服务平台 33 个，培育 8 万多名“领头雁”，累计发放农村青年创业小额贷款近 10 亿元，带动 2 万户贫困户发展生产和近 6 万名农村青年就业。

（二）“两帮两促”帮扶农村青少年

教育扶贫是阻断贫困代际传递的根本之策。2020 年 5 月，为切断贫困的代际传递，团省委整合优势品牌项目资源，联合省农业农村厅等 6 个厅局推出广东乡村青少年健康成长“两帮两促”行动（以下简称“‘两帮两促’行动”），力图从根源上助力解决贫困问题。“两帮两促”行动以乡村青少年发展需求为导向，打造学业帮助、就业创业帮助、体质健康促进、心理健康促进四位一体的社会支持服务体系，促进农村贫困青少年健康成长。行动实施以来，资金、人才等各类要素陆续向乡村汇集，贴心的服务持续送到青少年身边。

截至 2021 年，“两帮两促”行动“青年云支教”项目累计招募 5000 多名志愿者为 3000 余名相对贫困的学生提供线上课业辅导；“健康直通车”为 3000 多名相对贫困的青少年开展体检并建立健康档案；山区计划“一校一社工”专项招募 87 名志愿者分赴云浮市、河源市等 9 个地市的 66 所乡村中小学，开展预防校园霸凌、青春期教育等专项服务；全省“千校万岗”行动大力开展相对贫困乡村青年就业帮扶工作，1500 多名团干结对帮扶 6000 多名家庭相对困难的毕业生顺利就业。2022 年 7 月至 8 月，广东共青团开展“两帮两促”集中行动月活动，各级共青团围绕学业帮助、就业创业帮助、体质健康促进、心理健康促进，开展帮扶活动 380 余场。对其中的优秀特色项目，团省委提供资金支持，给乡村青少年创造更高效、更优质的长期服务。

“两帮两促”行动为贫困青少年的学业、就业、健康、心理等方面提供了精准、优质的服务，落实了党史学习教育“我为群众办实事”实践要求。此项工作助力脱贫攻坚和乡村振兴，激活农村共青团工作活力，亦为团中央推进实施乡村振兴青春建功行动“两助两帮”重点任务，面向 160 个国家乡村振兴重点帮扶县开展助学业、助就业、助创业、志愿服务“三助一服”工作作出了积极探索。

（三）投身农村基层实践锻炼

青年人才是推动乡村振兴的重要力量。党的十八大以来，广东青年人才特别是高校毕业生积极响应国家号召，投身农村基层，在农村教育事业、产业发展等方面作出突出贡献，在助力乡村脱贫、乡村振兴的实践锻炼中磨砺意志、锤炼本领。

2013 年，为了探索农村电子商务发展的有效路径，为农村青年创业就业、实现“致富梦”添砖加瓦，团省委启动“团企合作”“团银合作”项目。团省委相继实施农村青年电子商务创业就业项目，开设全国首家“青”字号“中国特色馆·广东青年扶贫馆”；粤东、粤西、粤北等地的团组织建立一批乡村青年客服中心，在农产品物流、包装、营销、策划和培训等方面为青年提供服务。2016 年至 2018 年，团省委与省银监局遴选 300 名银行业优秀青年干部赴各县（市、区）团委挂职副书记或书记助理，开发金融扶持项目，共发放农村青年创业小额贴息贷款 1.47 亿元。

2015 年 12 月，党中央召开全国扶贫开发工作会议，提出实现脱贫攻坚目标的总体要求，发出打赢脱贫攻坚战的总攻令。省委、省政府要求，以广东 161.5 万建档立卡相对贫困人口和 2277 个省定贫困村为重点，打响广东脱贫攻坚战。

教育扶贫具有基础性、根本性的作用，乡村教师是教育扶贫的先行者。正是在这样的背景下，团省委决定在广东大学生志愿服务山区计划基础上，整合“美丽中国”等社会支教项目，启动“希望乡村教师计划”，招募优秀大学毕业生志愿者走进粤东、粤西、粤北贫困地区乡村学校，开展 1 ~ 3 年的支教志愿服务，努力打造一支贫困地区乡村学校教师队伍的“生力军”。2016 年 9 月，首批 165 名支教志愿者奔赴广东 12 个地市（潮州、河源、揭阳、梅州、汕尾、汕头、清远、韶关、阳江、云浮、茂名、湛江）的乡镇中小学校，开展支教服务。2021 年，“希望乡村教师计划”专项规模扩大，项目招募超 1100 名志愿者投身粤东、粤西、粤北薄弱乡村学校，开展接力支教志愿服务。为确保支教质量，入选支教志愿者上岗前需接受 4 至 5 周的专业培训，教学期间需持续接受线上远程培训、参与线下分区域交流学习，项目负责人和专家定期对支教学校进行探访指导。截至 2022 年底，“希望乡村教师计划”累计选派 5064 人次志愿者为粤东、粤西、粤北地区 13 个地市 2013 所乡村学校提供逾 307.7 万节精品课程，惠及 68 万名山区青少年学生，对于改善偏远乡村义务教育状况、缓解财政压力、改善教师队伍结构起到重要促进作用。

"希望乡村教师计划"支教志愿者在组织小学生上体育课

党的十八大以来，广东共青团逐年加大力度引导青年投身农村精准扶贫与乡村振兴。2021年，团省委以广东大学生志愿服务山区计划为依托，联合有关单位推动省、市财政安排经费补助，用于开展广东高校毕业生志愿服务乡村振兴行动。7月，团省委发动45万名大学生组建1.7万支队伍参加"三下乡"暑期社会实践，组织37个重点县（市、区）开展"返家乡"实践活动，开发实践岗位超5000个。11月，首批1000名大学生奔赴粤东、粤西、粤北，开展为期2～3年的驻镇帮镇扶村乡村振兴志愿服务工作，深度参与产业振兴、人才振兴、组织振兴、文化振兴和生态振兴。

2022年广东高校毕业生志愿服务乡村振兴行动14个地市服务队

与此同时，团省委联合省司法厅实施“广东省法律援助青年志愿者行动”，选拔 141 名法律专业志愿者赴欠发达县（区）提供一年法律援助。2022 年 8 月，广东高校毕业生志愿服务乡村振兴行动出征仪式在汕头市举行。4000 名大学生志愿者踏上新征程，为乡村振兴注入青春力量。2022 年，广东高校毕业生志愿服务乡村振兴行动被纳入省政府十件民生实事，标志着南粤青年参与乡村振兴行动的工作成效获得党和政府的认可。共青团引导社会各界各类人才深入乡村一线，助力脱贫攻坚和乡村振兴，青年不仅对农村的经济建设和社会文化发展作出了贡献，更是在农村基层实践中受教育、长才干，厚植乡土情怀，为乡村振兴提供可持续力量支撑。

（四）助力美丽乡村建设

党的十八大以来，党中央以前所未有的力度抓生态文明建设，美丽中国建设迈出重大步伐。美丽乡村建设是美丽中国建设的重要内容，团省委积极探索青年助力美丽乡村建设的方式，引导青年以实际行动为乡村赋新貌换新颜。2017 年 8 月，团省委启动实施南粤“美丽乡村”公益志愿行动，组织动员广大团员青年积极投身社会主义新农村示范村建设。截至 2022 年，南粤“美丽乡村”公益志愿行动动员 2000 名规划专业志愿者为 183 个省定贫困村制定规划；39 万名团员青年开展“三清三拆三整治”“乡村墙绘”等美化绿化行动；1000 名志愿者为乡村民居涂绘艺术墙、文化壁；8000 名团员青年进村开展土地确权、惠农政策和新农村建设政策宣讲，覆盖 27.7 万名村民及 905 个行政村；27 所有城乡规划相关专业的高校对接 156 个省定贫困村开展村庄（整治）规划志愿行动。南粤“美丽乡村”公益志愿行动践行了“绿水青山就是金山银山”的生态文明思想，锤炼了广东共青团组织在乡村基层的工作能力，引导广大青年积极参与乡村建设，为南粤乡村进一步发展播下青春种子。

（五）对口支援民族地区

按照省委、省政府对口支援工作和东西部扶贫协作的总体部署，团省委成立援藏、援疆和深化东西部协作工作领导小组，积极谋划对口支援西藏、新疆、四川等工作，全面整合团内各级各地各战线以及社会各方力量，“一盘棋”推进广东共青团对口支援民族地区工作。

2013年9月，由广东共青团、广东青少年捐资近850万元的玉树地震灾区灾后重建重点项目——称多县青少年活动中心、杂多县阿多乡瓦河粤青希望小学、青海省青年志愿者及少先队辅导员培训项目等，在青海省玉树州称多县举行奠基和签约仪式。2015年9月，历经两年的施工，援建项目圆满竣工，为当地青少年的学习、活动提供多功能、现代化的场所。援建项目不仅是粤青两地团组织、青少年和社会各界爱心人士共同努力的成果，也促进了粤青青少年的交流。2017年8月，团中央表彰共青团对口援疆先进单位和优秀项目，团省委被评为“对口援疆先进单位”，团深圳市委“援疆文化产品制作”被评为“对口援疆优秀项目”。9月，团中央第二次对口支援西藏会议在西藏自治区拉萨市举行，团省委荣获“共青团对口支援西藏工作先进集体”称号。

2005年，广东共青团“健康直通车”首次“开进”青藏高原，成为广东对口支援项目中的闪亮名片。2012年至2022年，“健康直通车”先后多次“开进”新疆、西藏、四川、广西等地，为群众开展义诊义疗、就业培训服务，并捐赠医疗物资和药品，捐建希望小学、图书馆、“希望家园”，援建卫生所、医务室等，深受当地群众欢迎。经过多年努力，“健康直通车”成为广东对口支援工作拿得出、叫得响、可持续的品牌活动，成为当地各族群众摸得着、记得住、信得过的民心工程。

加强青少年交往、交流、交融是铸牢中华民族共同体意识的有效途径。团省委发挥共青团、少先队组织优势，深入开展结对帮扶、书信往来、互访交流等活动，促进粤藏疆青少年交往、交流、交融。促成广州市、中山市等地中小学少先队与藏疆地区中小学少先队结对，组织青联委员与喀什市贫困中小学生建档立卡，结对认亲，促进粤藏疆青少年友好互助。团省委通过“民族团结一家亲”主题夏令营、粤藏疆青少年手拉手活动等形式，组织藏疆青少年来粤研学交流，并发动粤港澳台青少年走进民族地区，互学互鉴，促进交融。

2018年以来，广东共青团按照团中央关于青少年民族团结进步创建工作和脱贫攻坚工作的任务要求，结合省委、省政府对口支援西藏、新疆工作部署，大力推进对口支援新疆喀什、新疆生产建设兵团三师、西藏林芝和四川甘孜工作。截至2020年，实施对口支援重点项目72个，整合投入资金资源4772万元，为决胜全面建成小康社会、决战脱贫攻坚作出了积极贡献。2021年至2023年，广东共青团推进第三轮对口支援新疆工作，粤疆两地青少年交往、交流、交融不断深入。

人才支援是对口支援工作的关键。截至2022年，为加强青年人才培养输送，大学生志愿服务西部计划共选派683名大学生志愿者奔赴新疆、西藏、四川等地开展服务，选派164名研究生赴边疆支教，持续向民族地区输送优秀青年人才。2018年以后，结合团中央培养计划，广东共青团系统接收60多名各民族地区干部到广东挂职锻炼，经常性安排民族地区青年干部和创业青年来粤培训考察，推进新疆兵团三师青年创业园建设，组织开展电商培训；在省团校开设民族地区青年骨干培训班，并在主体培训班各班次开放培训名额，积极吸纳民族地区青年干部参训，助力提升青年干部的综合素质和业务水平，先后承接了来自西藏、新疆、宁夏、贵州、广西等地区的民族青年干部培训班。

2022年，广东大学生志愿服务西部计划志愿者在团一大广场宣誓

三、推进志愿服务和参与社会治理

（一）推进志愿服务高质量发展

2019年1月17日，习近平总书记考察时指出：“志愿者事业要同‘两个

一百年’奋斗目标、同建设社会主义现代化国家同行。”广东是中国现代志愿服务的主要发源地之一，广东志愿服务事业一直走在全国前列，并日益成为广东共青团引导青年服务党政中心工作的重要抓手、助推社会民生实事的重要力量，在引领文明风尚、培育时代新人中发挥重要作用。

进入新时代，广东在全国率先创办和推进青年志愿服务项目大赛和志愿服务项目交流。2011 年 12 月，团广州市委借鉴“广交会模式”，创办志愿服务广州交流会（以下简称“志交会”）。2014 年，团中央将志交会提升为全国性志愿服务交流会，推动各省、市举行青年志愿服务项目大赛，并组织实施各志愿服务项目，为中国志愿服务走向专业化和项目化作出了贡献。2019 年，第五届中国青年志愿服务项目大赛暨 2019 年志愿服务交流会在东莞举行，广东的金奖和获奖总数位居全国第一。2021 年 12 月 6 日，广州、深圳志愿服务“双城联动”项目发布会暨“我为群众办实事”第十届志愿服务广州交流会在广州举行。交流会以“聚焦双区建设，志愿示范先行”为主题，展示了党史教育、文明实践、生态文明、疫情防控、社会治理等领域的 50 个优秀项目。10 年来，志交会围绕服务中心大局、城市发展、群众需求，展示志愿服务项目超过 2000 个，培育组织 1200 个，资助项目 1600 个，资助金额超 5000 万元，形成了青年志愿服务全周期管理体系，为志愿服务的供应方、支持方、需求方和参与方搭建了一个开放高效的供需对接平台，在助力青年发展、宣传推广志愿服务文化等方面发挥了重要作用。

在推动志愿服务项目交流的同时，团省委等单位在全国率先举办“益苗计划”——广东志愿服务组织成长扶持行动暨志愿服务项目大赛。“益苗计划”为全省志愿服务项目搭建孵化及扶持平台，支持和引导全省志愿服务组织实施高质量、专业化的志愿服务项目。2014 年至 2022 年，“益苗计划”累计整合财政和社会资源 3310 万元，扶持了 1700 多个优秀志愿服务组织和项目，遴选推荐参加中国青年志愿服务项目大赛并获金奖项目（组织）48 个、银奖项目（组织）106 个。

2012 年，为弘扬“奉献、友爱、互助、进步”的志愿精神，团省委等单位决定，每年 3 月举办广东学雷锋全民志愿服务行动月系列活动。2012 年以后，“公益志愿文化月”“学雷锋志愿服务行动月”“青春情暖”等特色品牌活动持续开展，1315 万名注册志愿者、13 万个志愿服务组织及团体参与，推动志愿服务发展不断深化。2021 年 12 月，第十一届广东公益志愿文化月系列活动“人生，应当有志愿”年度分享在广东省文化馆举行，612.3 万名观众线上观看直播。2012 年至 2022 年，团省委联合社会力量持续开展青年民生特色品牌“青春情暖”“暖冬行动”活动，在春运期间为大学生、外来务工青年、贫困青少年、基层一线青年工人等青年群体解决旅途难题，累计开展关爱活动超 3000 场次，直接慰问困难青少年 30 余万名，平均每年筹集慰问资金和物资近千万元，及时向广东青年传递了党的温暖和关怀。

2014 年 2 月，团省委、省文明办、省民政厅、省志愿者联合会共同印发《广东省星级志愿者资质认证管理办法》，正式出台全国首个省级星级志愿者认证制度，进一步完善广东志愿服务激励机制，授权各级志愿者联合会按规范开展相应星级志愿者资质认证工作，推动广东志愿服务制度化再上新台阶。

2014 年 5 月，团省委在全省应用推广广东志愿者信息管理服务平台（“i 志愿”系统），实现“志愿者注册、志愿项目发布”等一站式服务，逐渐形成全省志愿服务“一张网”格局。2016 年 12 月，省发改委、团省委、中国人民银行广州分行等 54 家单位共同启动“志愿广东信用南粤”广东志愿者守信联合激励计划，出台 87 项志愿者守信联合激励措施，承接青年信用体系全国试点建设工作，广东被国家发改委、中国人民银行、团中央列为青年信用体系建设的全国试点示范省，深圳市、惠州市、肇庆市、河源市等地市随后出台市级机制。2017 年 3 月，团省委等八部门联合印发《关于支持和发展志愿服务组织的实施意见》，提出发挥省、市、县三级“志愿之家”等孵化基地对志愿服务组织的孵化作用，推动社会组织孵化基地吸纳志愿服务组织进驻，进驻比例不低于社会组织总数的 10%；建立志愿服务组织分级培训体系，引领志愿服务组织发展迈向制度化、规范化新阶段。2018 年，广东在全国首创发行“注册志愿者证”超 360 万张，提供公益激励保障和消费优惠。2020 年，团省委开启广东（“i 志愿”系统）志愿服务发展指数发布工作，推出一系列粤港澳大湾区志愿服务合作项目及新一批志愿者守信联合激励措施等，推进广东志愿服务发展制度化、社会化、专业化和国际化。广东志愿者已成为共青团引领青年深度参与基层社会治理的中坚力量。

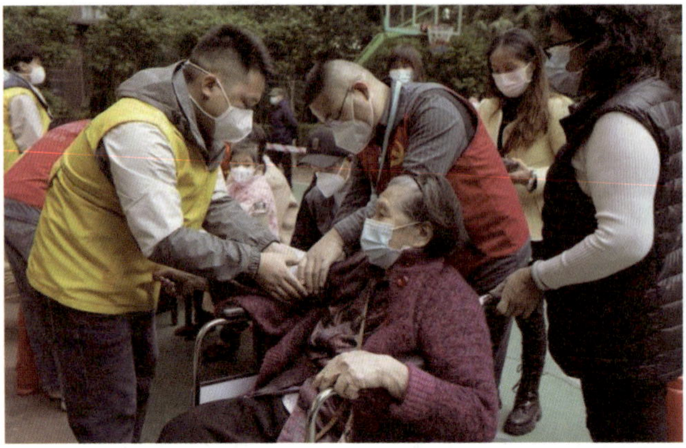

广东共青团积极推动社区志愿服务转型升级。图为青年志愿者为社区老年人提供帮助

2016年，团省委等单位出台《关于推进学生志愿服务工作的实施意见》，在全国率先建立“将志愿服务融入学生教育全过程”的顶层设计和制度安排，推动广东学生志愿服务迈向规范、有序、持续发展的新阶段。同年，团省委开展中学生志愿服务工作试点，逐步推动全省中学生成为注册志愿者，实现中学生志愿服务活动覆盖全部学校，形成“阳光假期”“朝阳行动”“七彩梦”“青春暖夕阳”等深受青少年喜爱的校内外中学生志愿服务品牌，培育青少年学生的志愿服务情怀。经过数年的努力，志愿服务逐渐成为青少年学生参与社会实践的新风尚，实现了志愿服务“后继有人”。

2018年，团省委等部门发起“争当护河志愿者，助力广东河更美”大行动，在植树节、世界环境日、世界水日等重要时间节点开展生态环保活动。特别是持续开展“保护母亲河·美丽中国梦”青少年植树护绿系列行动，健全省、市、县、镇、村五级“河小青”护河治水志愿者网格体系，吸引广大青少年积极参与。在2021年“12·5”国际志愿者日，省河长办、团省委制作推出《河小青》宣传片，号召更多的青少年践行习近平生态文明思想，投身护河志愿行动，为广东可持续发展夯实基础。截至2022年，全省护河志愿者达74万名，建立队伍3300支，服务200万小时，植树19万株，绿化2300亩。

2020年，在防控疫情背景下，团省委在全省招募储备外语志愿者约6000名，其中外籍留学生志愿者180余名，协助开展来粤返粤人员的口岸接运、排查登记、政策咨询、关心关爱等服务工作。团广州市委发起“暖爱广州，志愿同行”——广州青年志愿者关爱外籍人员和入境人员行动，提供物品代购、生活照料、文化交流等服务，向 200 名集中隔离的美国返穗未成年留学生赠送祝福卡、慰问信、宣传读本等“平安回家”关爱包。

2021 年是广东援外医疗 50 周年，中国（广东）医疗队完成第九批次援助加纳医疗服务，历时 390 天。其间，为当地提供诊疗服务 7489 人次，为在加华侨华人提供诊疗服务 2923 人次，接诊近 300 名新冠肺炎患者（包括 5 名重症患者）。截至 2022 年，团省委先后承办“援外计划”塞舌尔、文莱、缅甸、多哥项目共 14 批次，派遣志愿者 178 人（约占全国派遣总人数 1/4），与联合国志愿人员组织等国际机构建立了互动交流机制。

广东志愿者积极参与“援外计划”，图为广东青年志愿者在塞舌尔教授钢琴

进入新时代以来，广东志愿服务的社会化程度、信息化水平、专业化能力、制度化建设取得了长足的提升。截至 2022 年，广东全省志愿者人数超 2100 万名，实名登记的注册志愿者超 1400 万名，各类志愿服务组织及团队达 13.2 万个（其中有超 7000 支应急志愿队伍），建立团属志愿服务阵地 1155 个，发起志愿服务活动 424 万项，累计提供服务时长超 7 亿小时，拥有全国领先的全省志愿服务“一张网”——“i 志愿”系统。志愿服务日益成为为群众办实事的重要力量，志愿文化日益成为引领文明风尚、培育时代新人的重要力量。

（二）青年社会组织参与社会治理

党的十八大以来，青年社会组织蓬勃发展，成为党推进国家治理体系和治理能力现代化的重要力量。广东共青团着眼巩固和扩大党执政的青年群众基础，把青年社会组织作为为党育人、为党聚人的战略依托，主动适应新时代、新征程、新要求，推动青年社会组织共青团工作实现高质量发展。

团省委通过培训骨干力量、建设孵化平台、实施示范项目等措施，重点培育和联系社区服务类、公益慈善类、生态环保类青年社会组织，建立完善共青团主导的青年社会组织体系。2012 年，为培育青年社会组织、强化阵地建设，团省委实施"好社会·亲青汇"广东青年社会组织培育发展计划，筹措 2200 万元项目公益基金，用于建设社区青少年服务阵地"亲青家园"，支持青年社会组织的党团建设工作和优秀微公益项目。全省先后涌现广州"青年地带"、深圳"青春家园"、珠海"新豫"、东莞"莞香花"、中山"青年社区学院"、佛山顺德"青年坊"等一批青年社会组织特色阵地。2022 年 9 月，团省委印发《关于全面加强新时代广东青年社会组织共青团工作的实施方案》，对青年社会组织共青团工作进行总体规划，要求实现志愿服务、创业就业、文艺体育三类团属青年社会组织县域全覆盖，推动广东青年社会组织与共青团工作有效协同。

经过十多年的探索，青少年事务社工队伍逐渐发展成为共青团组织参与社会治理的重要依托力量。提升青少年事务社工服务水平，有助于拓展共青团组织对青少年的覆盖广度和服务深度，优化党领导下以共青团组织为主导的青年组织体系和工作格局。2017 年，团省委实施青少年事务社工队伍"十百千万"工程，深耕普法、禁毒、社区矫正和预防犯罪等领域，帮助珠三角 11 个社工机构结对帮扶粤东、粤西、粤北 12 个社工机构，在粤东、粤西、粤北地区建立一支由 276 名社工和 5000 名志愿者组成的青少年事务社工队伍，破解粤东、粤西、粤北社区专业社工缺人、缺资金的难题。2017 年 7 月，团省委联合中山大学选拔 24 名优秀大学生到粤东、粤西、粤北地区开展为期1年的青少年事务社会工作服务，服务结束后再攻读中山大学社会工作专业硕士学位，这是共青团组织联合高校共同培养社会治理人才的创新探索。据统计，截至 2022 年，广东初步形成一支政治可靠、专业过硬、随时能调度、关键时刻能发挥作用的青少年事务社工队伍，人数逾 2 万人。

2021 年 5 月，为探索引导青年参与社会治理的新路径，团省委在全省遴选 100 个社区（含 41 个全国试点社区）作为首批试点社区实施青春行动。通过建立“一套工作体系”、打造“两个平台”、发挥“三大优势”、组织“四个力量”、聚焦建设“五个社区”的“12345”工作模式，推动各级团组织资源下沉社区。截至 2022 年 5 月，广东社区青春行动共整合 670 多万元资金投入社区，建立社区“青年之家”、社区志愿服务站、社区少年宫等阵地 397 个，引导 194 个青年社会组织入驻社区，开展各类服务项目 981 个，覆盖服务对象 60.3 万人次。

四、奋力投身疫情防控斗争

（一）疫情防控一线的青春身影

2020 年伊始，一场突如其来的疫情席卷全国。疫情发生后，党中央将疫情防控作为头等大事来抓。广东共青团迅速响应党的号召，把疫情防控作为重要的政治任务，作为对团组织和广大团员青年政治担当、斗争精神、工作作风的直接检验。在 2020 年至 2022 年的疫情防控斗争中，广东共青团迅速成立省、市、县三级共青团疫情工作协调小组，团员青年充分发挥生力军和突击队作用，成为抗疫一线的重要力量。各级团组织积极动员青年志愿者深入社区（村）开展常态化体温检测、核酸采样、方舱专业服务、健康码核查、封闭区域物资保障等七大类志愿服务活动。

2020 年，广东共青团全年组织动员超 43 万名志愿者、超 1 万个志愿服务组织团队，投身协助抗疫物资企业恢复生产、社区（村）疫情防控、隔离人员关怀、涉外疫情防控等工作；募集抗疫捐款 2152 万元、物资价值 4718 万元支持湖北抗疫一线；实施“青春情暖——白衣战士致敬行动”，与援鄂医疗队紧密联系，服务覆盖全省 2400 余名援鄂医护人员，组织大学生志愿者为援鄂医护人员子女提供学业辅导、成长陪伴；为免除志愿者的后顾之忧，联动保险公司为广东每名参与疫情防控的志愿者提供不低于 50 万元的保险。团省委、省卫健委及团属社会组织联合开展“青春情暖——白衣战士致敬行动之‘青情小果篮’”项目，该项目每周为一线医护人员家属寄送一份爱心果篮，带去青年企业家对抗疫战士的敬意与关心。面对大批湖北旅客滞留的情况，阳江海陵、湛江徐闻等地迅速集结团员青年突击队，开展消毒杀菌、发放物资、政策解释、人文关怀等工作，受到群众的称赞。2021年，广东多地出现散发的本土疫情，团省委牵头组织全省70万青年志愿者参与疫情防控工作，累计服务时长超1483万小时。

在超大型城市疫情防控斗争中，广东青年经受住了严峻的考验。团广州市委根据全市疫情防控工作部署要求，建立市、区两级疫情防控青年志愿服务队，在全市1033个疫苗接种点和核酸检测点开展秩序指引、宣传指导、信息录入等志愿服务工作，累计上岗12.4万人次，服务时长超过73.5万小时；通过制定“做向导”“解心事”“送物资”“送义教”“送关爱”“护平安”等专项服务，推出系列宣传海报、视频，引导市民科学防疫；组建“广州12355抗疫心理关爱服务”突击队，为青少年提供心理服务；组织志愿者开展物资整理、打包运输、搬运派发等志愿服务工作。同时，团广州市委还组织大学生为抗疫医护人员子女、困难青少年开展“云上课业辅导”志愿服务；组织志愿者在50多个重要交通站场为市民测量体温、指引市民有序排队等。团深圳市委在全国首创青年突击队战时工作机制，在疫情防控最紧要关头发起“青春战疫”行动，组建1663支青年突击队4万余人，“一夜成军”成建制奔赴抗疫一线，其中3900余名青年突击队员下沉中高风险区域；招募战“疫”志愿者176万人次，志愿服务时长超731万小时，累计募集善款、物资超千万元。

2022年，南粤青年在疫情防控工作中积极担当作为。全年超171万团员青年、志愿者有序参与防疫工作，服务时长超5105万小时。广东共青团率先在全国成建制开展核酸采样专业志愿服务。2022年11月，团省委联合省卫健委印发核酸采样专业志愿服务工作方案，在全社会招募培训核酸采样志愿者；联合省委组织部、省卫健委开展机关企事业单位核酸自行采样志愿服务，培训志愿者19.4万名。积极开展方舱医院青春行动。广东共青团推动省疫情防控指挥办作出专项部署，开展方舱医院“青年之家”建设、12355青少年心理热线入舱、方舱医院志愿者行动，超1.5万余人次上岗服务；应广州市请求，省团校临时应急改造为方舱医院，提供近千个隔离床位，彰显了责任担当。

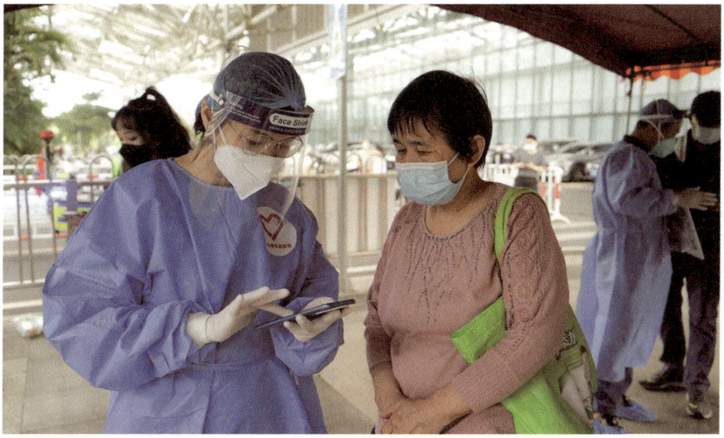

广东青年志愿者协助开展核酸检测，聚焦打赢疫情防控阻击战

2020 年 1 月至 2022 年 12 月底，三年来全省参与疫情防控志愿服务的登记录用志愿者 257.62 万名，志愿服务组织（团体）31037 个，累计提供服务时长超 8348.22 万小时。其中，中共党员 39.82 万名，占比 15.46%；共青团员 94.15 万名，占比 36.55%；青年群众 171.88 万名，占比 66.72%。在各级共青团的组织引导下，广大青年为广东抗疫工作作出了重要贡献，展现了新时代新青年的情怀、本领和担当。正如习近平总书记在全国抗击新冠肺炎疫情表彰大会上指出：“在这次抗疫斗争中，青年一代的突出表现令人欣慰、令人感动。”“青年一代不怕苦、不畏难、不惧牺牲，用臂膀扛起如山的责任，展现出青春激昂的风采，展现出中华民族的希望！”

（二）助力复工复产

2020 年 2 月，中央统筹推进疫情防控和经济社会发展工作部署会议召开，指出疫情下全社会的复工复产是一项极其紧迫的任务。同月，省委常委会暨省新冠肺炎防控领导小组（指挥部）会议指出：“要全力推动复工复产，努力把疫情影响降到最低，为全国发展大局作出广东努力、广东担当。”为助力复工复产，团省委迅速联合南方人才网、广东省社会组织总会等平台和组织，通过政策宣传、线上培训、线上招聘和共享员工等举措，积极助力复工复产。5 月，团省委第一时间梳理推送企业帮扶政策，省青企协发布政策传递、时政见解等专栏推文，“广东创业”公众号等平台发布复工复产政策解读和复工复产的建议推文。同时，广东各级团组织积极对接企业用工需求，发布就业岗位5万余个，发布“共享员工”就业需求4万余人，帮助相关企业对接完成180万个口罩以及一次性手套、防护服、护目镜、消毒用品等一批物资需求，服务企业复工复产。7月，团省委联合省银保监局和有关银行机构推出“粤青战疫贷”金融帮扶机制，与青年企业家共克时艰，联合银行提供利率不超同期贷款市场报价利率的援助性贷款项目，发放贷款1.78亿元，服务700多家企业。与此同时，团省委组成专题调研组，就疫情防控背景下广东青年复工复产报送多篇调研报告，多次获得上级领导的批示肯定，为助力复工复产提出了重要建议。

2020年至2022年，在疫情防控常态化背景下，广东共青团坚持面向青少年宣讲伟大抗疫精神，积极做好青少年的心理疏导工作。团省委先后组建4551个红领巾抗疫“云小队”，供给67节抗疫“云队课”，推出“口罩超人”等科普视频，引导少年儿童通过学习知识参与抗疫斗争；依托广东省12355青少年综合服务热线及粤省事“青少年求助”小程序，为全省青少年提供24小时线上咨询服务；组织广东援鄂医务人员录制“守护生命的对话”广东少先队复学第一课，举办抗击疫情线上影像展和主题书法网络展，组织援鄂医疗队队员讲授线上团课，观看人数近30万。团省委在“广东青年五四奖章”和“两红两优”中特设抗疫类奖项，授予抗疫类先进个人和集体101个，深入挖掘青年典型。省少工委推出广东红领巾特色章“抗疫小卫士章”，向全省少先队员发出倡议：以抗击疫情的先锋和志愿者为榜样，做自觉配合的抗疫小卫士，做多才多艺的学习小标兵，做正向发声的防控小记者，做善于互助的暖心小伙伴。

第四节 加强与港澳台及海外青年的交流

2019年2月，中共中央、国务院印发《粤港澳大湾区发展规划纲要》。2021年9月和2022年6月，《横琴粤澳深度合作区建设总体方案》《全面深化前海深港现代服务业合作区改革开放方案》《广州南沙深化面向世界的粤港澳全面合作总体方案》相继发布，广东纵深推进粤港澳大湾区、深圳先行示范区和横琴、前海、南沙三大平台的建设。广东共青团引领南粤团员青年积极服务党和国家工作大局，充分发挥“窗口”优势，努力推进粤港澳大湾区青年工作。

一、粤港澳大湾区建设中的青春风采

习近平总书记十分关心粤港澳台及海外华侨青年的成长。2014年12月20日，习近平总书记来到澳门大学横琴校区考察。他勉励澳大学子大力弘扬爱国主义精神，继承爱国爱澳传统，自觉增强推进“一国两制”事业的历史责任感，珍惜青春年少的大好时光，创造有信念、有梦想、有奋斗、有奉献的人生。2018年10月24日，习近平总书记来到知名华侨学府暨南大学，在学校图书馆华侨华人文献馆同学生们亲切交谈。听到不少学生来自港澳台地区和海外，习近平总书记勉励他们好好学习、早日成才，为社会作贡献，把中华优秀传统文化传播到五湖四海。2020年10月14日，深圳经济特区建立40周年庆祝大会在深圳隆重举行。习近平总书记在会上发表重要讲话时强调，要充分运用粤港澳重大合作平台，吸引更多港澳青少年来内地学习、就业、生活，促进粤港澳青少年广泛交往、全面交流、深度交融，增强对祖国的向心力。2022年7月1日，在庆祝香港回归祖国25周年大会暨香港特别行政区第六届政府就职典礼上，习近平总书记强调，要引领青少年深刻认识国家和世界发展大势，增强民族自豪感和主人翁意识。要帮助广大青年解决学业、就业、创业、置业面临的实际困难，为他们成长成才创造更多机会。广东共青团紧紧抓住机遇，多措并举助力大湾区青年发展。

（一）加强顶层设计，形成湾区青年工作合力

粤港澳大湾区是在一个国家、两种制度、三个关税区、三种货币的条件下建设的，国际上没有先例。制度规则的差异是制约粤港澳三地融合发展的重要因素之一。团省委坚持全省“一盘棋”，积极联动港澳地区青年组织形成合力，从顶层设计上打通机制壁垒，实现湾区的统筹协调发展。

2017 年 7 月，广东省青年联合会联合香港青年联会、澳门青年联合会共同发起成立粤港澳大湾区青年行动联盟（以下简称“行动联盟”），签订《粤港澳大湾区青年行动框架协议》。行动联盟由粤港澳三地主要青少年机构组成，旨在促进青少年成长交流、创新创业、志愿服务、社会建设、绿色湾区、国际合作等领域深度融合发展，引领三地青少年共同投身湾区建设。11 月，行动联盟第一次联席会议在深圳举行，52 家联盟成员代表参加会议。此后，行动联盟定期召开联席会议，推动重大项目合作，定期发布重点活动及研究成果，通过制度建设，推动行动联盟合作健康有序开展。

2017 年 9 月，为推动、引导和规范青少年交流领域的港澳社团及其他境外非政府组织在粤活动，团省委、省青联被省公安厅吸纳为在粤活动境外非政府组织业务主管单位。团省委、省青联制定出台《关于青少年交流领域境外非政府组织在粤活动指引》，为青少年交流领域境外非政府组织在粤设立代表机构，进行临时活动备案提供服务。

2019 年 3 月，为充分发挥粤港澳大湾区青年工作协调机制作用，广东共青团统一战线暨粤港澳大湾区青年工作领导小组成立（以下简称“领导小组”）。领导小组定期研究港澳青年工作重要议题，加强统筹广东省特别是湾区城市青年统战联络工作，科学推进粤港澳青年交流合作、学业就业创业服务、骨干人才培养等工作项目。同月，领导小组召开第一次会议，深入学习贯彻习近平总书记系列重要讲话和重要指示批示精神，加强对广东省特别是湾区城市青年工作统筹，研究制定《2020 年广东共青团统一战线暨粤港澳大湾区青年工作方案》等多项文件，科学谋划部署推进交流合作、“四业”服务（学业、就业、创业、置业服务）、人才培养和专题调研等湾区青年工作。

2021 年，为统筹建设港澳台青年工作项目和阵地，团省委启动实施助力

港澳台青年融入湾区发展的“青融工程”。“青融工程”统筹全省港澳台青年工作资源、平台、渠道和项目，以“育人才、促交流、强服务”为工作牵引，开展青年英才计划、青年伙伴计划、青年服务计划，全面加强对港澳台青年的联络、服务和凝聚，引导港澳台青年踊跃投身“双区”和横琴、前海、南沙三大平台建设。

（二）实施重点项目，加强思想引领

广东共青团和青联组织围绕党和政府港澳台工作大局，充分发挥广东独特的地缘、人文优势，深入推进粤港澳台青少年交往、交流、交融，厚植港澳台青年爱国情怀。2001 年开始，“爱我中华”海峡两岸暨港澳大汇聚火车团每年组织海峡两岸暨港澳青少年赴大陆（内地）交流学习，活动超过 7500 人参与。2010 年以来，团省委联合港澳青少年社团组织，定期举办“薪火相传”香港青少年国民教育活动、“青春智汇粤港澳菁英大讲堂”、“同梦·同心”海峡两岸暨港澳青年梦想起航交流营活动、粤港大学生辩论赛等交流项目，持续推动粤港澳青少年交融交往、合作发展。2014 年，广东推出台湾青年岭南行品牌活动，作为广东践行“两岸一家亲”理念的实际行动，至 2022 年已成功举办九届，有力促进了两岸青年的交流融合。

2015 年，团省委、省青联推出“青年同心圆计划”，以“三情”（亲情、友情、商情）为核心，因地制宜地推动粤港澳台青少年同心同德、同心同向、同心同行。2015 年以后，为落实“青年同心圆计划”，团省委、省青联先后举办粤港澳青少年红色寻根之旅、粤港澳台青年走进“两个合作区”、粤港澳台青年企业家峰会、台湾青年岭南行海上丝绸之路文化探寻营、海峡两岸暨港澳青年大汇聚火车团、粤港澳大湾区青年节、纪念五四运动音乐会、粤港澳大湾区青年文体艺术节、海峡两岸暨港澳青年“云上过中秋”联欢、“知行湾区”粤港澳台青年交流计划等交流活动。“青年同心圆计划”帮助粤港澳台青少年打通“交心”“交友”的“最后一公里”，开创了粤港澳台青少年交往、交流、交融的新局面。

2021 年，团省委、省青联以建党百年为重要契机，强化思想引领工作，广泛凝聚港澳台青年力量。通过座谈会、培训班、文章推送等形式，组织青联港澳特邀委员及港澳台青年骨干深入学习习近平新时代中国特色社会主义

思想，参与红色寻访、共唱红色赞歌、录制公益直播等党史学习教育“七个一”活动。针对香港地区国家安全立法、全国人大涉港决定等重大事件，组织港澳特邀委员及港澳台青年社团发声力挺，在重大事件中增进港澳台青年思想认同。党的二十大召开后，省青联通过“青联大讲堂”、学习分享会等形式，组织港澳台青年研习党的二十大精神，掀起学习热潮，坚定港澳台青年对祖国统一和民族复兴的信心。

（三）推动港澳台青年融入湾区发展

推进粤港澳大湾区建设，是以习近平同志为核心的党中央作出的重大决策。广东共青团和青联组织按照中央关于港澳台工作的决策部署，依托青年工作品牌项目，创新举措，积极在学习、生活、就业和创业等方面支持港澳台青年融入湾区发展。

2018 年，为贯彻落实省委、省政府关于建设粤港澳大湾区青年家园的决策部署，团省委、省青联下发《关于建设粤港澳大湾区青年家园的通知》，着力构建服务港澳青年在粤工作的阵地依托。2019 年 2 月，中共中央、国务院印发《粤港澳大湾区发展规划纲要》，为港澳青年在内地创新创业就业提供更多机遇和更好条件。2020 年 6 月、11 月，团省委、省青联先后公布第一批、第二批青年家园。截至 2022 年底，37 家大湾区青年家园投入使用，其中内地 23 家，港澳地区 14 家。广州依托青年文化宫建设青年家园总部，并挂牌建设 62 家粤港澳青少年交流活动基地，以“前店后厂”模式打造专业的港澳青年服务窗口；深圳以前海深港青年梦工场为青年家园“头雁”，整合 12 家青年基地，建设“雁阵式”阵地体系助力港澳青年融入湾区发展；珠海青年家园——横琴·澳门青年创业谷多次举办澳门青年创业训练营、琴澳产学研合作对接会等活动，吸纳 80 多家澳门企业加入琴澳产业协同创新联盟。

服务创业就业是推进港澳台青年融入湾区发展的重头戏。2018 年，“创青春”广东省赛首次联合港澳青年社会组织，设立香港专项赛和澳门选拔赛，并在横琴、前海常态化举办青联、青企协、青商会活动，为青年在横琴、前海的创业就业牵线搭桥、连接资源。2022 年，“挑战杯”省赛充分发挥广东对外开放的特色，增设港澳台侨通道，吸引参赛项目 54 件，推动粤港澳台侨大学生科技创新密切交流融合。截至 2022 年，团省委、省青联累计联系和培育600余个港澳创业项目，举办多期线上粤港澳大湾区青年创新创业交流活动，搭建资源共享及经验分享平台；在大湾区举办青年创新创业交流营、“青创大讲堂”、“青创沙龙”、投融资对接会等活动，带领港澳青年参访创新创业基地、国际知名企业，为港澳青年提供创业培训。“中国青创板”积极为港澳青年进入内地发展搭建服务平台，加速港澳创业项目落地转化，特设港澳项目展示专区，为港澳青年创业项目及企业提供上板引导、上板仪式定制、媒体对接、宣传曝光、品牌管理、融资创赛、创业辅导、行业交流、孵化基地入驻等全程服务。

2022 年 4 月，省人社厅、省财政厅等单位印发《支持港澳青年在粤港澳大湾区就业创业的实施细则》，涉及支持港澳青年就业创业补贴、大湾区职场导师计划、购买港澳就业创业服务等内容。随着粤港澳大湾区通力合作推动人才交流，港澳青年逐梦大湾区日渐拥有更畅通的渠道、更宽广的舞台。香港科技大学（广州）获批设立并如期开学，新设广州南沙民心港澳子弟学校、东莞暨大港澳子弟学校，继续推进香港城市大学（东莞）建设；支持横琴、前海、南沙三大平台教育创新发展，推进港澳高校在大湾区内地合作办学，支持粤港澳高校开展人才联合培养；港澳居民或其随迁子女来粤接受基础教育，享受内地居民子女同等入学政策；组织粤港澳师生开展教研、体育、美术、音乐、创新创业、“中华经典诵读”和“学宪法讲宪法”系列交流活动。2022 年，全省各级各类学校港澳台在校生超 15 万人，规模全国最大。

2019 年 9 月 21 日，粤港澳大湾区青年举行庆祝中华人民共和国成立 70 周年交流活动

随着粤港澳大湾区融合发展加速，越来越多港澳台大学生希望来粤见习实习。广东共青团和青联组织积极为港澳台青年来粤学习、工作和生活提供多方面服务。2020 年 12 月，团省委、省青联、省工商联等单位共同启动“展翅计划”港澳台大学生实习专项行动，整合 300 多家广东大企业、行业领先企业等机构，提供近 900 个实习岗位，涉及金融、科技、医药等领域。该专项行动采用“先摸清需求，后开发配岗”模式，截至 2022 年，开发 2000 余家机构上万个优质岗位，吸引海内外 174 所高校、6000 多名港澳台学生报名。

2021 年 9 月，全国青联召开中央惠港青年措施宣讲会并正式公布相关措施八条。其中，广东推出的《粤港澳大湾区青年资讯通》（以下简称《资讯通》）、12355 港澳台青年服务热线、大湾区青年家园等三项举措纳入中央惠港青年的重要举措，作为港澳青年服务阵地，相互配合运行服务，更好地服务港澳青年融入湾区发展。《资讯通》系统梳理广东涉港澳青年政策及相关实用信息，涵盖社保、医疗、教育、婚姻、人才、就业、创业、住房、餐饮、交通、消费、旅游、娱乐、环保等14个方面内容，为港澳青年来粤学习、工作和生活提供指引，助力港澳青年融入湾区发展。与此同时，省青联联合湾区共同家园青年公益基金、中国银行（香港）、香港青年联会、澳门青年联合会共同推出“大湾区青年卡”，为港澳青年融入粤港澳大湾区城市提供便利。

港澳青年骨干是融入粤港澳大湾区发展的生力军。广东共青团、青联组织积极加强对港澳青年骨干的挖掘培养，发挥各级青联组织人才培育作用。结合青联组织换届、补选等工作，筛选吸纳一批港澳地区人士、基层青年、专家学者等加入组织；依托广东省团校粤港澳大湾区青年学院，加快打造面向港澳青年的教育培训课程体系；在省学联设立港澳台学生联络部，密切联系和重点培养来粤就读的港澳台青年大学生骨干。

团省委以志愿公益服务为纽带，积极搭建爱心桥梁，实现粤港澳公益资源的互通、互联、互助。“粤港澳大湾区志愿服务联盟”成立，大湾区各城市志愿服务组织积极参与，搭建起大湾区志愿公益团体合作网络和交流平台。省青基会与香港“苗圃”行动连续 20 多年开展合作，举办具有本土特色的“希望之路”“行路上广州”徒步筹款活动，累计募集公益资金 7000 余万元。

2020年，广东“i志愿”系统、注册志愿者证成功落地澳门，打通粤澳志愿者激励体系。此外，省志愿者联合会与澳门志愿者总会还签订粤澳两地志愿服务战略合作框架协议，共同促进大湾区社会治理和人文湾区建设。

同心抗疫彰显粤港澳大湾区勠力同心的同胞大爱。2022年1月，香港再次暴发疫情。团省委、省青联、省青基会发起“广东青年支援香港抗疫行动”，多渠道捐款捐物支援香港抗疫，并关心慰问在粤学习、工作和生活的香港青年。据不完全统计，全省共青团及青联组织通过各种渠道，募集价值超3500万元的4万余箱防疫物资驰援香港；团省委、省青联、省青基会支持香港新家园协会用于合作共建的在港13家大湾区青年家园，开展抗疫合作。在珠海疫情防控志愿者队伍中，活跃着澳门青年的身影。不少珠海市青联澳区委员以捐赠防疫物资、参与志愿服务等方式为疫情防控作贡献，澳门归侨总会积极组织在珠海的青年参与志愿服务，与珠海青年同心抗疫。

二、对外青年交流中的青春力量

（一）中外青年交流日益密切

广东是祖国对外交流的南大门。进入新时代，随着国家坚定不移推进高水平对外开放，广东共青团和青联组织多领域、多渠道开展青年对外交流活动，将“请进来”和“走出去”相结合，在推动中外青年友好往来中讲好中国故事。

广东牢牢把握“一带一路”倡议新机遇，推动和创新与国际青年的交流。组织国际青年、华侨青年来粤研习，引领他们成为“一带一路”文化的传播者、“一带一路”建设的践行者和“一带一路”青年友谊的建设者。2017年12月，团省委、省青联、省侨办联合主办“共建之路，对话未来——2017‘一带一路’青年新机遇论坛暨沿线国家杰出青年研习班”，探索广东与“一带一路”沿线国家青年加强对话协商、创新合作和人文交流的机制。2019年10月，由省人民对外友好协会、省青联、马来西亚沙巴马中联谊协会主办，韶关市人民对外友好协会协办的马来西亚沙巴州青年“一带一路”研习班在广州、韶关两地举行，以“一带一路”倡议及建设粤港澳大湾区为主题，开展课程教学及考察活动。

广东组织高质量青年交流活动，接待海外青年来访团，讲好中国故事。2017年9月，“中俄大学生创业孵化器”交流项目总结会在广州举办，来自中俄两国8个城市的100余名创业青年、创业导师和创业孵化机构代表参加总结会。国务院副总理刘延东与俄罗斯副总理戈洛杰茨代表两国出席总结会，肯定青年交流在中俄人文交流中的重要作用，并对深化两国在创新人才培养方面的合作提出殷切期望。2022年7月21日，世界青年发展论坛在北京开幕，国家主席习近平向世界青年发展论坛致贺信。当天，省青联在广州举办世界青年发展论坛广东分会场活动，贺信在外国留学青年和粤港澳台青年中引发热烈反响。

新时代以来，团省委、省青联先后接待印度青年代表团、太平洋岛国青年领袖研修班、拉美青年干部代表团、澜沧江—湄公河流域国家青年社会组织访问团、美国青年政治家代表团、联合塞舌尔党干部考察团、马来西亚大专青年协会等国际青年团体，接洽新加坡、古巴和阿联酋驻广州总领事馆总领事等来访，就促进青年在创新创业、文化艺术、经济贸易等领域的交流合作达成共识。随着国际青年领袖夏令营、中美青年创新创业与经济机遇论坛、中非青年广东大联欢、亚太青年领导力与创新创业论坛、亚洲青年领袖论坛等相继举办，广东青年的国际“朋友圈”持续扩大，国际交往的辐射力和影响力不断提升。

广东共青团和青联组织引导在华留学生深入中国社会，读懂中国故事。2020年8月，省青联、省学联组织35个国家数十名在粤外国留学生，前往广州、深圳、惠州等大湾区城市了解广东历史文化、风土人情、科技进步及经济发展等情况，感受广东魅力。2021年12月，团省委、省学联主办“青春情暖，知行广东”留学生研学交流活动，来自10个国家和地区的14名留学生参加活动，体验岭南文化风情。2022年5月，深圳市青联在前海深港青年梦工场承办上海合作组织青年交流营。8月，省青联协办“创享大湾区”2022 Z世代青年文化创客营，来自20余所高校的30余名内地及港澳学生，携手来自17个国家的20名国际留学生开启为期一周的湾区文化之旅。这些活动对帮助在华留学生感知中国传统文化，培养知华、友华、爱华的深厚情感起到积极作用。

"创享大湾区"2022 Z世代青年文化创客营充满广东魅力。图为中外青年在体验制作粤式点心

团省委、省青联坚持"走出去"，讲好中国故事。2019年4月，团省委、省青联选派代表参加第四届上海合作组织青年交流营，积极参与"筑梦丝路"青年创业国际论坛等大型青年多边活动。2021年，团省委、省青联组织青年代表赴欧美以及"一带一路"沿线13个国家访问，围绕青少年教育、公益服务、经贸往来、创新创业等开展交流，介绍我国疫情防控的有力措施，在国际舞台讲好中国抗疫故事。团省委、省青联还依托海外主流社交平台输出优质文创产品，对外讲好中国故事，展现更加真实、立体、全面的中国，提高国家文化软实力和对外影响力。

（二）服务海外留学青年返粤发展

广东共青团和青联组织高举爱国主义旗帜，广泛团结凝聚广东海外留学青年，切实为建设粤港澳大湾区青年人才高地服务。2015年12月，省青联等12家单位（企业）共同发起广东省海外留学青年联谊会（以下简称"省海青会"），聚焦海外留学青年群体，围绕服务实习就业、创新创业和交往交流等核心需求，以"磁铁计划""青航工程"和"引航计划"三大项目为依托，服务辐射百余所海外高校留学生，引导海外留学青年积极投身粤港澳大湾区建设。

2018 年 8 月，省海青会实施“磁铁计划”——广东海外留学青年人才服务引进计划，与牛津中国学联、剑桥中国学联等组织在五大热门留学国家合作共建“海外联络工作站”“海外服务枢纽站”十余个，广泛开展海外留学青年人才联络引进工作，为粤港澳大湾区建设招才引智，服务覆盖全球百余所高校、10 万余中国留学人员。同时，面向全球招募 100 名海外联络大使、海外联络员，搭建联络帮扶平台，通过海外华裔青年帮助有意来粤发展的留学青年人才到广东就业创业。2021 年，“磁铁计划”实施国（境）外高校学联联席会议机制，邀请政府领导、知名企业代表、国内高校研究院教授、各学联代表、海外联络大使及海外联络员参加季度联席会议，多方协同联动，推进海外留学青年人才引进服务，引导海归青年积极投身粤港澳大湾区建设。

2021 年 12 月，团省委、省青联启动实施促进海外留学生归国返粤发展“青航工程”。依托省青联、省学联及省海青会等，构建广泛联络服务海外留学生的工作格局，储备海外广东留学生优才资源。实施海外广东留学生伙伴计划，开展海外广东留学生文明行动，搭建海外广东留学生服务平台，引导海外留学生做爱国主义的坚守者、留学报国的实践者、中华文化的传播者、友好交流的先行者。

2022 年 9 月，团省委、省青联启动实施“引航计划”海外留学青年人才服务行动，采取“摸清需求、精准对接”的方式，首期吸引了来自 25 个国家（地区）126 所高校近 400 名留学生报名来粤发展，其中硕士生、博士生占比高达 88.9%。举办海外留学生专场招聘会及名企联合带岗直播，总曝光量达 13.2 万人次，吸引 83 所国（境）外高校学生累计投递 499 份简历。在线召开国（境）外高校学联联席会议 4 次，常态化谋划推进海外留学青年服务工作。

疫情发生以来，广东共青团和青联组织坚决贯彻落实习近平总书记重要指示精神，支援海外留学青年做好疫情防控。依托省海青会海外联络站等，广泛发动海外学联组织、海外联络员等采购口罩、防护服等防疫物资，向海外留学青年免费发放。配合全国青联举办中美青年抗疫经验线上分享会，邀请广东青年医疗工作者、企业家代表分享抗疫经验，探究国际疫情防控形势和未来经济发展趋势。

广东共青团和青联组织积极探索海外留学青年统战工作，不断加强青年的爱国主义情感认同。2021 年，以庆祝中国共产党成立 100 周年为契机，团省委、省青联发动 21 个国家和地区的 36 名海外留学生、港澳高校学生和在粤海归青年学习热议习近平总书记在庆祝中国共产党成立 100 周年大会上的重要讲话精神，增强海外留学青年对国家发展成就以及党的执政理念的认同感，并得到央媒关注和报道。党的二十大召开后，团省委、省青联迅速组织海外留学青年学习党的二十大精神，引起热烈反响。随着国家坚定不移推进高水平对外开放，教育国际化水平不断提高，海外留学青年的数量将持续增加，加强对出国留学青年的思想引领越来越成为新形势下青年统战工作的重要任务。

第五节 青年发展规划促进青年优先发展

2017 年 4 月，在习近平总书记亲自提议、亲自推动下，中共中央、国务院印发《中长期青年发展规划（2016—2025 年）》（以下简称“国家《规划》”）。这是新中国历史上第一个青年发展规划，是我国青年发展事业的重要顶层设计，充分体现了以习近平同志为核心的党中央对青年一代的亲切关心、对青年工作的高度重视。广东共青团以实施青年发展规划为抓手，践行青年优先发展理念，聚焦青年“急难愁盼”，拓展工作载体，增强政策协同，推进规划落实，不断增强青年的获得感、幸福感、安全感。

一、打造以青年发展规划为牵引的政策体系

（一）出台《广东中长期青年发展规划（2018—2025 年）》

2017 年 5 月，按照省委、省政府的部署，团省委牵头组成工作专班，启动广东青年发展规划的编制工作。工作专班开展深入调研，吸收兄弟省市编

制青年发展规划的先进经验，面向党政部门、专家学者、青年群众等广泛征求意见建议，与相关部门反复沟通，充分集中各方智慧，形成规划初稿。团中央认为初稿立足广东实际，在国家《规划》的基础上提出了具体管用的措施，“很好贯彻了党中央和国务院的相关要求，具有较强的针对性和开创性”，确保了青年政策的纵向衔接。

2018 年 12 月，省委、省政府发布《广东中长期青年发展规划（2018—2025 年）》（以下简称“广东《规划》”）。广东《规划》聚焦当前广东青年成长发展的迫切问题，提出包括青年思想道德、青年教育、青年健康、青年婚恋、青年就业与创新创业、青年文化、青年社会融入与社会参与、青年权益与预防犯罪、青年社会保障等 9 个领域共 42 项具体举措，逐条明确牵头单位和参与单位。根据广东《规划》要求，到 2020 年，符合广东实际的青年发展政策体系和工作机制初步形成，广东青年思想政治素养和全面发展水平进一步提升，在决胜全面建成小康社会、开启全面建设社会主义现代化新征程方面的生力军和突击队作用得到充分发挥；到 2025 年，具有广东特色的青年发展政策体系和工作机制更加完善，广东青年思想政治素养和全面发展水平明显提升，成为志存高远、德才并重、情理兼修、勇于开拓，堪当实现中华民族伟大复兴中国梦历史重任的新时代青年。

与国家《规划》注重宏观性、战略性相比，广东《规划》是承上启下的关键层级，是对地市级乃至县级进行政策传导的“中继站”，既与国家《规划》一脉相承，保持了纵向衔接性，又结合广东青年工作与青年实际，遵循了政治性、适地性、适度性和前瞻性四个导向。广东《规划》在发展领域、发展目标、发展措施、组织与实施方面，要求建立规划实施的部门联席会议机制，明确地级以上市也要制定相应规划，并对保障青年发展投入、建立指标监测机制、协调推进和督导落实等提出要求。

（二）推动广东《规划》落实

广东《规划》出台后，团省委牵头推动运转机制设计，为政策落实提供坚实基础。各级党委抓青年工作的力度明显加大，党管青年的机制不断健全。2019 年 10 月，广东印发省级青年工作联席会议制度和联席会议名单，明确省委分管领导和省政府联系工作领导担任联席会议召集人，22 家单位为联席会议成员单位，清晰梳理各自在规划实施过程中的职责任务。2020 年 10 月，成员单位增至 25 家，在青年统战、青年创新创业、青年均衡发展、港澳青年工作等具有广东特色的青年工作领域，确保都有相应的职能部门深度参与，保证与各领域既有的政策实现有效衔接。

2020 年 9 月，广东省中长期青年发展规划实施工作联席会议第一次全体会议在广州召开。会议通过了联席会议成员单位职责任务分工、规划统计监测指标、首批青年民生实事项目等文件。首批青年民生实事项目共分 7 大类 14 小项重点项目[1]，围绕青年普遍性需求，围绕重点青年群体成长发展刚需，围绕青年建功立业需求，立足“党政所急、规划所需、青年所盼”，以具体举措服务中心大局，促进青年发展。联席会议召开后，省委常委会会议、省政府常务会议多次听取青年工作汇报，研究青年重大议题。省联席会议召集人多次批示规划相关工作，各地市、试点县（市、区）党委及规划办（团委）迅速贯彻落实批示精神，推动青年发展规划纳入市党代会、市政府工作报告。省委党校和多个地市党校将党的青年工作理论纳入主体班课程，引导党政领导干部学习掌握运用党的青年工作理论和政策。2021 年 4 月，省政府印发《广东省国民经济和社会发展第十四个五年规划和 2035 年远景目标纲要》，明确提出深入实施广东《规划》，促进青年全面发展。9 个成员单位将促进青年发展内容纳入行业“十四五”专项规划，省公共服务“十四五”规划将促进青年群体发展纳入公共服务体系建设。2021 年 12 月、2022 年 12 月，广东省中长期青年发展规划实施工作联席会议第二次、第三次全体会议先后召开，不断推动广东《规划》落地落实。

各项机制落实与顺利运转关系到规划实施的效果。团省委积极协调抓总，发挥联席会议机制作用，强化部门联动和政策协同。主要做法有三个：一是

[1] 首批青年民生实事项目包括：广东省12355青少年综合服务平台、《广东省青年创新创业促进条例》出台、“展翅计划”——广东青年就业能力提升行动、“攀登计划”广东大学生科技创新能力提升行动、青年创业基地建设、县县都有青少年活动中心（青少年宫）、社区青年之家（社区青年志愿服务站）建设、高校毕业生“三支一扶”项目、山区计划“希望乡村教师计划”、大学生志愿服务西部计划、山区计划“一校一青少年事务社工”专项、新时代广东乡村青少年健康成长“两帮两促”行动、高校应届毕业生住房保障服务、“圆梦计划”——广东省新生代产业工人骨干培养发展工程。

初步建成省、市、县三级青年工作联席会议机制。截至2022年底，全省21个地市、126个县（市、区）和中山、东莞各镇街均已建立联席会议机制。19个地市出台市级中长期青年发展规划，各级党委抓青年工作的力度明显增大。二是形成全省各级青年工作联席会议成员常态化沟通协调机制。省规划办多次发文问询，发布多期规划简报，多次拜访、常态化沟通联席会议成员单位；25家联席会议成员单位按照职责任务分工，推进全省青年工作高质量发展；各级规划办按照重点任务“三张任务清单”，推动召开年度联席会议，审议青年工作重大议题，出台标志性青年发展政策，促进全省各级青年工作联席会议机制有效运转。三是形成具有广东特色的中长期青年发展规划统计监测指标工作机制。完成2018—2020年监测指标数据采集工作，形成统计监测报告，通过40个指标数据反映全省青年思想道德、教育、健康等九大发展领域主要进展。

一批试点单位积极发挥先行先试作用。2020年12月，团中央扩大青年发展规划县级试点实施工作，深圳市宝安区、江门市鹤山市、中山市石岐街道入选全国规划实施第二批试点县（市、区）名单。2021年12月，为扩大试点示范带动作用，广东省中长期青年发展规划实施工作联席会议办公室（团省委）确定19个县区级行政区、4个乡镇街道级行政区和1个功能区共24个地区为中长期青年发展规划实施省级综合试点。各成员单位共同发力，出台27项措施支持试点工作。

（三）开展青年发展型城市建设试点

在青年发展规划实施过程中，各地对建设有利于青年发展的城市环境的积极性很高。越来越多的城市从简单的“招商引资”转向积蓄内在动能的“招青引智”，积极践行青年优先发展理念，实现青年高质量发展和城市高质量发展相互促进。早在2017年9月，中共深圳市委六届七次全会即提出推动青年发展型城市建设，对城市发展与青年发展关系予以全新定位，开启了建设青年发展型城市的探索。

2021年12月，广东省中长期青年发展规划实施工作联席会议第二次全体会议提出“打造‘青春湾区’粤港澳青年发展型大湾区，示范带动‘活力广东’青年发展型省份”的战略目标，发布支持打造“青春湾区”粤港澳青年发展型大湾区的16条举措，并将其纳入粤港澳大湾区2022年重点工作安排。

2022年5月，省第十三次党代会报告首次提出“开展青年发展型城市建设试点”，充分体现省委对青年发展的高度重视和大力支持，释放出党管青年、高位推动青年与城市共同发展的强烈政策信号，对于推动青年发展规划纵深实施具有重大意义。截至2022年底，全省21个地市将青年发展相关内容纳入党代会报告，其中12个地市党代会报告明确提出建设“青年发展型（友好型）城市”。

2022年6月，中宣部、国家发改委、团中央等17部门印发《关于开展青年发展型城市建设试点的意见》，提出青年发展型城市建设的指导思想、基本原则、适用范围和目标任务。中长期青年发展规划实施工作部际联席会议办公室公布了全国青年发展型城市建设试点和青年发展型县域试点名单，广州市、深圳市、佛山市、东莞市4个地市成为试点城市，汕头市澄海区、湛江市赤坎区、肇庆市德庆县、惠州市惠城区、汕尾市城区、清远市清城区等6个县（区）成为试点县域，广东成为全国入选地区最多的省份。广东加强统筹协调和沟通联系，有力有序指导各地市推动试点工作开局起步，发挥试点的示范引领作用，鼓励其他非试点地区积极开展青年发展型城区建设，探索从政策和项目层面入手出真招、出实招，在青年宜学、宜居、宜业等方面，形成一批可复制、可推广的实践经验。

二、推动青年民生实事的落实

（一）12355平台守护青少年成长

广东是全国最早开通12355热线的省份之一。2004年以来，团省委着力将12355热线打造成广大青少年的“解忧线”“希望线”“维权线”。2017年，为解决全省各地市12355热线服务标准不统一、水平参差不齐、青少年体验感差、社会感知度低、不利于大数据收集分析等问题，根据团中央建设“国家级示范性青少年综合服务平台”要求，团省委推进广东省12355青少年综合服务平台（以下简称“广东12355平台”）建设。2017年7月，团省委在全国率先打造全省统一接听的12355青少年综合服务热线，21个地市的热线纳入省台统一接听，面向全省青少年提供无差别、同标准、高品质的心理咨询、法律援助、困难救助等服务。2018 年 11 月，中共中央政治局委员、省委书记李希对广东 12355 平台作出批示，充分肯定广东 12355 平台的做法。2019 年 8 月，团省委联合省法援局成立省 12355 法律援助工作站。广东 12355 平台建立以来，先后被民政部、团中央认定为“全国未成年人保护专线示范点”、“国家级示范性青少年综合服务平台”、全国“12355 区域中心”。

2020 年 8 月，全国 12355 青少年服务台建设工作推进会在广州举行，参会代表听取广东等省市的代表作经验汇报并实地观摩广东 12355 平台。2021 年，为落实团中央《关于加强新时代 12355 青少年服务台建设的意见》及全国 12355 区域中心建设要求，广东 12355 平台坚持省域统筹，采用“统一受理、分类处置、分级跟办、线下服务”模式，每天 24 小时面向青少年提供一体化服务，全年无休，扎实推进 12355 区域中心建设，充分发挥全国 12355 区域中心协调作用，推动优势服务资源区域共享。2022 年 3 月，广东 12355 平台被确定为全国首批防疫心理咨询热线之一，同月被命名为“第八批广东省学雷锋活动示范点”。2022 年，广东 12355 平台再次被团中央评为全国“12355 区域中心”，平台五周年工作报告获团中央、省委领导批示肯定。打造全省统一接听的 12355 青少年服务热线，也成为 2023 年广东十件民生实事之一——“提高惠企利民服务便捷度”的一部分。

为切实保障区域中心高效运转，团省委不断采取措施加强广东 12355 平台建设：在指导平台规范化建设方面，出台《关于加强广东 12355 青少年综合服务平台建设的实施意见》；在坚持公益化服务方面，联合省市律师协会、心理协会、高等院校，组建了由执业律师、心理咨询师、大学生组成的志愿服务团队，并实施动态管理；在坚持市场化运营方面，向社会公开招标，引进电信运营商负责平台的网络、设备等基础设施，由专业运营服务公司实施平台的日常运作；在坚持智能化发展方面，将平台与“智慧团建”“i 志愿”等团属服务平台互融互通，汇集多平台 1700 多万名青年成长“云数据”，形成青年成长“大数据库”。此外，逐步探索运用“云坐席”“语音识别”“机器辅助（机器人）”等智能化工具，推动平台向智能化转变。

发挥统筹功能，持续完善区域中心机制建设，是平台有效运行的关键所在。为此，团省委采取了以下措施：一是完善跨区域协同机制。建立个案跨系统跨部门办理、跟踪督办机制，实现闭环处理并将个案办理情况纳入预防青少年违法犯罪考核内容；充分发挥全国 12355 区域中心作用，解答周边省份青少年来电咨询，统筹协调相关省份高质量办理青少年个案。二是健全跨部门协调机制，分别与 110 公安报警电话、12348 法律咨询热线、12338 妇女维权热线、12351 工会热线建立互联机制，实现台账及工单信息系统互联互通。三是落实青少年个案包案制。创新推出青少年个案包案制，采取“省市联办、领导领办、包案到人”的模式，将个案分派到具体人员跟踪办理，提升青少年个案服务质量。

服务质量和专业水平是平台发挥效能的核心因素。广东 12355 平台突出重点，狠抓质量，不断提升服务质量水平：一是注重服务能力提升。平台通过集中培训、同辈督导、经验交流会等方式提高志愿者专业能力。二是深化品牌服务项目。以“中高考减压”“青春自护”“健康守护行动”等品牌活动为抓手，积极发动全省各级团组织开展主题活动。三是加强服务阵地建设。推动全省各级团委通过新建团属阵地或依托现有团属阵地，建立市、县（区）本级直接管理运作的 12355 线下服务阵地，提供优质线下服务；联合多家高校共建“12355 健康志愿驿站”“12355 青年实践基地”。四是完善服务绩效评价体系。制定包含服务响应、服务规范、服务效果和服务保障的评价体系，建立月度通报及督导机制，不断完善青少年服务评价闭环管理。

（二）就业服务体系帮助青年就业

2013 年，为提高大学生就业创业能力，团省委联合多单位启动“展翅计划”广东大学生就业创业能力提升行动。作为共青团服务大学生就业创业工作的一项创新性探索，“展翅计划”受到省委、省政府的高度重视和大学生的欢迎。2022 年，为适应新形势需要，推动“展翅计划”固本、扩面、提质、增效，团省委实施“展翅计划”促就业行动，一方面巩固工作成果，进一步建立健全大学生就业服务体系，完善大学生职业成长机制，培育一批大学生技能人才；另一方面增强全省联动，提升工作成效，擦亮工作品牌，提升项目影响力和扩大项目覆盖面，多措并举助力各重点青年群体稳就业。“展翅计划”全年为不少于 10 万名青年对接就业信息、提供职业指导和成长服务，推动不少于 10 万名大学生参与实习、见习和基层服务。2022 年 3 月，“展翅计划”纳入粤省事、粤商通等平台，超过45万人次通过粤省事进入“展翅计划”专区，得到就业创业服务。

广东共青团着力对大学生开展择业观、就业观引导，帮助大学生正确求职择业，将个人理想融入党和国家事业，最大限度地实现人生价值。“展翅计划”主要从两方面入手开展规范化引导：一方面，开展线上引导。组建“展翅计划”青年职业成长导师团，搭建“职聊室”职业咨询线上专区，开发录制“职场小课”职业指导课程，丰富职业测评功能服务，设立“12355-5”职业咨询热线，为大学生提供一对一职业指导服务。另一方面，积极引导青年到基层就业。以实施西部（山区）计划志愿者就业专项行动为契机，针对有就业、培训或升学意向的青年志愿者开展一对一就业指导、就业推荐、职业综合能力测评、简历优化、在线学习培训等服务，开展择业观引导及辅导服务，帮助青年实现就业对接。

广东共青团通过常态化开展职业技能培训，提升青年专业技能和就业能力。“展翅计划”实施期间，以寒暑假为重点时段，开放党政机关、事业单位、大型国企、基层一线和优质民企等各类优质实（见）习岗位，帮助大学生上岗实（见）习。其中，推动党政机关和事业单位以职工人数10%的比例提供实（见）习岗位。与全国大学生服务平台“易展翅”合作，帮助大学生找实习、找培训、找工作。

2018年，省委、省政府全面实施“粤菜师傅”“广东技工”“南粤家政”三项工程，以小切口入手，解决就业增收、技能人才短缺、家政服务民生痛点等大问题。广东共青团积极探索三项工程青年人才培养工作路径，结合“两帮两促”乡村青年促就业行动，联合行业龙头企业开展技能人才培养；持续举办省级“领头雁”农村青年人才培训示范班及市县级农村青年人才培训班，做好农村青年人才技能提升培训。

分类施策，强化帮扶，广东共青团系统化帮扶重点青年群体稳就业。针对毕业生群体，重点实施“展翅计划”高校毕业生促就业专项行动，采用“空中双选会”、线下校园招聘会、直播带岗及“云服务月”等形式，持续开展线上线下供需对接活动。推动“展翅计划”项目上线粤省事，提供高效便利就业服务。针对港澳青年群体，落实团中央惠港工作要求，搭建港澳青年实习就业服务平台，开展“展翅计划”港澳台大学生实习专项行动。此外，针对退役军人群体，团省委于2021年联合省退役军人事务厅举办社会工作能力提升培训班、全省乡镇（街道）退役军人服务站工作人员职业能力提升培训班，帮扶退役军人就业。

（三）安居计划着力保障青年住房

习近平总书记指出：“住房问题既是民生问题也是发展问题，关系千家万户切身利益，关系人民安居乐业，关系经济社会发展全局，关系社会和谐稳定。”住房问题是民生之本，关系包括广大青年在内的群众的幸福感。2020年12月，为让青年有房住、住得起、住得好，团省委联合省住建厅在全国率先推出“青年安居计划”——高校应届毕业生住房保障服务行动，并将其纳入广东省中长期青年发展规划实施工作联席会议第一次全体会议通过的《广东青年民生实事项目（首批）》，按照“实物保障+货币补贴+社会化补充+信息化建设+行业规范”思路，推动公租房、人才房政策，推出优惠住房、青年驿站等建设，实实在在帮助青年解决操心事、烦心事。

“青年安居计划”积极探索保障高校应届毕业生住房的办法：

一是从政策倡导上破题探路，凸显住房的青年民生属性。设定每年新增供应的保障性租赁住房面向高校应届毕业生的比例，以青年发展规划联席会议的名义，统筹全省及各地市有关单位力量，通过“货币+实物”的保障方式，多渠道为高校应届毕业生谋住房福利，为解决高校应届毕业生住房问题提供政策依据。

二是从信息渠道上加强统筹，破除市场的信息“孤岛效应”。依托广东12355平台，搭建“青年安居”信息查询系统，为青年提供最新的住房政策和资讯，提供即时免费咨询服务。截至2022年，“青年安居”信息查询系统二期优化已完成，推出保障性住房、人才房9953套，对接信息服务超过30万人次。

三是从住房供给上整合资源，打造保障和补贴创新模式。项目围绕“实物保障”与“租赁补贴”进行探索，整合社会资源，专门搭建青年驿站。截至2022年，广州、深圳、珠海、汕头、佛山、惠州、东莞、中山等地市创新模式，建设青年驿站，共计提供1326个床位，入住服务超1万人次，为求职的高校应届毕业生提供最长 7 天的免费住宿，并提供岗位推荐、就业辅导、职场提升、政策咨询等“一站式”服务。

四是从市场机制上探索创新，调动社会多元主体积极性。联合省建行、住房租赁协会等，专门面向应届毕业生推出优惠社会化租赁住房 9500 余套，覆盖广州、佛山等多个区域。

此外，从聚集区域上集中发力，为青年发展提供精准服务。推动建立“青年之家”、社区志愿服务站等服务阵地，为青年提供“送到家”的文化学习、体育健身、休闲娱乐、婚恋交友、志愿公益、创业就业等各类服务。

（四）“粤团聚”服务青年婚恋交友

婚恋交友是重要的青年民生问题，也是共青团组织服务青年的传统优势项目。2014 年 8 月，广东共青团启动“粤团聚”项目，并开通“粤团聚”网站，以“平台 + 活动 + 服务”推动项目化、市场化运转。整合机关、事业单位、国有企业等资源，引入婚恋产业链条上的餐饮、娱乐文化、婚纱摄影等企业为广大青年提供婚恋优惠服务。按照团组织隶属关系，依托各级团组织负责人对注册的单身青年进行严格的资料审核及身份认证。线下采取“团委搭台、企业运作、公益为本”的方式，动员全省各级团组织突出共建共享理念，针对不同行业、群体，常态化开展以“粤团聚·粤幸福”为统一主题、统一标识、统一形象展示的活动，举办统一品牌形象、形式多样的线下婚恋交友活动及集体婚礼。

随着青年对婚恋交友活动形式及内容需求的多样化，广东共青团利用元宵、七夕等节点契机，以开展统一行动周、统一行动日为抓手，联动 21 个地级市团委开展各类主题的婚恋交友活动，如七夕期间，地市团委开展“旅游 + 相亲”交友拓展、机关单位联谊、青年交友音乐节等活动，受到青年热烈欢迎。与此同时，地市团委结合地方工作特色，打造针对性的婚恋交友服务品牌，如开展“粤团聚”植树护水公益主题交友活动，推出“政府主导 + 社会化运作 + 专业化服务”的联谊交友服务，成立“兼职红娘队伍”、组织“旅游 + 相亲”浪漫嘉年华、举办青年玫瑰节、依托“青年之家”定期开展社区相亲活动等，服务青年婚恋交友刚需，为“粤团聚”品牌注入新活力。

（五）“青春情暖”“暖冬行动”关爱青少年

2011 年冬，为向广大青少年传递党和政府的温暖与关怀，广东共青团启动“青春情暖”行动。其后，“青春情暖”行动逐渐成为广东共青团岁末年初青年民生实事的品牌项目。截至 2022 年底，该项目平均每年筹集慰问资金和物资近千万元，开展关爱活动超过 4000 场次，直接慰问青少年 30 万人。

各级团组织充分发挥广泛联系青年的组织优势，科学分配资源，以残障青少年、外来务工人员子女、农村留守少年儿童和青年环卫工人等四类群体为送温暖主要对象，分类开展关爱活动。“阳光行动”为残障青少年送关爱，提供就业创业支持；“朝阳行动”依托青少年服务阵地开展感受城市、学业辅导、自护教育、亲情陪伴、爱心捐赠等主题活动，为外来务工人员子女、农村留守少年儿童送去文具礼包及节日祝福；“南粤会亲”向困难家庭青少年提供社会各界热心人士的捐助；“感谢有您”行动邀请热心企业家、机关干部、志愿者组成温暖小分队，采取“扫街”方式慰问春节期间坚守岗位的环卫工人和保安，为他们送上节日礼包；“校园直通车”为困难大学生提供免费直通家乡的大巴；“青年文艺家巡演”组织省青年文艺家协会骨干随“福彩育苗号”流动教学车进乡入村，给贫困地区农村留守儿童送去教育资源，开展文艺演出。

广东共青团发动社会力量，全面参与志愿服务春运“暖冬行动”。线上依托“i 志愿”系统发布志愿活动，线下联合交通运输、铁路、中石化等部门和企业联合开展志愿服务春运“暖冬行动”，在火车站、汽车站、机场等场所为返乡及节后来粤务工人群提供乘车（机）指引、协助搬运行李、人群疏导、照顾老弱病残母婴旅客等志愿服务，为“摩托大军”等外来务工青年提供热水、手机充电、应急电话、应急医疗、摩托车充气、哺乳区等免费服务。春运期间，“暖冬行动”严格按照倡导发动、安全第一，因地制宜、大站为主，精简岗位、优化服务的原则，关注志愿者的个人防护及其他保障，稳妥开展送温暖活动。

广东大学生志愿者在火车站为春运出行旅客服务

（六）服务新兴青年群体

随着青年生活方式、社会组织形式和从业方式的改变，新的社会环境逐渐培育出新兴青年群体。做好新时代新兴青年群体工作，是习近平总书记和党中央交给共青团的重要政治任务。广东共青团把做好新兴青年群体工作作为落实“两个维护”的具体体现。一方面，在聚集程度较高的新兴青年群体中，建立与共青团关系密切的青年组织，延伸团的活动和服务；另一方面，注重分层分类开展学习培训、主题教育、国情考察和社会实践等，挖掘培育青年骨干并及时吸纳。

2017 年 5 月，团中央实施新兴青年群体“筑梦计划”，着力帮助签约作家、自由撰稿人、独立制片人、独立演员歌手、自由美术工作者和新社会组织从业人员等新兴群体中的青年实现素质提升、职业发展、社会融入等。6 月，团深圳市委在省内率先组织开展新兴青年群体“筑梦计划”交流活动。其后，广东共青团不断深化实施“筑梦计划”，联系、凝聚、服务、引领新兴青年群体，使其工作实现新发展。

2017 年至 2021 年，团省委不断探索加强新兴青年群体组织覆盖和工作覆盖的路径举措：一是在各级青联企业家委员企业及青企协、青商会会员企业中率先建立团组织，形成示范效应；二是推进“两新”组织建团，制定《广东省新经济组织和新社会组织团建“三个百分百”工作方案（2019—2020年）》，力争实现“两新”组织中已建党组织的百分百建团、大中型非公企业百分百建团、青年集中的社会组织百分百建团；三是抓好新兴青年群体建团工作，着重推进“快递小哥”、网约车司机、网络内容原创者等个体自由职业者的建团工作，以行业团工委建团、“青年之家”覆盖等多种灵活方式覆盖建团。

2022年7月，广东共青团实施“千联万聚常引”项目，分级分类建立新兴青年群体人才库，进一步加强联系、凝聚、服务、引领。广东共青团进一步扩大荣誉表彰对新阶层青年的覆盖，针对新群体开展评选活动，发挥青年榜样的示范引导作用；不断提高新阶层青年在青联委员中的比例；发挥团属青年组织的凝聚作用，推动成立广东省海外留学青年联谊会、青年文艺家协会、青年书法家协会等，扩大对新阶层青年群体覆盖。

此外，广东共青团还通过积极实施“领航100”、“青创100”、“领头雁”工程、“挑战杯”、“创青春”等项目，服务新兴青年群体创新创业。积极推荐新阶层青年优秀代表成为人大代表、政协委员，畅通新阶层青年参政议政渠道。鼓励引导新阶层青年将个人发展与青少年事业、与共青团组织、与区域发展联系起来，热心公益、奉献社会，发挥青春正能量。

（七）打造希望工程品牌新矩阵

2019年11月，习近平总书记在对希望工程实施30周年的寄语中强调共青团要把希望工程这项事业办得更好，努力为青少年提供新助力、播种新希望。广东希望工程从捐资助学、援建希望小学等解决学生“上学难”问题的1.0版本，发展到实施“南粤会亲”“幸福厨房”“希望家园”等服务困难青少年成长的2.0版本，进入新时代后，再发展到实施“希望乡村教师计划”、助力实现“教育均等化”的3.0版本，深刻把握不同时期青少年需求的变化，深入挖掘希望工程传统品牌的时代内涵，实现工作重心向关注“人”转变，推出一系列具有鲜明时代特色的创新品牌。

红领巾基金创新组织化动员参与公益新模式。2011年5月，团省委、省少工委、省青基会发起成立全国第一个以少先队员爱心压岁钱捐赠和社会募集为主要资金来源的少先队基金——广东红领巾基金。2020年，省青基会联合各地团组织先后成立 14 个地方性专项基金，组建红领巾基金矩阵，实施精细化管理、科学化运营，推动希望工程事业不断壮大、形成体系。截至 2022 年 3 月，广东红领巾基金累计帮助乡村援建“幸福厨房”204 间、“希望家园”583 所，成立鼓号队 987 支。

“互联网 + 公益”高效率化解青少年“急难愁盼”问题。省青基会聚焦因病致贫、因病返贫这一脱贫路上的“拦路虎”，联合广东省 12355 青少年综合服务平台、粤省事和多家爱心医院等共同发起“广东青少年大病救助工程”项目，利用互联网构建起希望工程“及时雨”个案救助平台，创新大病救助“公益配捐”模式，帮助家庭经济困难患病青少年有效解决医疗费问题。截至 2022 年 3 月，该项目上线筹款项目 249 个，惠及 355 个患者家庭。

截至 2022 年底，省青基会成立 28 年间共资助困难学生 22.6 万人次；援建希望小学 890 所，建设“幸福厨房”459 间、“希望家园”589 所；举办十二届“南粤会亲”活动，累计结对帮助 34746 名困难学子，资助金额超 5300 万元；选派“希望乡村教师计划”项目志愿者 4262 名，实施重大疾病救助 1518 例，筹资和资助规模走在全国前列。

2020 年 12 月 26 日，受助学生参加第十一届希望工程“南粤会亲”活动

三、综合施策维护青少年合法权益

（一）预防青少年违法犯罪

习近平总书记高度重视未成年人保护工作，作出一系列重要论述，为广

东做好新时代预防和治理青少年违法犯罪工作提供了根本遵循。进入新时代，省委、省政府对预防和治理青少年违法犯罪工作作出部署，各地各有关部门扎实履职尽责，加快推动党政主导、部门协同、社会参与的预防和治理青少年违法犯罪工作体系建设，取得了积极成效。

一是注重顶层设计，在推动法规制度体系建设方面有新突破。2013 年，团省委履行牵头单位职责，推动省综治委预防青少年违法犯罪专项组纳入省综治委八个专项组；2017 年，团省委推动出台《关于进一步深化预防青少年违法犯罪工作的实施意见》；2022 年 2 月，团省委联合省委政法委、省高院、人民检察院等单位，以省委平安建设领导小组的名义印发《关于扎实推动广东省预防和治理未成年人违法犯罪工作的若干举措》，以硬指标推动各级职能部门充分履职。

二是聚焦重点难点工作，综合治理体系建设有新进展。团省委依托 12355 热线、粤省事“心理咨询”小程序，打造全省统一的青少年综合服务体系，开展接听青少年来电、线下服务青少年个案、处置危机个案、劝导闲散青少年重返校园等工作，为青少年及家长提供心理咨询、法律援助等服务。联合省委政法委在全省 58 个县（市、区）、116 个社区（村）开展“青少年零犯罪零受害社区（村）”创建试点工作。2017 年至 2021 年，5 年来评选出 39 个国家级青少年维权岗和 154 个省级青少年维权岗，着力打造一支政治素质过硬、业务能力精良的基层维权队伍。

三是引导基层创新创先，试点打造地市特色服务。团深圳市委先行先试，打造青少年事务社会支持体系，制定全国首个专门针对青少年事务社工的地方标准《青少年事务社会工作专业人才培养规范》，成立全国首个青少年事务社工学院，首创“涉罪青少年全链条帮教”，将社工帮教贯穿刑事诉讼全过程。2021 年，团深圳市委被最高人民检察院、团中央确定为全国未成年人检察工作社会支持体系示范建设单位。

（二）关爱重点青少年群体

做好重点青少年群体的关爱帮扶，关系到青少年群体整体性的健康成长，是平安建设的一项源头性、基础性工作。共青团组织是协助政府管理重点青少年群体的一个治理主体，促进重点青少年群体的服务管理与有效防控，维护社会的和谐稳定，是共青团的一项重要工作任务。进入新时代，广东共青团通过建立治理重点青少年群体违法犯罪方面的制度化、社会化和常态化的新格局，关爱帮扶重点青少年群体。

2013 年至 2016 年，省综治委预防青少年违法犯罪专项组联合相关厅局共同制定并实施《“阳光行动——广东省青少年健康成长守护工程”三年行动计划（2013—2016 年）》，分三批次开展重点青少年群体服务管理和预防犯罪重点县（区）推进工作，为重点青少年群体提供教育、帮扶、矫治、管理、普法等服务。

2014 年 9 月，为做好青少年社区矫正帮扶服务，团省委、省司法厅联合印发《关于做好共青团参与青少年社区矫正试点工作的通知》《关于进一步做好青少年社区矫正教育帮扶工作的指导意见》《关于全面开展共青团参与青少年社区矫正工作的通知》等文件，在全省 21 个地市全面铺开共青团参与青少年社区矫正工作。2016 年，广东共青团采取政府购买服务的方式，积极培育、凝聚专业社会力量参与社会治理，广泛开展共青团参与青少年社区矫正工作的探索与实践。2017 年，团省委联合省司法厅在粤东、粤西、粤北 12 个地市实施“伙伴同行”青少年社区矫正帮扶计划，联动珠三角优秀社会组织帮扶粤东、粤西、粤北社会组织，开展 25 周岁以下青少年社区矫正工作，以完善青少年社区矫正本土化工作模式。

“伙伴同行”有效推动了广东欠发达地区青少年社会服务的创新发展：一是搭建了团委、司法与社会组织合作平台，撬动了当地青少年社会服务资源；二是发挥了群团优势，凸显共青团参与基层社会治理作用；三是培育了粤东、粤西、粤北地区本土青少年社区矫正专业人才，结对帮扶模式提升了其专业能力。截至 2022 年 12 月，“伙伴同行”完成重点个案、典型案例的建档、探访、帮扶等工作，累计帮助 972 名青少年就业、105 名青少年就学。

（三）开展禁毒宣传教育

青少年是毒品的“易感人群”，“事前预防”的策略效益最高。2015 年以来，为贯彻落实省委、省政府关于禁毒工作的部署要求，团省委联合省公安厅等单位，以全民禁毒工程为引领，充分发挥共青团组织优势和群众工作优势，通过建机制、抓重点、广发动、强队伍，动员全省 2.8 万个团支部和 946 万名志愿者多措并举、扎实开展青少年毒品预防教育工作，有效覆盖910万名青少年，取得了良好成效。

一是建章立制，务求长效。省、市、县三级团组织将青少年禁毒工作纳入年度考核内容，并主动与省综治委办公室沟通，将青少年禁毒工作社会化纳入市、县（区）、镇（街）三级综治目标考核“预防青少年违法犯罪”部分内容。省级积极筹措资金，为全省21个地市及6个重点涉毒县（区）团委拨付禁毒宣教工作经费。二是打造品牌，扎实推进。推动省、市、县（区）、乡（镇）四级联动，在全民禁毒宣传月期间，创新开展“百县禁毒行”。三是创建平台，凝聚力量。团省委牵头成立全国首个省级青少年禁毒公益服务联盟，以购买服务、项目合作的方式实施一批禁毒宣教公益项目。依托“益苗计划”——广东省志愿服务组织成长扶持行动暨志愿服务项目大赛，广泛发动社会组织、高校社团、志愿者队伍通过大赛申报项目、争取资金。开展广东省青少年禁毒暨法治宣传创意大赛，面向全省征集青少年禁毒及法治主题创意作品。四是着眼长远，培养人才。对全省团干部、社工、志愿者、高校代表等青少年禁毒精英、骨干开展系统培训，省市联动轮训，培育建立一支超2000人的专业禁毒工作人才队伍。五是狠抓基层，压实责任。团省委连续三年筹措专项经费支援基层县区禁毒工作。各地市团委联合禁毒办、教育局等部门，面向全省普通高校、中等职业学院、普通中学开展禁毒宣传进校园巡展活动。

国家禁毒办、省禁毒办多次专刊通报表扬广东共青团系列工作做法。团省委联合省禁毒办开展2021年、2022年广东省中学秋季开学禁毒团课第一课，累计覆盖青少年近798万人次，该项目获评省“谁执法谁普法”优秀普法项目。团汕尾市委连续四年挂驻甲东镇后洪村开展禁毒工作，获评“广东最美禁毒团队”。

（四）有序参与全过程人民民主

全过程人民民主是社会主义民主政治的本质属性，是最广泛、最真实、最管用的民主。青年是民主政治发展、社会生活变迁中最活跃的力量之一，共青团是全过程人民民主“青年在场”的重要推动力量。“共青团与人大代表、政协委员面对面”（以下简称“面对面”）活动是共青团依托人大、政协的社会利益表达渠道，是有效履行代言职能、制度化反映青年诉求的重要载体和品牌活动。

进入新时代，“面对面”活动紧紧围绕广东青年发展的热点问题确定主题，如“青年人才助力乡村振兴战略”“青年参与粤港澳大湾区建设”“做好新兴青年群体工作”“推进青年社会组织建设”“构建社会化的青少年心理健康服务机制”等。“面对面”活动代表和反映了青少年的意愿诉求，努力为青少年的成长发展营造良好环境，得到青少年的欢迎和社会各界的认可。

广东共青团坚持注重提高工作实效，把加强与人大代表、政协委员、基层青年等的沟通联系作为提升“面对面”活动工作实效的关键，通过调研、座谈、电话等多种方式主动与代表、委员沟通联系，征询对“面对面”活动内容的意见，认真研究提案者关切的热点问题，切实解决问题。2018 年 12 月，团省委在深圳承办团中央“未成年人网络保护圆桌会议暨共青团与政协委员面对面”活动。团中央相关负责同志，部分十三届全国政协共青团、青联界别委员，广东省、深圳市政协等有关负责同志和企业、学校、社会组织、家委会等各界代表参加活动，围绕未成年人网络保护踊跃发言和讨论，提出众多具有建设性的意见和建议。2022 年，围绕“构建社会化青少年心理健康服务机制”“建立健全三失（失学、失业、失管）青少年群体帮扶体系”“青少年心理健康”以及“广东省双非高校毕业生居住问题”等主题举办 3 场广东省“面对面”活动，并推动人大代表、政协委员在省两会上提出 12 份议案、提案。2008 年至 2022 年，广东“面对面”活动连续举办 15 年，成为南粤青年有序参与全过程人民民主的重要平台。

广东共青团依托“面对面”活动开展协商代言工作，在推动立法、推动出台政策或实事项目等方面取得一定成效。团广州市委依托 2022 年“面对面”活动，多次组织人大代表、政协委员围绕《广州市青年创新创业促进条例》审核工作召开专家座谈会，加快推动条例出台速度。

2019 年以来，团中央、全国学联持续开展了全国青少年模拟政协提案征集活动，以模拟提案为媒介，让青少年在实践中了解全过程人民民主的运作逻辑、领略中国特色社会主义制度的魅力所在。广东共青团积极发动青少年参与全国青少年模拟政协提案征集活动，引导青少年围绕社会治理、民生保障、文化事业、生态文明、青少年成长发展及粤港澳大湾区建设等主题开展调研并提出模拟提案。2022 年，团省委举办广东省青少年模拟政协提案征集活动，动员青少年围绕社会治理、青少年心理健康、防性侵、防学生欺凌等热点问题，以模拟政协提案的形式提出政策建议。全省 22816 名青少年报名参加活动，收到提案作品 6818 件，最终评出省级优秀模拟提案 100 份。在各方面的关心帮助下，活动影响逐步扩大，社会效应日益凸显，成为共青团开展青少年思想政治引领、深化青少年制度自信教育、引导青少年有序政治参与的特色工作项目。

第六节 全面从严治团永远在路上

党的十八大以来，全面从严治党取得历史性、开创性成就。团的建设是党的建设的组成部分，以习近平同志为核心的党中央高度重视共青团改革和建设，对从严治团作出了一系列重要指示。共青团作为党的助手和后备军，只有紧跟党的步伐，系统推进全面从严治团，才能切实发挥作用。2022 年 1 月，共青团十八届六中全会审议通过《新时代全面从严治团实施纲要》，提出新时代全面从严治团总体要求、重点任务，对全面从严治团作出专题部署。广东共青团坚持从严把牢政治方向，强化共青团的政治向心力；从严把牢思想引导，强化共青团的思想引领力；从严把牢组织建设，加强纪律性，强化共青团的组织凝聚力；从严把牢团干部和团员教育管理，强化共青团的队伍战斗力和作风感召力；以构建制度体系为抓手，强化全面从严治团的制度保障。

一、狠抓共青团政治建设

（一）坚持党的全面领导

政治建设是全面从严治团的灵魂。2018 年 7 月，习近平总书记在同团中央新一届领导班子成员集体谈话时强调，要切实落实从严治团要求。党的二十大对坚定不移全面从严治党、深入推进新时代党的建设新的伟大工程作出全面部署，对推进全面从严治团具有重要指导意义。

共青团必须毫不动摇坚持党的领导，坚定不移走中国特色社会主义群团发展道路，始终恪守“党旗所指就是团旗所向”，坚持与党同心、跟党奋斗，切实履行党赋予的政治使命。全省共青团把学习宣传贯彻党的二十大精神作为当前和今后一个时期的首要政治任务，深刻领悟“两个确立”的决定性意义，不断增强“四个意识”、坚定“四个自信”、做到“两个维护”，自觉用习近平新时代中国特色社会主义思想武装头脑、指导实践、推动工作，自觉在思想上政治上行动上同以习近平同志为核心的党中央保持高度一致。广东共青团全面深化共青团改革，自觉对标全面从严治党要求，以《新时代全面从严治团实施纲要》统揽全局，在团的政治建设、思想建设、组织建设、作风建设、团干部队伍建设、团员管理上全面从严，在自我革命中锻造对党忠诚、心系青年、勇于担当、作风过硬的马克思主义青年组织。

广东共青团始终把学习贯彻习近平新时代中国特色社会主义思想作为头等大事和首要政治任务。团省委全面落实“第一议题”制度，年均召开 50 余次书记会议进行“第一议题”学习；严格执行省委坚决落实“两个维护”十项制度机制，建立政治要件办理工作台账，健全“传达学习 + 研究贯彻举措 + 工作部署 + 反馈情况 + 实际成效评价 + 定期回头看”的学习贯彻落实闭环机制，年均制定 200 多项贯彻举措，每季度进行督办检查和评价打分，作为年度考核重要依据，把“两个维护”体现到履职尽责的实际行动和成效上；健全分析报告各类重点青少年群体意识形态倾向的制度机制，实施《广东共青团常态化调查研究及报告发布青少年思想动态与发展状况工作实施办法》，调研监测并向团中央和省委反映各类青年群体政治认同和发展状况，切实使调查研究在服务党政中心工作中发挥更大的作用。

广东共青团严明政治纪律和政治规矩。持续巩固深化肃清李嘉、万庆良恶劣影响成果，牢记“五个必须”，杜绝“七个有之”，做到“三个决不允许”。2018年以来，团省委持续举办“严守政治纪律和政治规矩”专题培训、“广东共青团系统加强党的全面领导和党的建设”专题培训班和团省委党章党规党纪专题教育培训班，团的政治生态进一步好转。团省委要求全省共青团系统必须旗帜鲜明讲政治，坚决维护以习近平同志为核心的党中央权威和集中统一领导，以自我革命的精神和刮骨疗毒的勇气，全面检查共青团系统党的建设特别是政治建设的短板和不足，全面清扫共青团组织的病灶、隐患，把政治建设摆放在首位，教育引导全省团干部严守政治纪律和政治规矩，营造风清气正的良好政治生态。

（二）全面加强共青团机关党的建设

广东共青团健全党风廉政建设责任制，深化团省委模范机关创建工作，实施团省委基层党组织建设三年行动计划，正风肃纪、持之以恒，成立内审工作领导小组，配备专职内审人员，常态化加强机关、直属事业单位、社团组织财务监管和团费使用情况的审计检查。

广东共青团加强团组织向党组织、下级团组织向上级团组织的请示报告。制定《广东共青团团内请示报告制度》，规定地市团委每半年书面报告一次重点工作进度。2020年，团省委联合省委审计办、省审计厅在全国首次将“落实中央及省关于青年和共青团工作重大决策部署”纳入政策跟踪审计专项，为推动青年和共青团工作提供制度创新路径。2022年1月，团省委印发《团省委派员列席市级团委领导班子民主生活会实施办法（试行）》，同时要求市级团委要建立落实派员列席下级团组织民主生活会的工作机制。严格团干部协管工作，对直属团组织的换届工作和届中班子调整工作进行认真审核，根据班子配备现状、工作开展情况等，重点把握人选政治标准，认真提出协管意见和建议，协助党组织选优配强团委领导班子。

广东共青团健全完善意识形态工作责任制度机制，着力防范化解重大风险。制定实施团省委《理论学习中心组学习实施细则》《意识形态工作责任制实施细则》《网络新媒体平台运行管理办法》等规章制度，筑牢思想政治防线，坚守意识形态阵地。健全意识形态工作风险预警制度，建立意识形态领域工作负面清单，设立“专报制度”等，建立健全省、市、县（市、区）

三级协同作战的意识形态工作机制，守好青少年意识形态安全“南大门”。

二、严抓团组织建设和队伍管理

（一）严抓团组织建设

团组织是全面从严治团的具体载体。广东共青团加强组织体系建设，优化团的领导体制机制，落实习近平总书记关于“树立大抓基层的鲜明导向”的重要要求，以扩大有效覆盖为重点、推动基层组织活跃为目标，推动实施基层组织综合改革试点工作，规范基层团组织建设，持续提升组织政治功能和社会功能。2019 年 9 月，团中央书记处第一书记贺军科来广东调研团的基层建设工作，要求广东共青团夯实基础、搞活基层，注重组织力、引领力、服务力的协同，敢闯敢试、大胆实践，努力为全团改革探路。

广东共青团扎实推进团的领导机构建设。深化“一专一站两联”[1]机制，加强各级团的委员会建设。2018 年，团省委印发《共青团广东省委员会专门委员会工作规则（试行）》，建立委员履职档案，对专委会的职责、会议和工作制度提出明确要求，积极推动专委会履职尽责，发挥作用。截至 2021 年底，省、市两级全部建立专委会，90% 以上的县（市、区）建立县域团代表联络站。建立常态化监督指导地市团委干部配备率机制，每季度通报各市、县（市、区）干部配备率有关情况，并抄送同级党委，推动提升干部配备率、在岗率。

广东共青团统筹指导县、镇、村（社区）三级团组织集中换届。在县、镇、村（社区）三级党委换届时，同级团组织换届工作同步开展。村（社区）团组织换届纳入全省村（社区）“两委”换届总体布局，在村（社区）团组织换届工作中明确“村（社区）团组织书记应优先从村（社区）‘两委’中 35 岁以下的党团员年轻干部中产生”。截至 2021 年底，全省 3 万多个村（社区）团组织全面完成换届选举工作，村（社区）团干部普遍实现年轻化、高学历化，村（社区）团的组织力得到进一步加强。2021 年 8 月，团省委印发《关于做好全省县镇两级团组织集中换届工作的通知》，指导各市加强与同级党委组织部门联系，制定换届工作方案，借助同级党委换届契机，统筹推进全省县、

[1]“一专一站两联”即拓展团的专门委员会建设，打通团代表联络站建设，建立团的委员会成员联系团代表、团代表联系团员青年“两联”工作机制。

镇换届工作。

广东共青团持续加强基层组织规范化建设。2018 年以来，团省委对镇街共青团组织规范化设置作出细化要求，持续开展“命脉工程”，整治空心团委、空心团支部、无团干团支部等软弱涣散表现最突出的基层团组织。经过近 3 年的集中整治，已经基本消灭空心团委，7.2 万个空心团支部、12.8 万个无团干团支部完成集中整治。2020 年，团省委印发《关于理顺团的基层组织设置、隶属关系和团建工作责任的规定（试行）》，全面理顺学校、“两新”组织、党政企事业单位的团组织关系，依托“智慧团建”系统构建层级清晰的组织树体系。开展团（总）支部规范化建设“对标定级”工作，截至 2020 年，全省应开展“对标定级”的 15 万个团（总）支部均按要求完成“对标定级”工作。

2017 年 12 月，广东省属企业团工委在广州成立，进一步加强对省属企业共青团工作的领导和指导，进一步拓展共青团组织服务省属企业青年成长成才的有效途径，全面深化省属企业党建带团建工作。2021 年 9 月，共青团在粤中央企业工作委员会成立，加强对在粤中央企业青年和共青团工作的指导，统筹抓好组织关系在广东的中央企业及其直属企业团的建设，协助中央企业团工委、中央企业系统团委对中央企业及其直属企业团建工作进行考核评价。

（二）严抓团干部队伍管理

团干部是全面从严治团的“关键少数”，是共青团工作的骨干力量。广东共青团坚决落实习近平总书记关于团的干部在政治上、思想上、能力上、担当上、作风上、自律上要强的重要要求，以强化政治能力和作风建设为重点，着力锻造忠诚干净担当、让党放心、让青年满意的团干部队伍。

广东共青团坚持以严实标准锤炼团干部队伍。2013 年 7 月上旬，为全面贯彻中央和省委部署要求，团省委就开展党的群众路线教育实践活动作出部署，聚焦作风建设，集中解决官僚主义、形式主义、享乐主义和奢靡之风这“四风”问题，推动团的干部接地气、转作风、扬正气、守清廉，在思想作风、个人品质等方面得到提升，使各级团组织和团干部得到一次强化培训和全面洗礼。2013 年 7 月下旬，团中央开展全团“走进青年、转变作风、改进工作”大宣传、大调研活动。其中，7 月 23 日至 8 月 10 日，团中央书记处负责同志率第三调研组以中山市小榄镇和西区街道为重点开展调研，走访 31 个基层单位和相关部门，召开 32 场座谈会，参与座谈青年 450 人。广东共青团以大宣传、大调研活动为契机，做宣讲、深沟通，查问题、问需求，交朋友、办实事，推动各级团干部进一步唱响“到青年中去”的主题，制度化融入基层、融入青年，把思想和行动统一到推进共青团改革各项重大决策部署上来。2016 年，团省委结合“两学一做”学习教育，通过举办学习培训会、青年干部座谈会、青年夜校等方式，使团干部筑牢理想根基、增强党性修养、强化宗旨意识。2020 年 6 月，团省委出台《广东共青团团内监督执纪工作指引（试行）》，明确各级团委（团工委）主体责任，规范团建监督执纪工作流程。对工作作风不严不实、乱作为、搞形式主义的问题坚决查处，对相关团干部和团组织通报批评。建立团省委干部“政治档案”，强化日常监督执纪，做到抓细、抓小、抓早。2021 年，团省委印发《广东共青团“我为群众办实事”（我为青年做件事）主题实践活动实施方案》，发动各级团的委员会成员、团代表依托“一专一站两联”，密切联系青年，积极为群众办实事。

广东共青团加强机关干部日常管理。团省委制定实施《团省委机关及直属单位干部职工重大情况报告办法》《团省委机关及直属单位工作人员因私出国（境）管理暂行规定》等机关工作制度，加强对机关干部的日常管理监督，示范带动全省团干部牢固树立制度意识、规矩意识。

广东共青团完善干部履职尽责激励制度机制。团省委率先探索实施《团省委直属团组织领导班子考核评价办法》，牢牢抓住“干部履职”评价主导权、主动权，解决下级团干部存在的“不敢管、不会管、不愿管”的突出问题。实施《团省委机关和直属单位绩效考核评价办法》，聚焦主责主业设立关键业绩考核指标，将考核结果作为干部选拔任用的重要参考指标。实施《团省委机关及直属单位干部述职述廉制度》，实行“全员述职、全体评价”，倒逼干部不断提升能力水平和工作实绩，在全省各级团的领导机关中作示范、当表率。

（三）严抓团员队伍管理

团员是共青团的基石，是全面从严治团的主体。全面从严治团就是以先进性建设为重点，抓住团员这一主体，着力培养有信仰、讲政治、重品行、争先锋、守纪律的共青团员，努力建设一支规模合理、名副其实的高素质团员队伍。2016年起，团省委根据《关于加强新形势下发展团员和团员管理工作的意见》《中国共产主义青年团发展团员工作细则》等要求，采取一系列举措规范发展团员工作、保证团员发展质量、提升团员队伍先进性。

严格团员发展标准。严格把好团员发展的入口关和政治关，全面加强团员队伍建设。团省委依托“智慧团建”系统落实“一人一号”制度，抓实入团教育，强化团员身份认知。严格落实发展团员工作要求，制定《广东省普通中等学校团组织发展团员工作规范》和年度发展团员编号制度，制作《共青团员基本义务告知函》，要求团员填写入团志愿书时一并签署存档。每年定期开展违规发展团员核查工作，重点整治低龄入团、无编号入团等突出问题，不断提高团员发展质量。

严肃组织生活。制定《广东共青团基层建设“命脉工程”工作评价细则》，分领域、分类别制定关键业绩考核指标，对基层建设重点任务细化、量化。针对组织关系转接不规范等问题，连续多年下发专项通知或工作指引，加强“学社衔接”的规范性。基于“智慧团建”移动端常态化开展团费收缴和留存划拨工作，以及年度教育评议和团籍注册工作，形成团员成长轨迹链条全记录。

严肃团员纪律要求。加强团员教育管理工作，分领域制定团员教育评价标准。团省委出台《关于做好失联团员核查认定和组织处置工作的通知》《关于规范团籍管理的实施办法（试行）》等制度，制定《除名告知函》，严肃处置不合格团员。2020年至2021年底，主动排查和除名连续6个月拒交团费的不合格团员1200多人。2021年，按照团中央要求，对犯罪团员进行集中处置，联合省公安厅、省高院、省监狱管理局进行集中摸底核查，共计查询535万条团员信息，筛查出有涉嫌犯罪记录、经法院判决有犯罪行为的团员，按程序谨慎处理。

三、推进团组织制度建设

制度建设是全面从严治团的保障。广东共青团按照习近平总书记“推进全面从严治党，既要解决思想问题，也要解决制度问题”的要求，坚持以党章为根本遵循，以团章为根本依据，以制度体系构建为抓手，系统推进团内规章建设，督促制度执行。

严格执行团章。团章是调整团内关系、指导团的工作、严格团的纪律的基本纲领。要求各级团组织、全体团员团干部认真学习团章，把握团的根本属性和基本职能，明确团的建设方向和基本要求，严格执行团章各项规定，与时俱进地开展团的组织生活、加强团的组织建设，充分发扬团内民主，保障团员权利和义务，自觉维护团章在团内的权威。

健全团内制度体系。结合时代发展要求和青年工作实际，依照团章制定和完善科学完备的制度体系、高效合理的实施体系和严密有力的监督体系是团内制度建设的重要目标。进入新时代，团省委逐步完善党建带团建制度、组织生活制度、学习制度、直接联系青年制度、长期支持基层制度、工作推进制度、团建规范制度和内部管理制度等，加大团内规范性文件备案审查、清理、解释力度，注重团内制度同法律法规的衔接和协调，为团的工作顺利开展提供坚实的制度保障。严格落实中央八项规定精神，坚决反对“四风”，强化制度的执行和落实，增强组织纪律观念，加强对执行落实情况的监督和考核，确保团内各项制度落地生根、发挥实效。截至 2022 年底，广东共青团从严治团制度清单共计 40 项，包括党的建设方面 10 项，团干部队伍建设方面 12 项，团员队伍建设方面 8 项，组织建设方面 10 项，形成比较健全的团内制度体系。

严格依法办事。广东共青团加强全省团干部法治教育专题培训，完善团干部学法用法制度，推动各级团干部把法律作为开展工作的基本准绳、协调关系的基本依据、约束行为的基本规范。要求各级团干部树立法治理念、提高依法办事能力，牢记法律红线不可逾越，法律底线不可触碰，加强作风建设，严格遵守党风廉政建设各项规定，自觉做到讲诚信、懂规矩、守纪律，坚决同违法乱纪行为作斗争，坚决纠正有令不行、有禁不止现象。推进团内事务公开制度，坚持以公开为常态、不公开为例外的原则，积极推进决策公开、执行公开、管理公开、服务公开、结果公开。少年儿童在法律知识普及、法治意识培育中具有基础性、源头性地位，广东共青团要求各级团组织履行全团带队职责，指导和支持少先队组织广泛有效开展少年儿童法治宣传教育，引领少年儿童做社会主义法治的忠实崇尚者、自觉遵守者、坚定捍卫者。

党的十八大以来，习近平总书记四次亲临广东视察，在广东改革发展的关键时刻、重要关口，及时把脉定向、导航定位，给予广东最亲切的关怀、最有力的指导和最强大的精神动力。习近平总书记赋予广东的使命任务、重大国家战略，将广东工作提升到前所未有的战略高度，为广东青年工作先行先试、改革创新提供了广阔舞台和丰厚土壤。

青年是党的事业不断前进的重要依靠力量。百年来，党的队伍中始终活跃着怀抱崇高理想、充满奋斗精神的青年，这是我们党历经百年风雨而始终充满生机活力的一个重要原因。青年是马克思主义中国化时代化最新成果的忠实实践者，是中华民族伟大复兴事业的接续奋斗者，是人民至上根本政治立场的积极践行者。中国式现代化宏伟蓝图已经绘就，唯有奋勇拼搏才能抵达梦想的彼岸。青年是中国式现代化的亲历者、参与者，也是共享者。民族复兴的航向需要青年树立远大理想，民族复兴的重担需要青年厚植奋斗本领，民族复兴的挑战需要青年锻炼坚强脊梁。广大南粤青年将以做新时代好青年为目标，更加自觉地按照党指引的方向健康成长、践行“请党放心、强国有我”的青春誓言，以更加积极的历史担当和创造精神投身中国式现代化的广东实践。

广东共青团围绕当好党的助手和后备军这一根本定位，聚焦强“三性”、去“四化”的根本目标，全面深化共青团改革，顺利完成阶段性目标任务，团的组织形态、工作格局、精神面貌焕然一新：党管青年的格局基本形成，团的政治本色更加彰显，团的主责主业更加聚焦，团的大局贡献开创新局面，青年优先发展迈出重大步伐，团的基层基础更加夯实，全面从严治团成效凸显。

在总结成效的同时，广东共青团也清楚认识到，团的改革过程还存在不少问题与困难，如破解基层“四缺”存在制度短板，统筹推进改革的系统性、协调性不足，社会领域组织覆盖率较低，服务青年和服务大局还需加大推进力度，全面从严治团需纵深推进等，仍需花更大力气解决。广东共青团将始终把准改革的政治方向，把坚持和加强党的领导贯穿始终；始终牢记改革的根本任务，团结引领广大青少年听党话、跟党走；始终加快推动各项改革朝着服务大局聚焦发力，团结动员南粤青年打拼出一条中国式现代化的广东路径；纵深实施省中长期青年发展规划，使改革发展成果更多、更公平地惠及南粤青年；始终注重加强自身建设，推动广东共青团在革命性锻造中更加坚强有力。

广东是我国青年人口第一大省，做好广东青年工作，使命光荣，责任重大。在以中国式现代化全面推进中华民族伟大复兴的新征程上，广东共青团将树立高度的历史责任感，增强为党育人的历史使命感；深刻领悟“两个确立”的决定性意义，坚持不懈用习近平新时代中国特色社会主义思想凝心铸魂，用党的科学理论武装青年，用党的初心使命感召青年，以“青年化”方式阐释和宣传马克思主义中国化时代化最新成果，引导青年坚定不移听党话、跟党走；提升紧扣中心的大局贡献度，牢牢扭住党和国家的中心任务与工作大局，紧紧遵循中国式现代化道路，找准青年的应为、能为、可为、善为，让青年成为推动高质量发展的重要力量，积极引导南粤青年抓住粤港澳大湾区建设纵深推进的历史机遇，在“双区”和三大平台建设前沿积极奋发有为、贡献青春力量；夯实服务青年的工作生命线，紧扣青年对美好生活的向往早谋、多谋、善谋，以纵深实施中长期青年发展规划为契机，持续深化开展青年发展型城市建设试点、“青年安居计划”、“展翅计划”、广东12355平台建设等，努力推动解决就业创业、社会融入、婚恋交友、子女教育、住房安居等青年“急难愁盼”问题，让广大青年真切感受到党的关爱就在身边、关怀就在眼前。

党的二十大擘画的宏伟蓝图勾勒了青年成长进步、建功立业的光明前景，更寄予了青年传承历史、开拓未来的责任使命。在全党全国各族人民迈上全面建设社会主义现代化国家新征程、向第二个百年奋斗目标进军的关键时刻，广东共青团和广大南粤青年将更加紧密团结在以习近平同志为核心的党中央周围，踔厉奋发、勇毅前行，为广东在推进中国式现代化建设中走在前列贡献青春力量，把忠诚与担当奉献给党和人民的事业，把青春和力量奉献给伟大而光荣的新时代。

后 记

中国青年在党的领导下已走过百年奋斗历程，为系统总结中国共产党领导下的广东青年运动历史，按照共青团广东省委的工作部署，广东省团校（广东青年政治学院）于 2021 年初启动了《广东青年运动百年简史》的编纂工作。经过两年多的统筹策划、史料收集、图片征集和文稿编纂，《广东青年运动百年简史》终于和读者见面了。

共青团广东省委十分重视《广东青年运动百年简史》的编纂工作。共青团广东省委书记、广东省团校（广东青年政治学院）校（院）长冉波同志亲自指导、推动实施项目，多次对书稿编纂提出具体工作要求；共青团广东省委副书记梁均达同志、王浩同志对书稿的编纂提出很多中肯意见；共青团广东省委原书记池志雄同志、副书记武一婷同志一直关心、支持项目的实施。为圆满完成此项工作任务，广东省团校成立了以青年骨干教师为主的工作专班，邀请了省档案馆和部分高校的专家学者共同参与项目攻关。广东省团校党委部署组建工作专班，具体负责项目的统筹工作。本书编写分工为：第一章邵明众，第二章蔡奇哲，第三章李培生，第四章赵曜，第五章邓楠，第六章高移东，第七章廖根深、何丽娟，第八章廖根深，第九章陈景瀛，第十章钟宇慧、吴镇武。全书主要由廖根深修改统稿，谭杰审定，钟宇慧、高移东、陈景瀛、邓楠、姚瑞洋参与了统稿工作。

《广东青年运动百年简史》的编纂，得到各方的大力支持和帮助。中央团校（中国青年政治学院）对本书的策划选题和编辑出版始终给予了亲切的关心和到位的指导；广东省档案馆、中山图书馆、团一大纪念馆提供了大量珍贵资料；团省委机关各部室、各直属单位以及各地市、高校和企业的团组织审读了书稿，提出了重要的修改意见和建议；本书的编纂还得到部分离任领导同志、离退休老同志和省内外专家学者的大力支持，胡献忠、李玉琦、曾庆榴、林万松、林乔林、蒋建农、曾锦华、谭建光、杨成、张中华、袁卫根、曾宪志等同志多次参加书稿专家评审会，提出了宝贵的修改意见和建议；2023 年 2 月，共青团广东省十四届七次全体（扩大）会议期间，书稿再次发给全体与会者征求意见，一些重要建议被吸纳，进一步完善了书稿。吴树鑫、蒋家红、徐跃慧、陈劲、陈景瀛、沈瑶、梁颖岚、周旺、张琪、李倩倩等同志为文献资料收集整理和后勤保障工作付出了大量辛勤劳动。在本书出版的过程中，得到了广东教育出版社领导和编辑团队的大力支持和帮助。对于所有关心和支持本书的编纂、出版、发行工作的单位和个人，谨致以衷心的感谢！

党领导下的广东青年运动百年历程，波澜壮阔、弥足珍贵；南粤青年紧跟党奋斗成长的青春故事，璀璨多姿、初心不改。在全国深入开展学习贯彻习近平新时代中国特色社会主义思想主题教育之际，本书的出版将为广大青年和青年工作者不断从党领导下的广东青年运动百年史中汲取干事创业的智慧和力量提供有益参考。

由于时间紧迫和编纂水平有限，书中如有不当不周之处，恳请广大读者批评指正，以便我们将来修改和订正。

广东省团校（广东青年政治学院）
2023 年 5 月

商事营业转让法律制度研究

林泰松　著

法律出版社
LAW PRESS·CHINA